全国中等职业技术学校汽车类专业教材

汽车钣金基础

中国劳动社会保障出版社

简介

本书的主要内容包括：绘制样板的平面图形、识读立体的三视图、识读组合体的三视图、认知机件的表达方法、绘制与识读专业图、认知汽车车身材料、钣金安全操作规程、钣金基本工艺与训练、钣金件的矫正、钣金手工成形。

本书由曹静主编，周云、蔡立新副主编，郭引弟、代凯飞、达涛、王钦、赵永鹏、宋金妮、蔺红宝、强一郎参加编写，黄武全主审。

图书在版编目(CIP)数据

汽车钣金基础/人力资源和社会保障部教材办公室组织编写. —北京：中国劳动社会保障出版社，2014

全国中等职业技术学校汽车类专业教材

ISBN 978－7－5167－1374－7

Ⅰ. ①汽…　Ⅱ. ①人…　Ⅲ. ①汽车-钣金工-中等专业学校-教材　Ⅳ. ①U472. 4

中国版本图书馆CIP数据核字(2014)第253843号

中国劳动社会保障出版社出版发行

（北京市惠新东街1号　邮政编码：100029）

*

河北鹏盛贤印刷有限公司印刷装订　新华书店经销

787毫米×1092毫米　16开本　17.5　印张　372千字

2014年10月第1版　2021年12月第11次印刷

定价：33.00元

读者服务部电话：（010）64929211/84209101/64921644

营销中心电话：（010）64962347

出版社网址：http://www.class.com.cn

http://jg.class.com.cn

前　言

为了更好地适应中等职业技术学校汽车类专业教学要求，全面提升教学质量，人力资源和社会保障部教材办公室组织有关学校的骨干教师和行业、企业专家，在充分调研企业生产和学校教学情况、广泛听取教材用户反馈意见的基础上，对全国中等职业技术学校汽车类专业教材进行了修订和补充开发。

本次教材修订和补充开发工作的重点主要体现在以下几个方面：

第一，完善教材体系，更好地满足教学需求。

结合职业院校汽车类专业设置和办学特点，调整并完善了教材体系，与专业通用基础教材相衔接，开发了汽车维修、汽车电器维修、汽车钣金与美容、汽车检测、汽车营销等专业方向教材，构建了“通用基础平台＋不同专业方向平台”的教材体系。此外，还针对学校对电控技术、车载网络技术、新能源汽车等高新技术的教学需求，开发了相应的教材。

第二，反映技术发展，适应岗位职业能力需求变化。

随着汽车制造水平的不断提高，汽车维修的内容和工艺也发生了相应变化；伴随着私家车保有量的不断增长，汽车营销、汽车美容等相关从业人员的职业能力要求也在发生相应变化。因此，本次修订工作注重在教材中增加新知识、新技术、新材料、新工艺等方面的内容，体现教材的先进性。同时，根据中级工从事相关岗位工作的实际需要，合理确定学习目标，对教材内容的深度、难度做了适当调整，同时注重综合职业能力的培养。

第三，融入先进教学理念，创新教材表现形式。

专业通用基础教材的编写以汽车及其零部件为载体，充分体现专业特色；专业方向教材的编写根据学校教学实际，充分体现一体化教学思路，增加了实训内容在教材中的比重。为了增强教材的表现效果，提高学生的学习兴趣，教材中使用了大量高质量的实物图片，部分教材采用双色或彩色印刷。

第四，开发辅助产品，提供教学服务。

为了方便教学，配套开发了习题册、教学参考书和电子课件。电子课件可通过人力资源和社会保障出版集团网站（http://www.class.com.cn）免费下载。

本次教材修订工作得到了河北、江苏、浙江、山东、山西、广东、广西、陕西等省、自治区人力资源和社会保障厅及有关学校的大力支持，在此表示诚挚的谢意。

人力资源和社会保障部教材办公室

2012 年 7 月

目 录

* 为选修内容

单元一　绘制样板的平面图形

钣金工施工下料的第一道工序就是识图。识图是接受任务、查看技术图样的过程，也是对所要制作的产品进行认知的过程。

图样是汽车及其他现代工业生产中的重要技术文件，它由图形、符号、文字和数字等组成，是人们表达设计思想、进行技术交流、组织生产的重要工具之一，是国际上通用的工程语言。不同的行业使用不同的图样。

本单元重点介绍国家标准《技术制图》和《机械制图》的有关规定、绘图工具的正确使用方法及样板平面图形的绘图方法。

课题一　认知国家标准的基本规定

学习目标

1. 掌握国家标准中图幅、图线、比例、字体等制图有关规定和尺寸注法的基本规定。
2. 养成严格遵守国家标准的习惯、认真负责的工作态度和严谨细致的工作作风。

任务引入

国家标准《技术制图》和《机械制图》是工程界重要的技术基础标准，是绘制及阅读汽车图样的准则和依据。本课题主要介绍国家标准中关于图纸幅面和格式、比例、字体、图线、尺寸标注等制图的基本规定。

知识准备

我国标准的编号由标准代号、标准发布顺序和标准发布年代号构成，其中国家标准（简称“国标”）的代号分为“GB”（强制性标准）和“GB/T”（推荐性标准），“GB”表示“国标”两个字汉语拼音的首字母“G”和“B”。例如，《机械制图　图样画法　视图》（GB/T 4458.1—2002）即表示机械制图标准中图样画法的视图部分，发布顺序编号为4458.1，发布的年号是2002年。

本课题主要介绍制图中最基本的几项标准规定，其他标准将在后续有关课题中叙述。

一、图纸幅面和格式（GB/T 14698—2008）

图样常常输出到纸上，所以称为图纸。图纸有其规范的幅面大小与格式，绘图前先要选取图纸。

1. 图纸幅面

由图纸长度与宽度组成的图面称为图纸幅面。为了使图纸幅面统一，便于装订和管理，并符合缩微复制原件的要求，绘制技术图样时应按下列规定选取图纸幅面：

（1）优先选用基本幅面。基本幅面共有 5 种，其尺寸关系如图 1—1—1 所示。幅面的代号分别为 A0、A1、A2、A3、A4。其中 A0 幅面最大，A4 幅面最小，相邻幅面的尺寸为对折关系。

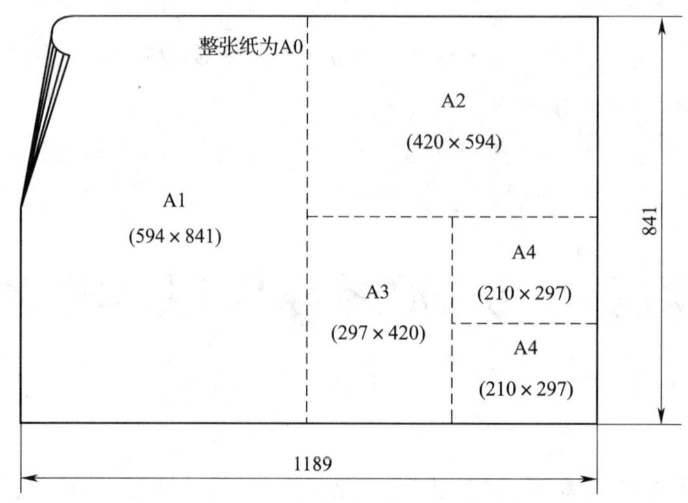

图 1—1—1　图纸的基本幅面

基本幅面尺寸见表 1—1—1（表中的符号 B、L、e、c、a 参见图 1—1—2）。

表 1—1—1　　基本幅面尺寸　　mm

幅面代号	A0	A1	A2	A3	A4
$B \times L$	841×1 189	594×841	420×594	297×420	210×297
e	20		10		
c	10			5	
a	25				

（2）必要时允许选用加长幅面，但加长幅面的尺寸必须由基本幅面的短边成整数倍增加后得出。

2. 图框格式

图纸上限定绘图区域的线框称为图框。

（1）在图纸上必须用粗实线画出图框，其格式有不留装订边和留有装订边两种，如图 1—1—2 所示。

（2）同一产品的图样只能采用一种图框格式。

（3）为了复制和缩微摄影时定位方便，应在图纸各边长的中点处绘制对中符号（粗实线）。

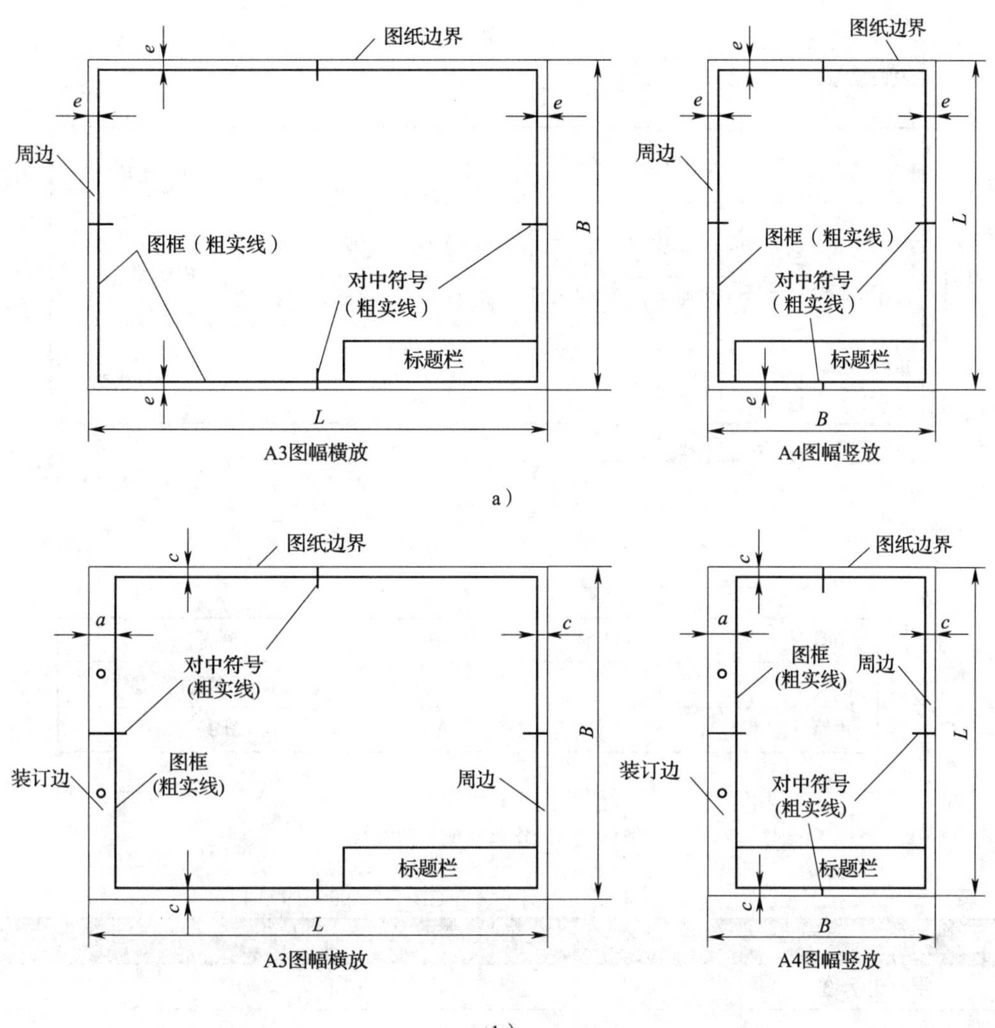

图 1—1—2　图框格式
a）不留装订边　b）留有装订边

3. 标题栏

每张图纸都必须画出标题栏，其位置位于图纸的右下角。对标题栏的内容、格式及尺寸，国家标准（GB/T 10609.1—2008）均做了规定，如图 1—1—3 所示。学生作业中的标题栏建议采用图 1—1—4 所示的形式。

二、比例（GB/T 14690—1993）

比例是指图样中图形与其实物相应要素的线性尺寸之比。当需要按比例绘制图形时，应从表 1—1—2 规定的系列中选取。为了看图方便，建议尽可能采用原值比例画图；如机件太大或太小，则采用缩小或放大的比例画出。但无论采用何种比例，图形中所标注的尺寸数值必须是实物（机件）的实际尺寸，与图形所采用的比例无关，如图 1—1—5 所示为不同比例画出的图形及尺寸数值的注写。

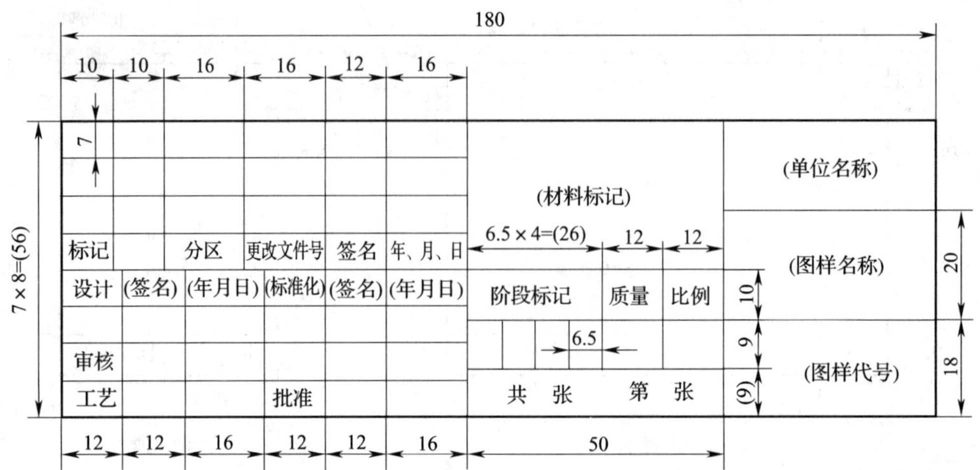

图 1—1—3 国家标准规定的标题栏

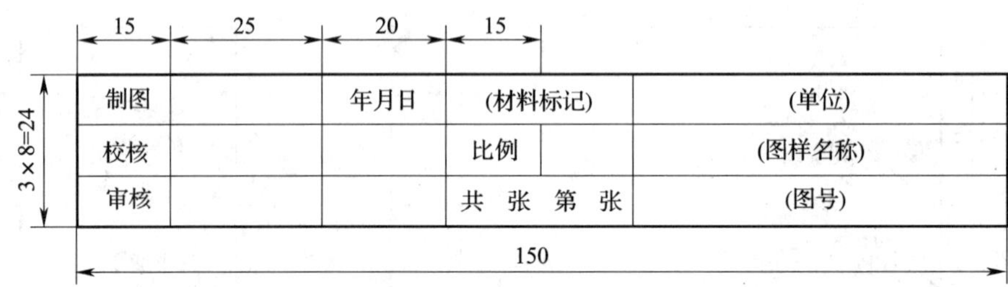

图 1—1—4 作业中使用的标题栏

表 1—1—2 常用的比例（摘自 GB/T 14690—1993）

种 类	比 例
原值比例	1∶1
放大比例	2∶1 2.5∶1 4∶1 5∶1 10∶1
缩小比例	1∶1.5 1∶2 1∶2.5 1∶3 1∶4 1∶5

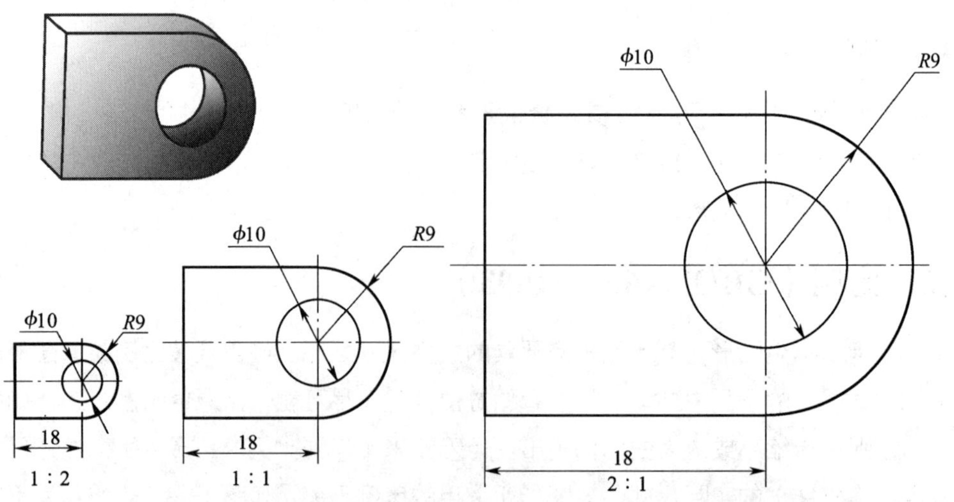

图 1—1—5 不同比例画出的图形及尺寸数值的注写

三、字体（GB/T 14691—1993）

1. 基本要求

标准规定了汉字、字母和数字的结构形式。书写字体的基本要求如下：

（1）字体工整、笔画清楚、间隔均匀、排列整齐。

（2）汉字应写成长仿宋字，并按国家规定的简化字书写。

（3）字母和数字可写成斜体（字头向右倾斜，与水平基准线成75°）或直体，但同一张图样上只允许选用一种形式的字体。

2. 字体号数

字体号数即字体的高度 h，单位为 mm。字体号数分别为 20、14、10、7、5、3.5、2.5、1.8。汉字的高度应不小于 3.5 mm，字宽一般为 $h/\sqrt{2}$，可近似看成宽 / 高 =2/3。

3. 书写示例

各种字体的书写示例见表 1—1—3。

表 1—1—3　常用的字体

<table>
<tr><th colspan="2">字　体</th><th>示　例</th></tr>
<tr><td rowspan="4">长仿宋体汉字</td><td>10 号</td><td>字体工整、笔画清楚、间隔均匀、排列整齐</td></tr>
<tr><td>7 号</td><td>横平竖直 注意起落 结构均匀 填满方格</td></tr>
<tr><td>5 号</td><td>技术制图石油化工机械电子汽车航空船舶土木建筑矿山井坑港口纺织焊接设备工艺</td></tr>
<tr><td>3.5 号</td><td>螺纹齿轮端子接线飞行指导驾驶舱位挖填施工引水通风闸阀坝棉麻化纤</td></tr>
<tr><td rowspan="2">拉丁字母</td><td>大写斜体</td><td>ABCDEFGHIJKLMNOPQRSTUVWXYZ</td></tr>
<tr><td>小写斜体</td><td>abcdefghijklmnopqrstuvwxyz</td></tr>
<tr><td rowspan="2">阿拉伯数字</td><td>斜体</td><td>0123456789</td></tr>
<tr><td>正体</td><td>0123456789</td></tr>
<tr><td rowspan="2">罗马数字</td><td>斜体</td><td>I II III IV V VI VII VIII IX X</td></tr>
<tr><td>正体</td><td>I II III IV V VI VII VIII IX X</td></tr>
</table>

四、图线

1. 基本线型

图样是由多种不同的图线构成的。国家标准《技术制图　图线》（GB/T 17450—1998）规定了绘制各种图样的 15 种基本线型，根据基本线型及其变形，机械制图（GB/T 4457.4—2002）中规定了 9 种图线，其名称、线型及用途等见表 1—1—4。

2. 图线的宽度

图线的宽度应根据图形的大小和复杂程度，在下列数系中选取：0.13、0.18、0.25、0.35、0.5、0.7、1、1.4、2（单位为 mm），该数系的公比为 $1:\sqrt{2}$。

机械图样中的图线一般采用两种宽度，分别称为粗线和细线，其宽度之比为 2∶1。通常情况下，粗线的宽度采用 0.5 ~ 0.7 mm，细线的宽度采用 0.25 ~ 0.35 mm。

表 1—1—4　　图线的线型及用途（根据 GB/T 4457.4—2002）

<table>
<tr><th>名称</th><th>线型</th><th>代号
No.</th><th colspan="2">线宽 d/mm</th><th colspan="2">主要用途及线索长度</th></tr>
<tr><td>粗实线</td><td></td><td>01.2</td><td>0.7</td><td>0.5</td><td colspan="2">可见棱边线、可见轮廓线</td></tr>
<tr><td>细实线</td><td></td><td>01.1</td><td rowspan="4">0.35</td><td rowspan="4">0.25</td><td colspan="2">尺寸线、尺寸界线、剖面线、指引线和基准线、重合断面的轮廓线、过渡线</td></tr>
<tr><td>波浪线</td><td></td><td>01.1</td><td colspan="2">断裂处边界线、视图与剖视图的分界线</td></tr>
<tr><td>双折线</td><td></td><td>01.1</td><td colspan="2">断裂处边界线、视图与剖视图的分界线</td></tr>
<tr><td>细虚线</td><td></td><td>02.1</td><td>不可见棱边线、不可见轮廓线</td><td rowspan="2">画长 12d，短间隔长 3d</td></tr>
<tr><td>粗虚线</td><td></td><td>02.2</td><td>0.7</td><td>0.5</td><td>允许表面处理的表示线</td></tr>
<tr><td>细点画线</td><td></td><td>04.1</td><td rowspan="2">0.35</td><td rowspan="2">0.25</td><td>轴线、对称中心线、分度圆（线）、孔系分布的中心线、剖切线</td><td rowspan="3">长画长 24d，短间隔长 3d，点长≤ 0.5d</td></tr>
<tr><td>细双点画线</td><td></td><td>05.1</td><td>相邻辅助零件的轮廓线、可动零件的极限位置的轮廓线及移动轨迹线、中断线</td></tr>
<tr><td>粗点画线</td><td></td><td>04.2</td><td>0.7</td><td>0.5</td><td>限定范围表示线</td></tr>
</table>

3. 图线的画法要点

图线的画法要点如图 1—1—6 所示。

（1）同一图样中同类图线的宽度应基本一致。虚线、点画线及双点画线的线段长度和间隔应各自大致相等。

（2）虚线、点画线、双点画线相交时，应该是线段相交。当细虚线是粗实线的延长线时，在连接处应断开。

（3）绘制圆的对称中心线时，圆心应为线段的交点。细点画线和细双点画线的首末两端应是线段而不是点，且应超出图形外 3 ~ 5 mm。在较小的图形上绘制细点画线或细双点画线有困难时，可用细实线代替。

（4）当各种线型重合时，应按粗实线、细虚线、细点画线的优先顺序画出。

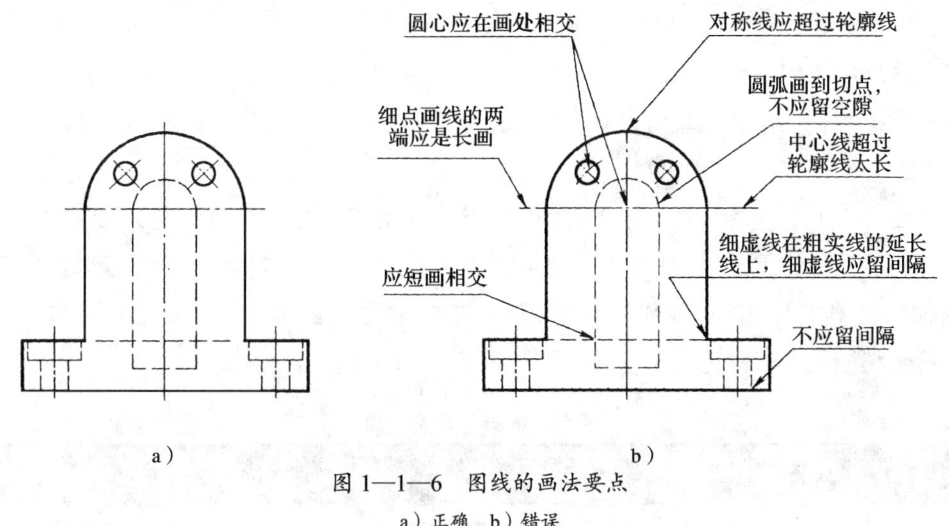

图 1—1—6　图线的画法要点

a）正确　b）错误

4. 图线的应用

图线的应用示例如图 1—1—7 所示。

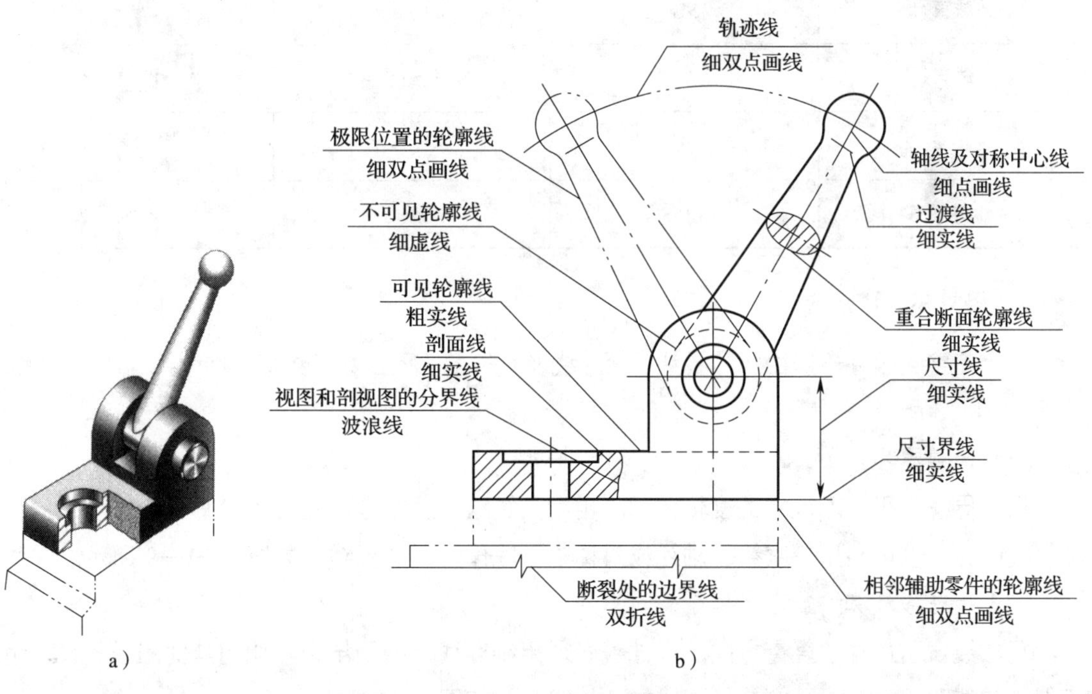

图 1—1—7　图线的应用示例

五、图样中的尺寸注法

图样中尺寸注法的依据是 GB/T 4458.4—2003、GB/T 19096—2003，国家标准中规定了标注尺寸的方法和规则。

1. 标注尺寸的基本规则

（1）机件的真实大小应以图样上所注的尺寸数值为依据，与图形的大小及绘图的准确度无关。

（2）图样中（包括技术要求和其他说明）的尺寸以毫米为单位时，不需要标注计量单位的代号和名称；如采用其他单位，则必须注明相应计量单位的代号或名称，如 45 度 30 分应写成 45° 30′。

（3）图样中所标注的尺寸为该图样所示机件的最后完工尺寸，否则应另加说明。

（4）机件的每一尺寸一般只标注一次，并应标注在反映该结构和形状最清楚的图形上。

国家标准《技术制图　简化表示法》（GB/T 16675.2—2002）要求标注尺寸时，应尽可能使用符号和缩写词，常见的符号或缩写词见表 1—1—5。

表 1—1—5　常见的符号或缩写词

名称	符号或缩写词	名称	符号或缩写词
直径	ϕ	正方形	□
半径	R	45° 倒角	C
圆球直径	$S\phi$	孔深	↧
圆球半径	SR	沉孔或锪平	⊔
厚度	t	埋头孔	∨
均布	EQS	弧长	⌒

2. 尺寸的组成

一个完整的尺寸一般由尺寸界线、尺寸线及其终端、尺寸数字组成，称为尺寸的三要素，如图 1—1—8 所示。

（1）尺寸界线

尺寸界线用于表示尺寸的度量范围。用细实线绘制，并应由图形的轮廓线、轴线、对称中心线引出，也可利用轮廓线、轴线或对称中心线作为尺寸界线，如图 1—1—9 所示。

（2）尺寸线及其终端

尺寸线表示尺寸的度量方向。尺寸线必须用细实线单独画出，不能用其他图线代替，也不得与其他图线重合或画在其他图线的延长线上，如图 1—1—10 所示。

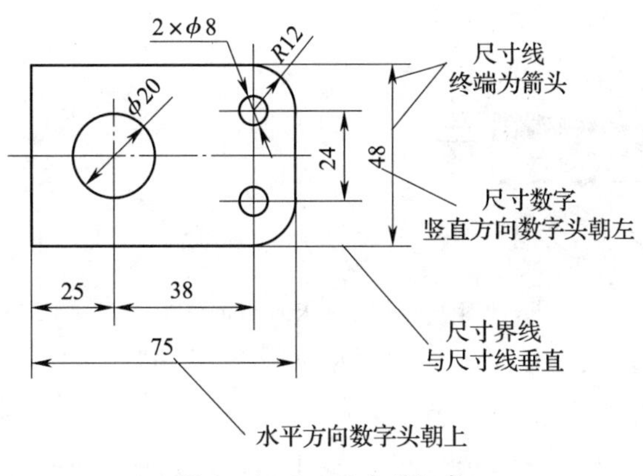

图 1—1—8　尺寸的组成

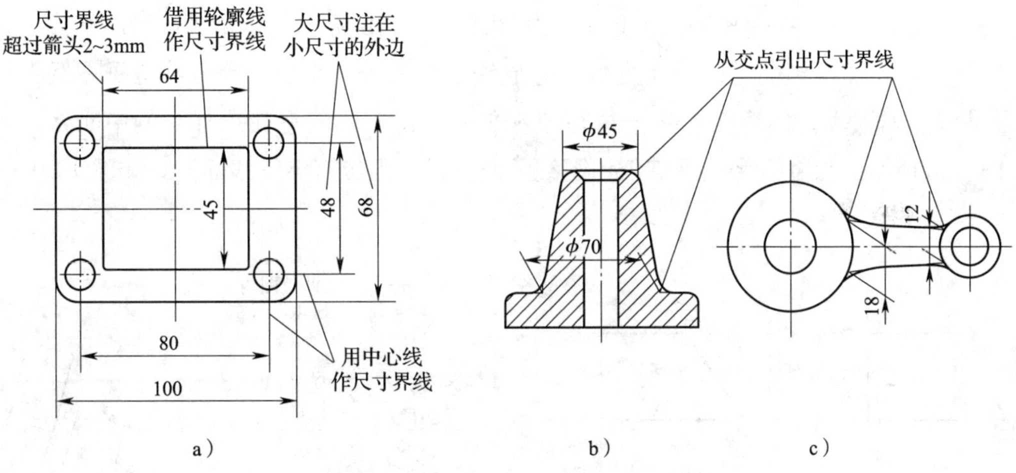

图 1—1—9　尺寸界线及注写方法

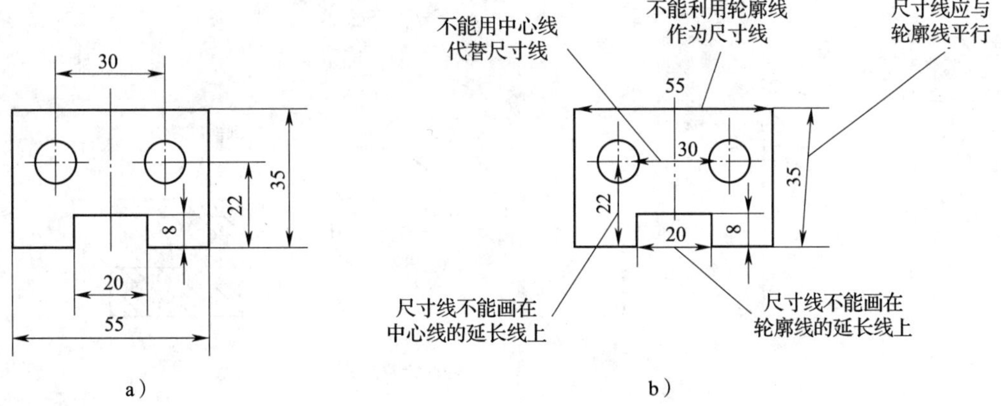

图 1—1—10　尺寸线及注写方法

a）正确注法　b）错误注法

尺寸线的终端有箭头和斜线两种形式，在机械图样中一般采用箭头作为尺寸线的终端，如图 1—1—11 所示。

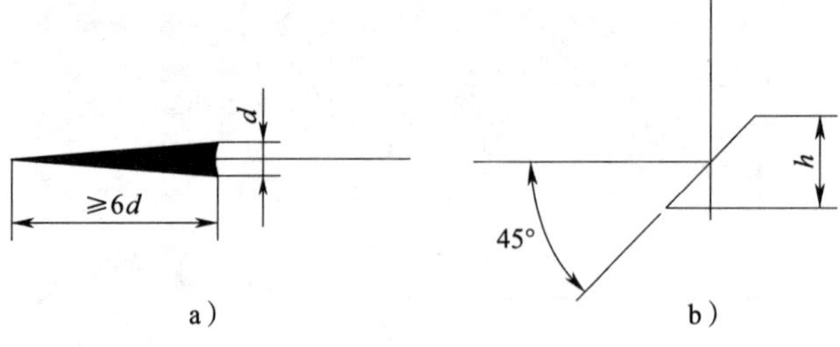

图 1—1—11 尺寸线的终端

a）箭头 b）斜线

（3）尺寸数字

尺寸数字表示机件的实际大小。线性尺寸的尺寸数字一般应注在尺寸线的上方或中断处，如图 1—1—12a 所示；对于线性尺寸的数字方向，水平方向字头朝上，竖直方向字头朝左，倾斜方向字头保持朝上的趋势，如图 1—1—12b 所示；必要时可引出标注，如图 1—1—12c 所示。标注角度时，角度的尺寸界线必须沿径向引出，尺寸线应画成圆弧，其圆心是该角的顶点，角度的数字一律写成水平方向，一般注写在尺寸线的中断处，如图 1—1—12d 所示。尺寸数字不可被任何图线所通过，否则应将该图线断开，如图 1—1—12e 所示。

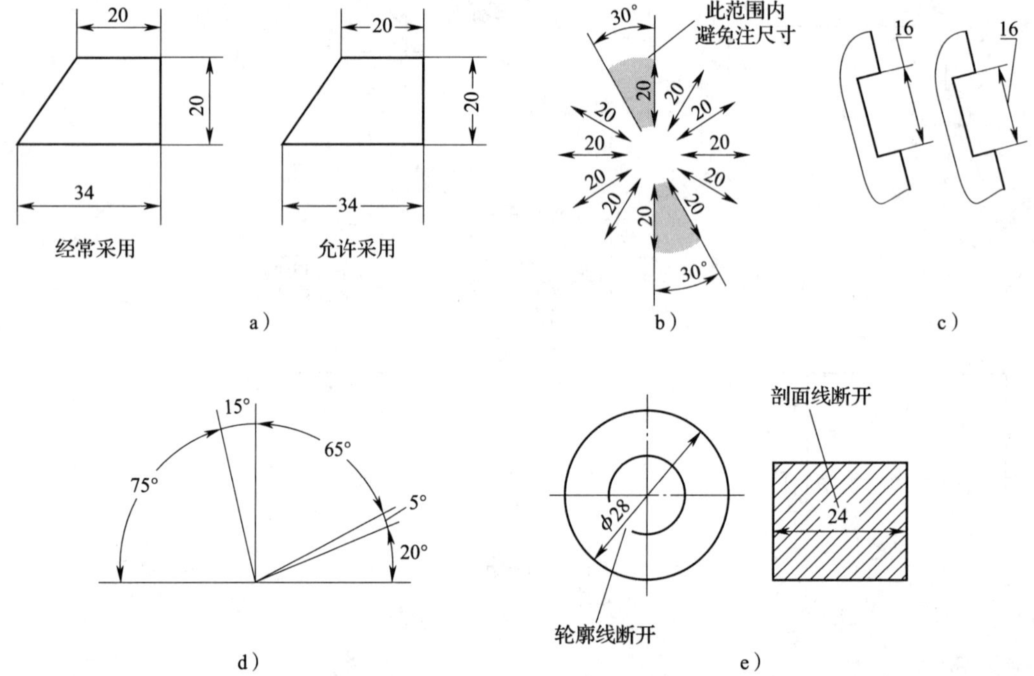

图 1—1—12 尺寸数字的注写方法

3. 常用的尺寸注法示例

常用的尺寸注法示例见表 1—1—6。

表 1—1—6 常用的尺寸注法示例

项目	说明	图例
圆和圆弧	（1）标注圆的直径时，在尺寸数字前加符号“ϕ”，其尺寸线应通过圆心，尺寸线的终端应画成箭头，但不能与对称中心线重合 （2）标注圆弧的尺寸时，必须在尺寸数字前加注符号“*R*”，半径尺寸必须标注在反映为圆弧的图形上 （3）当尺寸线的一端无法画出箭头时，尺寸线一定要超过圆心 （4）大于半圆的圆弧都必须标注直径，小于半圆的圆弧都必须标注半径 （5）半径过大、圆心不在图形内时，尺寸线可画成折线；若不需注出圆心位置时，尺寸线可以中断	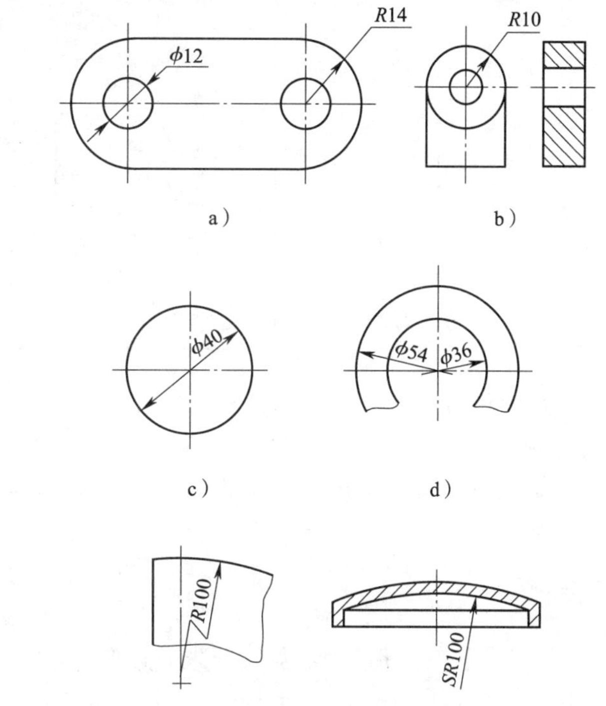 ϕ12 R14 R10 a） b） ϕ40 ϕ54 ϕ36 c） d） R100 SR100 e） f）
球面	标注球面的直径或半径时，要在“ϕ”或“*R*”前再加注“*S*”	Sϕ40 SR30 a） b）
小尺寸	（1）无足够位置标注尺寸时，箭头可移至图外或用小圆点代替 （2）尺寸数字也可写在尺寸界线外或引出标注	5 3 1 3 3 3 1 3 2 4 a） ϕ10 ϕ10 ϕ10 ϕ5 ϕ5 ϕ5 ϕ5 R5 R5 R5 R5 R5 R5 R1 b）

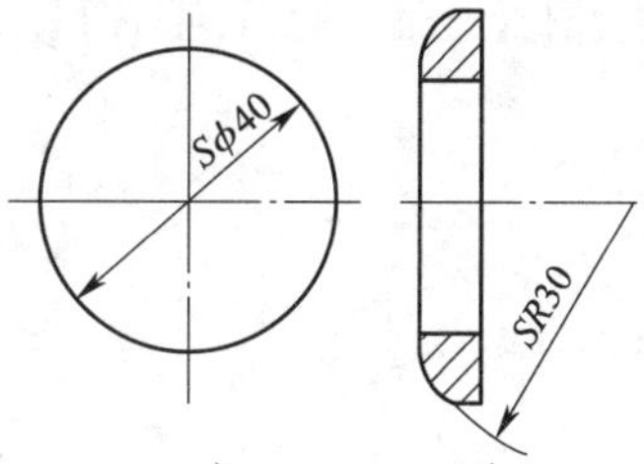

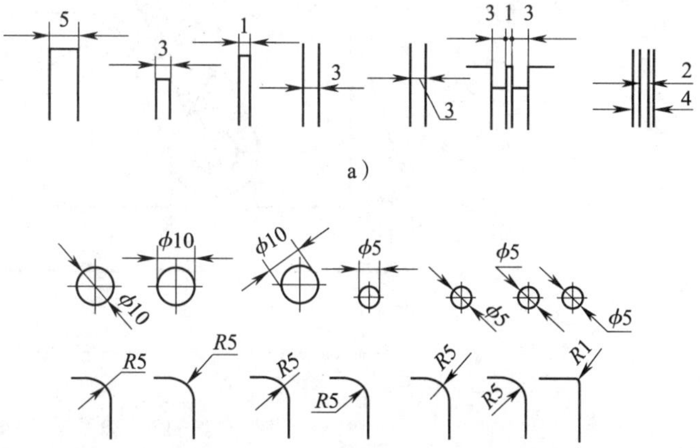

续表

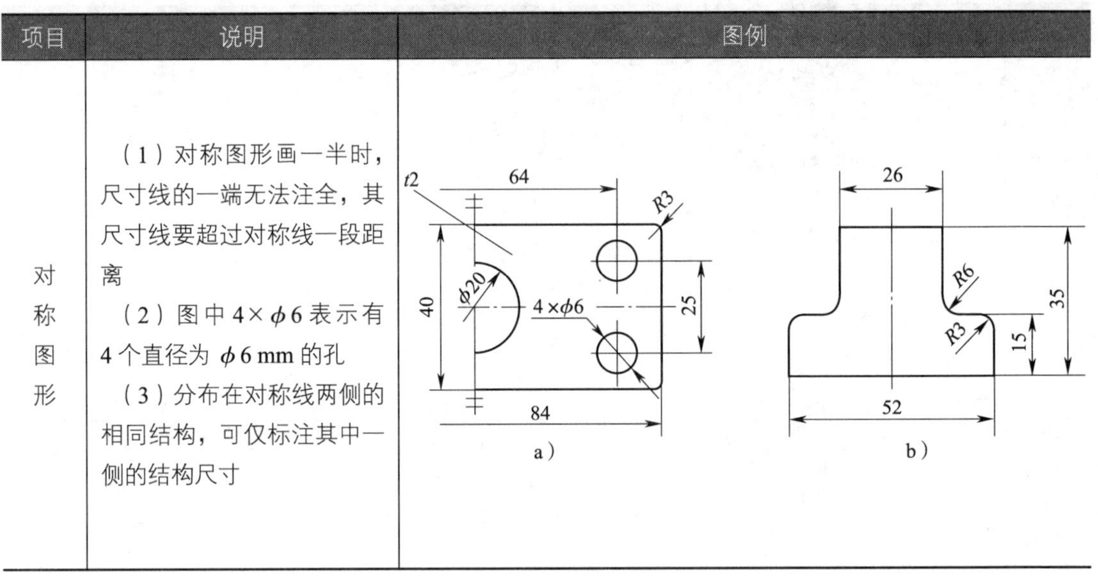

项目	说明	图例
对称图形	（1）对称图形画一半时，尺寸线的一端无法注全，其尺寸线要超过对称线一段距离 （2）图中 4×ϕ6 表示有 4 个直径为 ϕ6 mm 的孔 （3）分布在对称线两侧的相同结构，可仅标注其中一侧的结构尺寸	a） b）

任务实施

全班分成若干小组进行讨论并按要求完成下列题目，教师巡回指导，根据各小组做出的答案再进行点评，最后统一正确答案。

一、分析图 1—1—13 中的各种图线，并在横线上写出图线的名称及应用场合。

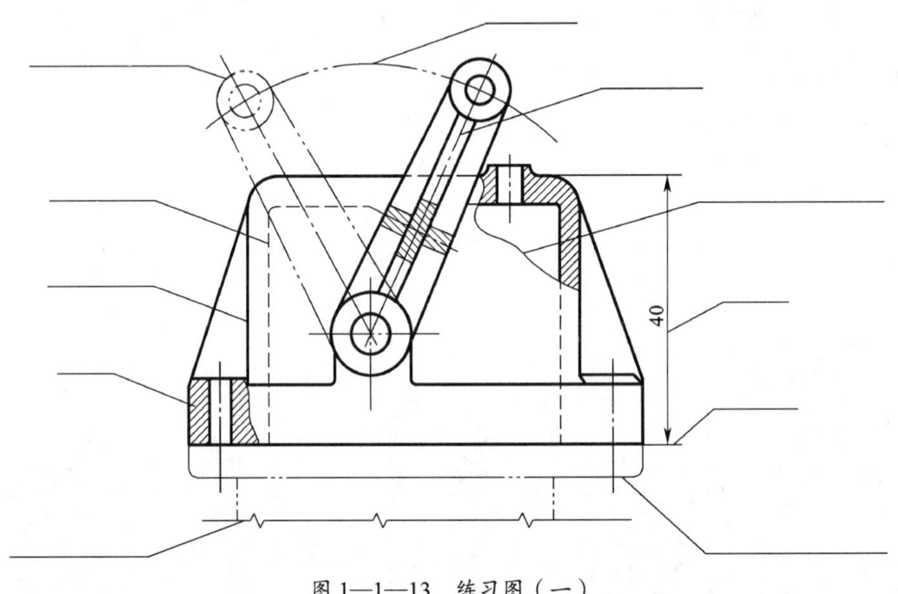

图 1—1—13　练习图（一）

二、在横线上写出图 1—1—14 中尺寸各组成部分的名称。

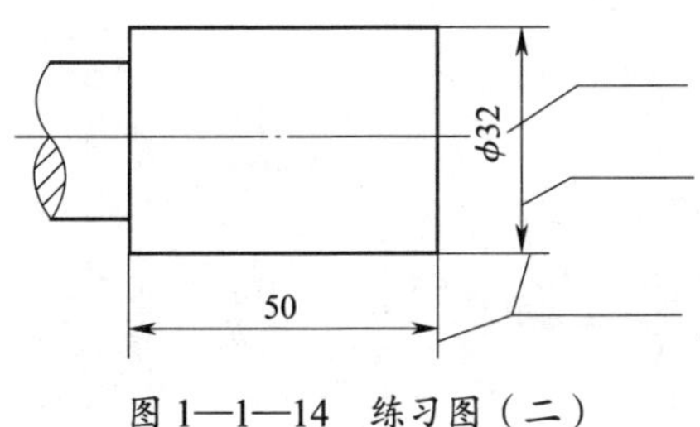

图 1—1—14　练习图（二）

课题二　绘制简单的平面图形

学习目标

1．能正确使用常用绘图工具和仪器。
2．掌握作图的基本方法和技巧。
3．会绘制简单的平面图形。

任务引入

尺规绘图是目前在制图课的教学中普遍使用的绘图方法。本课题主要介绍绘图工具和仪器的正确使用方法、线段和圆周等分、斜度和锥度的画法、椭圆的画法以及圆弧连接等简单图形的作图方法。

知识准备

一、常用绘图工具及其使用方法

正确、熟练地使用和维护绘图工具是保证绘图质量及提高绘图速度的重要条件。因此，必须养成正确使用和维护绘图工具、仪器的良好习惯。

1. 绘图板

绘图板是绘图时用来固定图纸的矩形木板，板面及导边应平整、光滑。绘图前应先用胶带纸将图纸固定在图板上，如图 1—2—1 所示。

2. 丁字尺

丁字尺是用于画水平线的，它由尺头和尺身组成。使用时，左手扶住丁字尺的尺头，使内侧边紧靠图板左导边。将丁字尺沿图板导边上下滑动，移到所需位置后，左手移到尺身的适当部位压住尺身，以防止画线时尺身倾斜；右手执笔，笔杆略向右倾斜，笔尖紧靠尺身并沿尺身工作边自左向右画线，如图 1—2—1 所示。

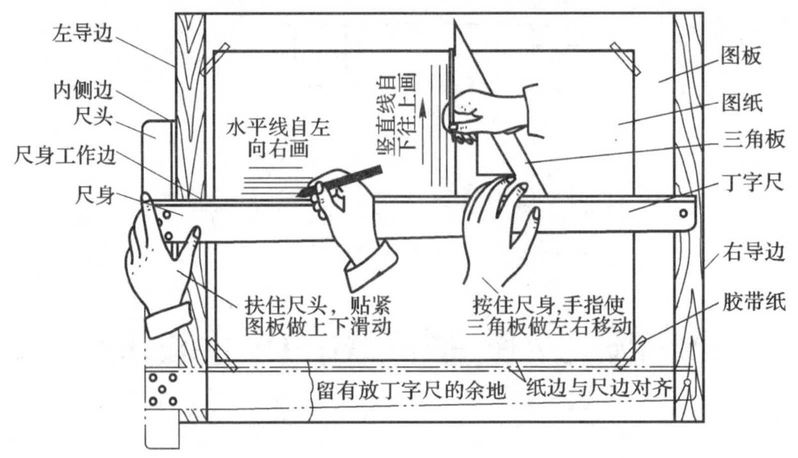

图 1—2—1　图板、丁字尺、三角板及其配合使用

3. 三角板

一副三角板由 45° 和 30°（60°）的两块组成。与丁字尺配合使用，可画竖直线，如图 1—2—1 所示；还可画与水平方向成 15°、30°、45°、60°、75° 的倾斜线，如图 1—2—2 所示；用两块三角板配合使用，可画已知直线的垂直线和平行线，如图 1—2—3 所示。

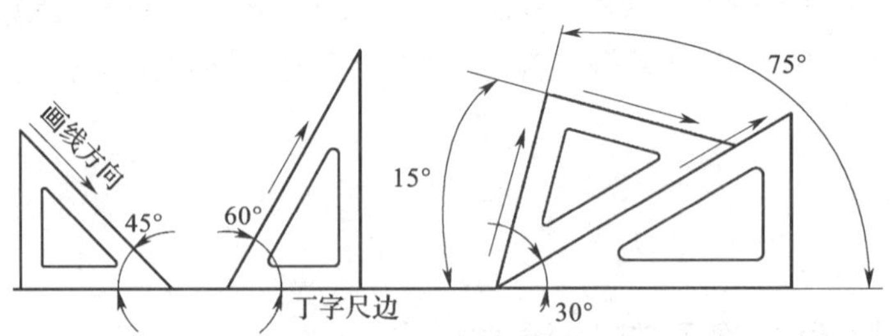

图 1—2—2　丁字尺与三角板配合画常用的角度线

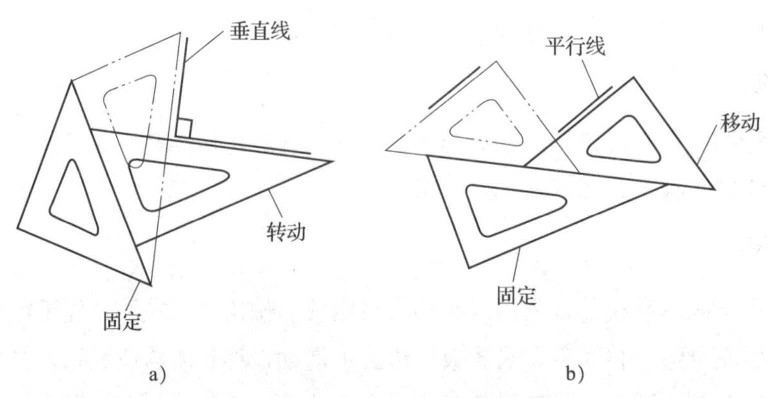

图 1—2—3　两块三角板配合使用

a）画垂直线　b）画平行线

4. 圆规

圆规主要是用来画圆和圆弧的。画圆时选用的铅芯应比画直线的铅芯软一号。钢针应使用有台阶的一端（支撑尖），以免使图纸上的针眼扩大较多。画图前应调整圆规，使钢针、铅芯与纸面保持垂直，如图 1—2—4 所示。

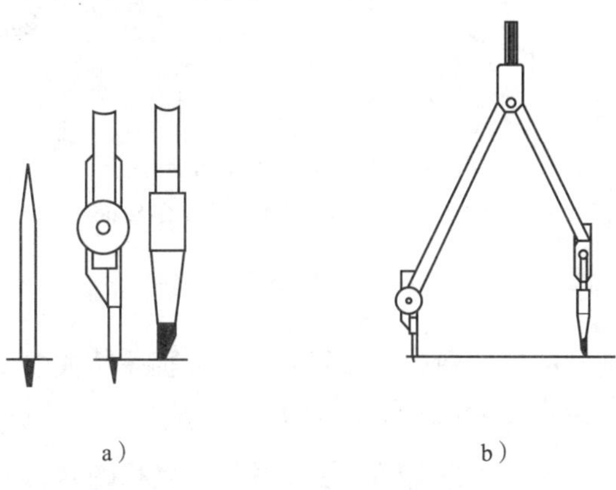

a）　　　　b）

图 1—2—4　圆规及其使用

a）带有台阶的钢针　b）使钢针、铅芯与纸面保持垂直

5. 分规

分规主要用于量取及等分直线或圆弧（常用试分法），分规的两个针尖并拢时应对齐，其具体使用方法如图 1—2—5 所示。

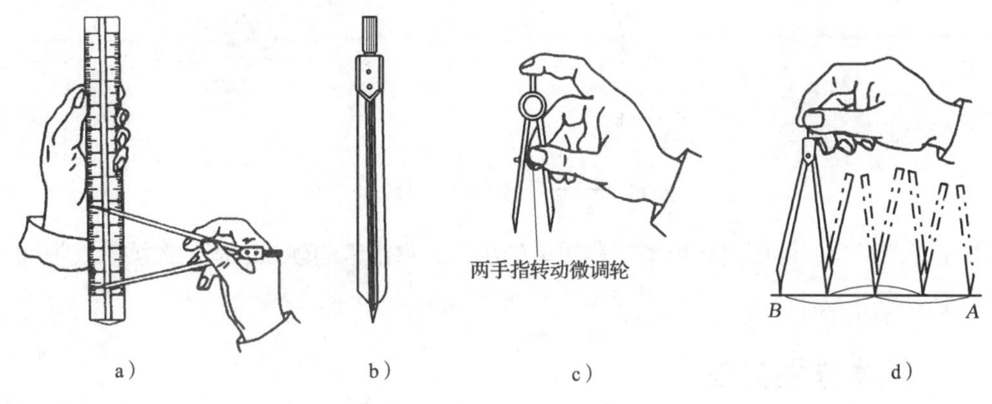

a）　　b）　　c）　　d）

图 1—2—5　分规及其使用

a）量取长度　b）两针尖对齐　c）用弹簧分规量精确距离　d）分割线段时分规摆动的方法

6. 铅笔

画图时应使用绘图铅笔。绘图铅笔用“B”和“H”代表铅芯的软硬程度，如 2B、3B、2H、3H 等。“B”前面的数字越大，表示铅芯越软（黑）；“H”前面的数字越大，表示铅芯越硬。画粗线时建议采用 B、HB 或 2B 的铅笔；画细线时用 H、2H 的铅笔；写字可用 H 和 HB 的铅笔。用于画粗线的铅芯应削磨成断面为矩形的棱柱，其余可削磨成锥形，如图 1—2—6 所示。

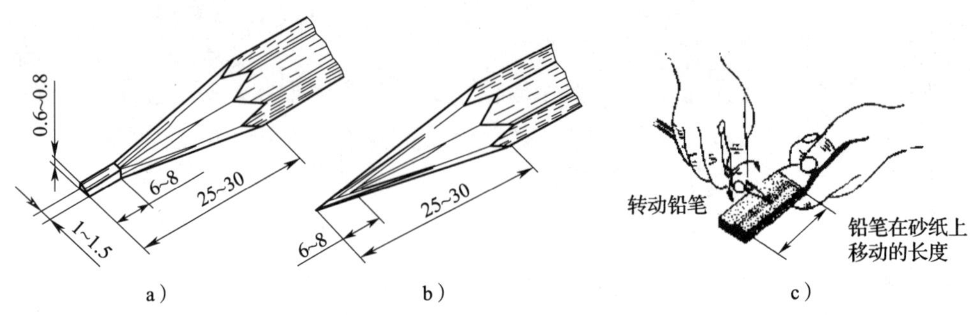

图 1—2—6　铅笔的削磨方法

a）磨成矩形　b）磨成锥形　c）铅笔的磨法

7. 曲线板

曲线板用于绘制不规则的非圆曲线。使用时，应先徒手将曲线上各点轻轻地依次连成光滑的曲线，然后在曲线上找出足够的点，如图 1—2—7 所示，至少可使其画线边通过 1、2、3 点，画出 1、2、3 点后，再移动曲线板，使其重新与点相吻合，并画出 3 到 4 乃至 5 点间的曲线，以此类推，完成非圆曲线的作图过程。

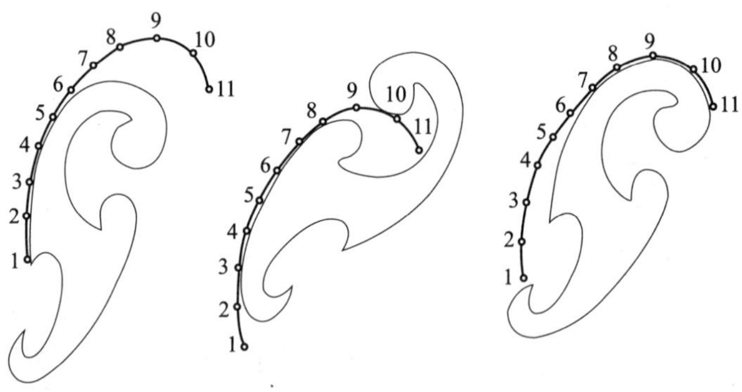

图 1—2—7　曲线板及其使用

除上述工具外，绘图时还要备有削铅笔的小刀、磨铅笔的砂纸、固定图纸的胶带纸、擦图线的橡皮等用品。

二、基本作图方法

常用基本作图方法有直线和圆周的等分、锥度和斜度的画法、椭圆的画法等，其作图方法与步骤见表 1—2—1。

三、圆弧连接

圆弧连接是指用一段圆弧光滑地连接相邻两已知线段（直线或圆弧）的作图方法。例如，在图 1—2—8 中，用圆弧 $R16$ mm 连接两直线，用圆弧 $R12$ mm 连接一直线和一圆弧，用圆弧 $R35$ mm 连接两圆弧等。要保证圆弧连接光滑，作图时必须先求作连接圆弧的圆心以及连接圆弧与已知线段的连接点，以保证连接圆弧与已知线段在连接处相切。

表 1—2—1　　常用基本作图方法

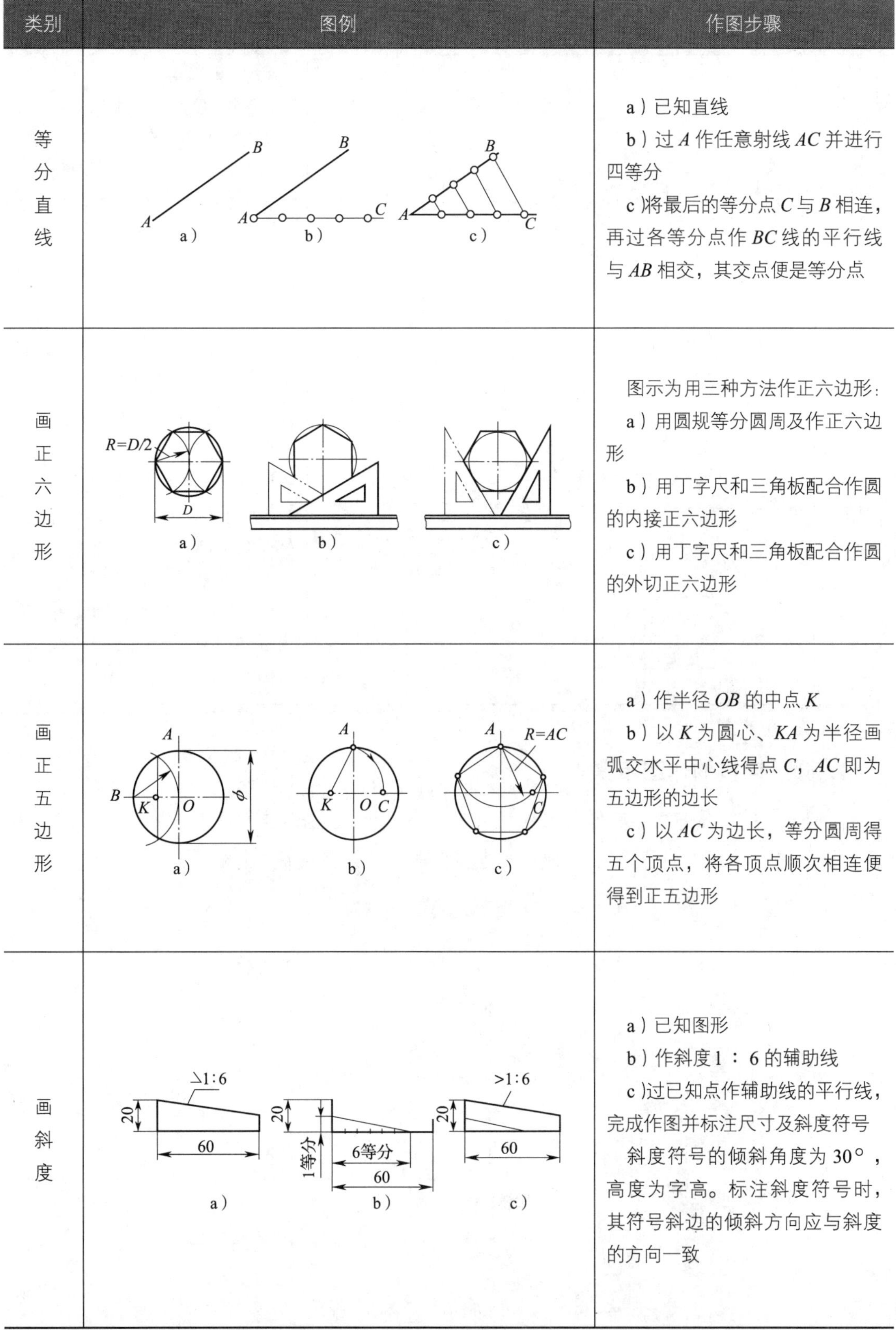

类别	图例	作图步骤
等分直线	a）　b）　c）	a）已知直线 b）过 A 作任意射线 AC 并进行四等分 c）将最后的等分点 C 与 B 相连，再过各等分点作 BC 线的平行线与 AB 相交，其交点便是等分点
画正六边形	$R=D/2$　D a）　b）　c）	图示为用三种方法作正六边形： a）用圆规等分圆周及作正六边形 b）用丁字尺和三角板配合作圆的内接正六边形 c）用丁字尺和三角板配合作圆的外切正六边形
画正五边形	$R=AC$ a）　b）　c）	a）作半径 OB 的中点 K b）以 K 为圆心、KA 为半径画弧交水平中心线得点 C，AC 即为五边形的边长 c）以 AC 为边长，等分圆周得五个顶点，将各顶点顺次相连便得到正五边形
画斜度	∠1:6　20　60　1等分　6等分 a）　b）　c）	a）已知图形 b）作斜度 1 ： 6 的辅助线 c）过已知点作辅助线的平行线，完成作图并标注尺寸及斜度符号 斜度符号的倾斜角度为 30°，高度为字高。标注斜度符号时，其符号斜边的倾斜方向应与斜度的方向一致

续表

类别	图例	作图步骤
画锥度	1:3 $\phi18$ 25 a） $\phi18$ 1等分 3等分 25 b） 1:3 $\phi18$ 25 c）	a）已知图形 b）作锥度1∶3的辅助线 c）过已知点作辅助线的平行线，完成作图并标注尺寸及锥度符号 锥度符号的圆锥角为30°，高度为字高。标注锥度符号时，其符号斜边的倾斜方向应与锥度的方向一致
画椭圆	A B C D E O a） O_2 C E O A O_3 O_4 B D O_1 b） O_2 K C K A O_3 O O_4 B K D K O_1 c）	a）画出长轴 AB 和短轴 CD，连接AC，以 C 为圆心，长半轴和短半轴之差为半径画弧交 AC 得点 E b）作 AE 的中垂线分别交长轴和短轴于 O_3、O_1 点，并作出其对称点 O_4、O_2 点 c）分别以 O_1、O_2 为圆心，O_1C 为半径画大弧，再以 O_3、O_4 为圆心，O_3A 为半径画小弧，即得椭圆

1. 圆弧连接的作图步骤

任何形式的圆弧连接，其作图过程都分为以下三步：先求连接圆弧的圆心，再求连接点（已知圆弧与连接线段的分界点），最后画连接圆弧（在两连接点之间画弧）。

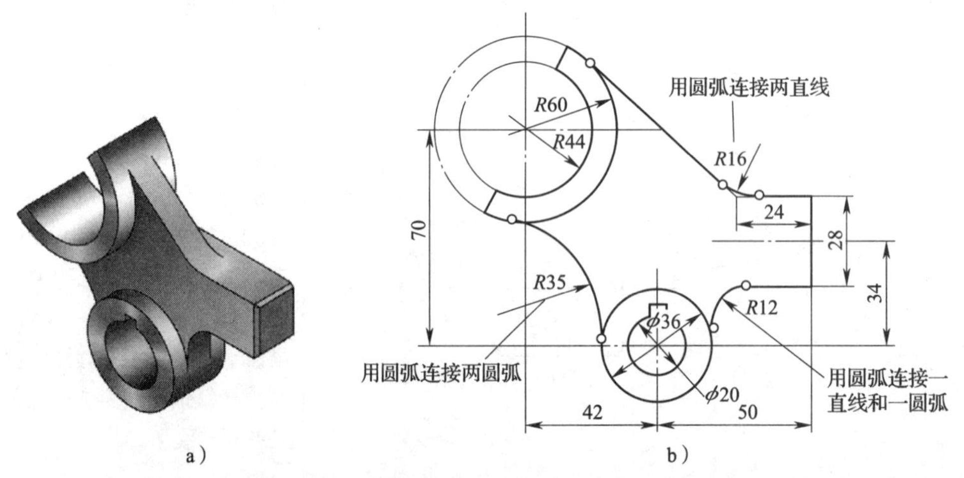

图 1—2—8 常见的圆弧连接形式

2. 圆弧连接的作图方法

（1）两直线间圆弧连接的作图方法见表 1—2—2。

表 1—2—2　　两直线间圆弧连接的作图方法

类别	图例	作图方法与步骤
用圆弧连接钝角的两边	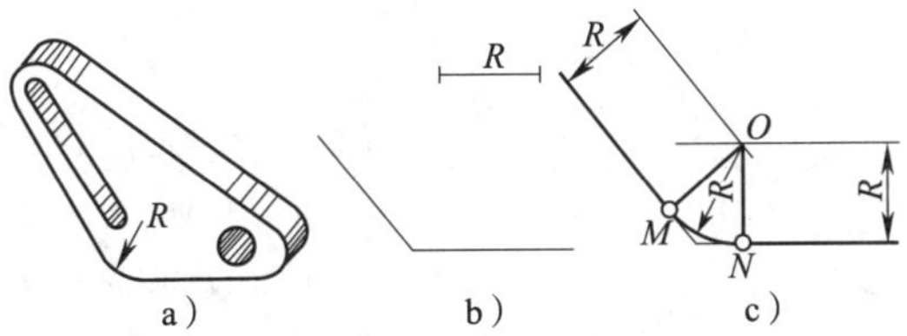 a）　b）　c）	a）作与已知角两边分别相距为 *R* 的平行线，两平行线相交于点 *O*，*O* 点即为连接圆弧的圆心 b）自 *O* 点向两个夹角边引垂线，其垂足 *M*、*N* 即为连接点 c）以 *O* 为圆心、*R* 为半径，在 *M* 至 N 之间画弧，即完成作图
用圆弧连接锐角的两边	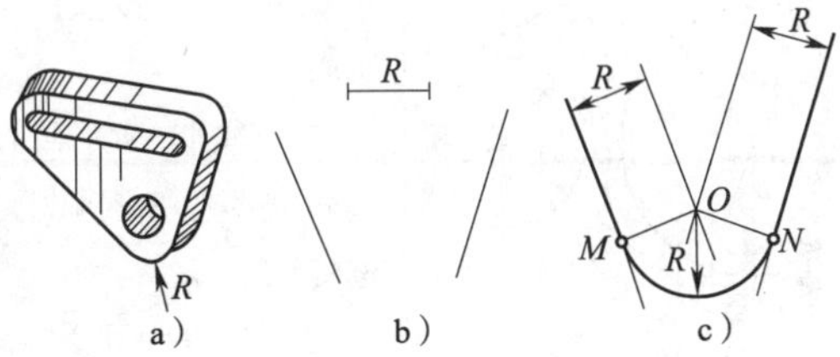 a）　b）　c）	a）作与已知角两边分别相距为 *R* 的平行线，两线相交于点 *O*，*O* 点即为连接圆弧的圆心 b）自 *O* 点向两个夹角边引垂线，其垂足 *M*、*N* 即为连接点 c）以 *O* 为圆心、*R* 为半径，在 *M* 至 N 之间画弧，即完成作图
用圆弧连接直角的两边	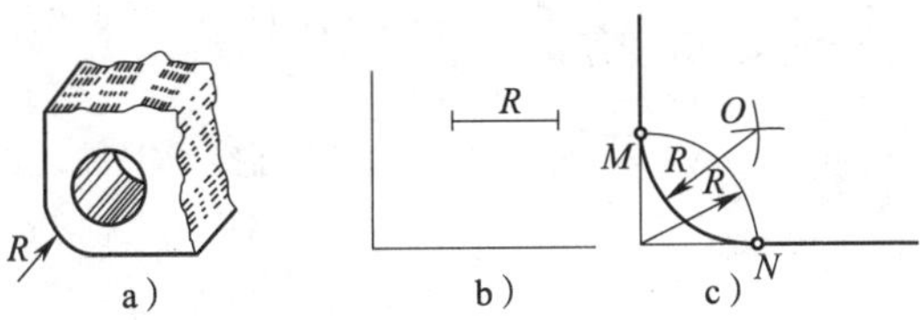 a）　b）　c）	a）以直角顶点为圆心，*R* 为半径画弧，交两直角边于 *M*、*N*，即为连接点 b）分别以 *M*、*N* 为圆心，*R* 为半径画弧，两弧交于点 *O*，*O* 点即为连接圆弧的圆心 c）以 *O* 为圆心、*R* 为半径，在 *M* 至 *N* 之间画弧，即完成作图

（2）两圆弧间圆弧连接的作图方法见表1—2—3。

表1—2—3　　两圆弧间圆弧连接的作图方法

类别	图　例	作图方法与步骤
用圆弧外连接两已知圆弧	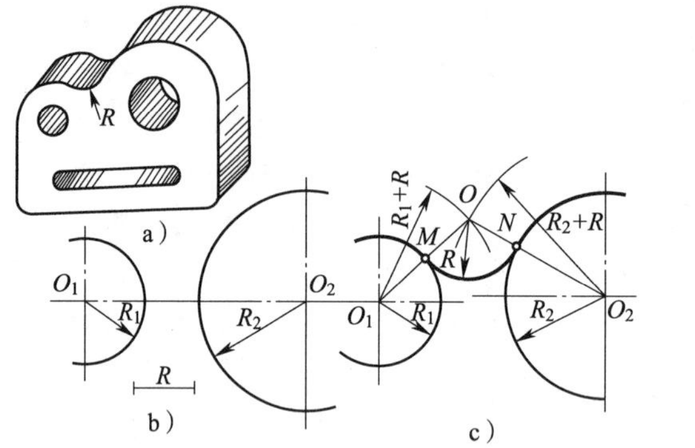 a）　b）　c）	（1）分别以 O_1、O_2 为圆心，R_1+R、R_2+R 的长为半径画弧，两弧相交于点 O，O 点即为连接圆弧的圆心 （2）连接 OO_1 和 OO_2，分别交两已知圆弧于 M、N，即为连接点 （3）以 O 为圆心、R 为半径，在 M 至 N 之间画弧，即完成作图
用圆弧内连接两已知圆弧	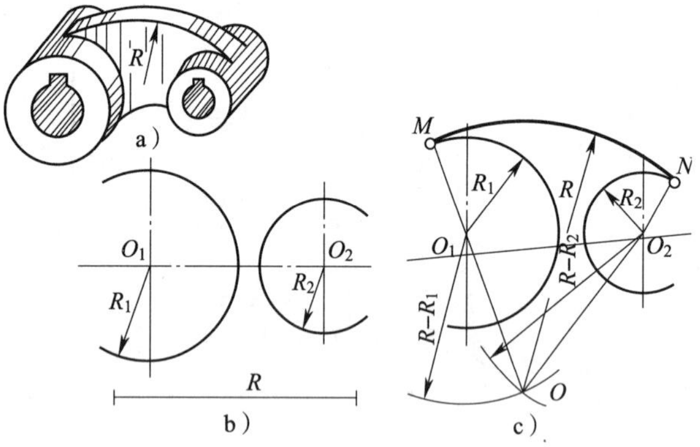 a）　b）　c）	（1）分别以 O_1、O_2 为圆心，$R-R_1$、$R-R_2$ 的长为半径画弧，两弧相交于点 O，O 点即为连接圆弧的圆心 （2）连接 OO_1 和 OO_2 并延长，分别交两已知圆弧于 M、N，即为连接点 （3）以 O 为圆心、R 为半径，在 M 至 N 之间画弧，即完成作图
用圆弧分别内、外连接两已知圆弧	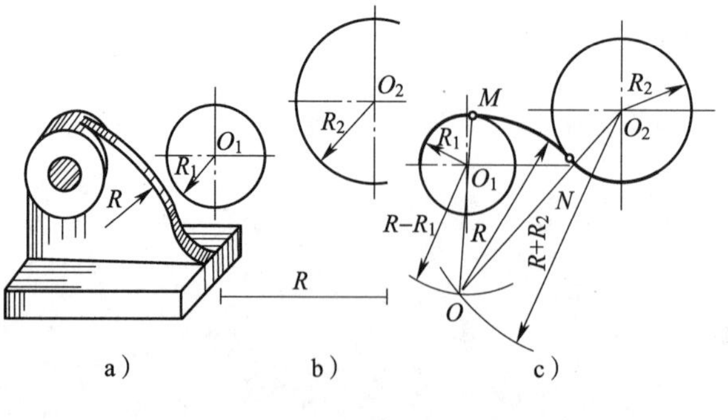 a）　b）　c）	（1）分别以 O_1、O_2 为圆心，$R-R_1$、$R+R_2$ 的长为半径画弧，两弧相交于点 O，O 点即为连接圆弧的圆心 （2）连接 OO_1 并延长，交已知圆弧 R_1 于 M 点，连接 OO_2 交已知圆弧 R_2 于 N 点，M 与 N 即为连接点 （3）以 O 为圆心、R 为半径，在 M 至 N 之间画弧，即完成作图

任务实施

一、绘制图 1—2—9 所示的平面图形

分析：该图形的外形由四段直线和四段圆弧组成，里面包含四个小圆和一个矩形。

作图步骤：如图 1—2—10 所示，先画出水平和垂直的两条中心线，再按给出的尺寸画出大小两个矩形，然后定出四角小圆的圆心，最后画出小圆和圆弧，并按规定的线型描深全图。

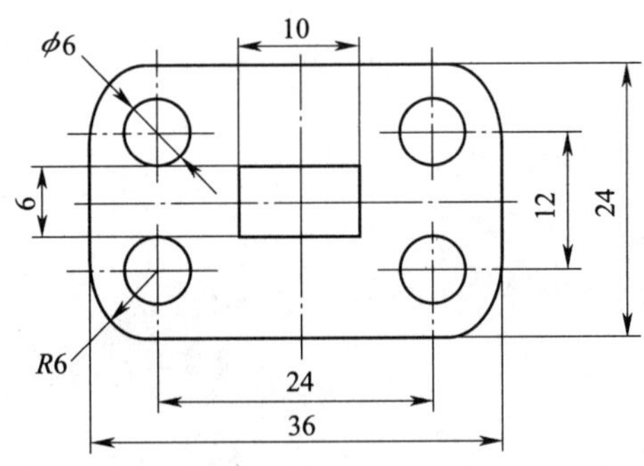

图 1—2—9　平面图形

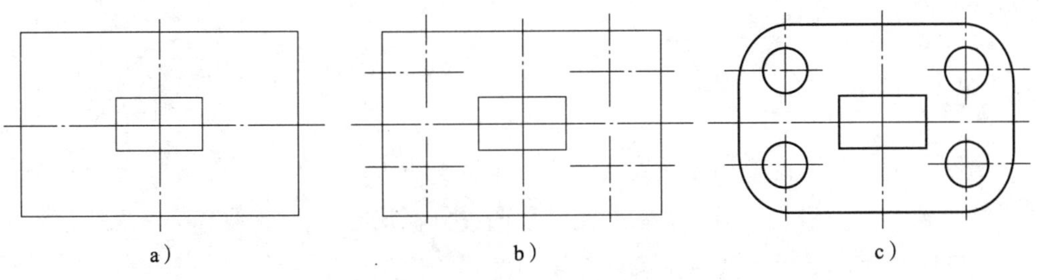

图 1—2—10　作图步骤

a）画中心线及两个矩形　b）定出四角小圆的圆心　c）画出小圆和圆弧

二、绘制图 1—2—11 所示的平面图形

分析：该图形由三个圆、四条直线和四段圆弧组成。

作图步骤：如图 1—2—12 所示，先画出水平和垂直的两条中心线，定出两边小圆的位置，并画出中间的大圆和两边的小圆；再根据 ϕ30 mm 和 R5 mm 画出外形的各段圆弧；最后作外形各段圆弧的公切线，并描深全图。

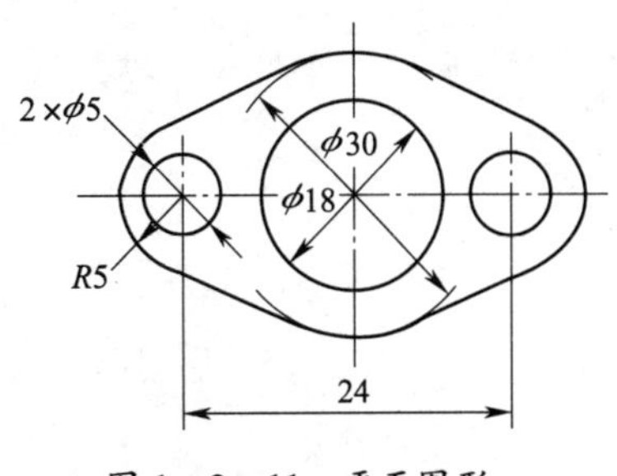

图 1—2—11　平面图形

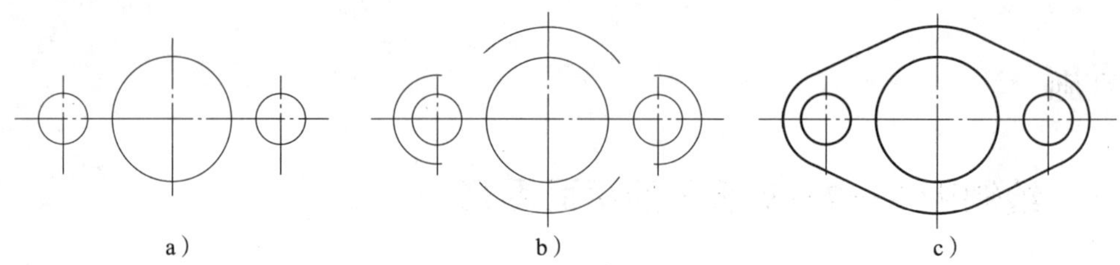

图 1—2—12 作图步骤
a）画中心线及三个圆 b）画出外形的各段圆弧 c）作外形各段圆弧的公切线

课题三 绘制样板的平面图形

学习目标

1. 能正确分析平面图形中的尺寸和线段。
2. 掌握绘制平面图形的方法与技巧。
3. 能按照所给定的平面图形准确地将图形绘制出来。

任务引入

在钣金作业中，对于不适于单件放样展开的构件，按照放样展开规则将图形画到适当的板料上，然后准确地剪切、校正后制作的标准形体展开板面称为样板。本课题主要介绍绘制样板平面图形的方法和步骤。

知识准备

平面图形是由若干直线和曲线连接而成的，这些线段之间的相对位置和连接关系是由给定的尺寸来确定的。因此，画平面图形时必须通过分析尺寸的性质，才能明确图中各线段的类型，从而确定画不同类型线段的顺序及平面图形的作图步骤。

平面图形的分析包括尺寸分析和线段分析。下面以图 1—3—1 所示的手柄为例进行分析。

一、平面图形的尺寸分析

平面图形中的尺寸按其作用不同可分为以下两类：

1. 定形尺寸

用于确定线段的长度、圆弧的半径、圆的直径和角度大小等尺寸称为定形尺寸。如图 1—3—1 中的 $\phi 5$、$\phi 20$、$R10$、$R15$、$R12$、$R50$、15 等。

2. 定位尺寸

用于确定线段在平面图形中所处位置的尺寸称为定位尺寸。如图 1—3—1 中的尺寸 8 确

定了 $\phi5$ 圆心的左右位置；尺寸 75 间接地确定了 $R10$ 圆心的左右位置；尺寸 45 确定了 $R50$ 圆心的左右位置。

3. 尺寸基准

尺寸基准就是标注尺寸的起点。对平面图形来说，尺寸基准是指图形中的点和线，其水平（左右）方向和垂直（上下）方向各有一个尺寸基准。定位尺寸需从尺寸基准出发进行标注。图 1—3—1 中的 *A* 作为水平方向的尺寸基准，*B* 作为垂直方向的尺寸基准。

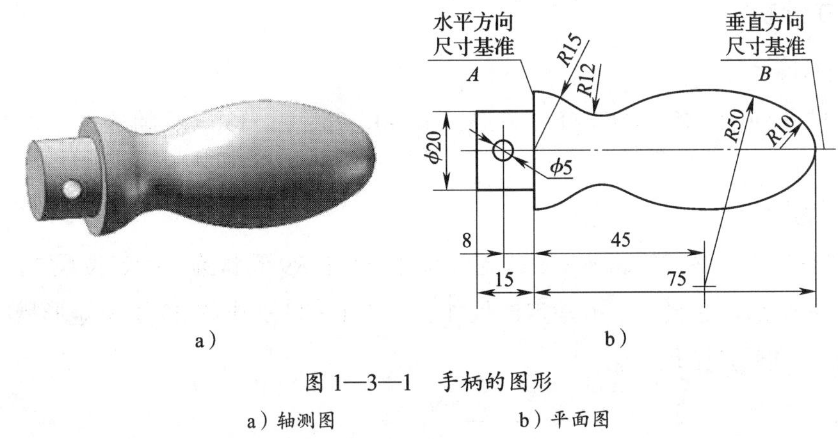

图 1—3—1 手柄的图形

a）轴测图 b）平面图

二、平面图形的线段分析

平面图形中的线段（直线或圆弧），根据其定位尺寸是否完整，可分为以下 3 类：

1. 已知线段

已知线段是指具有两个方向定位尺寸的线段，如图 1—3—1 中的 $R15$、$R10$ 圆弧，$\phi5$ 圆，$\phi20$ 和尺寸 15 组成的矩形线框等。

2. 中间线段

中间线段是指具有一个方向定位尺寸的线段，如图 1—3—1 中的 $R50$ 只有水平方向的定位尺寸 45。

3. 连接线段

连接线段是指没有定位尺寸的线段，如图 1—3—1 中的 $R12$。

作图时，由于已知线段有两个定位尺寸，故可直接画出；而中间线段虽然缺少一个定位尺寸，但它总是与一个已知线段相连接，利用相切的条件便可画出；连接线段由于没有定位尺寸，只有借助它与已经画出的两条相邻线段相切的连接条件才能画出。

因此，平面图形中各种线段的画图顺序是先画已知线段，再画中间线段，最后画连接线段。

任务实施

绘制图 1—3—2 所示样板的平面图形

1. 准备工作

（1）确定比例，尽量选用 1∶1 的比例，根据图形大小选用合适的图幅，固定图纸。

（2）拟定具体的作图顺序。

2. 尺寸分析

（1）定形尺寸

图 1—3—2 中的 *R*49、*R*9、*R*8，直线尺寸 40、25、7、38 以及圆的大小尺寸 ϕ8 都是定形尺寸。

（2）定位尺寸

图 1—3—2 中的 24、27 是 ϕ8 圆的定位尺寸，11 是 *R*9 圆弧圆心的定位尺寸。必须注意，有时一个尺寸既是定形尺寸，也是定位尺寸。如图 1—3—2 中的 25 既是矩形槽的长，也是 *R*8 圆弧左右方向的定位尺寸。

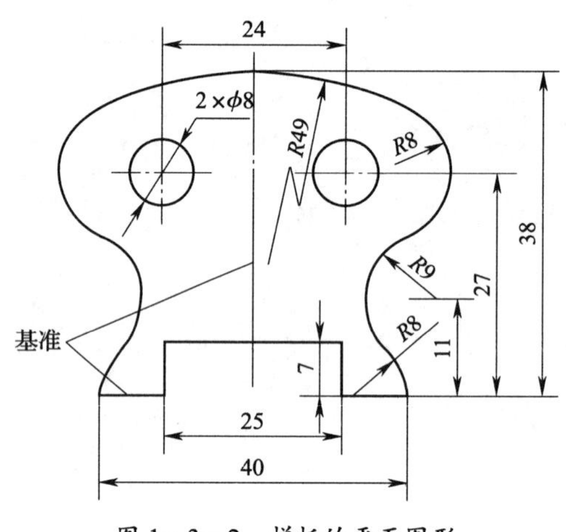

图 1—3—2　样板的平面图形

3. 线段分析

（1）已知线段

如图 1—3—2 中的 2× ϕ8、*R*49、40 等。

（2）中间线段

如图 1—3—2 中 *R*9 的圆弧只有一个定位尺寸 11，另一个定位尺寸必须根据它与右下方的已知圆弧 *R*8 相外切的几何条件求出，所以 *R*9 的圆弧是中间线段。

（3）连接线段

如图 1—3—2 中右上方 *R*8 的圆弧没有圆心的定位尺寸，画图时要根据它与 *R*49 圆弧内切及与 *R*9 圆弧外切的条件，求出圆心和连接点才能画出，故此圆弧属于连接线段。

4. 作图步骤

（1）画底稿

（2）一般用削尖的 2H 或 H 铅笔准确、轻轻地绘制。画底稿的步骤是先画图框、标题栏，后画图形。画图形时，首先要根据其尺寸布置好图形位置，画出基准线、轴线、对称中心线，然后再画图形，并遵循先主体后细部的原则。

画底稿的过程如图 1—3—3a、b、c 所示。

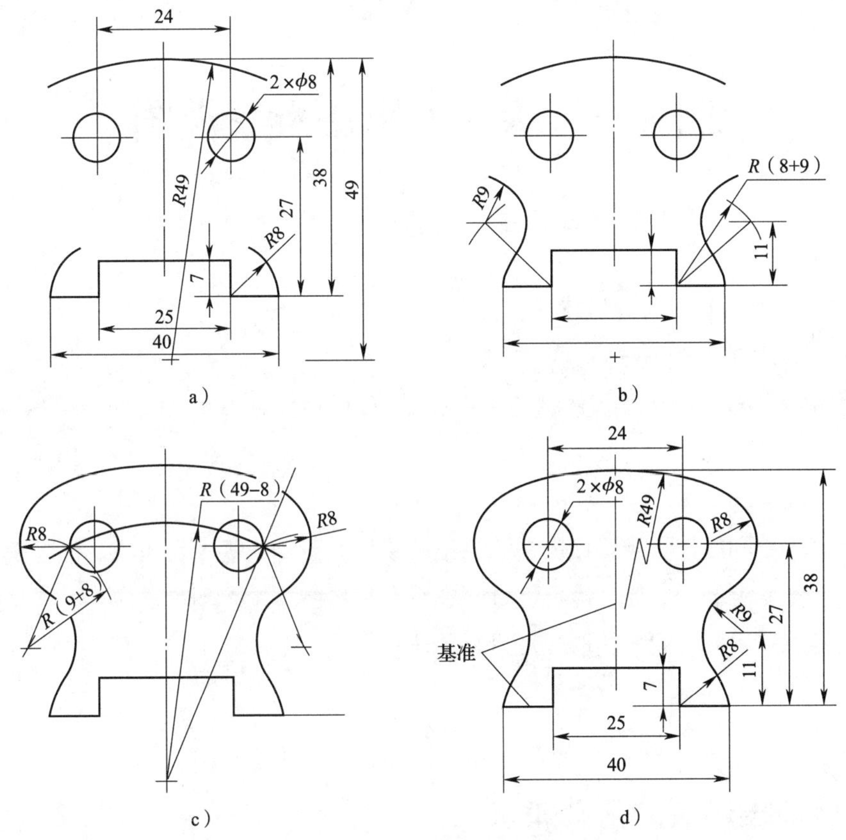

图 1—3—3　绘制样板平面图形的步骤

a）画已知线段　b）画中间圆弧　c）画连接圆弧　d）检查、描深、标注尺寸

（3）描深底稿

检查后，按规定的线型描深底稿。

按线型要求描深底稿的原则如下：

1）先粗后细。一般先描深全部粗实线，再描细虚线、细点画线及细实线，以保证同一线型的规格比较一致。

2）先曲后直，先水平后垂直。在描深图线时，先描圆或圆弧，后描直线，并顺次连接以保证连接光滑。

3）标注尺寸，填写标题栏。依次画出尺寸界线、尺寸线、箭头，填写尺寸数字、标题栏等。完成的样板图如图 1—3—3d 所示。

单元二　识读立体的三视图

立体包含基本体和组合体。基本体分为平面体和曲面体两类。机械零件中常见的形体多数是不完整的基本体及它们的组合。本单元将介绍完整的几何体和不完整的几何体以及由它们简单组合而成的相贯体的投影。

课题一　认知投影法及三视图

学习目标

1. 掌握正投影的基本原理与特性。
2. 理解三视图的形成过程及绘制方法。
3. 牢固掌握三视图之间的投影对应关系和方位对应关系。

任务引入

根据有关标准和规定，用正投影法绘制出的物体图形称为视图。正投影能准确地表达物体的形状，且作图简单、方便，度量性好，在汽车机械图样中得到广泛应用。本课题主要介绍正投影的有关知识、三视图的形成及投影规律。

知识准备

一、认知投影法的基础知识

物体在光线照射下就会在地面或墙壁上产生影子，影子在一定程度上反映出物体的形状特征。人们根据这种自然现象加以抽象研究，总结其中规律，提出投影法。

投影法是指利用一组投射线通过物体射向预定平面上得到图形的方法。预定平面称为投影面，图形即为该物体的投影，如图 2—1—1 所示。

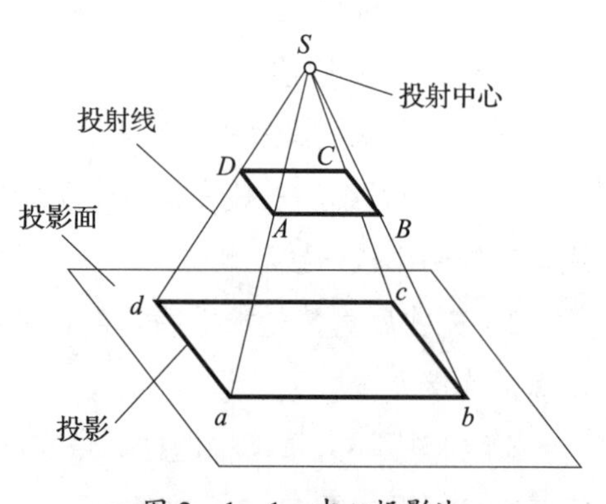

图 2—1—1　中心投影法

1. 投影法的分类

投影法分为中心投影法和平行投影法两类。

（1）中心投影法

如图 2—1—1 所示，投射线汇交一点的投影法称为中心投影法。改变物体和投射中心的距离，则物体投影的大小将发生变化。中心投影法的投影不能反映物体的真实形状和大小，因此在汽车机械图样中很少使用，常用于建筑的外形设计。

（2）平行投影法

若将投射中心 S 移到离投影面无穷远处，则所有的投射线都相互平行，这种投射线相互平行的投影方法称为平行投影法，所得投影称为平行投影。按投射线是否垂直于投影面，平行投影法又分为斜投影法和正投影法。

1）斜投影法。是指投射线与投影面相倾斜的平行投影法，如图 2—1—2a 所示。

2）正投影法。是指投射线与投影面相垂直的平行投影法，如图 2—1—2b 所示。

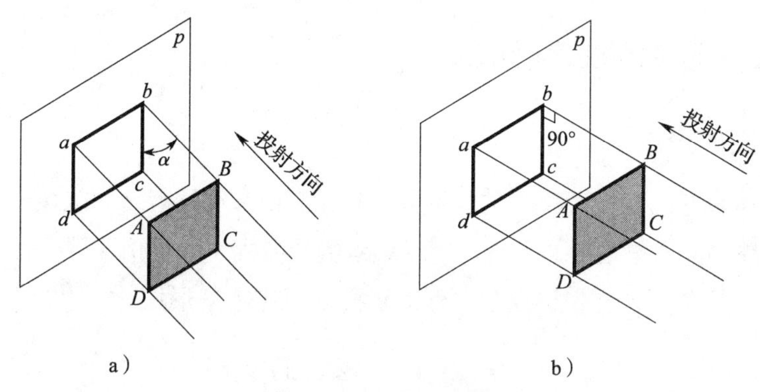

图 2—1—2　平行投影法

a）斜投影法　b）正投影法

由于正投影法的投射线相互平行且垂直于投影面，因此，当空间平面图形平行于投影面时，其投影将反映该平面的真实形状和大小，且即使改变物体和投影面的距离，其投影的形状和大小并不发生变化。因此，绘制汽车机械图样时主要采用正投影法，后面将正投影法简称投影。

2. 正投影的特性

（1）真实性

当直线、平面平行于投影面时，直线的投影反映实长；平面的投影反映实形，如图 2—1—3a 所示。

（2）积聚性

当直线、平面垂直于投影面时，直线的投影积聚成一点，平面的投影积聚成直线，如图 2—1—3b 所示。

（3）类似性

当直线、平面倾斜于投影面时，直线的投影仍为直线，但长度变短；平面的投影仍为平面，但面积变小，形状与原形相类似，即原平面的类似形（类似形是指两图形相应线段间保持定比关系，即边数、平行关系、凹凸关系不变），如图 2—1—3c 所示。

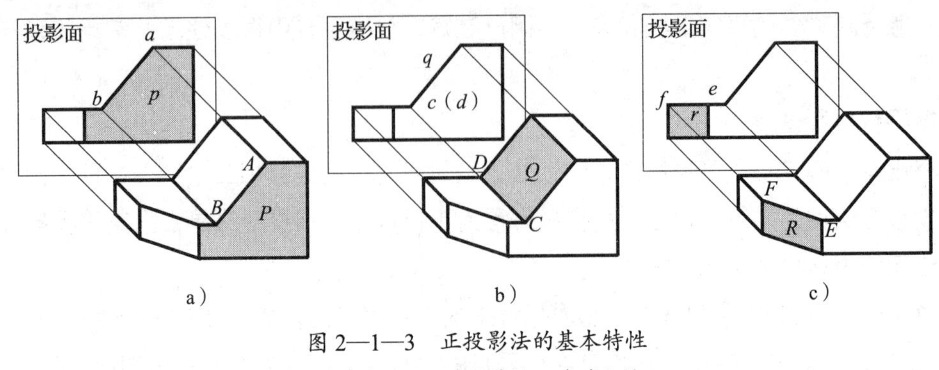

图 2—1—3 正投影法的基本特性

a）真实性 b）积聚性 c）类似性

二、认知三视图的基础知识

1. 三面视图的形成

如图 2—1—4 所示，有一个直立的投影面，在投影面和观察者之间放置一个物体（V 形块），并使 V 形块的前面与投影面平行，将观察者的视线视为一组相互平行且与投影面垂直的投射线，用正投影的方法在投影面上得到的正投影图就是 V 形块的一个视图。

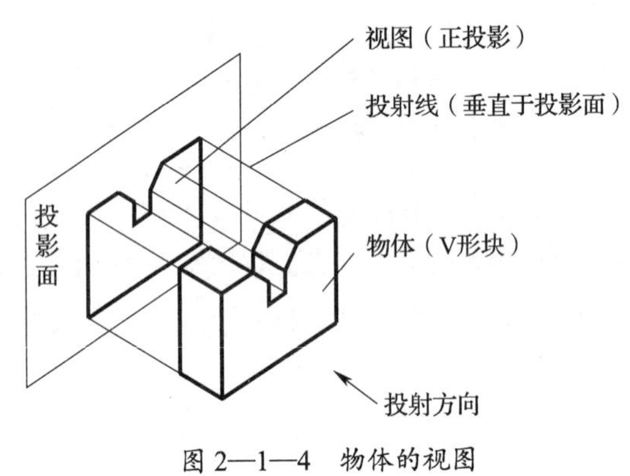

图 2—1—4 物体的视图

一般情况下，物体的形状不能由一面视图确定。如图 2—1—5a 所示，三个不同的物体在同一个投影面（正投影面）上的投影完全相同，说明一面视图不能完整地反映物体的形状和大小。如果再增加一个水平投影面，可以发现三个不同的物体在水平投影面上的投影也完全相同，如图 2—1—5b 所示，说明两面视图仍不能完整地反映物体的形状和大小。因此，工程上通常采用三面视图。

（1）三投影面体系的建立

设立三个互相垂直的投影面，建立三投影面体系，如图 2—1—6 所示。三个投影面分别称为正立投影面、水平投影面、侧立投影面，简称正面、水平面、侧面，又称 *V* 面、*H* 面和 *W* 面。三个投影面两两垂直相交，其交线 *OX*、*OY*、*OZ* 称为投影轴，三条投影轴的交点 *O* 称为原点。

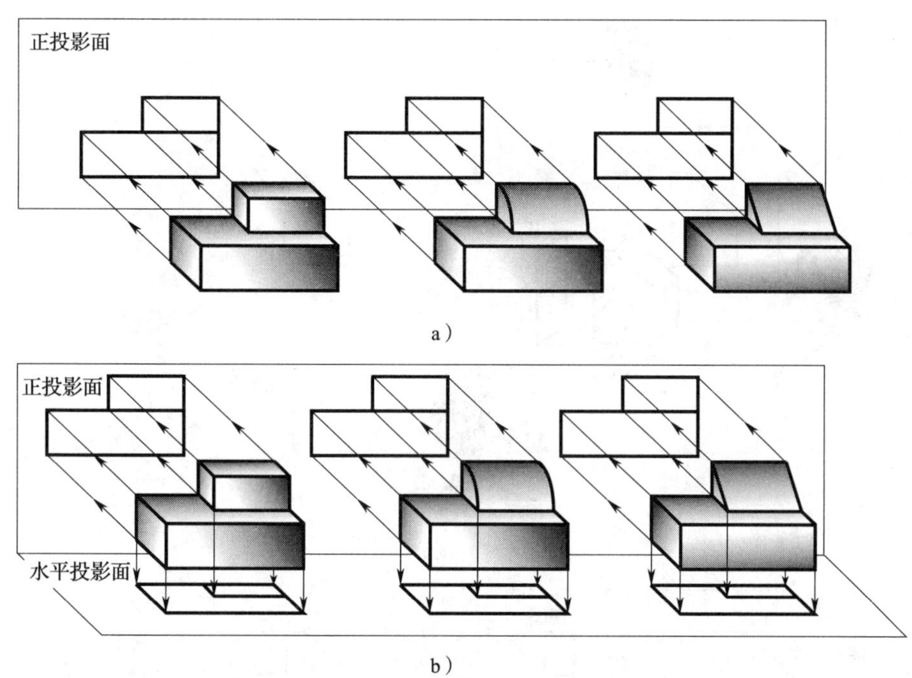

图 2—1—5　不同物体的相同视图

a）三个不同的物体在同一个投影面上的投影完全相同　b）三个不同的物体在两个投影面上的投影完全相同

（2）三视图的形成

如图 2—1—7 所示，将物体放在互相垂直的三投影面体系中，按正投影法分别向三个投影面投射，得到正面投影、水平投影和侧面投影。在三投影面体系中用正投影方法得到的三面投影图又称三视图，如图 2—1—7a 所示。

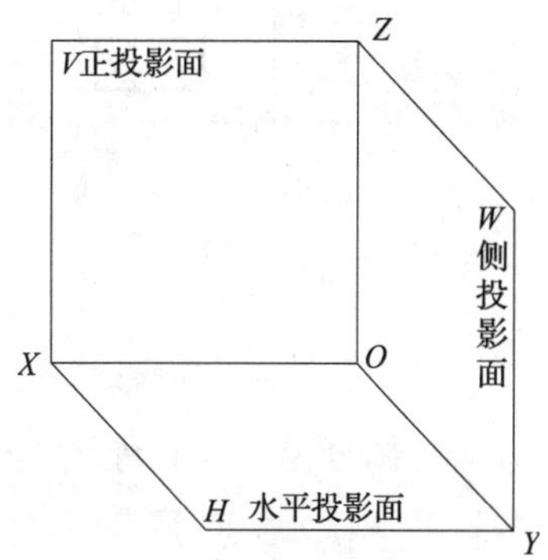

图 2—1—6　三投影面体系

主视图——由前向后投射，在正面上得到的视图。

俯视图——由上向下投射，在水平面上得到的视图。

左视图——由左向右投射，在侧面上得到的视图。

为了方便看图和画图，必须将三个投影面“展开”到同一个平面上。“展开”的方法如下：V 面保持不动，H 面绕 OX 轴向下旋转 90° 与 V 面重合，W 面绕 OZ 轴向右旋转 90° 也与 V 面重合。要旋转投影面，首先需将 OY 轴一分为二，此时在 H 面上的 OY 轴用 OY_H 表示，在 W 面上的 OY 轴用 OY_W 表示，如图 2—1—7b 所示。这样处于空间位置的三视图也就在同一平面上，如图 2—1—7c 所示。画三视图时去掉投影面边框和投影轴，展开后的三视图如图 2—1—7d 所示。

2. 三视图之间的对应关系

（1）三视图的位置对应关系

三投影面体系展开后，三视图间的位置关系自然形成：俯视图在主视图的正下方，左视图在主视图的正右方。展开后所形成的三视图不需标注其名称。

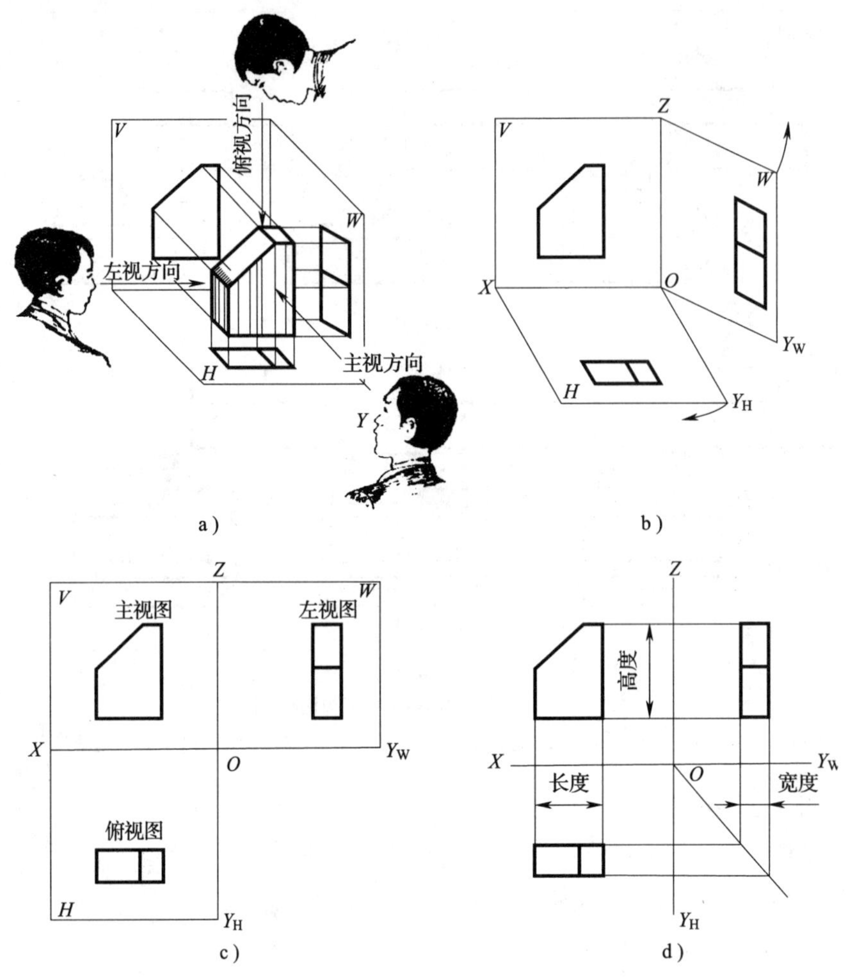

图 2—1—7　三视图的形成过程

（2）三视图的投影对应关系

物体有长、宽、高三个方向的尺寸，如图 2—1—7d 所示。物体左右方向的距离为长（*X* 方向），前后之间的距离为宽（*Y* 方向），上下之间的距离为高（*Z* 方向）。

一个视图只能反映物体两个方向的尺寸。主视图反映物体的长和高；俯视图反映物体的长和宽；左视图反映物体的宽和高。从三视图的位置关系和尺寸关系可归纳出三视图之间的投影对应关系如下：主、俯视图反映了物体左右方向的同样长度，其投影在长度方向上等长，且对正；主、左视图反映了物体上下方向的同样高度，其投影在高度方向上等高，且平齐；俯、左视图反映了物体前后方向的同样宽度，其投影在宽度方向上等宽，且相等。

因此，三视图之间的投影对应关系可概括为：主、俯视图长对正；主、左视图高平齐；俯、左视图宽相等。

“长对正，高平齐，宽相等”的投影对应关系又称投影规律。投影规律是三视图的重要特性，也是看图和画图的依据。

（3）三视图的方位对应关系

物体有上、下、左、右、前、后六个方位，一个视图只能反映物体的四个方位，如图2—1—8所示。

主视图反映了物体的上、下、左、右相对位置关系；俯视图反映了物体的前、后、左、右相对位置关系；左视图反映了物体的上、下、前、后相对位置关系。

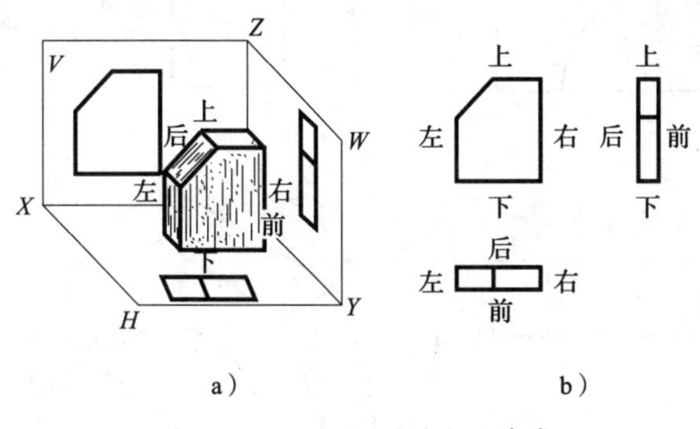

图 2—1—8　三视图的方位关系

任务实施

全班分成若干小组进行讨论并按要求完成下列题目，教师巡回指导，根据各小组做出的答案再进行点评，最后统一正确答案。

一、识读图 2—1—9 所示物体的三视图，在括号内填写各视图的名称和长、宽、高的尺寸。

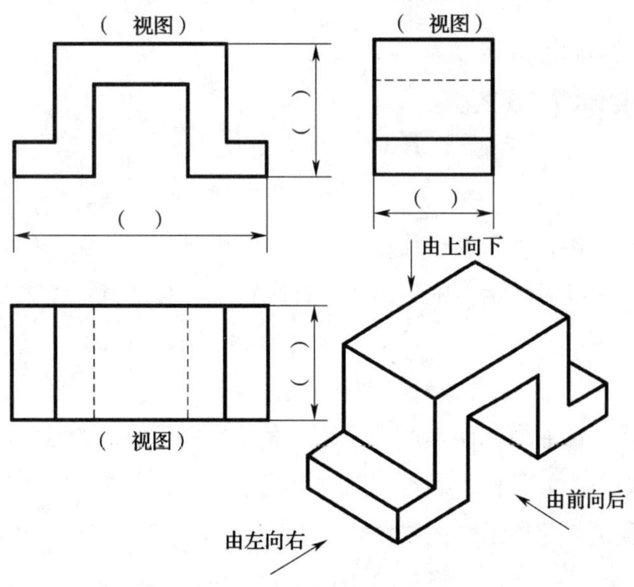

图 2—1—9　认知三视图的名称和尺寸

二、识读图 2—1—10 所示的三视图，在括号内填写物体的上、下、左、右、前、后六个方位。

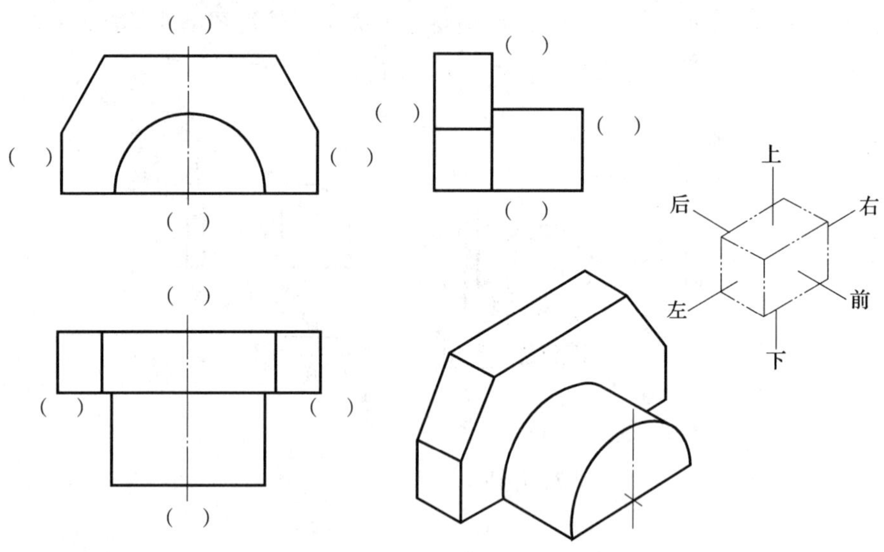

图 2—1—10 认知物体的方位

课题二　识读基本体的三视图

学习目标

1. 熟悉基本体三视图的特点。
2. 掌握基本体三视图的画法。
3. 能识读简单物体的三视图。

任务引入

实际使用的汽车零件，不管其形状多么复杂，都可以看作是由一些基本体组成的。本课题主要介绍基本体及由其简单组合的物体的三视图特征、画法及识读方法。

知识准备

基本体分为平面体和曲面体两类。平面体的表面都是平面，如棱柱和棱锥等；曲面体的表面至少有一个是曲面，如圆柱、圆锥、圆球、圆环等，如图 2—2—1 所示。大多数汽车机械零件都是基本体及由其简单组合的物体。

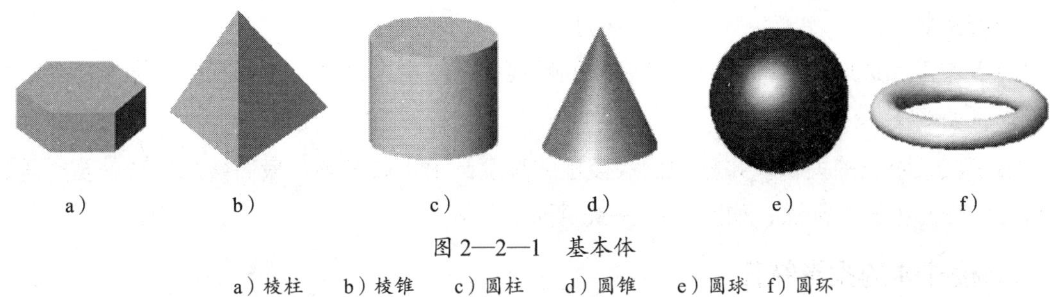

图 2—2—1　基本体

a）棱柱　b）棱锥　c）圆柱　d）圆锥　e）圆球　f）圆环

一、棱柱体

1. 棱柱体的形体特征

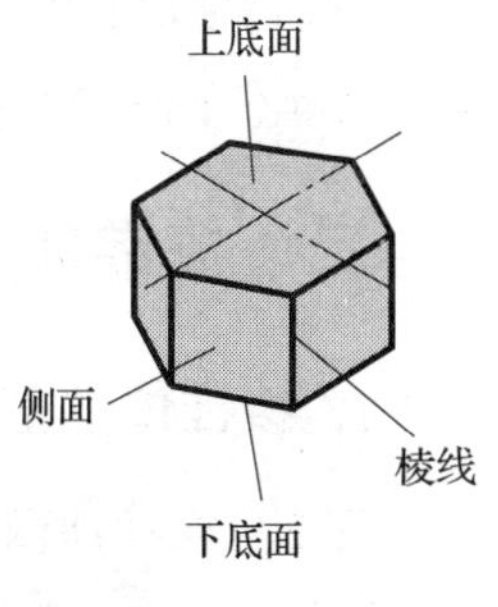

图 2—2—2　六棱柱体

图 2—2—2 所示为正六棱柱的轴测图。棱柱体由两个全等的多边形底面和矩形（直棱柱）或平行四边形（斜棱柱）的侧面组成，棱线互相平行。棱线与两底面垂直的棱柱称为直棱柱。当棱柱的两底面为正多边形时，称为正棱柱。常见的棱柱有三棱柱、四棱柱、五棱柱、六棱柱等。下面仅讨论直棱柱的投影。

2. 棱柱体的三视图

图 2—2—3a 所示为正六棱柱三视图的投射情况，将棱线垂直于水平面放置。

正六棱柱的两底面为正六边形的平面，这两个面反映了棱柱的形状特征，称为形状特征面，其水平投影反映实形，正面投影及侧面投影积聚成直线；前、后两个面平行于正面，正面投影反映实形，水平投影及侧面投影积聚为直线；其他四个侧面均垂直于水平面，水平投影均积聚为倾斜的直线，正面投影和侧面投影均为类似形（矩形）。各棱线均垂直于水平面，水平投影积聚为一点，正面投影和侧面投影均反映实长。

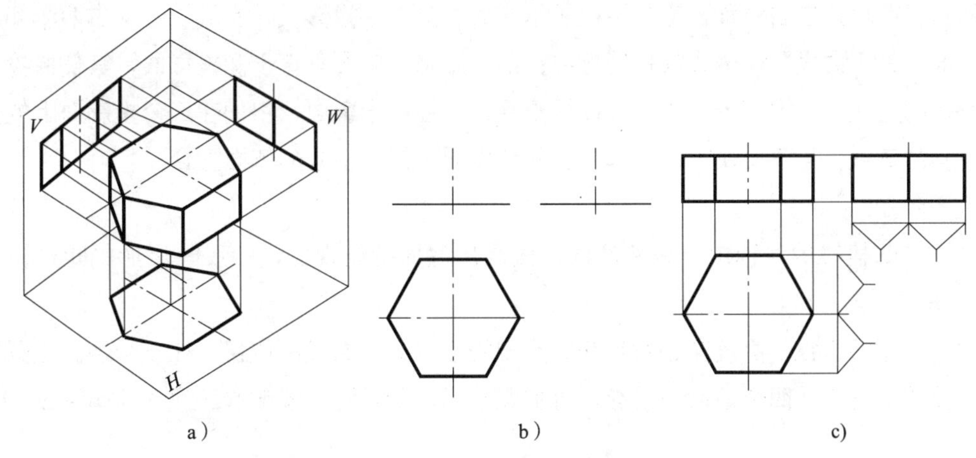

图 2—2—3　正六棱柱投影的作图步骤

作图步骤：

（1）作正六边形的对称中心线及底面的基准线，画出正六边形（形状特征面）实形的水平投影，如图 2—2—3b 所示。

（2）按长对正的关系，并量取正六棱柱的高度画出正面投影，最后按高平齐、宽相等的关系画出侧面投影并加深，如图 2—2—3c 所示。

3. 棱柱体的投影特征

当棱柱体的棱线垂直于一个投影面放置时，在与棱线垂直的投影面上的投影为多边形（反映棱柱顶面、底面的实形）；另外两个投影为一个或多个大小不等的矩形线框（侧面的实形或类似形）所组成的图形。

二、棱锥体

1. 棱锥体的形体特征

图 2—2—4 所示为四棱锥的轴测图。棱锥体由底面及侧面组成，各条棱线汇交于一点，侧面为若干个具有公共顶点的三角形，底面为多边形，从顶点到底面的距离称为锥高。当棱锥的底面为正多边形、各侧面均为全等的等腰三角形时称为正棱锥。常见的棱锥体有三棱锥、四棱锥、五棱锥、六棱锥等。

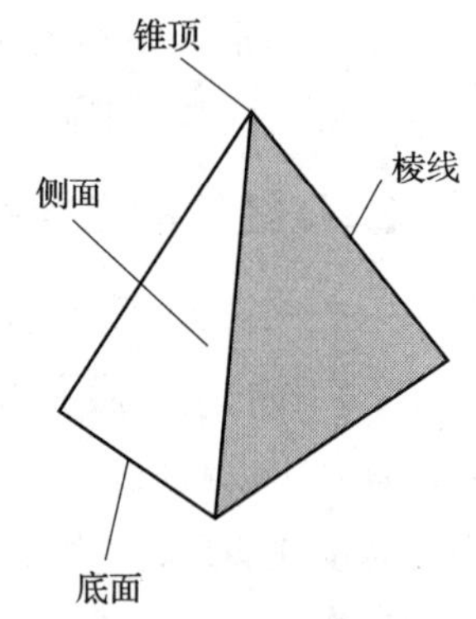

图 2—2—4　四棱锥的轴测图

2. 棱锥体的三视图

图 2—2—5a 所示为四棱锥三视图的投射情况。四棱锥的表面由一个底面（矩形）和四个侧面（等腰三角形）组成，将其放置成底面与水平投影面平行的位置。

四棱锥前后、左右对称，底面平行于水平面，其水平投影反映实形；左、右两个侧面垂直于正面，其正面投影积聚成倾斜的直线；前、后两个侧面垂直于侧投影面，其侧面投影积聚成倾斜的直线；与锥顶相交的四条棱线不平行于任一投影面，它们在三个投影面上的投影都是倾斜的直线，且不反映实长，其中正面和侧面投影与相应的侧面重合。

作图步骤：

（1）作四棱锥的对称中心线和底面，先画出底面的俯视图，即反映实形的矩形，如图 2—2—5b 所示。

（2）根据四棱锥的高度在各对称线上定出锥顶 S 的三面投影位置，在三个视图上分别用直线连接锥顶与底面四个顶点的投影，再加深全图，便得到四棱锥的三视图，如图 2—2—5c 所示。

3. 棱锥体的投影特征

当棱锥体的底面平行于某一个投影面放置时，则棱锥体在该投影面上投影的外轮廓为与底面全等的多边形，其里边还有多个三角形；另外两个投影则由若干个相邻的三角形线框所组成。图 2—2—6 所示为常见的棱锥体及棱台的三视图。

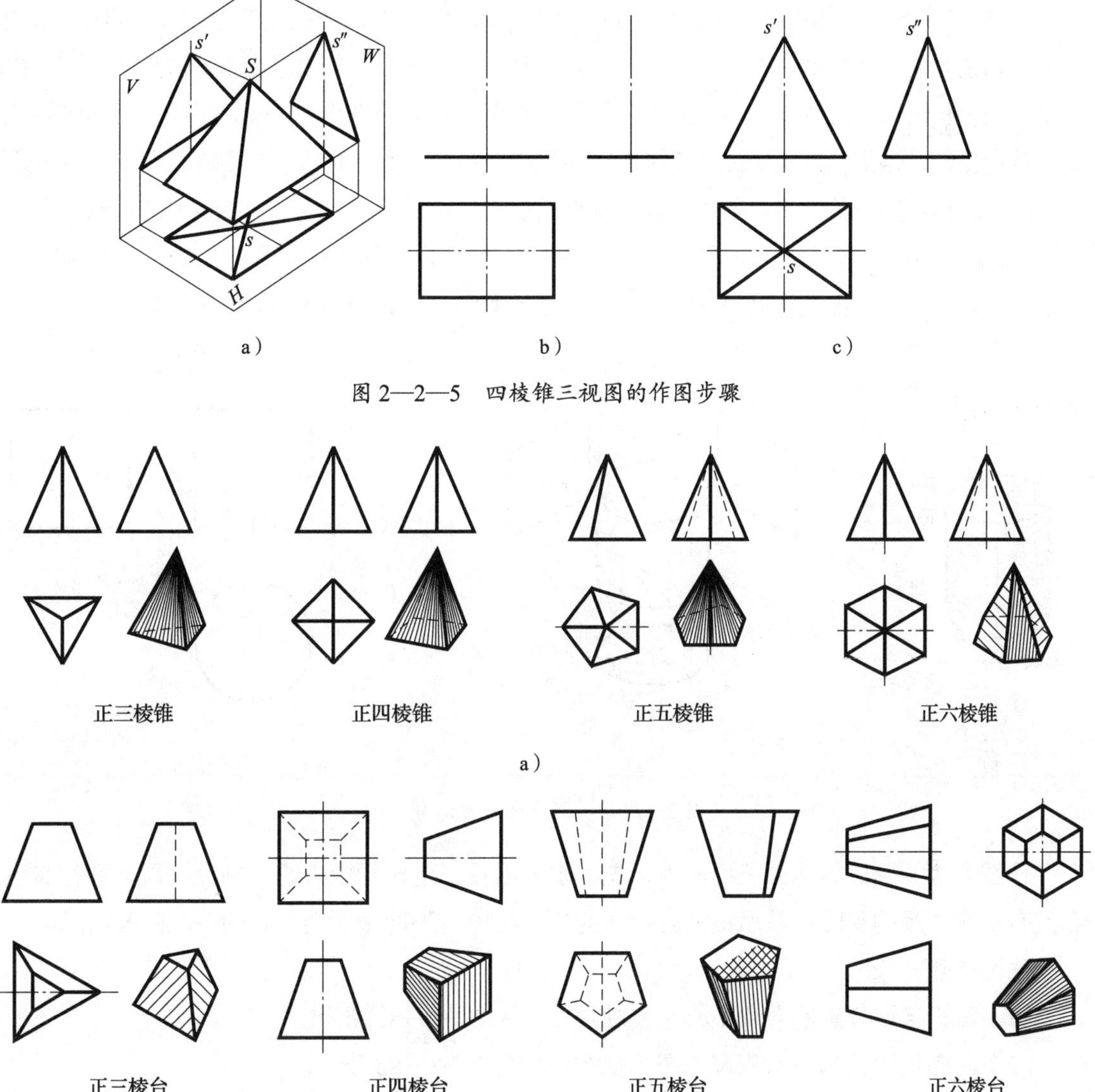

图 2—2—5　四棱锥三视图的作图步骤

图 2—2—6　常见的棱锥体及棱台的三视图
a）正棱锥　b）正棱台

三、圆柱体

1. 圆柱体的形体特征

圆柱体的表面是由圆柱面和底面所组成的，如图 2—2—7a 所示。圆柱面可看作一条直母线绕着与它平行的轴线旋转而成，直母线在圆柱面上的任意位置时称为圆柱面的素线，在极限位置时称为轮廓线。两底面垂直于轴线的圆柱称为正圆柱。圆柱的轴线对投影面处于不同位置时，其三视图的特点及形状不同。下面只介绍轴线垂直于某一投影面的正圆柱的三视图。

2. 圆柱体的三视图

图 2—2—7b 所示为圆柱体三视图的投射情况，图 2—2—7c 所示为圆柱体的三视图。该圆柱体的轴线垂直于水平面，两底面的水平投影反映实形，正面和侧面投影积聚成直线；圆柱面的水平投影积聚为一圆周，与两底面的水平投影重合；正面投影为一矩形，是前、后两半圆柱面的重合投影，矩形的两条竖线分别是圆柱面最左、最右素线的投影，也是圆柱面前、后分界的转向轮廓线，矩形的上下两条水平线分别是两底面的积聚投影；圆柱面在侧面的投影也是一矩形，是左、右两半圆柱面的重合投影，矩形的两条竖线分别是圆柱面最前、最后素线的投影，也是圆柱面左、右分界的转向轮廓线，矩形的上下两条水平线分别是两底面的积聚投影。

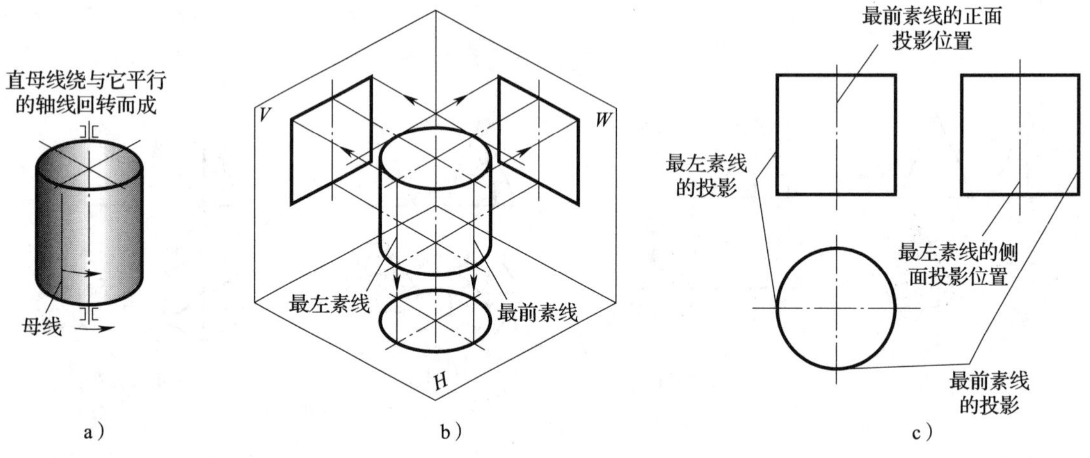

图 2—2—7　圆柱体的投影分析

作图方法：画回转体的三视图时，先画出各面投影的对称中心线及轴线，再画圆柱面投影具有积聚性圆的视图，最后根据圆柱体的高度画出另外两个视图，如图 2—2—8 所示。

作图步骤：

（1）画出各面投影的对称中心线及轴线，如图 2—2—8a 所示。

（2）画圆柱面投影具有积聚性圆的视图，如图 2—2—8b 所示。

（3）根据圆柱体的高度画出另外两个视图并加深全图，即得圆柱体的三视图，如图 2—2—8c 所示。

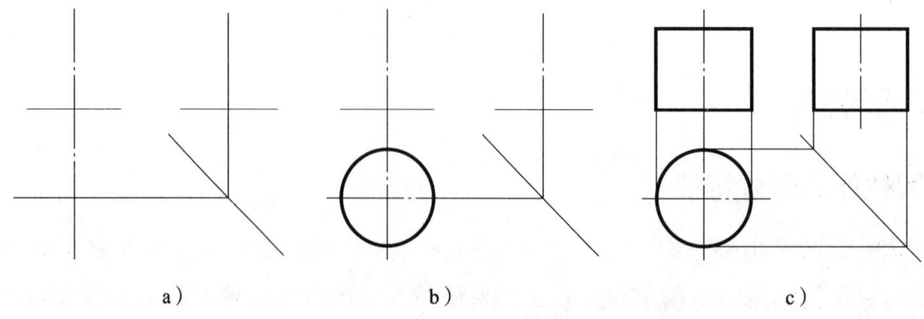

图 2—2—8　圆柱体三视图的作图步骤

3. 圆柱体的投影特征

当圆柱体的轴线垂直于一个投影面放置时，圆柱体一个投影为圆形（两底面圆的实形），另外两个投影为全等的矩形。不同位置的半圆柱体及其三视图如图 2—2—9 所示。

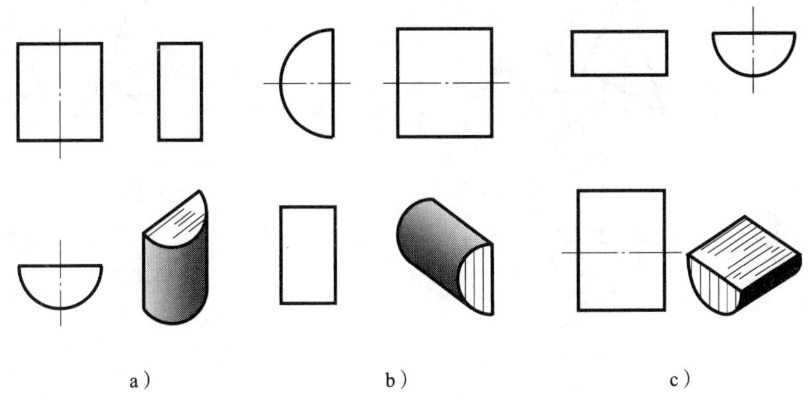

a）　　b）　　c）

图 2—2—9　不同位置的半圆柱体及其三视图

四、圆锥体

1. 圆锥体的形体特征

圆锥体的表面由圆锥面和底面组成。圆锥面可看作是一条直母线绕着与其相交的轴线旋转而形成的，如图 2—2—10a 所示。直母线在圆锥面的任意位置称为圆锥面的素线。圆锥的轴线对投影面处于不同位置时，其三视图的特点及形状不同。下面只介绍轴线垂直于某一投影面时的情况。

2. 圆锥体的三视图

图 2—2—10b 所示为轴线垂直于水平面的正圆锥的轴测图及三视图的投射情况，图 2—2—10c 所示为正圆锥的三视图。圆锥底面平行于水平面，水平投影反映实形，正面和侧面投影积聚成直线，直线的长度等于底面圆的直径；圆锥面的三个投影都没有积聚性，其水平投影与底面的水平投影重合，全部可见；正面投影为等腰三角形，是前、后两个半圆锥面的重合投影，三角形的两腰分别是圆锥面最左、最右素线的投影（反映实长），也是圆锥面前、后分界的转向轮廓线，同时也是圆锥面前后可见与不可见的分界线，三角形底边的直线为圆锥底面的积聚投影；侧面投影也是等腰三角形，是左、右两个半圆锥面的重合投影，三角形的两腰分别是圆锥最前、最后素线的投影（反映实长），也是圆锥面左、右分界的转向轮廓线，同时也是圆锥面左右可见与不可见的分界线，三角形底边的直线是底面圆的积聚投影。

作图方法：画圆锥的三视图时，先画各面投影的对称中心线及轴线，再画底面圆的水平投影，最后画出锥顶的投影和锥面的投影（等腰三角形），便完成圆锥的三视图，如图 2—2—11 所示。

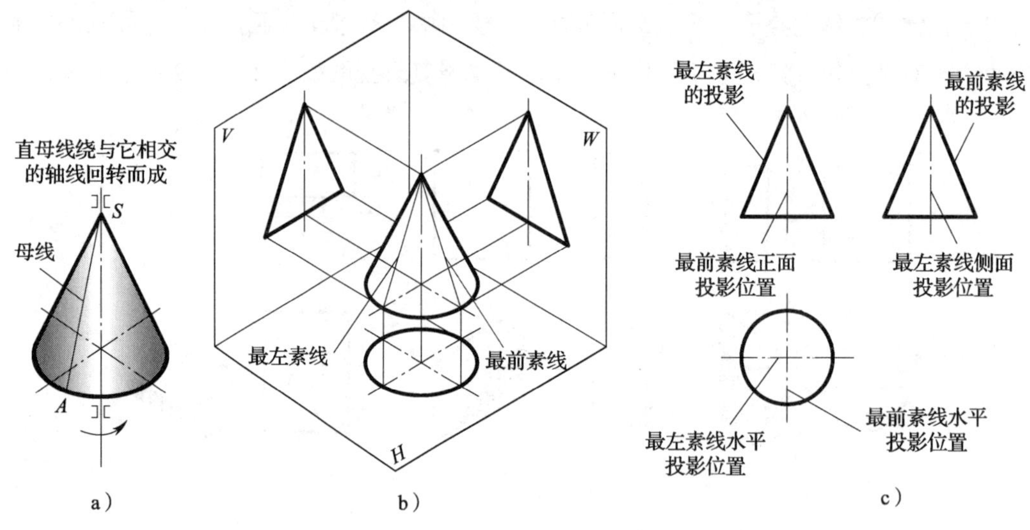

图 2—2—10　圆锥体的投影分析

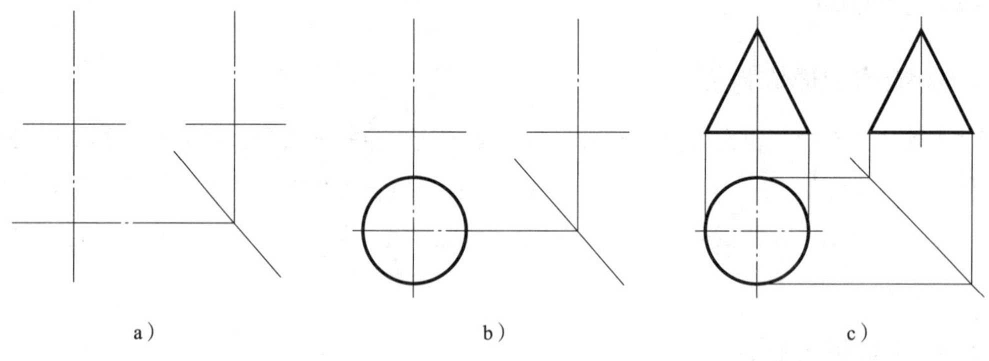

图 2—2—11　圆锥体三视图的作图步骤

作图步骤：

（1）画出各面投影的对称中心线及轴线，如图 2—2—11a 所示。

（2）画底面圆实形投影的俯视图，如图 2—2—11b 所示。

（3）根据圆锥体的高度画出另外两个视图并加深全图，即得圆锥体的三视图，如图 2—2—11c 所示。

3. 圆锥体的投影特征

当圆锥体的轴线垂直于一个投影面放置时，圆锥体一个投影为圆（底面圆的实形），另外两个投影为全等的等腰三角形，如图 2—2—12a 所示；图 2—2—12b 所示为不同位置圆台的三视图。

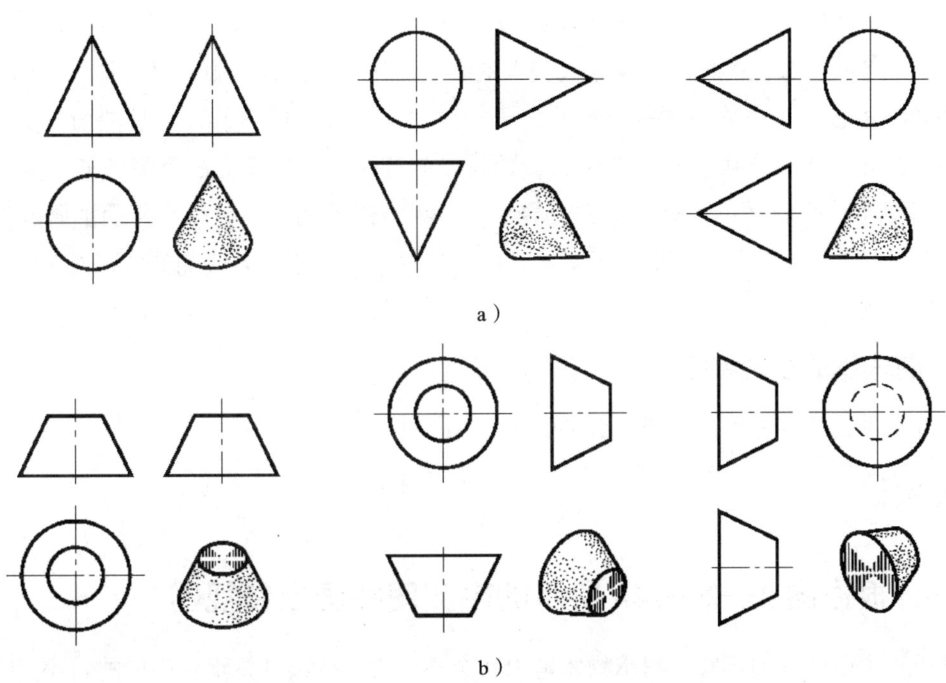

图 2—2—12　不同位置圆锥体及圆台的三视图

a）圆锥体　b）圆台

五、圆球体

1. 圆球体的形体特征

圆球体的表面是球面，如图 2—2—13a 所示，球面可看作一条圆母线绕着通过其圆心的轴线（直径）回转而成。

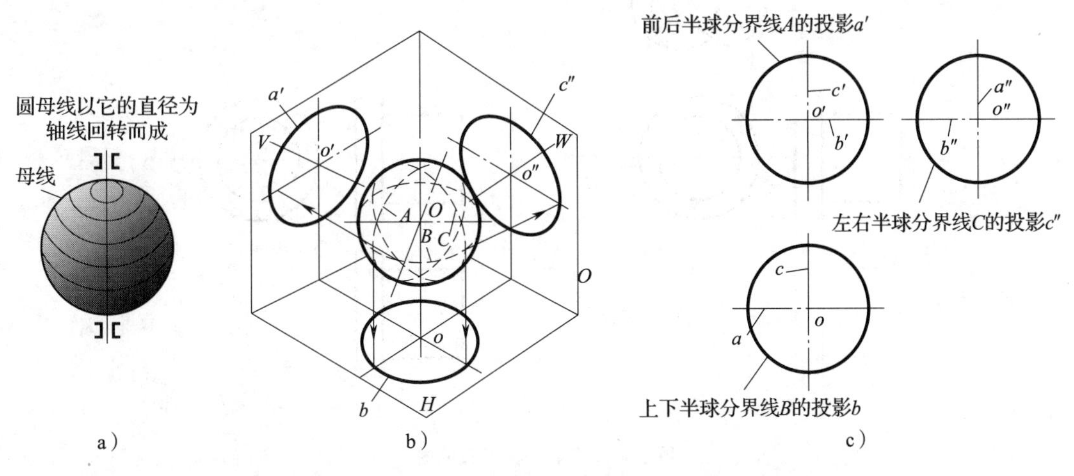

图 2—2—13　圆球体的三视图

2. 圆球体的三视图

图 2—2—13b 所示为圆球体三视图的投射情况，图 2—2—13c 所示为圆球体的三视图。圆球体在三个投影面上的投影都是直径相等的圆，但这三个圆分别表示三个不同方向的圆球面轮廓素线的投影。正面投影的圆是平行于正面的圆素线 *A* 的投影，它是前面可见半球与后面不可见半球的分界线；与此类似，侧面投影的圆是平行于侧面的圆素线 *C* 的投影，它是左面可见半球与右面不可见半球的分界线；水平投影的圆是平行于水平面的圆素线 *B* 的投影，它是上面可见半球与下面不可见半球的分界线；这三条圆素线的其他两面投影都与相应圆的中心线重合，不应画出。

3. 圆球体的投影特征

圆球体的三个视图都是直径相等的圆。

任务实施

一、根据图 2—2—14a 所示的轴测图补画出俯视图

分析：由已知视图可知，图示物体是由两个不同直径的圆柱体组合而成的，小直径的圆柱体在左，大直径的圆柱体在右。

作图步骤：作图步骤如图 2—2—14b、c、d 所示。

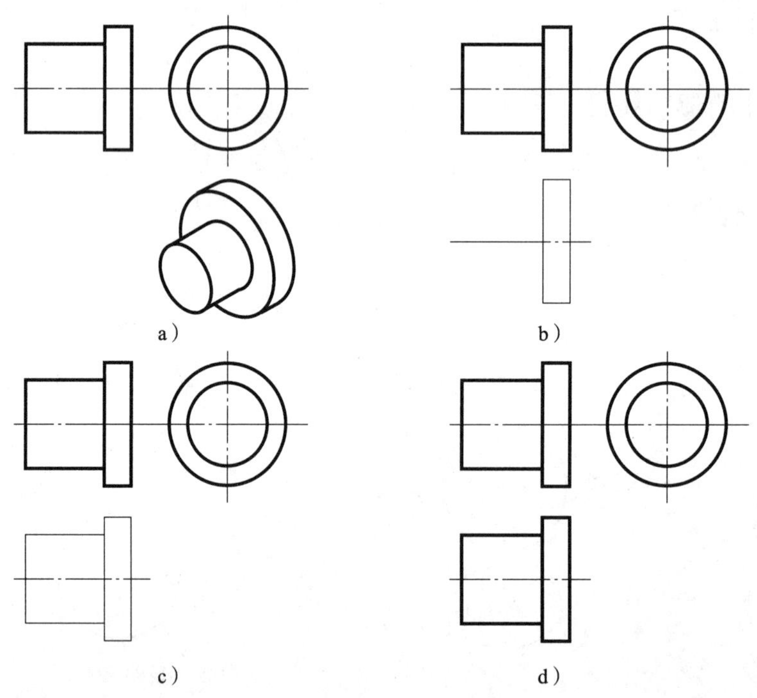

图 2—2—14 绘制三视图

a）已知视图 b）画大圆柱 c）画小圆柱 d）检查及加深

二、分析下列各图分别是由哪些几何体组成的，并说明各几何体间的相互位置（前、后、左、右、上、下）关系

全班分成若干小组进行讨论并按要求完成下列题目，教师巡回指导，根据各小组做出的答案再进行点评，最后统一正确答案。

1. 图 2—2—15 所示的两组物体都是由两个__________所组成的。图 2—2—15a 中的________处于上、中、后的位置，图 2—2—15b 中的________处于下、中的位置。

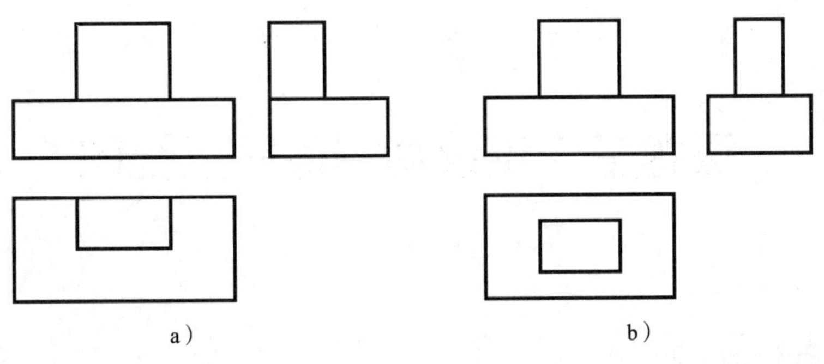

图 2—2—15　简单物体的三视图（一）

2. 图 2—2—16 所示的两组物体都是由两个______（平、曲）面体所组成的。

图 2—2—16a 是由______和______所组成的，______在上，______在下。

图 2—2—16b 是由______和______所组成的，______在前，______在后。

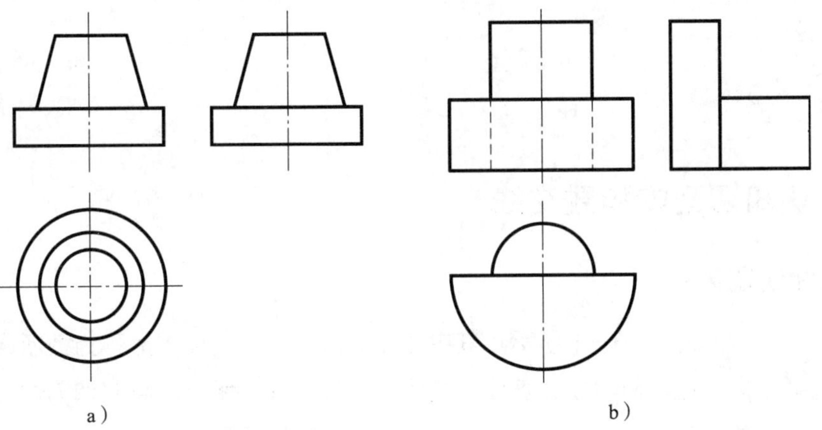

图 2—2—16　简单物体的三视图（二）

3. 图 2—2—17 所示的两组物体都是由______和______（平、曲）面体所组成的。

图 2—2—17a 是由______和______所组成的，______在上，______在下。

图 2—2—17b 是由______和______所组成的，______在上，______在下。

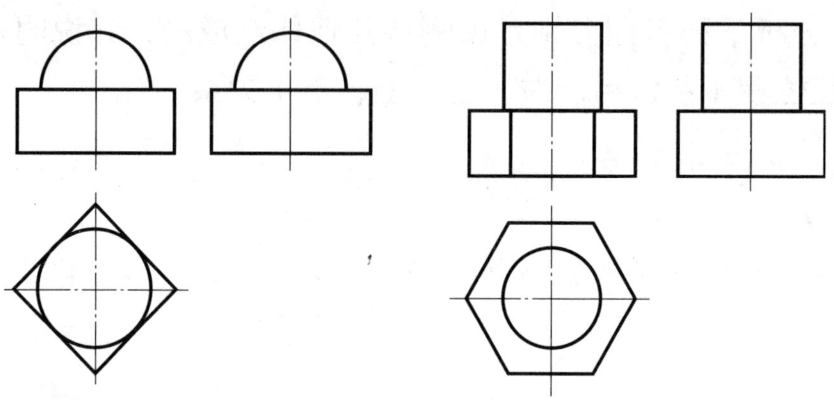

图 2—2—17　简单物体的三视图（三）

课题三　识读切割体的三视图

学习目标

1．了解截交线的基本特性。
2．掌握常见切割体三视图的画法。
3．能识读切割体的三视图。

任务引入

切割体是指基本体被平面截切后的剩余部分。本课题主要介绍切割体三视图的特征、画法及识读方法。

知识准备

一、认知切割体和截交线

1. 认知切割体

常见的切割体如图 2—3—1 所示。其中立体被截切后的断面图形称为截断面，截切立体的平面称为截平面，截平面与立体表面的交线称为截交线。所以，绘制切割体三视图的关键就是绘制截交线的投影。图 2—3—2 所示为典型的切割体零件。

2. 截交线的基本特性

由于立体表面的性质及截平面的位置不同，截交线的形状也不相同，但均具有以下两个基本特性：

（1）截交线都是一个封闭的平面图形（平面折线、平面曲线或两者间的组合）。

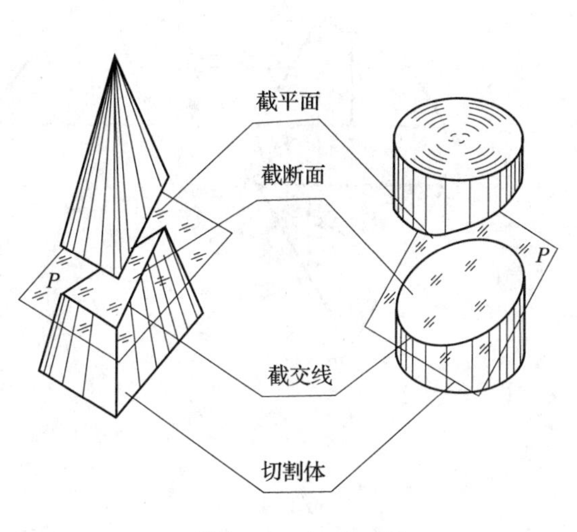

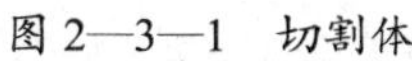
图 2—3—1　切割体

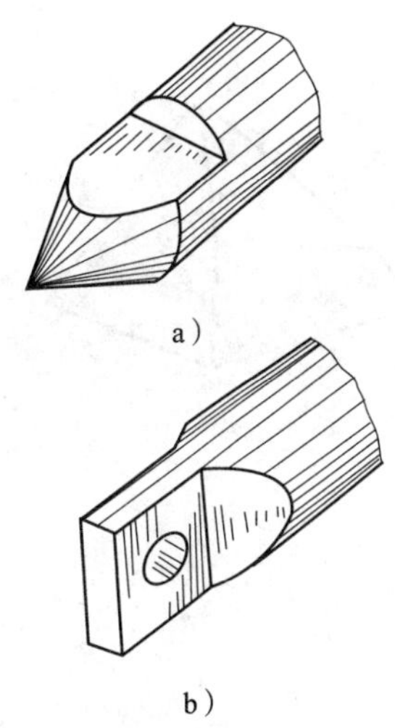

图 2—3—2　典型切割体零件

a）顶尖　b）拨叉轴

（2）截交线是截平面与立体表面的共有线，既在截平面上，又在立体表面上；其上的点均为截平面与立体表面的共有点。

由此可知，求作截交线就是求出截平面与立体表面的一系列共有点，再将各点的同面投影顺次相连即可。

二、切割平面体

由于平面立体的各表面都是平面图形，因此，截交线为封闭的平面多边形。多边形的各个顶点是截平面与立体的棱线或底边的交点，多边形的各条边是截平面与立体表面的交线。

【案例 2—3—1】 如图 2—3—3a 所示，完成三棱锥被平面 *P* 切割后的三视图。

分析：平面 *P* 与三棱锥的三条棱线都相交，所以截交线为三角形，其顶点 *D*、*E*、*F* 是三棱锥各棱线与截平面 *P* 的交点。由于这些交点的正面投影与平面 *P* 的正面投影重合，可利用直线上点的投影特性，由截交线的正面投影作出水平投影和侧面投影。

作图步骤：

（1）作出三棱锥的三视图以及截平面 *P* 的正面投影 p'，由 $s'a'$ 和 $s'c'$ 与 p' 的交点 d' 和 f'，分别在 sa、sc 和 $s''a''$、$s''c''$ 上直接作出 d、f 和 d''、f''，如图 2—3—3b 所示。

（2）由于 *SB* 平行于侧面，可由 $s'b'$ 与 p' 的交点 e' 先在 $s''b''$ 上作出 e''，再根据宽相等的投影关系在 sb 上作出 e，如图 2—3—3c 所示。

（3）连接各顶点的同面投影，即得截交线的三面投影，并擦去作图线，加深全图，完成切割后三棱锥的三视图，如图 2—3—3d 所示。

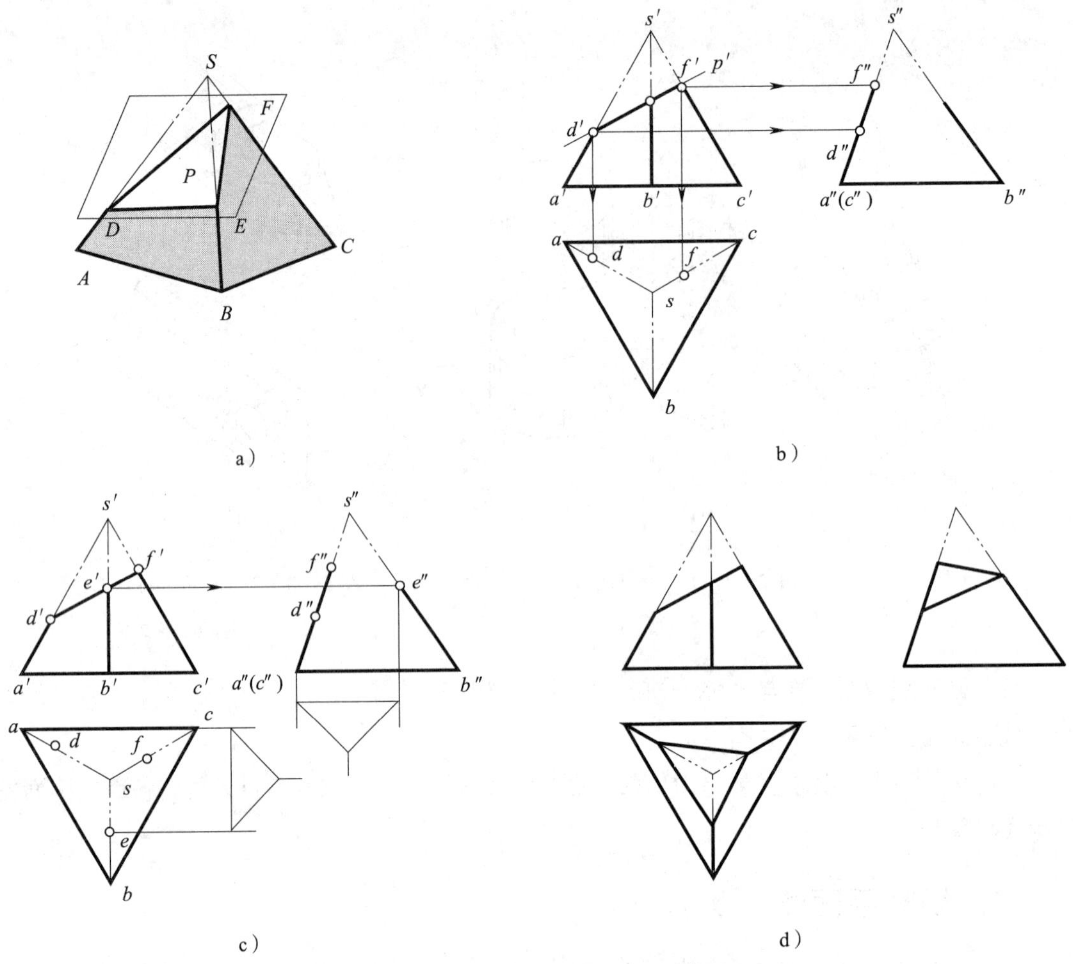

a)　　b)

c)　　d)

图 2—3—3　平面切割三棱锥

【案例 2—3—2】 完成如图 2—3—4 所示切割四棱柱的三视图。

分析：该切割体可看成四棱柱用平面 Q 在左上角切去一个三棱柱，又用平面 P_1、P_2 在左方的前、后各切去一角而形成。平面 Q 与四棱柱表面的交线为矩形，其正面投影积聚成斜线，水平投影和侧面投影仍为矩形，但不反映实形（类似形）；平面 P_1 与四棱柱表面的交线为梯形ⅠⅡⅢⅣ，其水平投影积聚成斜线，正面投影和侧面投影仍为梯形，但不反映实形（类似形）。

作图步骤：

（1）作出四棱柱被平面 Q 切割后的投影，如图 2—3—5a 所示。

（2）平面 P_1 产生的截交线为梯形ⅠⅡⅢⅣ。先画出有积聚性的水平投影（倾斜的直线），再作出梯形ⅠⅡⅢⅣ的正面投影 1′2′3′4′，最后作出侧面投影 1″2″3″4″。铅垂面 P_2 与四棱柱表面的交线与 P_1 相同，其正面投影与 P_1 的正面投影重合。

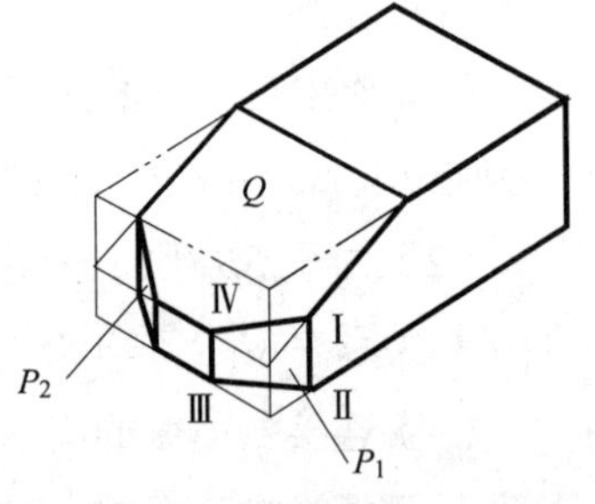

图 2—3—4　平面切割四棱柱

（3）因平面 Q 与平面 P 的交线为斜线，平面 Q 切割四棱柱后产生交线的水平投影和侧面投影变成类似的六边形；平面 P 切割四棱柱后产生交线的正面投影和侧面投影是类似的四边形。因此，可以利用“类似形”检查交线正确与否。

（4）检查后擦去作图线，加深全图，即完成四棱柱被切割后的三视图，如图 2—3—5b 所示。

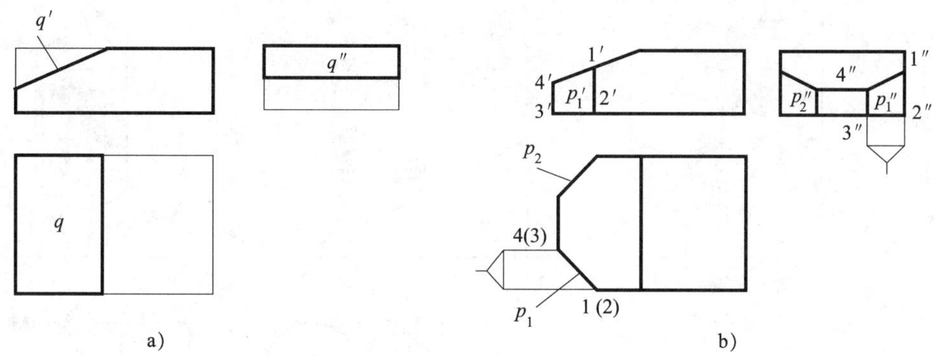

图 2—3—5　平面切割四棱柱

三、切割回转体

平面切割回转体所产生的截交线通常是一条封闭的平面曲线，也可能是由截平面上的曲线和直线所围成的平面图形或多边形。截交线的形状与回转体的几何性质及截平面的相对位置有关。当截平面与回转体的轴线垂直时，任何回转体的截交线都是圆。

平面与回转体相交的截交线是截平面与回转体表面的共有线，截交线上的点也都是它们的共有点。因此，求截交线的过程可归结为求出截平面与回转体表面的若干共有点，然后依次光滑连接成平面曲线。当截平面为特殊位置平面时，截交线的投影就积聚在截平面具有积聚性的同面投影上。

为了准确地作出截交线，必须先求出其上的某些特殊点，以确定出截交线的形状和范围。特殊点包括回转体转向轮廓线上的点（可见与不可见的分界点）和极限位置的点（最高、最低、最左、最右、最前、最后），再按范围大小求作若干中间点，最后依次光滑连接各点的同面投影，并判别可见性，便得截交线的投影。

1. 切割圆柱体

根据截平面与圆柱轴线的位置不同，平面切割圆柱体产生的截交线有三种情况，见表 2—3—1。

【案例 2—3—3】识读图 2—3—6a 所示带切口圆柱的主视图和俯视图，并补画出左视图。

分析：圆柱左上角的切口是由互相垂直的两个平面 Q 和 P 切割而形成的。平面 P 与圆柱的轴线垂直，所产生的交线是一段圆弧，正面投影与 P 面的正面投影 p' 重合，水平投影反映实形，并与圆柱的水平投影重合。截平面 Q 与圆柱轴线平行，所产生的交线是矩形，其正面投影积聚在 q' 上，水平投影积聚为一条直线，与 Q 面的水平投影重合。

表 2—3—1　　圆柱的截交线

截平面位置	垂直于轴线	倾斜于轴线	平行于轴线
截交线	圆	椭圆	矩形
轴测图	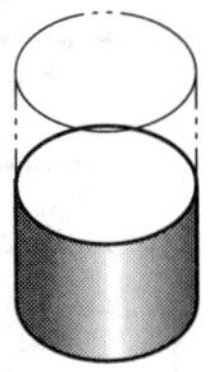	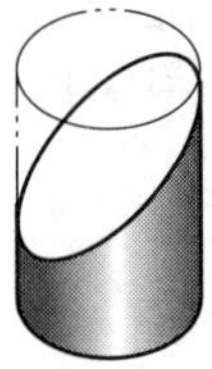	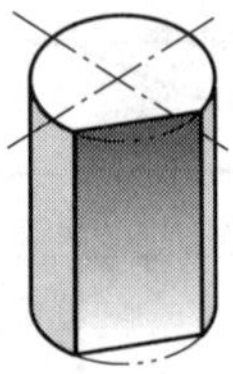
投影图	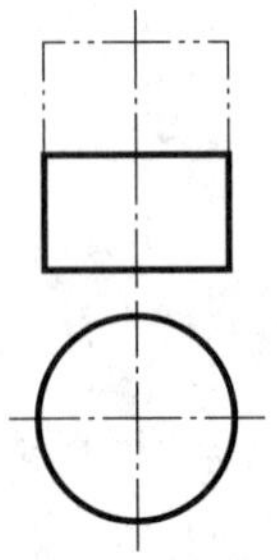	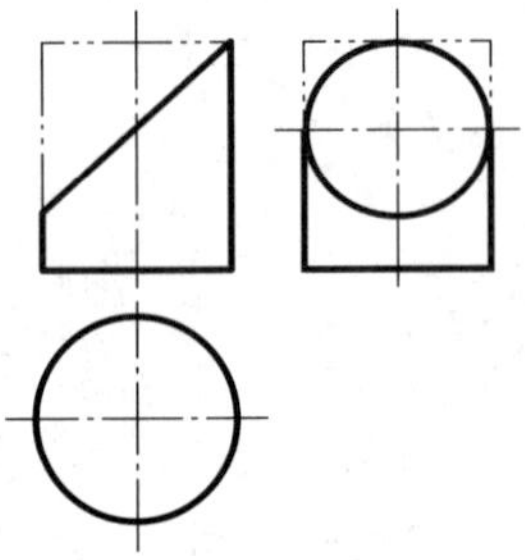	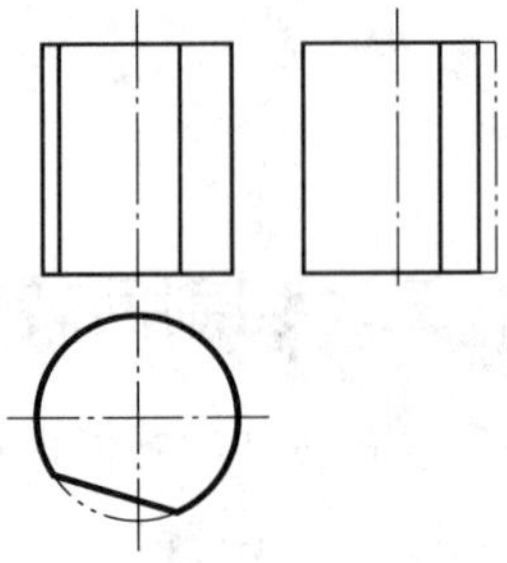

作图步骤：

（1）由 p' 向右引投影连线，再从俯视图上量取宽度定出 b''、d''，如图 2—3—6b 所示。

（2）由 b''、d'' 分别向上作竖线与顶面交于 a''、c''，即得由截平面 Q 所产生的截交线 $ABDC$ 的侧面投影 $a''b''d''c''$，如图 2—3—6c 所示。

（3）检查后加深，作图结果如图 2—3—6d 所示。

注意 b''、d'' 以外无线。

【案例 2—3—4】识读图 2—3—7a 所示斜切圆柱体的主视图和俯视图，并补画出左视图。

分析：截平面 P 与圆柱的轴线倾斜，故截交线为椭圆，如图 2—3—7a 所示。该椭圆的正面投影积聚为一倾斜的直线，水平投影与圆柱面的水平投影重合。椭圆的侧面投影是它的类似形，仍为椭圆。可根据投影规律由正面投影和水平投影求出侧面投影。

作图步骤：

（1）求特殊点：椭圆上的特殊点是指转向轮廓线上的点、极限位置的点及椭圆长轴和短轴的端点。由图 2—3—7a 可知，椭圆上的最高点 B、最低点 A 是椭圆长轴的两端点，也是位于圆柱最左、最右素线上的点；椭圆上的最前点 C、最后点 D 是椭圆短轴的两端点，也是位于圆柱面最前、最后素线上的点；点 A、B、C、D 的正面投影和水平投影可利用积聚性直接作出，再根据正面投影 a'、b'、c'、d' 和水平投影 a、b、c、d 按高平齐和宽相等的规律作出侧面投影 a''、b''、c''、d''，如图 2—3—7b 所示。

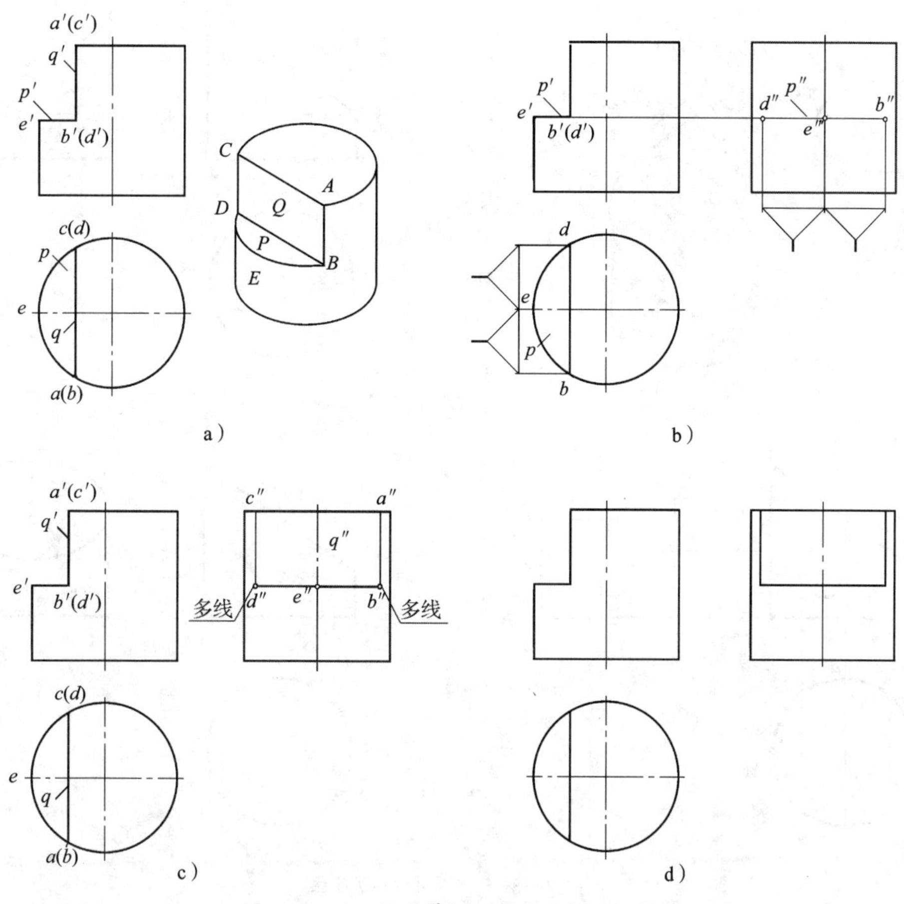

图 2—3—6　补画带切口圆柱的侧面投影

（2）求中间点：在特殊点之间作出适当数量的中间点，如 *E*、*F*、*G*、*H* 点。可先利用积聚性作出它们的水平投影 *e*、*f*、*g*、*h* 和正面投影 *e*′、*f* ′、*g*′、*h*′，再作出侧面投影 *e*″、*f* ″、*g*″、*h*″，如图 2—3—7c 所示。

（3）判别可见性：因截平面在左边，所以，截交线上各点的侧面投影均可见。再依次光滑连接 *a*″、*e*″、*c*″、*g*″、*b*″、*h*″、*d* ″、*f* ″、*a*″，即为所求截交线（椭圆）的侧面投影。

（4）检查后加深：左视图中圆柱的最前、最后轮廓素线在 *c*″*d* ″ 处与椭圆相切，两切点之上的素线被切掉，不能画出。加深后的图形轮廓如图 2—3—7d 所示。

2. 切割圆锥体

根据截平面相对于圆锥轴线的位置不同，圆锥表面的截交线有五种情况，见表 2—3—2。除了过锥顶的截平面与圆锥面的截交线是相交两直线外，其他四种情况都是曲线，但不论何种曲线（圆除外），其作图步骤都是先作出截交线上的特殊点，再作出若干中间点，最后连成光滑的曲线。

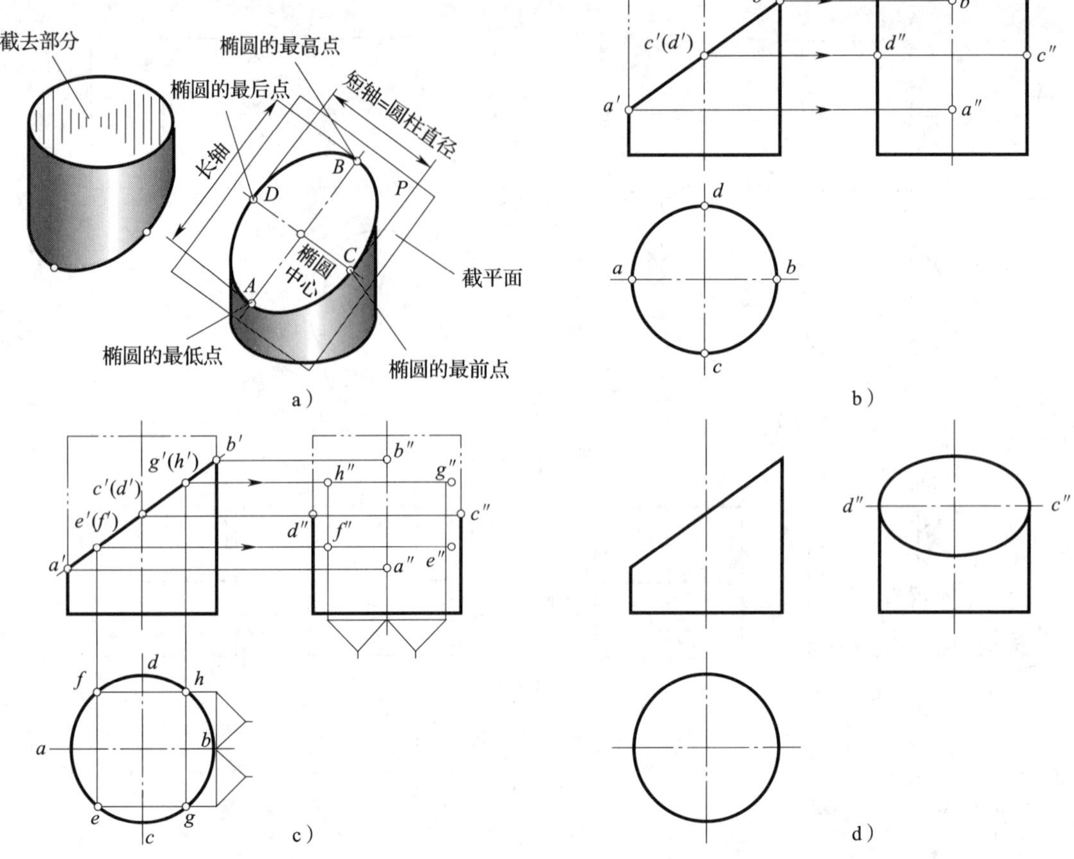

图 2—3—7　平面截切圆柱

表 2—3—2　　平面与圆锥面的截交线

截平面的位置	与轴线垂直	过圆锥顶点	平行于任一素线	与轴线倾斜（不平行于任一素线）	与轴线平行
轴测图					
投影图					
截交线的形状	圆	两相交直线	抛物线	椭圆	双曲线

【案例 2—3—5】 识读图 2—3—8a 所示带缺口圆锥的主视图，并补画出俯视图和左视图。

分析：带缺口圆锥被平面 Q 和平面 P 所截切。平面 Q 与圆锥轴线垂直，与圆锥面的交线为圆的一部分，其水平投影反映实形，正面投影和侧面投影积聚为直线；过锥顶的平面 P 与圆锥面的交线为两相交直线，其正面投影的两条直线重合，水平投影和侧面投影均为相交的直线。

作图步骤：

（1）作出圆锥的水平投影和侧面投影，如图 2—3—8b 所示。

（2）根据正面投影提供的圆的半径 R，在水平投影上画圆。按投影规律作出两个截平面交线的水平投影 12 和侧面投影 1″2″，连接 $s1$、$s2$ 及 $s''1''$、$s''2''$，如图 2—3—8b 所示。

（3）整理轮廓线，判别可见性，检查及加深，即得带缺口圆锥的三面投影，如图 2—3—8c 所示。

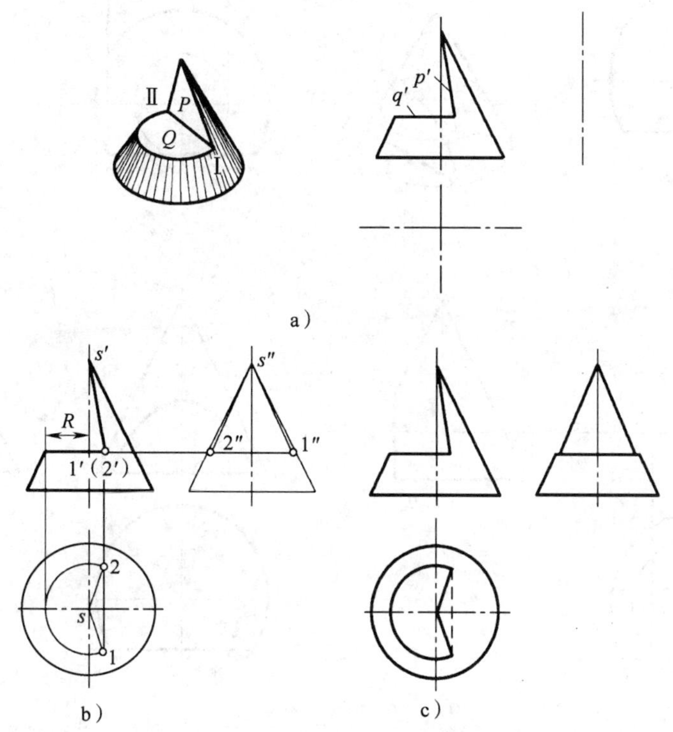

图 2—3—8　带缺口圆锥的作图步骤

【案例 2—3—6】 识读图 2—3—9a 所示圆锥被切割的俯视图和左视图，并补画出主视图。

分析：平面 P 与圆锥轴线平行，与圆锥面的截交线为双曲线，其正面投影反映实形，水平和侧面投影均积聚为直线，可利用辅助圆法（即垂直于圆锥轴线的圆）求作双曲线的正面投影。

作图步骤：

（1）求特殊点：如图 2—3—9b 所示，最高点 C 是圆锥最前素线与 P 面的交点，利用积聚性直接作出侧面投影 c'' 和水平投影 c，再由 c'' 和 c 作出正面投影 c'；最低点 A、B 是圆锥底面圆与 P 面的交点，直接作出 a、b 和 a''、b''，再作出 a'、b'。

（2）求中间点：如图 2—3—9c 所示，在特殊点之间的适当位置作垂直于圆锥轴线的水平辅助圆，该圆的水平投影与 P 面水平投影的交点 d、e 即为截交线上两点的水平投影，再作出正面投影 d'、e' 和侧面投影 d''、e''。

（3）依次光滑连接 a'、d'、c'、e'、b' 并加深，即得截交线的正面投影，如图 2—3—9d 所示。

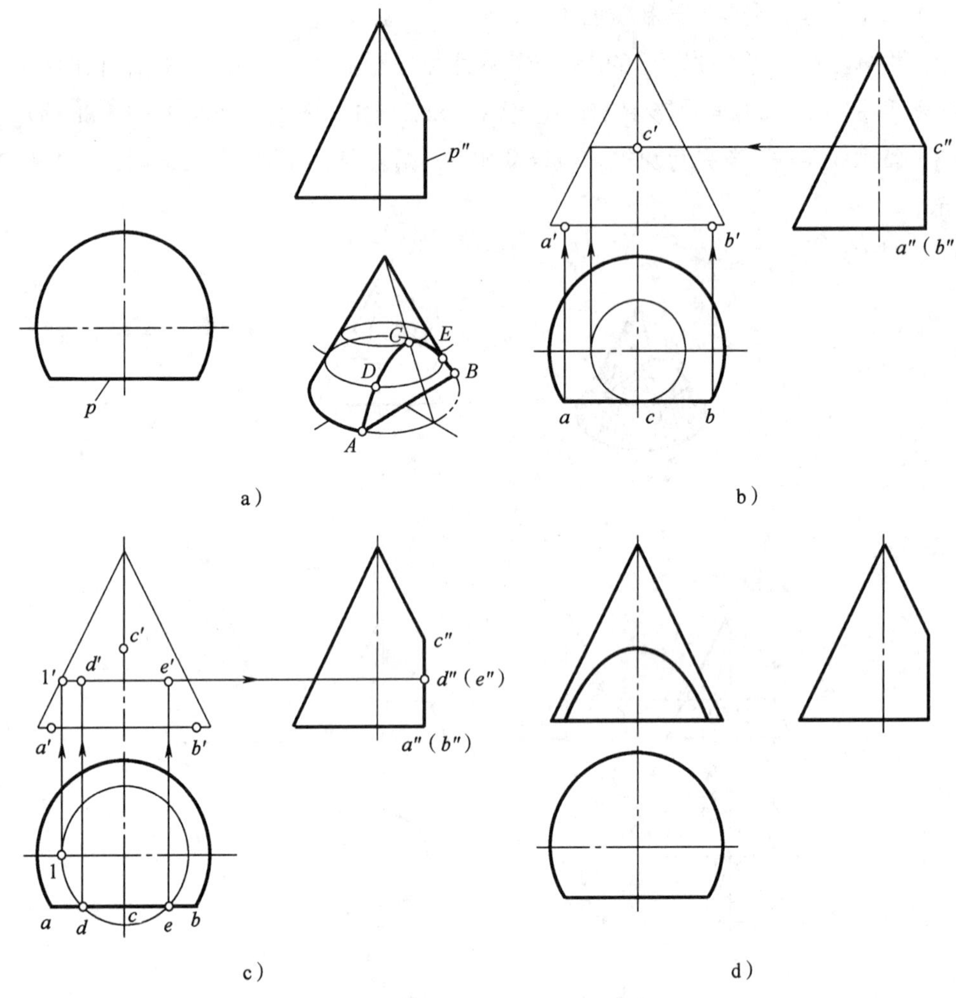

图 2—3—9 圆锥被正平面截切的作图步骤

3. 切割圆球体

平面在任何位置截切圆球时，截交线都是圆。当截平面平行于某一投影面时，截交线在该投影面上的投影为圆的实形，在其他两投影面上的投影都积聚为直线；当截平面垂直于某一投影面时，截交线在该投影面上的投影为斜线，在其他两投影面上的投影为椭圆，具体情况见表 2—3—3。

表 2—3—3　平面与圆球的交线

截平面的位置	与 V 面平行	与 H 面平行	与 V 面垂直
轴测图	P	P	P
投影图			

如图 2—3—10 所示，截平面平行于水平投影面，在水平投影面上的交线圆的投影反映实形，圆的大小取决于平面与球心的距离 A。在另外两个投影面上的投影积聚成直线，该直线的长度等于截交线圆的直径。

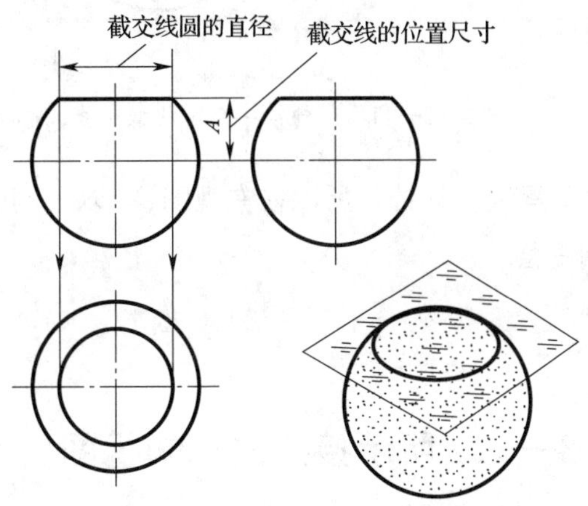

图 2—3—10　圆球被平面截切的三视图画法

【案例 2—3—7】识读图 2—3—11a 所示带缺口半圆球的已知视图，完成三视图。

分析：图 2—3—11a 所示的半圆球左上角被 P、Q 两个平面所截。因为截平面 Q 平行于侧面，所以截交线的侧面投影是圆的一部分，水平投影为直线；截平面 P 平行于水平面，则截交线的水平投影是圆的一部分，其正面投影为直线。

作图步骤：

（1）作出平面 P 与半圆球交线的投影圆弧：以球心 o 为圆心、ob 为半径画圆弧，再按长度尺寸定出水平投影的范围，根据正面投影和水平投影作出侧面投影，如图 2—3—11b 所示。

（2）作出平面 Q 的投影：先根据 D 点的正面投影 d' 按高平齐求出 D 的侧面投影 d''，以 o'' 为圆心，$o''d''$ 为半径画圆弧，并根据 $c''a''$ 定出侧面投影的范围，如图 2—3—11c 所示。

（3）检查以后加深，作图结果如图 2—3—11d 所示。

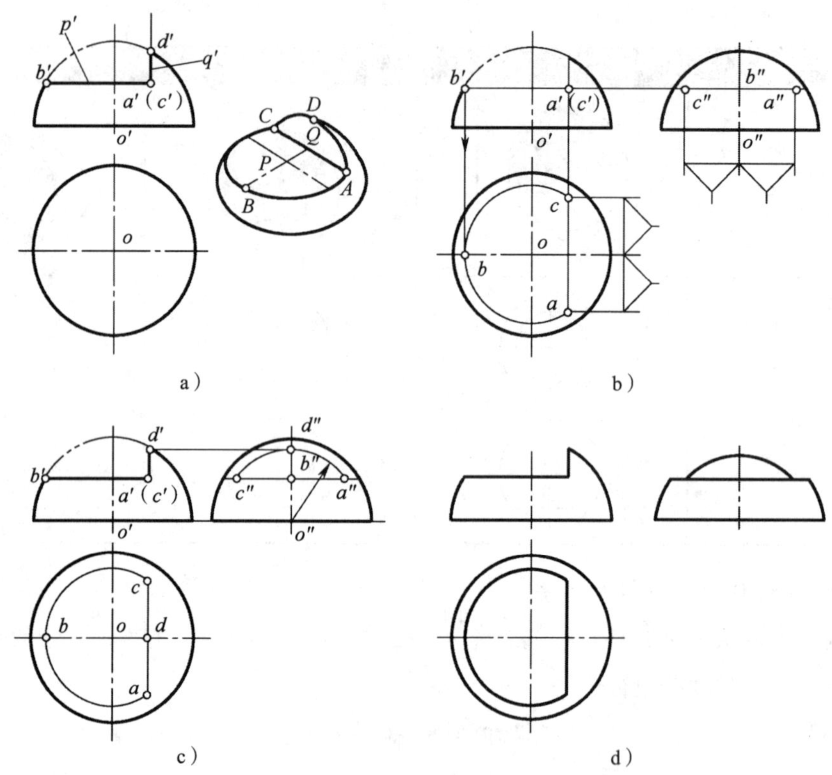

图 2—3—11　带缺口半圆球的截交线

注意：*D* 点以上的轮廓素线被切掉，所以在左视图 *d''* 以上的轮廓素线不能再画出；而水平投影的轮廓素线应画完整。

任务实施

一、识读图 2—3—12a 所示接头的已知视图，完成接头的三视图

分析：根据图 2—3—12a 的已知条件可知，接头是在圆柱体上端左右切肩、下端中间部位开直槽以后形成的。圆柱上部的切肩部分由左、右两个平行于圆柱轴线的对称平面 *N* 以及两个垂直于圆柱轴线的平面 *M* 切割而成；圆柱下端中间部位的直槽由左、右两个平行于圆柱轴线的对称平面以及一个垂直于圆柱轴线的平面切割而成。平面 *N* 与圆柱表面的交线是直线，平面 *M* 与圆柱表面的交线是圆弧（下端开直槽的各平面位置与上部切肩的相应平面位置相同）。因此，圆柱上部切肩和下部开直槽部分的交线都可利用积聚性的投影求出。

作图步骤：

（1）画外形及上部切肩：先画出左视图的外形，再画出切肩部分的水平投影，最后根据切肩正面投影中的高度和水平投影中的宽度画出切肩的侧面投影，如图 2—3—12b 所示。

（2）画下部开槽：先按长对正的投影关系画出槽口的水平投影，再根据水平投影中槽口的宽度和正面投影中槽口的高度，按投影关系画出槽口的侧面投影，如图 2—3—12c 所示。

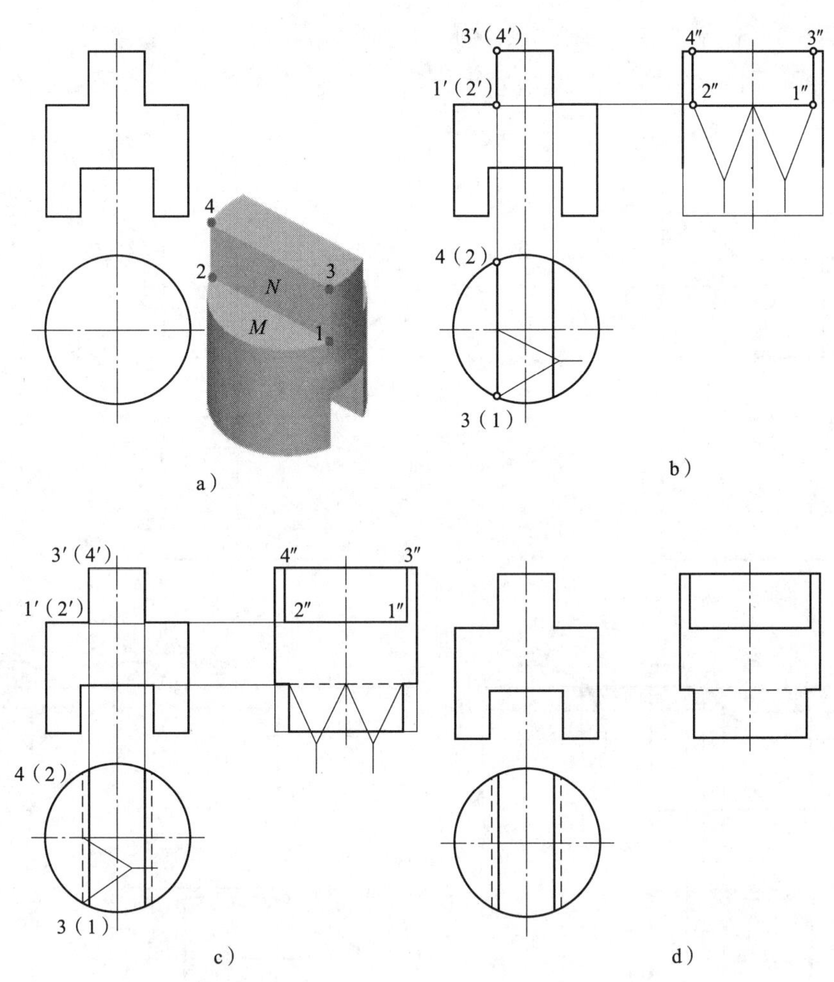

图 2—3—12　补画接头的截交线

（3）加深圆柱被切割后的三视图：注意圆柱下部最前、最后素线由于开槽被切去一段，所以左视图的外形轮廓线在开槽部位向内“收缩”，其收缩程度与槽宽有关。而上端的平面没有截到圆柱的最前、最后素线，故在侧面投影中，线段两端与转向轮廓线之间是有间隙的，并且侧面投影的转向轮廓线是完整的，如图 2—3—12d 所示。

二、识读顶尖头的三视图，想象顶尖头的形状，并补画图中交线的投影

分析：如图 2—3—13a 所示，根据顶尖头的已知三视图可以看出，顶尖头是由同轴的圆锥与圆柱组合而成的，在其左上角被两个相交的平面 *P* 和平面 *Q* 切去一部分。

平面 *P* 与顶尖的轴线平行，分别切到了圆柱面和圆锥面。与圆锥表面的交线为双曲线，与圆柱面的交线为矩形，因为两部分交线是被同一个平面切割的，所以中间没有交线。平面 *Q* 与顶尖的轴线倾斜，只切到圆柱面，与圆柱面的交线为椭圆弧。

作图步骤：

（1）按图 2—3—9 的作图方法作出平面 *P* 与圆锥面的交线（双曲线）。再按投影关系作出平面 *P* 与圆柱面的交线 *AB*、*CD* 的水平投影 *ab*、*cd* 以及 *P*、*Q* 两平面交线 *BD* 的水平投影 *bd*，如图 2—3—13b 所示。

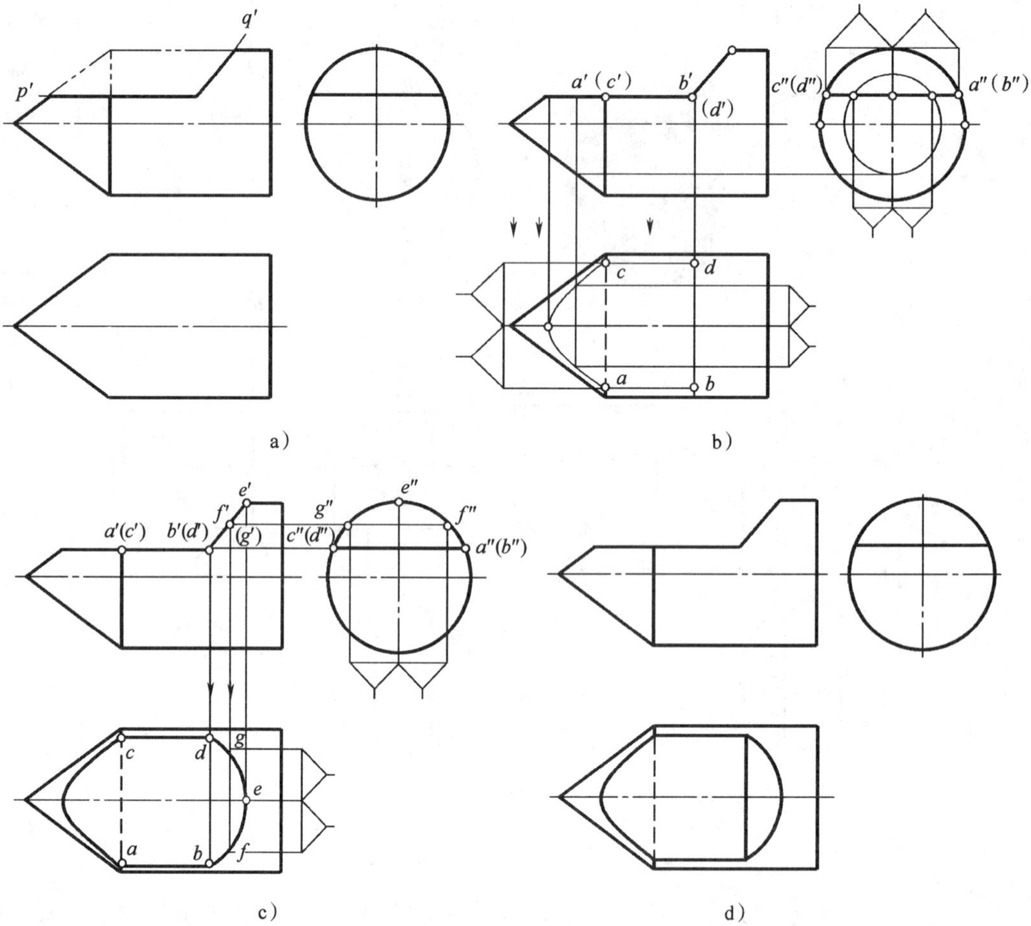

a）　　　　b）

c）　　　　d）

图 2—3—13　补画顶尖头的截交线

（2）平面 *Q* 与圆柱面的交线（椭圆弧）的正面投影积聚为斜线，侧面投影积聚为圆弧。由 *e′* 作出 *e* 和 *e″*，在椭圆弧正面投影的适当位置定出中间点 *f′*、*g′*，直接作出侧面投影 *f″*、*g″*，再由 *f′*、*g′* 和 *f″*、*g″* 作出 *f*、*g*。依次连接 *b*、*f*、*e*、*g*、*d*。即为平面 *Q* 与圆柱面交线的水平投影，如图 2—3—13c 所示。

（3）检查后擦去多余的图线并加深，作图结果如图 2—3—13d 所示。

注意俯视图中圆锥与圆柱交接处的一段细虚线不要遗漏。最后想象出顶尖头的形状如图 2—3—14 所示。

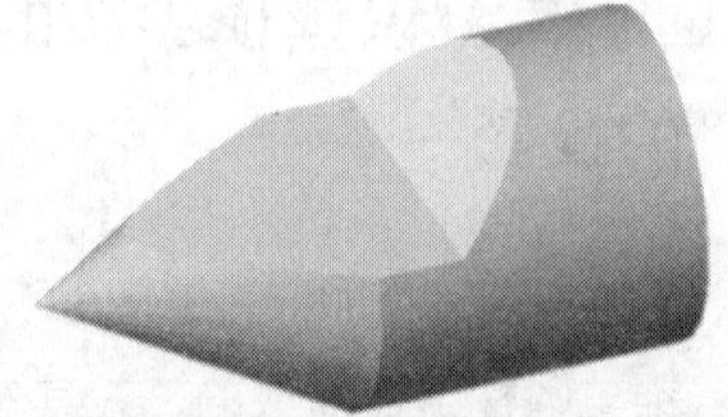

图 2—3—14　想象出的顶尖头

课题四　识读相贯体的三视图

学习目标

1. 了解相贯线的基本特性。
2. 掌握常见相贯体三视图的画法。
3. 能识读相贯体的三视图。

任务引入

相贯体是指两相交的立体，包括平面体与平面体相贯、平面体与曲面体相贯、曲面体与曲面体相贯。本课题要介绍曲面相贯体的三视图特征、相贯线的画法及识读方法。

知识准备

一、认知相贯体及相贯线

1. 认知相贯体

图 2—4—1 所示为典型的相贯体，其表面的交线称为相贯线。相贯线的形状和数量与相贯两立体的形状、大小及相对位置有关。本课题主要介绍曲面立体正交的相贯线的作图及识读方法。

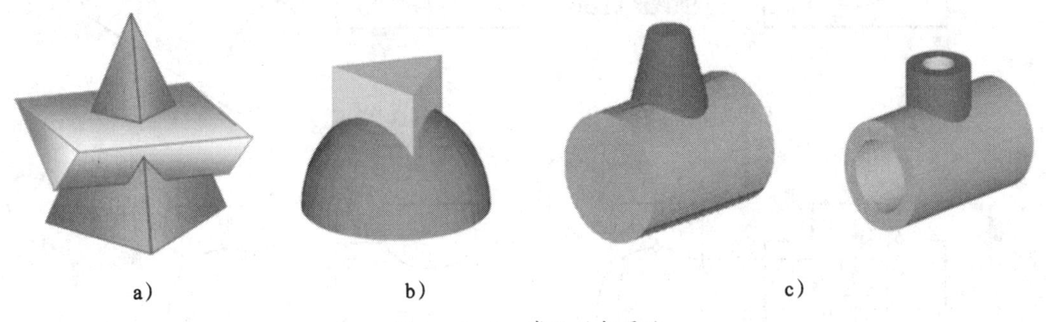

a)　b)　c)

图 2—4—1　常见的相贯体

a）平面体与平面体相贯　b）平面体与曲面体相贯　c）曲面体与曲面体相贯

2. 相贯线的性质

（1）相贯线是两个立体表面的共有线，也是两个立体表面的分界线。相贯线上的点是两个立体表面的共有点。

（2）相贯线一般为封闭的空间曲线，特殊情况下可能是平面曲线或直线。

根据相贯线的性质可以看出，求相贯线的作图方法同样可归结为求两回转体表面共有点的问题。

求作相贯线的一般步骤：根据给出的投影，分析相贯回转体的形状、大小及其轴线的相对位置，判定相贯线各投影的特点，先作出回转体表面上的特殊点，即能够确定相贯线的投影范围和变化趋势的点，如相贯体转向轮廓线上的点以及最高点、最低点、最左点、最右点、最前点、最后点等，然后按范围大小在特殊点之间再求出一些中间点，判断可见性后光滑地连接各点便得相贯线的投影。

二、两圆柱体正交的相贯线

两圆柱体的轴线垂直相交称为正交。当相贯的两个圆柱体的轴线垂直于某一个投影面时，圆柱在该投影面上的投影具有积聚性，则相贯线的投影也积聚在圆柱的这个积聚投影上。

1. 两不等径圆柱体正交的相贯线

【案例 2—4—1】识读图 2—4—2a 所示正交两圆柱体的已知视图，完成相贯线的投影。

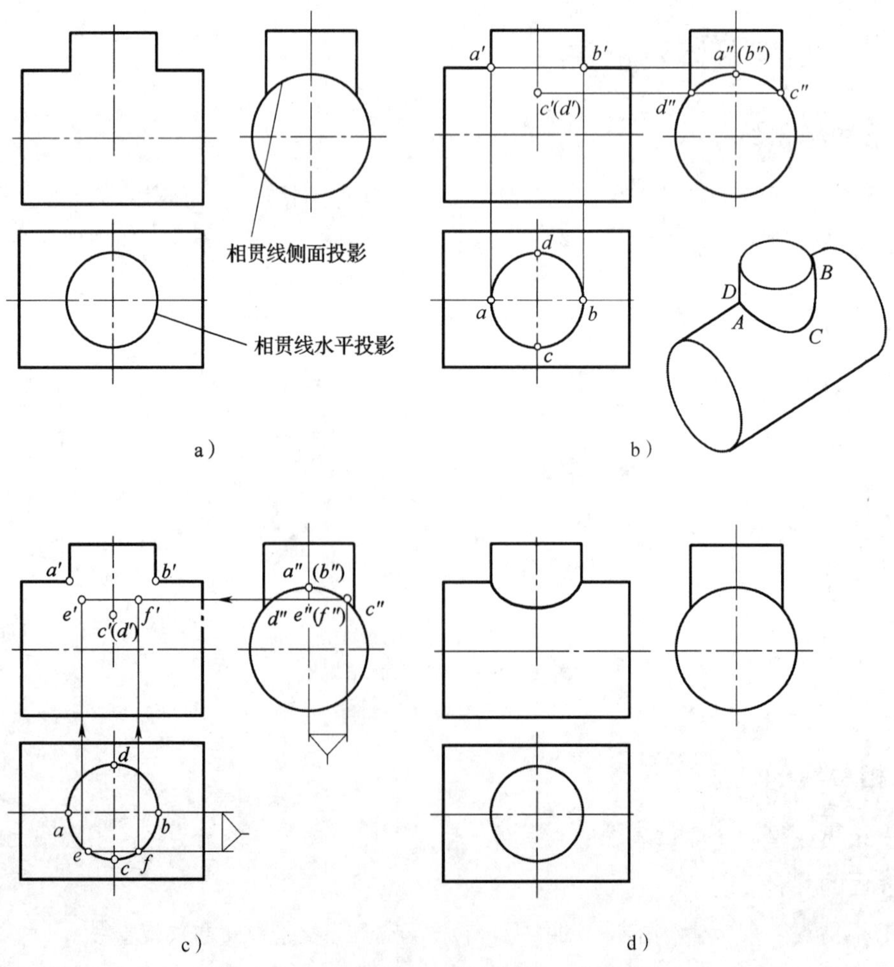

图 2—4—2　圆柱正交的相贯线及作图步骤

分析：图 2—4—2a 所示两圆柱体的轴线正交，其中直立小圆柱的轴线垂直于水平面，水平大圆柱的轴线垂直于侧面，直立小圆柱面的水平投影和水平大圆柱面的侧面投影都具有积聚性，相贯线的水平投影和侧面投影分别积聚在它们的圆周上。所以本案例可归结为已知相贯线的水平投影和侧面投影求作正面投影。

作图步骤：

（1）求特殊点：水平大圆柱的最高素线与直立小圆柱最左、最右素线的交点 *A*、*B* 是相贯线上的最高点，也是最左、最右点。*a*、*b*、*a*′、*b*′ 和 *a*″、*b*″ 均可直接作出。点 *C*、*D* 是相贯线上的最低点，也是最前、最后点，*c*″、*d*″ 和 *c*、*d* 可直接作出，再由 *c*″、*d*″ 和 *c*、*d* 按投影规律求出 *c*′、*d*′，如图 2—4—2b 所示。

（2）求中间点：利用圆柱面的积聚性，在水平投影和侧面投影上定出 *e*、*f* 和 *e*″、*f*″，再按投影规律作出 *e*′ 和 *f*′，用同样的方法可以再作出一系列中间点的投影（因相贯线前后对称，所以只需求出前半部分即可），如图 2—4—2c 所示。

（3）检查后光滑连接 *a*′、*e*′、*c*′、*f*′、*b*′ 并加深，即得相贯线的正面投影，作图结果如图 2—4—2d 所示。

2. 相贯线的简化画法

在工程图样中，经常用到两圆柱正交的情况，为了简化作图，国家标准规定，允许采用简化画法作出相贯线的投影，即用圆弧代替非圆曲线。

当两圆柱的直径不相等时，用大圆柱的半径作圆弧来代替相贯线的投影，圆弧的圆心在小圆柱的轴线上，相贯线向着大圆柱的轴线方向弯曲，如图 2—4—3 所示。

作图步骤：

（1）找圆心：以两圆柱转向轮廓线的交点 *a*′（或 *b*′）为圆心，大圆柱的半径 *R*（$R=\phi/2$）为半径画弧，与小圆柱轴线的交点 *O* 便是圆心，如图 2—4—3a 所示。

（2）画圆弧：以 *O* 为圆心，*R* 为半径画圆弧，便得简化的相贯线，如图 2—4—3b 所示。

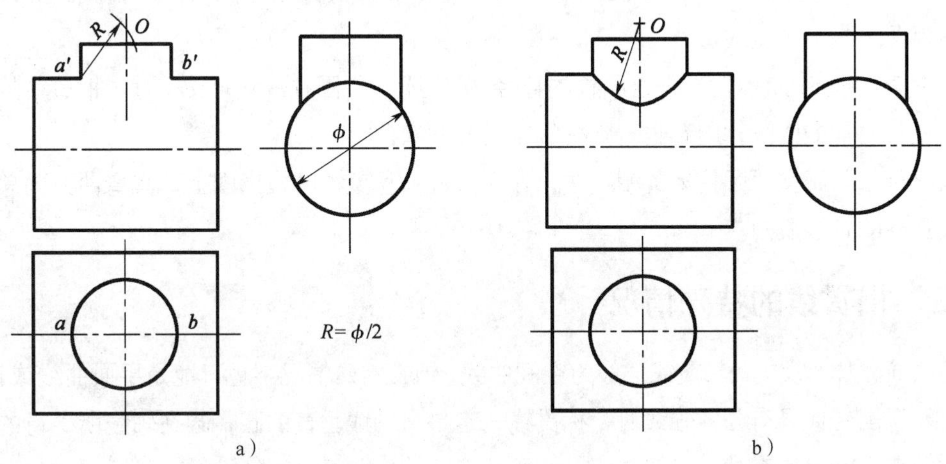

图 2—4—3　相贯线的近似画法

3. 两圆柱正交的类型

两圆柱正交有三种情况，即两外圆柱面相交、外圆柱面与内圆柱面相交、两内圆柱面相交。这三种情况的相交形式虽然不同，但相贯线的性质和形状一样，求法也是相同的，只不过两内圆柱面相交的相贯线为不可见的细虚线，如图 2—4—4 所示。

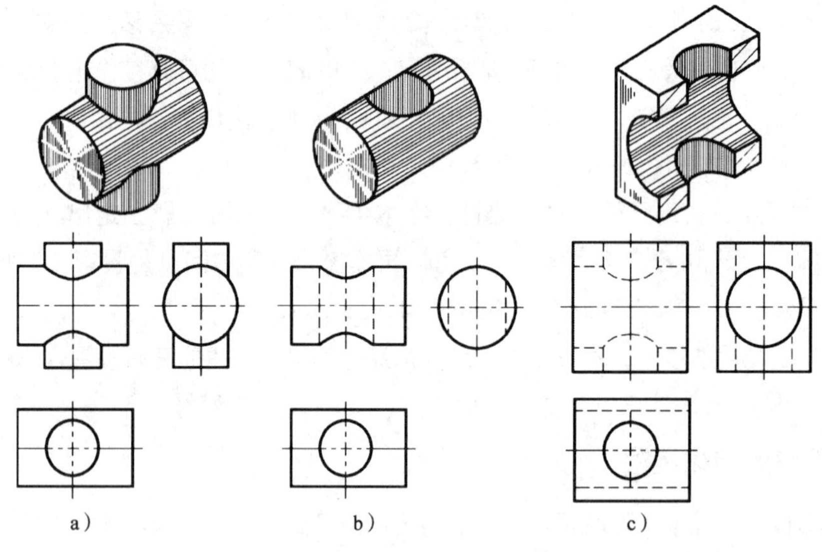

图 2—4—4 两圆柱正交的类型

4. 直径大小对相贯线的影响

当正交两圆柱的相对位置不变，而相对大小发生变化时，相贯线的形状和位置也将随之改变。

如图 2—4—5a 所示，当水平圆柱的直径 ϕ_1 大于垂直圆柱的直径 ϕ 时，相贯线的正面投影为上下对称的曲线，向着水平圆柱的轴线方向弯曲。

如图 2—4—5b 所示，当两圆柱体的直径相等时，相贯线在空间为两个相交的椭圆，正面投影为两条相交的直线。

如图 2—4—5c 所示，当垂直圆柱的直径 ϕ 大于水平圆柱的直径 ϕ_1 时，相贯线的正面投影为左右对称的曲线，向着垂直圆柱的轴线方向弯曲。

由此可知，正交两圆柱体的相贯线，在两圆柱非积聚性的投影图上，其弯曲方向总是朝向较大圆柱的轴线方向。

三、相贯线的特殊情况

两曲面立体相交，其相贯线一般为空间曲线，但在特殊情况下也可能是平面曲线或直线。

1. 两个回转体具有公共轴线时，相贯线一定是与轴线垂直的圆，圆在轴线所平行的投影面上为垂直于轴线的直线，如图 2—4—6 所示。

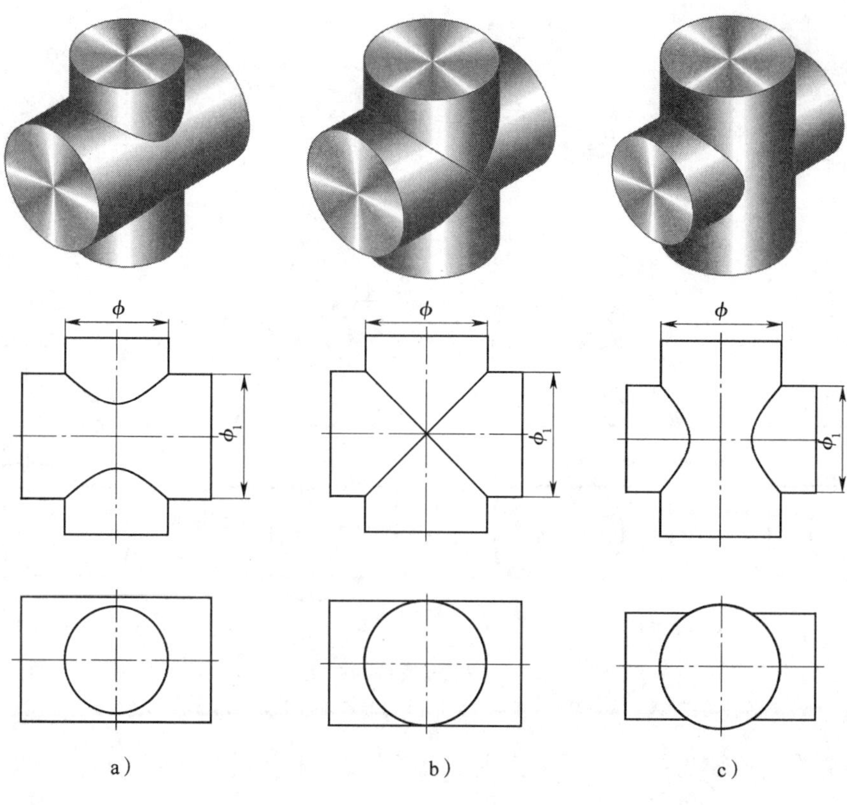

图 2—4—5　直径大小对相贯线的影响

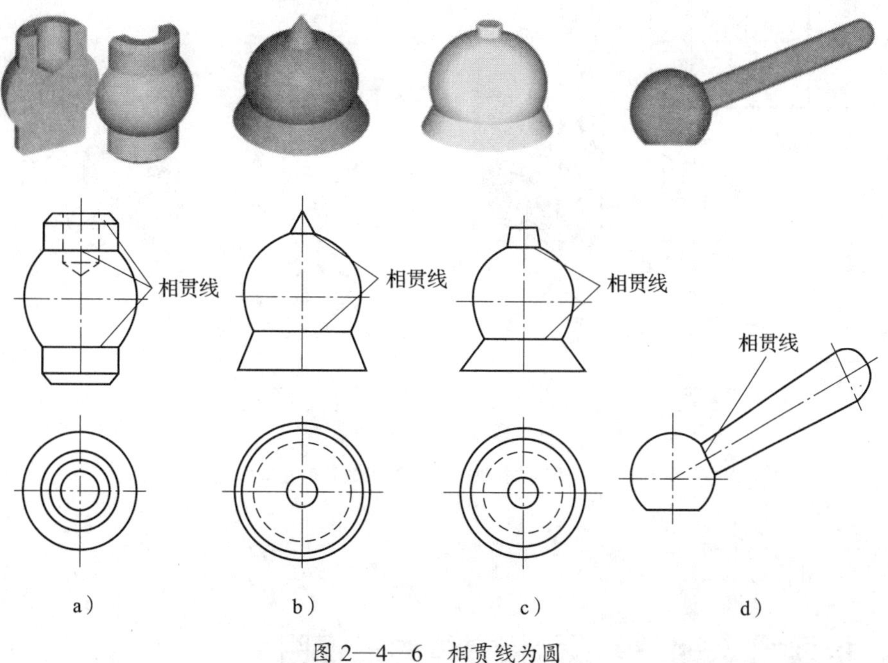

图 2—4—6　相贯线为圆

2. 两回转体轴线相交且具有公共内切球时，其相贯线为椭圆，在反映轴线的视图上为直线，如图 2—4—7 所示。

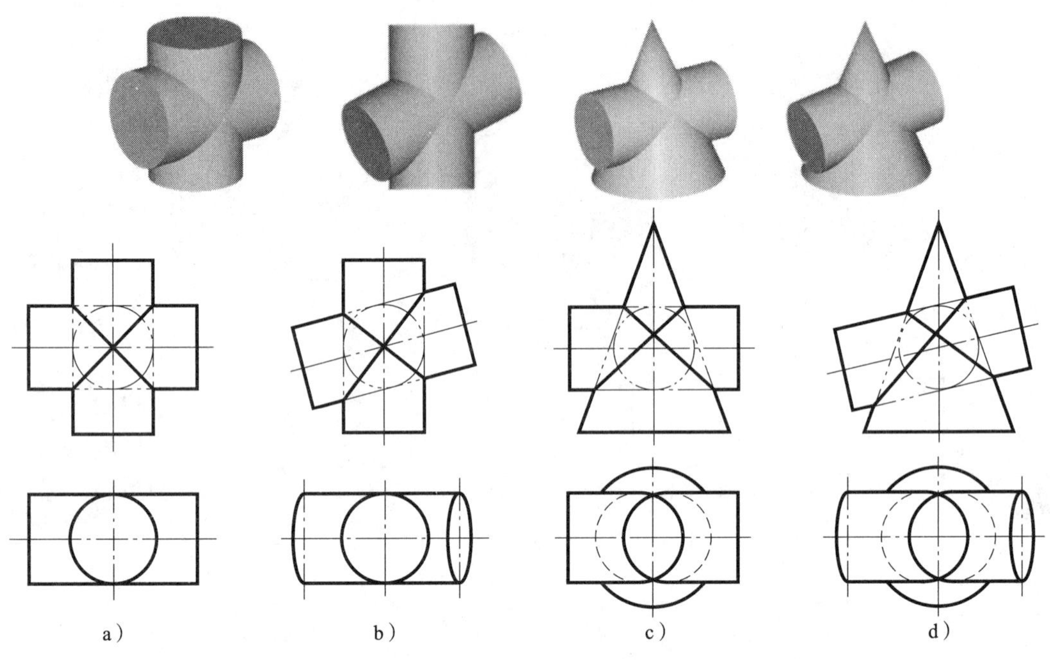

图 2—4—7 相贯线为椭圆

a）两等径圆柱正交 b）两等径圆柱斜交 c）圆柱和圆锥正交 d）圆柱和圆锥斜交

3. 当两圆柱体的轴线平行，或两圆锥体共锥顶时，其相贯线为直线，如图 2—4—8 所示。

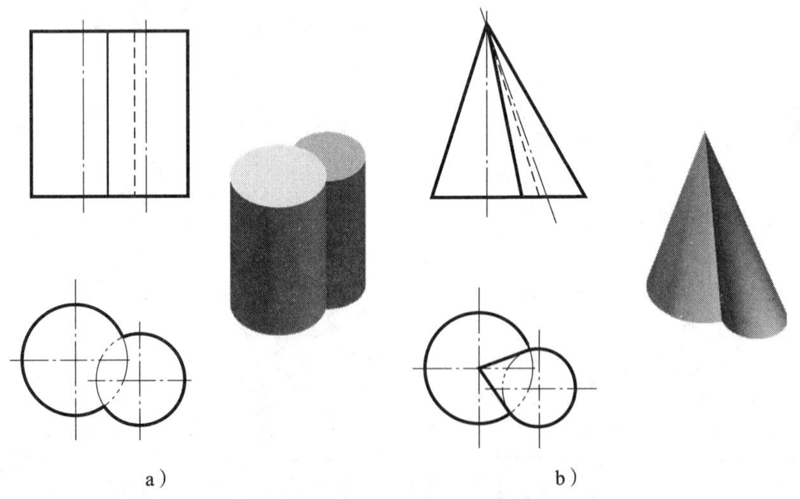

图 2—4—8 相贯线为直线

a）两圆柱体的轴线平行 b）两圆锥体共锥顶

任务实施

一、识读图 2—4—9 所示相贯体的三视图

图 2—4—9 所示为内外相贯线的综合示例。图中为互相垂直的两个圆筒相贯，并且在直立圆筒上钻有水平方向的小孔。当在直立圆筒上钻有圆孔时，右侧小孔与直立圆筒外表面及

内表面均有相贯线，而左侧小孔只与内表面有相贯线。内相贯线与外相贯线的画法相同。在图 2—4—9a 中，内相贯线的投影以直立圆筒内孔的半径为半径画弧而得，且因该相贯线的投影不可见而画成细虚线。想象出的相贯体如图 2—4—9b 所示。

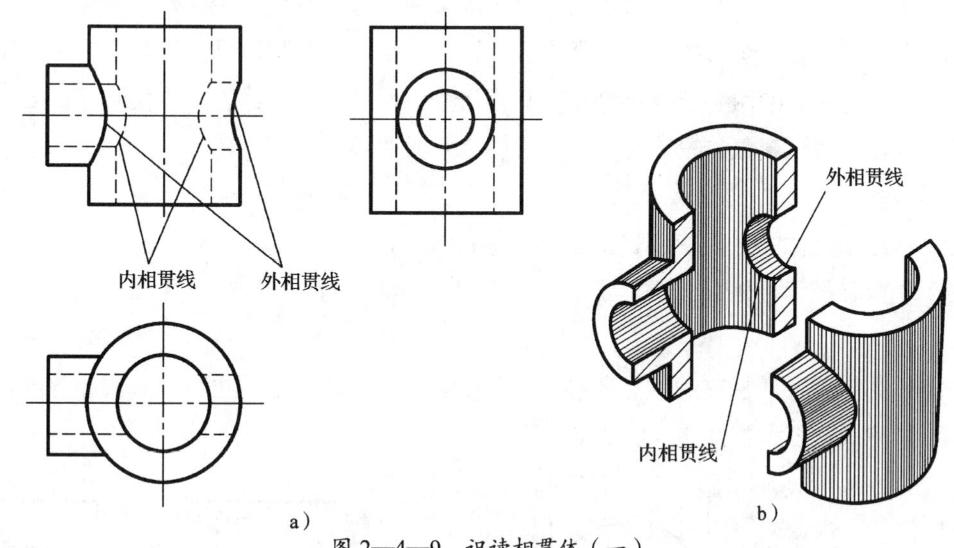

图 2—4—9　识读相贯体（一）

二、识读图 2—4—10 所示相贯体的三视图

图 2—4—10 所示的相贯体是由三个基本体组合而成的组合相贯体，其中有两个圆柱和一个半圆球。

水平小圆柱的上半部与半圆球相交，由于小圆柱与半圆球是共有侧垂轴线的同轴回转体，所以相贯线为垂直于轴线的半圆，其侧面投影为半圆的实形，与小圆柱的侧面投影重合，正面和水平投影都是垂直于小圆柱轴线的直线。

水平小圆柱的下半部与直立大圆柱的轴线正交，相贯线是一段空间曲线，其水平投影和侧面投影具有积聚性，正面投影为曲线。由于相贯体前后对称，所以相贯线的正面投影前后重合。想象出的相贯体如图 2—4—10b 所示。

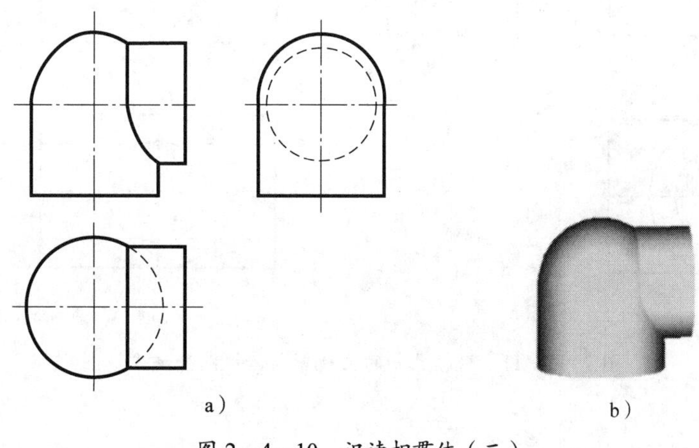

图 2—4—10　识读相贯体（二）

三、识读图 2—4—11a 所示相贯体的俯视图和左视图，补画主视图

分析：由图 2—4—11a 所示的轴测图可以看出，该相贯体由一直立空心圆柱与一水平空心半圆柱正交，内、外表面都有相贯线。外表面为两个等径圆柱面相交，相贯线为平面曲线（椭圆），其水平投影和侧面投影都积聚在它们所在的圆柱面有积聚性的投影上，正面投影为两段直线。因内表面的两个直径不相等，其相贯线为两段空间曲线，水平投影和侧面投影也都积聚在圆柱孔有积聚性的投影上，正面投影为两段曲线。

作图步骤：

（1）作出相贯体的主视图，如图 2—4—11b 所示。

（2）作两等径圆柱外表面相贯线的正面投影，即两段对称的 45° 斜线，如图 2—4—11c 所示。

（3）作圆孔内表面相贯线的正面投影。可以采用表面取点法，也可以采用简化画法作两段圆弧，即完成作图，如图 2—4—11d 所示。

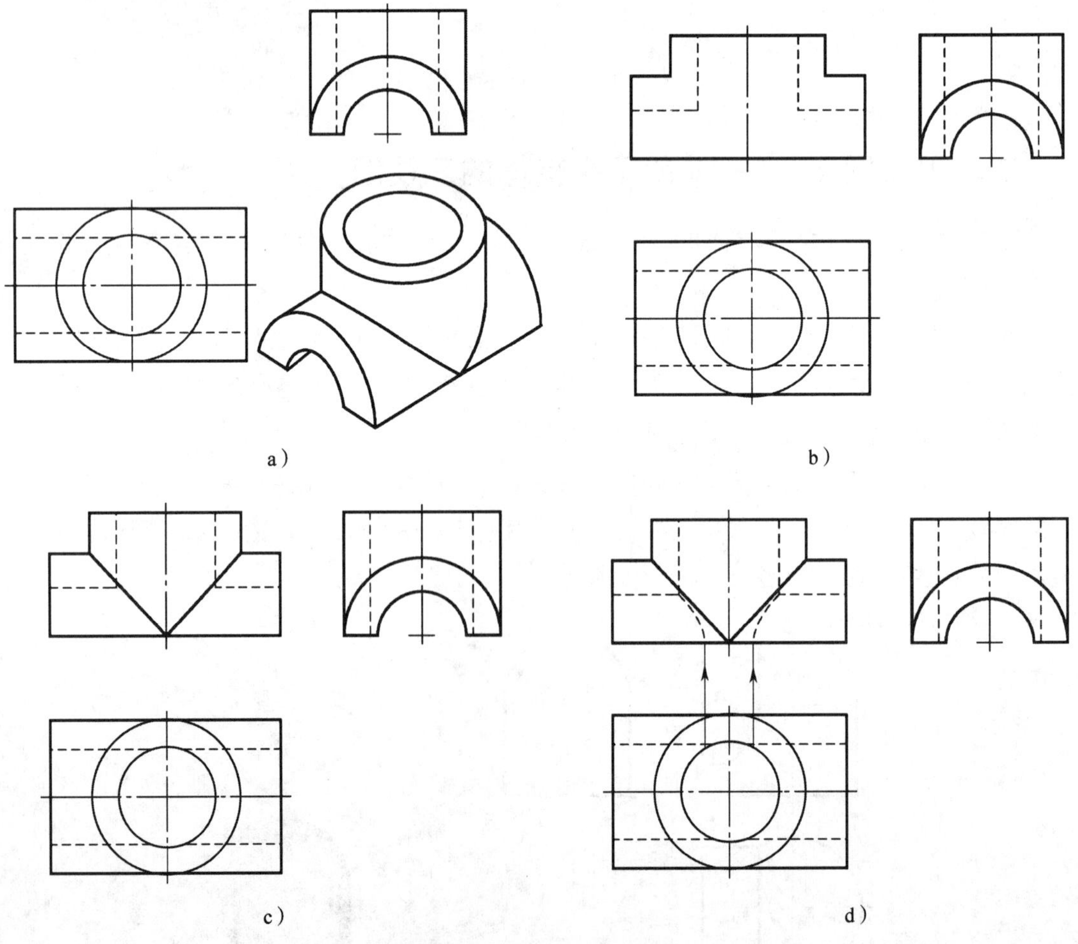

图 2—4—11　根据已知的主视图和俯视图补画左视图

单元三　识读组合体的三视图

由两个及两个以上的基本体按一定的方式组合而成的整体称为组合体。掌握组合体图形的绘制、识读及尺寸标注的方法可为识读专业图奠定坚实的基础。本单元主要介绍组合体的组合形式、组合体三视图的绘制与识读方法及组合体的尺寸标注等内容。

课题一　认知组合体

学习目标

1．了解组合体的组合形式。

2．掌握组合体各组成部分相邻表面间的连接方式及画法。

3．能正确运用组合体的形体分析法。

任务引入

组合体可以理解为把机械零件抽象而成的几何模型，是忽略了工艺结构的零件，组合体的视图是不含技术要求的零件图。本课题主要介绍组合体的组合形式、表面的连接方式以及组合体的形体分析方法。

知识准备

一、组合体的组合形式

组合体按其构成和组合方式不同，可分为叠加型、切割型和综合型三类。

1. 叠加型组合体

如图 3—1—1a 所示，叠加型组合体由若干基本体叠加而成，是实形体与实形体进行的组合。图 3—1—1a 所示的组合体是由底板、立板和肋板三部分组合而成的。

2. 切割型组合体

如图 3—1—1b 所示，切割型组合体则可看成由基本体经过切割、穿孔、切槽以后形成的，是从实形体中挖去一个实形体，被挖去的部分就形成空形体（孔洞）；或者是在实形体上切掉一部分，使被切的实形体成为不完整的基本形体。图 3—1—1b 所示的组合体是由四棱柱经过三次切割以后形成的。

3. 综合型组合体

如图 3—1—1c 所示，综合型组合体既有叠加又有切割，是叠加和切割的综合类型。图 3—1—1c 所示的组合体是由两个圆柱体组合以后，又在大直径的圆柱体上切割两次而形成的。

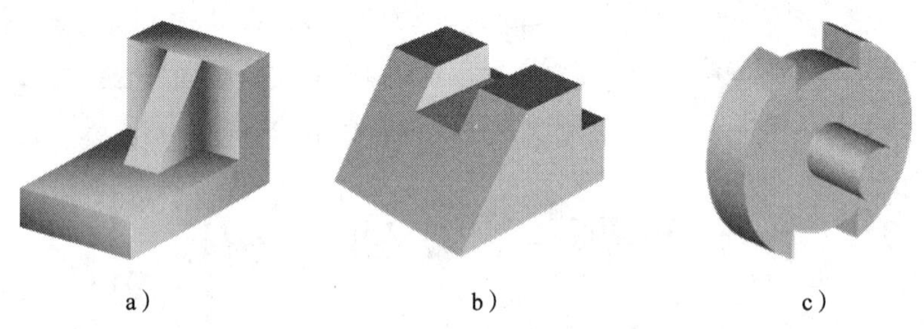

a） b） c）

图 3—1—1 组合体的组合形式

二、组合体上相邻表面的连接关系及画法

组合体中的基本形体经过叠加、切割或穿孔以后，各形体相邻表面之间的连接关系可分为共面、不共面、相切、相交四种类型，如图 3—1—2 所示。

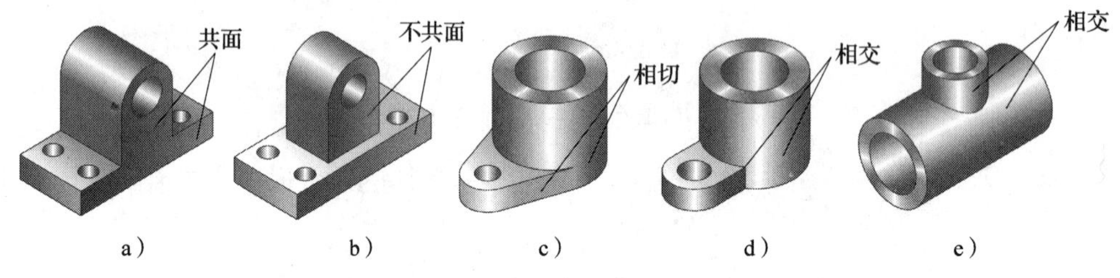

a） b） c） d） e）

图 3—1—2 组合体相邻表面的连接关系

1. 共面

共面是指相邻两表面相互平齐而连接成为同一表面。当两表面共面时，接合处不画分界线。如图 3—1—3b 所示的组合体，上、下两表面共面，在主视图上不应画分界线。

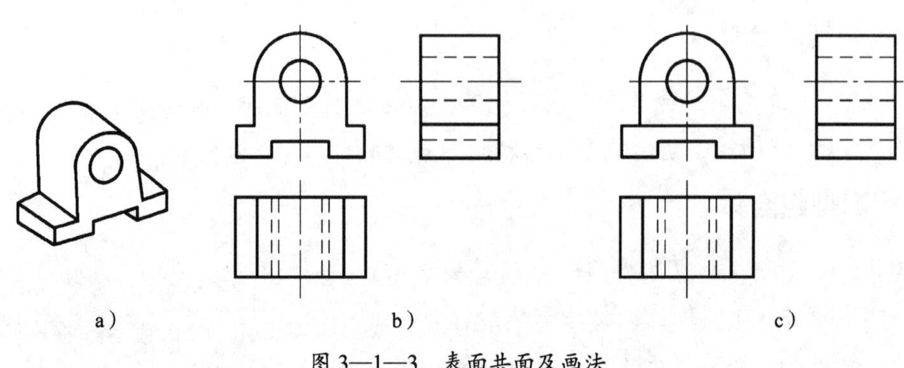

a） b） c）

图 3—1—3 表面共面及画法

a）轴测图 b）正确 c）错误

2. 不共面

不共面是指相邻两表面在某方向错开而处在不同位置的平面上。当两表面不共面时，接合处必须画出分界线。如图 3—1—4b 所示的组合体，上、下两表面不共面，前后错开，在主视图上应画出分界线。

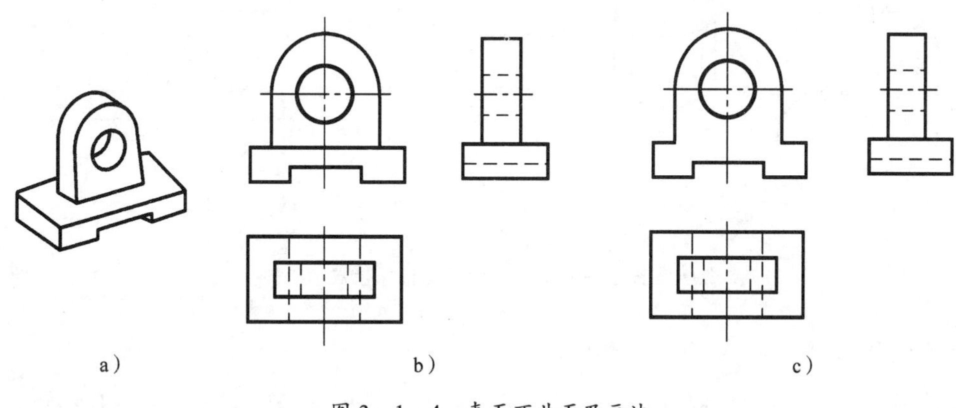

图 3—1—4　表面不共面及画法

a）轴测图　b）正确　c）错误

3. 相切

相切是指相邻两表面之间光滑过渡。当两表面相切时，在相切处不画分界线。图 3—1—5a 所示的组合体由底板和空心圆柱组成。底板的侧面与圆柱面相切，在相切处形成光滑过渡，因此主视图和左视图中相切处均不画线。图 3—1—5c 所示为常见的错误画法。

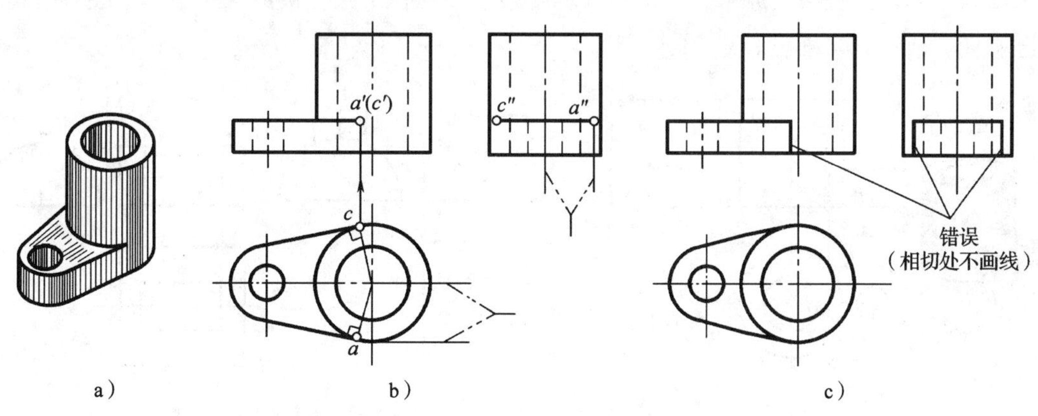

图 3—1—5　表面相切及画法

a）轴测图　b）正确　c）错误

图 3—1—6a 所示为圆柱面与半球面相切，其表面应是光滑过渡，切线的投影不画。但有一种特殊情况必须注意，如图 3—1—6b 所示的两个圆柱面相切，当圆柱面的公共切平面倾斜或平行于投影面时，不画两个圆柱面的分界线，而当公共切平面垂直于投影面时，应画出两个圆柱面的分界线。

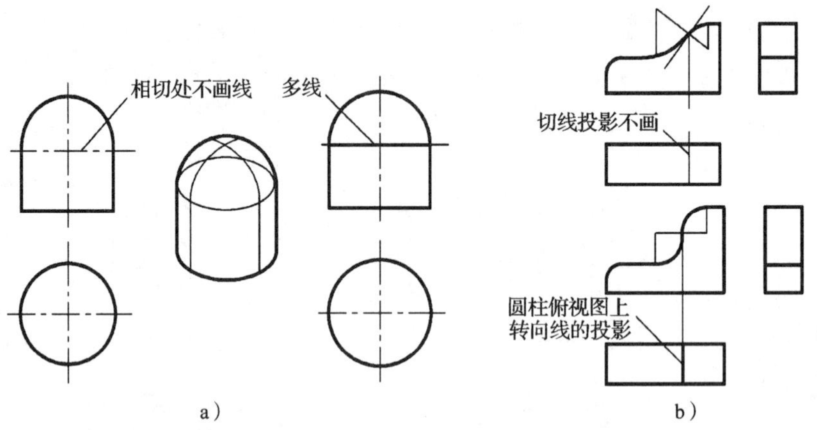

图 3—1—6　相切及其特殊情况

4. 相交

相交是指相邻两表面之间以各种角度接合或相贯形式接合。当两形体的相邻表面相交时，在相交处必须画出分界线。

图 3—1—7a 所示的组合体也是由底板和空心圆柱体组成的，但其底板的侧面与圆柱面是相交关系，故在主视图和左视图中的相交处应画出交线。

如图 3—1—7b 所示，无论是实形体与实形体相邻表面相交，还是实形体与空形体相邻表面相交，只要形体的大小和相对位置一致，其交线完全相同。必须注意：当两实形体相交时已融为一体，圆柱面上原来的一段转向轮廓线已不存在；圆柱被穿方孔后的一段转向轮廓线已被切去，不能再画出。

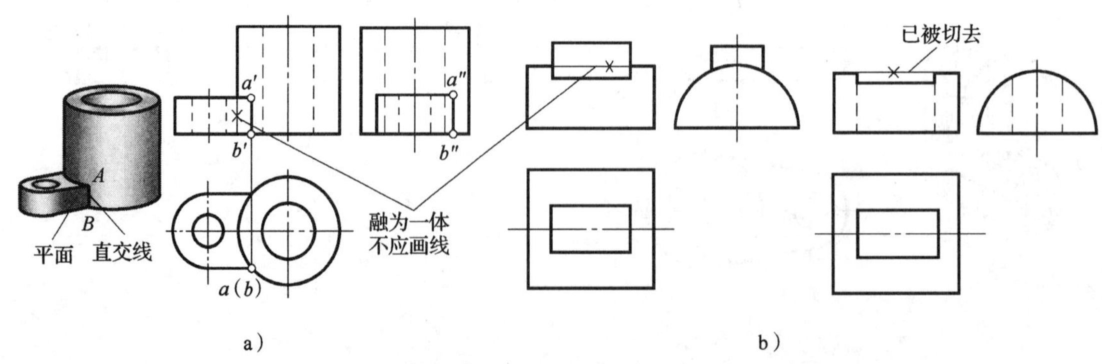

图 3—1—7　表面相交的画法

三、组合体的形体分析法

在组合体的画图、读图和尺寸标注过程中，假想把组合体分解为若干个基本形体，分清各基本形体的形状，确定它们之间的组合形式、各部分的相对位置及表面间的连接关系，从而形成组合体完整概念，这种“化整为零”使复杂问题简单化的分析方法称为形体分析法。

图 3—1—8a 所示的以叠加为主的组合体由带圆角的底板Ⅰ、带半圆头的 U 形柱立板Ⅱ、三棱柱形的肋板Ⅲ三部分组成。在底板Ⅰ上又挖切两个圆柱体Ⅴ而形成两个孔洞，在立板Ⅱ上又挖切一个圆柱体Ⅳ而形成一个孔洞。它们之间的组合形式及相对位置：底板Ⅰ、立板Ⅱ和肋板Ⅲ在左右方向居中叠加，底板Ⅰ在下，立板Ⅱ和肋板Ⅲ在底板Ⅰ的上方，其中立板Ⅱ与底板Ⅰ在后面形成共面。

图 3—1—8b 所示的切割类组合体是由一个长方体经过三次切割以后形成的。第一次在左上角切去一个四棱柱Ⅰ，第二次在左边中间的位置切去一个梯形块Ⅱ，第三次在右上前角切去一个三棱柱Ⅲ。

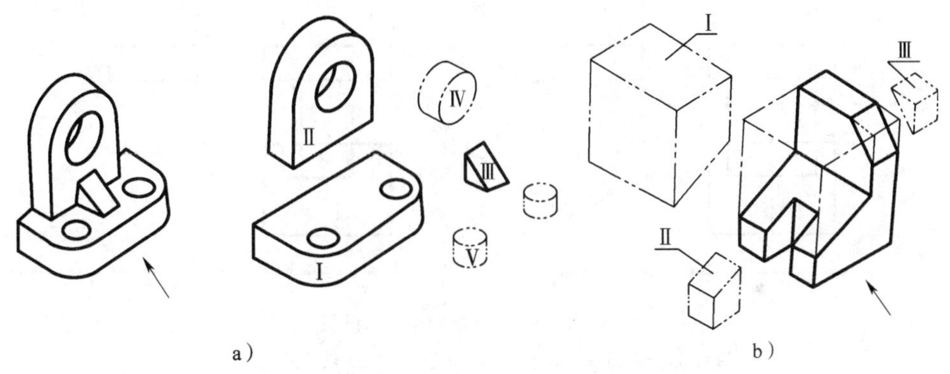

图 3—1—8　组合体的形体分析

a）叠加为主的组合体　b）切割类组合体

由上述分析可知，运用形体分析法分解组合体，可以把绘制、识读比较复杂的组合体视图的问题，转化为绘制、识读比较简单的基本几何体或简单组合体视图的问题。如果能在理解的基础上记忆一些常见形体的三视图，就能保证正确而迅速地画图和看图。形体分析法是学习绘制、识读组合体视图的基本方法。

任务实施

一、根据图 3—1—9a 所示的轴测图，画出三视图

分析：由轴测图可知，该组合体属于综合类的组合体，是由底板和立板叠加以后，又在立板上切直槽而形成的。

作图步骤：作图步骤如图 3—1—9b ~ e 所示。

二、分析图 3—1—10 所示的各组合体，完成下列填空题

全班分成若干小组进行讨论并按要求完成下列题目，教师巡回指导，根据各小组做出的答案再进行点评，最后统一正确答案。

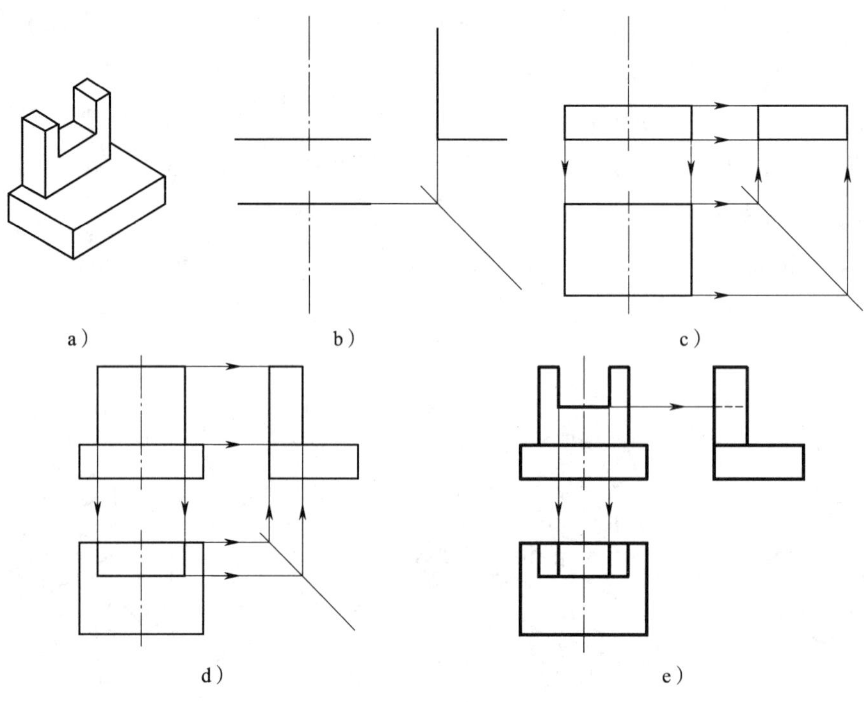

图 3—1—9 画组合体的三视图

a）轴测图 b）画基准线 c）画底板 d）画立板 e）画矩形槽

1．在图 3—1—10 下的括号内写出组合体的类型。

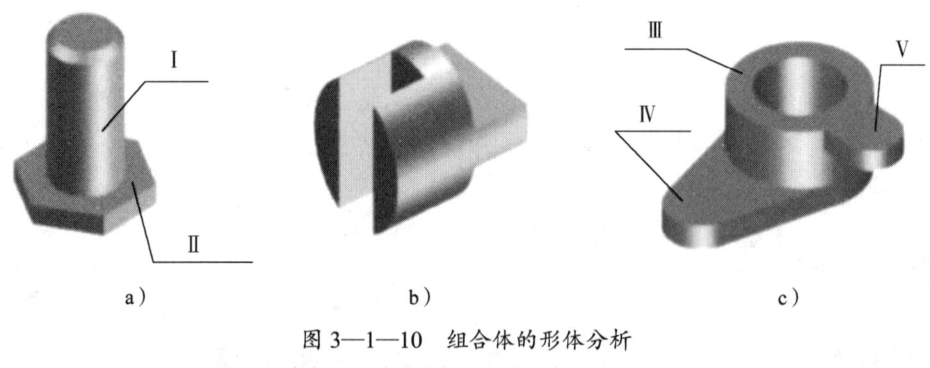

图 3—1—10 组合体的形体分析

a)（　　） b)（　　） c)（　　）

2．图 3—1—10a 所表达的组合体是由__________和__________组成的；图 3—1—10b 所表达的组合体是由______________经过______________次切割以后形成的；图 3—1—10c 所表达的组合体是由________、________和__________组成的，并在__________上挖切了一个__________孔。

3．图 3—1—10a 中Ⅰ的圆柱面和Ⅱ的上表面__________，图 3—1—10c 中Ⅲ的上表面和Ⅳ的上表面__________，Ⅲ的外圆柱面和Ⅳ的斜面__________，Ⅴ的上表面和Ⅲ的上表面__________，Ⅲ的外圆柱面和Ⅴ的侧平面__________。

课题二　画组合体三视图

学习目标

1．能利用形体分析法分解组合体。

2．熟知画组合体三视图的步骤。

3．能画组合体的三视图。

任务引入

画组合体的三视图可以帮助想象组合体的形状，为识读组合体的三视图奠定良好的基础。本课题将主要介绍组合体三视图的绘制方法。

知识准备

因为组合体的形状一般都比较复杂，在画图之前应先对组合体进行分析，作图时需按一定的作图步骤进行。

一、分析组合体

画组合体视图之前，首先按组合体的形体分析方法，对组合体进行形体分析和分解，了解组合体属于哪种类型，各基本形体的形状、它们之间的组合方式、相对位置以及在某一方向是否对称，以便对组合体的整体形状做总体的把握。

二、选择主视图

以图 3—2—1 为例，说明选择主视图应遵循的基本原则。

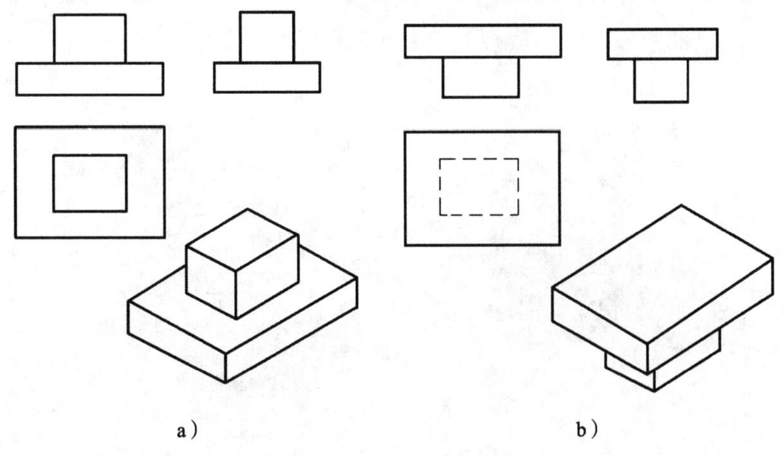

图 3—2—1　主视图的选择

a）好　b）不好

1．应以最能反映组合体形状特征和位置特征的方向作为主视图的投射方向。

2．将组合体放成最稳定的自然状态。

3．向三个投影面投射时细虚线最少。

三、画三视图的方法与步骤

1．分析形体，选择主视图

根据形体分析的结果，按主视图的选择原则选择主视图。

2．选比例，定图幅

尽量选用 1∶1 的比例，再根据组合体的复杂程度和尺寸大小选用合适的图幅。

3．布图，画底图

（1）画作图基准线，即对称中心线、轴线和较大的平面等。

（2）画底图。按组合或切割的顺序及各形体之间的相对位置，逐个画出它们的投影以及它们之间表面连接处的交线，综合起来即得到完整组合体的三视图。

4．检查及加深

经仔细检查，确认无误后，按规定的图线加深全图。

任务实施

一、画叠加类组合体的三视图

1. 形体分析

图 3—2—2 所示为叠加类组合体，它由四棱柱形的底板 I、四棱柱形的立板 Ⅱ、三棱柱形的肋板 Ⅲ 三个部分组成。它们之间的组合形式及相对位置：立板 Ⅱ 在底板 I 的右上方，肋板 Ⅲ 在底板 I 的右上方，在立板 Ⅱ 的左方，前后居中叠加。其中，立板 Ⅱ 与底板 I 的右面及前、后面形成共面，肋板 Ⅲ 的各表面与底板 I、立板 Ⅱ 的相邻表面都相交。

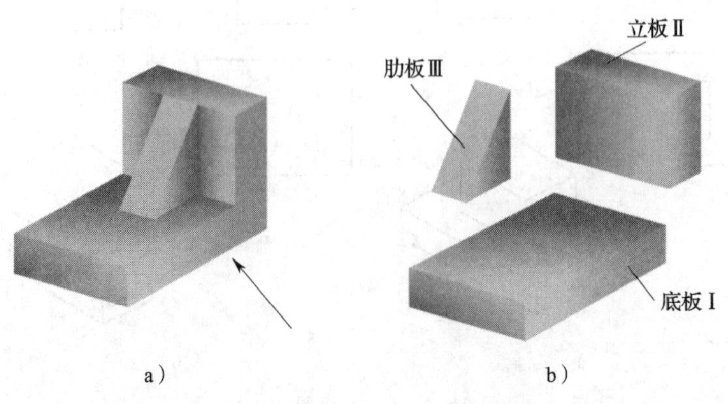

图 3—2—2　叠加类组合体及形体分析

2. 选择主视图

根据形体分析和组合体的特点，选择图 3—2—2a 中箭头所指方向作为主视图的投射方向。

作图步骤：作图步骤如图 3—2—3 所示。

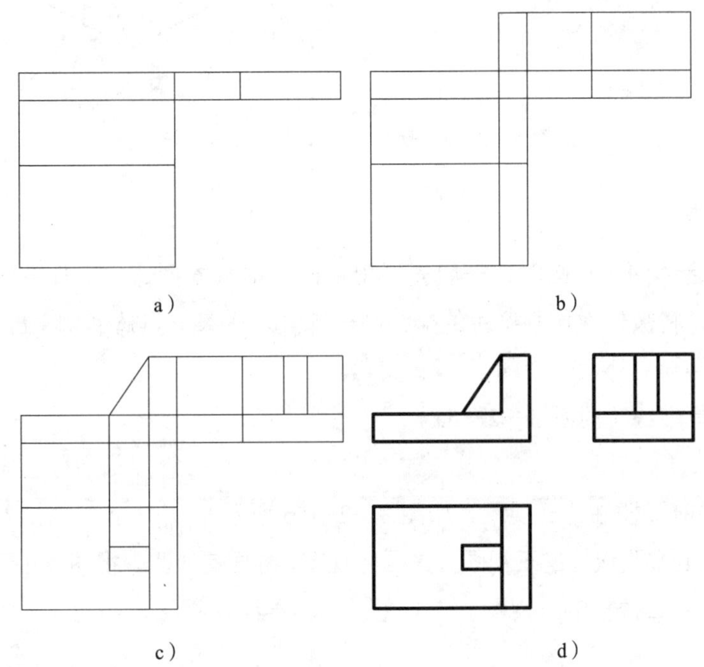

a）　b）　c）　d）

图 3—2—3　叠加类组合体三视图的作图步骤

（1）画底板的三视图，如图 3—2—3a 所示。

（2）画立板的三视图，如图 3—2—3b 所示。

（3）画肋板的三视图，如图 3—2—3c 所示。

（4）经仔细检查，确认无误后，加深全图，作图结果如图 3—2—3d 所示。

二、画切割类组合体的三视图

1. 形体分析

图 3—2—4 所示的切割类组合体是由一个长方体经过三次切割以后形成的。第一次在左方切去一个三棱柱Ⅰ，第二次在右上方切去一个四棱柱Ⅱ，第三次在中间的位置切去一个梯形块Ⅲ。

2. 选择主视图

根据形体分析和组合体的特点，选择图 3—2—4a 中箭头所指方向作为主视图的投射方向。

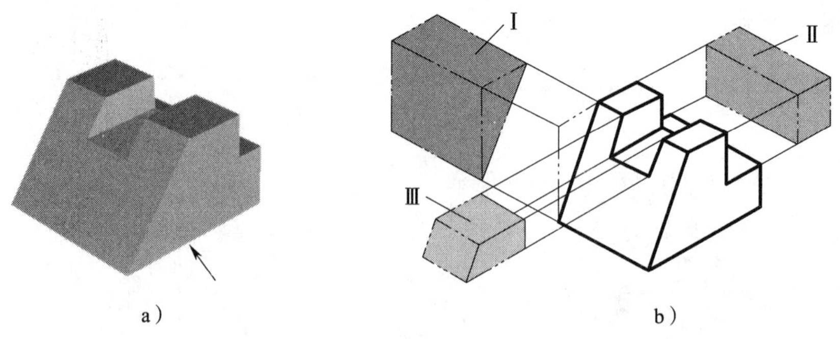

a） b）

图 3—2—4 切割类组合体及形体分析

3. 作图步骤

画切割类组合体的三视图时，一般先画出切割以前基本形体的三视图作为画图的基础，再逐一进行切割，将被依次切割产生的交线画出来。对于某一具体的切割部位，先画切口的形状特征视图，再画另外两个视图。

（1）画作图基准线（见图 3—2—5a）

（2）画底图

1）画切割以前四棱柱的三视图，如图 3—2—5b 所示。

2）画切去右上方四棱柱的三视图。先画主视图，再画其他两个视图，如图 3—2—5c 所示。

3）画切去左方三棱柱的三视图。先画主视图，再画俯视图，如图 3—2—5d 所示。

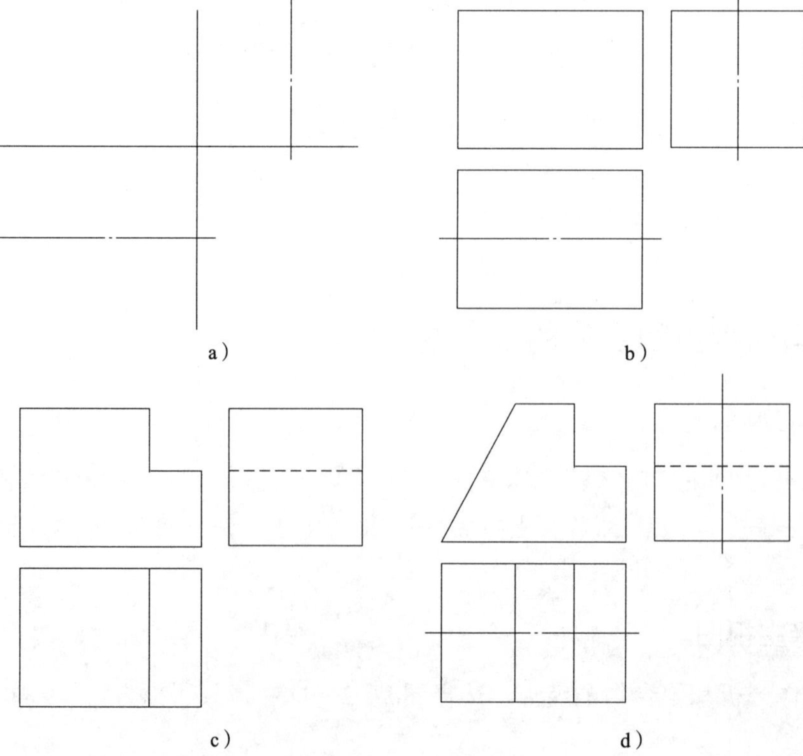
a） b） c） d）

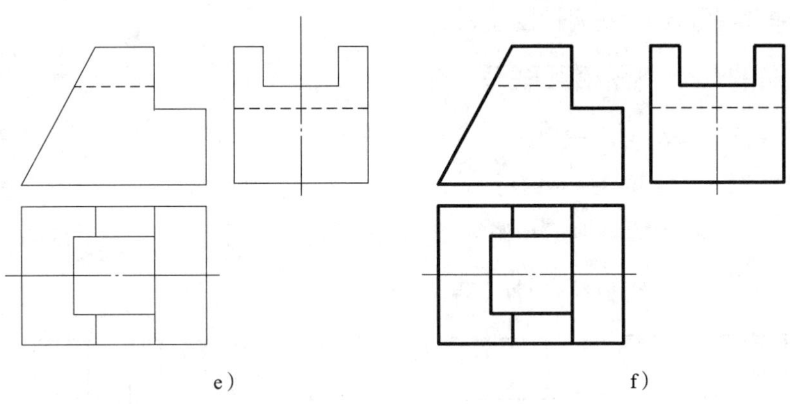

图 3—2—5　切割类组合体三视图的作图步骤

4）画切去中间位置梯形块的三视图。先画左视图，再画主视图，最后画俯视图，如图 3—2—5e 所示。

（3）检查及加深

经仔细检查，确认无误后，加深全图，作图结果如图 3—2—5f 所示。

课题三　识读组合体的三视图

学习目标

1．明确视图中图线和线框的含义。

2．掌握识读组合体三视图的基本方法。

3．能补画视图中的缺线。

4．能根据已知的两视图补画出第三视图。

任务引入

识读组合体的三视图是根据投影规律由已知的视图想象出组合体的空间形状和结构。其过程是根据组合体的三视图（或两面视图），用形体分析法逐个分析各组成部分投影的特点，并确定它们的相互位置，综合想象出组合体的结构和形状；或者根据组合体的已知视图补画图中所缺图线；或者根据组合体的两面视图补画第三视图。本课题主要介绍识读组合体视图及补图、补线的基本方法。

知识准备

一、读图的基本要领

要正确、迅速地读懂组合体的三视图，必须掌握读图的基本方法和步骤，培养空间想象能力，通过不断实践，逐步提高读图能力。

1. 将已知的几个视图相互联系

每个视图只能反映组合体一个方向的形状。在没有标注尺寸的情况下，只看一个视图不能确定组合体的形状。如图 3—3—1 所示，三个相同的主视图代表了三个不同的组合体；图 3—3—2 所示为三个相同的主视图和俯视图，也代表了三个形状各异的组合体。因此，必须把已知的几个视图联系起来识读。

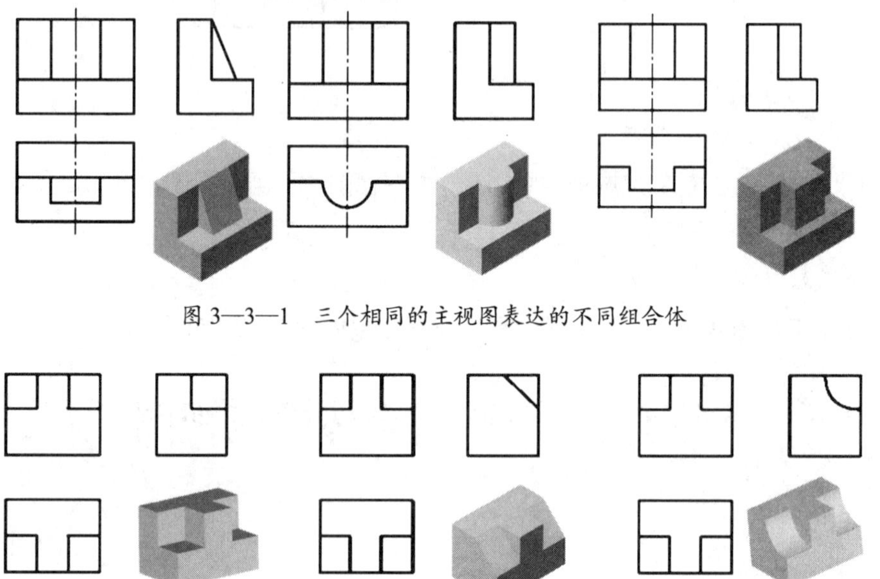

图 3—3—1 三个相同的主视图表达的不同组合体

图 3—3—2 三个相同的主视图和俯视图表达的不同组合体

2. 明确视图中图线和线框的含义

（1）视图中图线的含义

视图中每条图线表示的含义如图 3—3—3a 所示。

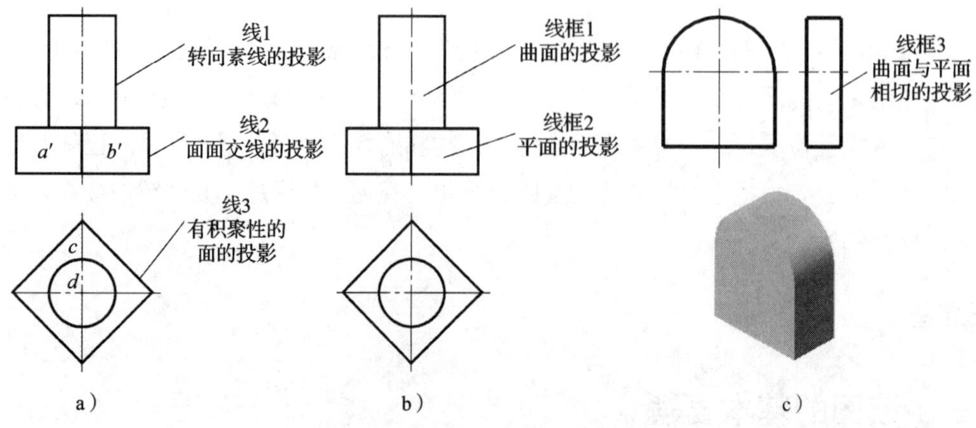

图 3—3—3 视图中的图线及线框的含义

（2）视图中线框的含义

1）视图中每个封闭的线框通常表示组合体上一个表面（平面、曲面或两者相切而组合的面）的投影。如图 3—3—3b、c 中的线框 1、2、3 分别表示曲面、平面及曲面与曲面相切而组合的面的投影。

2）相邻两线框则表示组合体上不同位置的两个表面。可能是两表面相交，如图 3—3—3a 中的线框 a'、b' 分别表示 A、B 面是彼此相交的两个平面，也可能是错位的表面。

3）大线框中套有小线框则表示组合体上不同位置的两个表面。如图 3—3—3a 的俯视图中大线框 c 及小线框 d，对照主视图可知，d 面凸起，是圆柱顶面的投影，c 和 d 为上下错位的两个平行面。

3. 从反映形体特征的视图看起

特征视图就是把组合体的形状特征及相对位置反映得最充分的那个视图。一般情况下，找到了这个视图，再配合其他视图，就能较快地认清组合体。

（1）形状特征

能够清楚地反映组合体及各基本形体形状特征的视图称为形状特征视图。如图 3—3—4a 所示的主视图，由于组合体的组成方式不同，组合体的形状特征并非总是集中在某一个视图上，有时是分散于不同的视图上。如图 3—3—4b 所示，该组合体由四个部分叠加组成，形体Ⅱ、Ⅲ的形状特征在主视图上反映，形体Ⅰ的形状特征在俯视图上反映，而形体Ⅳ的形状特征则在左视图上反映。看图时要善于找出反映形状特征的视图，这样便于想象其形状。

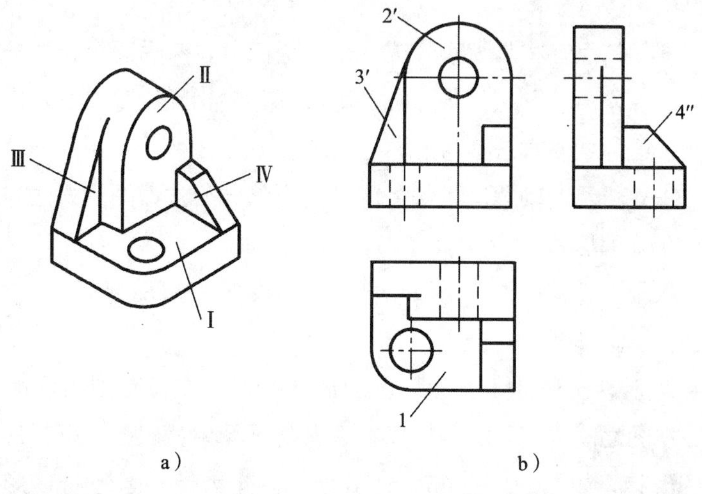

图 3—3—4　形状特征明显的视图

（2）位置特征

能清楚地反映构成组合体的各基本形体之间相互位置关系的视图称为位置特征视图。如图 3—3—5b、c 所示的两个组合体，主视图中的圆形线框Ⅰ和矩形线框Ⅱ的形状特征很明显，但相对位置不够清楚。对照俯视图可以看出，圆形线框和矩形线框中一个是凹进去的孔，另一个是向前凸出的实体。但仅从主视图和俯视图上并不能确定哪个形体是凹进去的孔，哪个形体是向前凸出的实体，只有对照主视图和左视图识读才能确定出两个不同的组合体。显然，左视图是反映该组合体各组成部分之间相对位置特征最明显的视图。

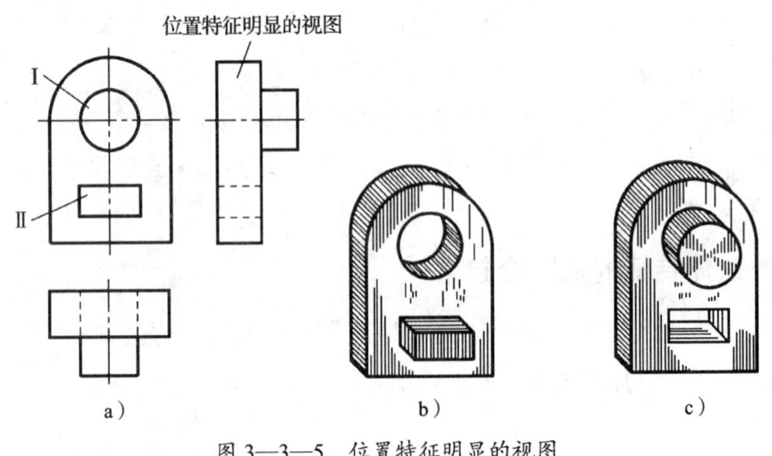

图 3—3—5　位置特征明显的视图

二、读图的基本方法

读图的基本方法与画图一样，也是主要运用形体分析法。而对于比较复杂的切割类组合体，在运用形体分析法的同时，还要用线面分析法来帮助想象和读懂不容易看明白的局部结构。

1. 形体分析法

根据组合体视图的特点，将其大致分成几个组成部分，然后逐个将每一部分的几个投影对照起来进行分析，想象出其形状，再分析各组成部分的相互位置关系，最后想象出组合体的整体结构和形状，这种读图方法称为形体分析法。

下面以图 3—3—6 所示的轴承座为例，说明用形体分析法读图的方法与步骤。

（1）划分线框，分解形体

首先从主视图入手，将其线框分为四个部分，如图 3—3—6a 所示。

（2）抓住特征，想象形状

主视图较明显地反映出形体Ⅰ、Ⅱ、Ⅳ的形状特征，左视图则明显地反映出形体Ⅲ的形状特征。根据三视图之间的“三等”规律，在其他视图中找出各线框对应的投影，逐步想象出各组成部分的形状，如图 3—3—6b、c、d 所示。Ⅰ为带半圆槽的 U 形柱体；Ⅲ为带弯边的 L 形底板，上面挖切了两个圆孔，俯视图反映两孔的相对位置；Ⅱ和Ⅳ为三棱柱形的肋板。

（3）对照投影，明确位置

在想象出各部分的形状后，按照投影关系，可进一步分析并明确各组成部分之间的相对

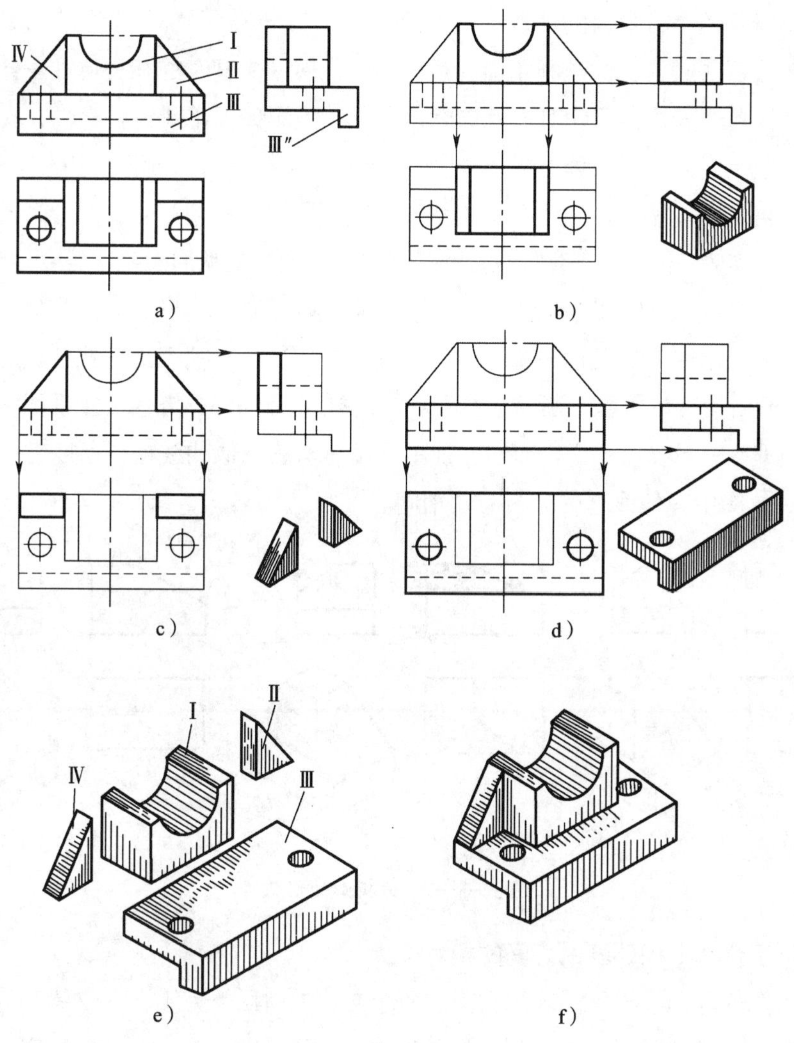

图 3—3—6　用形体分析法读图

位置关系：带半圆槽的 U 形柱体Ⅰ在底板Ⅲ的上方，两形体的对称面重合且后面靠齐共面；肋板Ⅱ、Ⅳ对称地分布在带半圆槽的 U 形柱体Ⅰ的左右两侧，且与其相接，后面靠齐共面，如图 3—3—6e 所示。

（4）综合起来，想出整体

通过上述分析，对组合体各组成部分的形状和位置有了一个完整的印象，再综合起来，便可想象出轴承座的整体形状，如图 3—3—6f 所示。

2. 线面分析法

构成组合体的各形体可以看作由形体上的若干表面（平面或曲面）和线（直线或曲线）围成的实体。线面分析法就是把组合体分解为若干表面和线，从“面”和“线”的角度分析形体的表面或表面间的交线，并确定它们之间的相对位置以及它们相对于投影面的位置的方法。

（1）分析组合体上各表面的形状

运用线面分析法时，应注意利用面和线投影的积聚性、真实性和类似性来分析及解决问题。构成物体的各个表面，不论其形状如何，它们的投影如果不具有积聚性，一般都是一个封闭的线框。运用线面分析法读图时，应将视图中的一个线框看作物体上的一个表面（平面、曲面或两者的组合）的投影，利用投影关系，在其他视图上找到对应的图形，再分析这个面的投影特性（真实性、积聚性、类似性），确定这些面的形状，从而想象出组合体的整体形状。

如图 3—3—7a 所示为切割类组合体，对于俯视图上的五边形 p，由于在主视图上没有与它类似的线框，所以它的正面投影只可能对应斜线 p'，在左视图上可找到与之相对应的类似形 p''，根据三面投影就可以判断该面的形状。同样在图 3—3—7b 中，主视图上的四边形 q' 在俯视图上也有对应的类似形 q，而在左视图上没有与它类似的线框，所以它的侧面投影只能对应斜线 q''。图中其他线框的分析方法相同。

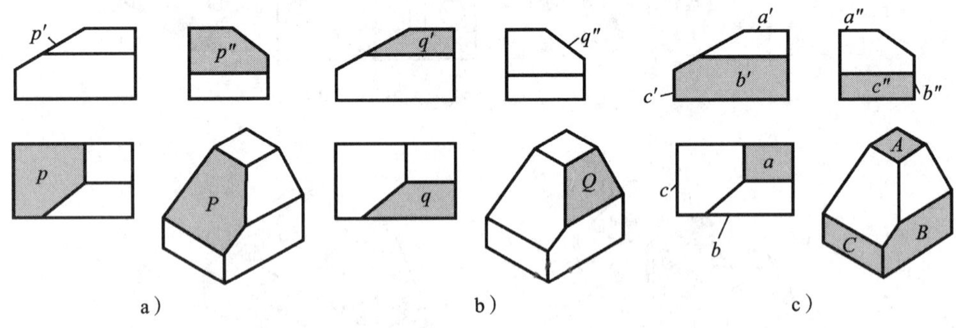

图 3—3—7　分析面的形状

（2）分析组合体上相邻表面之间的相对位置

视图中相邻的两个线框可能表示相交的两个面，或前后、上下、左右错开的两个面。例如，图 3—3—8 给出了四组视图，分析视图中的线框及投影关系，并区分出它们的前后、上下、左右相对位置和相交等连接关系，可帮助想象形体。

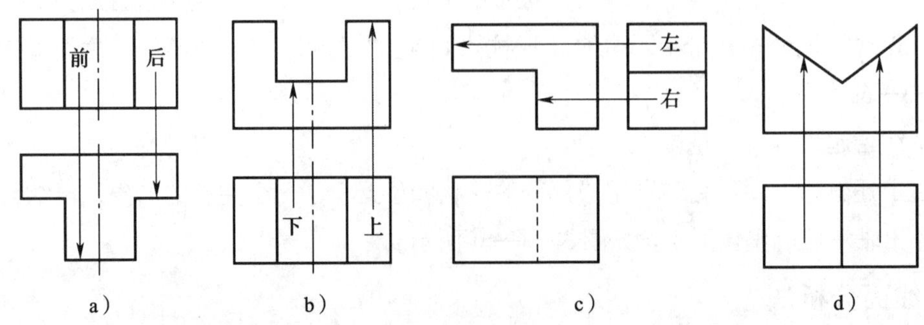

图 3—3—8　相邻表面间的位置关系

按相邻两个封闭线框表示不同位置的两个面的判别方法，从图中可以归纳得出：主视图不反映“面”的前后位置，俯视图不反映“面”的上下位置，左视图不反映“面”的左右位置。若明确这种关系，只有将主视图中的线框向前拉至与俯视图对应的部位，如图 3—3—8a 所示；将俯视图中的线框向上拉至与主视图对应的部位，如图 3—3—8b 所示；将左视图中的线框向左拉至与主视图对应的部位，如图 3—3—8c 所示，则线框所表示的“面”(或“体”)的相对位置才能确定，线框所表示“体”的形状才能在头脑中形成。这种线框分析的方法是由平面图形想象物体空间形状的根本途径和有效方法。图 3—3—8d 所示的两个面是斜交位置关系。

任务实施

一、讨论并判断图 3—3—9 所示图形各表面间的相互位置

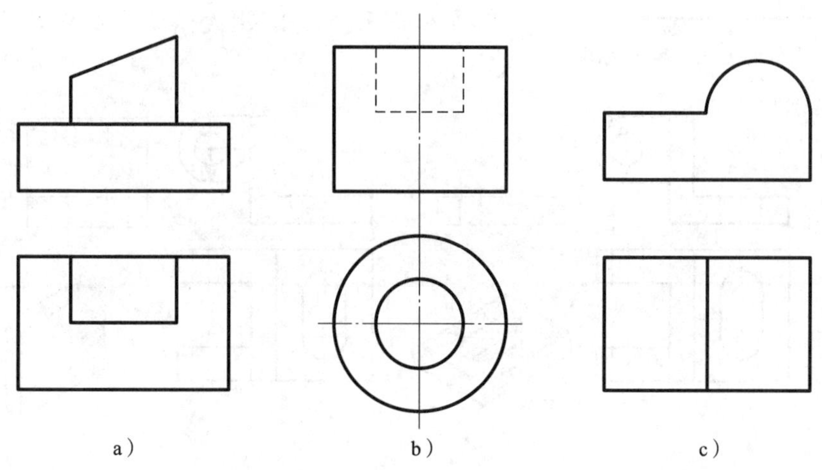

图 3—3—9　相邻表面间的位置关系

全班分成若干小组进行讨论并按要求完成下列题目，教师巡回指导，根据各小组做出的答案再进行点评，最后统一正确答案。

1．图 3—3—9a 所示主视图中的两个线框表示____________面，俯视图中的两个线框表示____________面。

2．图 3—3—9b 中俯视图的两个线框表示____________面。

3．图 3—3—9c 中俯视图的两个线框表示____________面。

二、识读图 3—3—10 所示的主视图和俯视图，想象组合体的形状，并补画其左视图

分析：从主视图入手，把主视图和俯视图对应起来分析，可将主视图划分成三个主要的封闭线框 1′、2′ 和 3′。根据投影规律，可在俯视图中找到对应的线框 1、2 和 3。由此可知，形体Ⅰ为带长圆孔的长方形底板；形体Ⅱ是一竖立的长方形板；形体Ⅲ是一块带半圆的 U 形耳板，上面有一小圆孔，且相同形状的板有两块。这样就对图 3—3—10 所示的组合体的整体形状有了一个初步的认识。

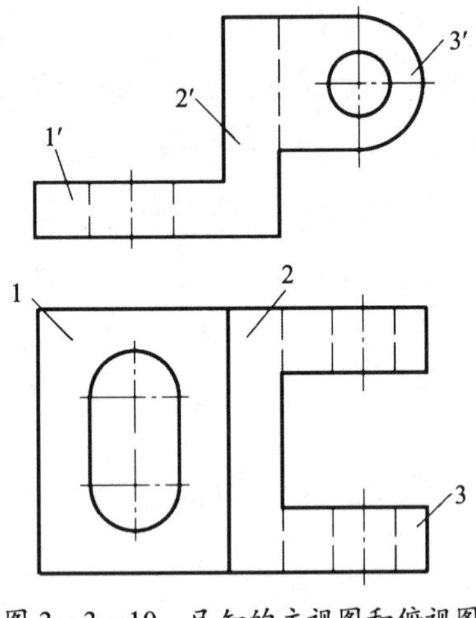

图 3—3—10 已知的主视图和俯视图

作图步骤：按形体分析的情况，逐个画出三个基本形体的三视图。想象出组合体的整体形状，对照检查已补画出的左视图，修正错误，擦去多余图线，按国家标准规定的线型加深。整个作图过程如图 3—3—11 所示。

（1）画出带长圆孔的长方形底板 I 的左视图，如图 3—3—11a 所示。

（2）画出长方形立板Ⅱ的左视图，如图 3—3—11b 所示。

（3）画出带半圆的 U 形耳板Ⅲ的左视图，如图 3—3—11c 所示。

（4）检查无误后加深图线，补图结果如图 3—3—11d 所示。

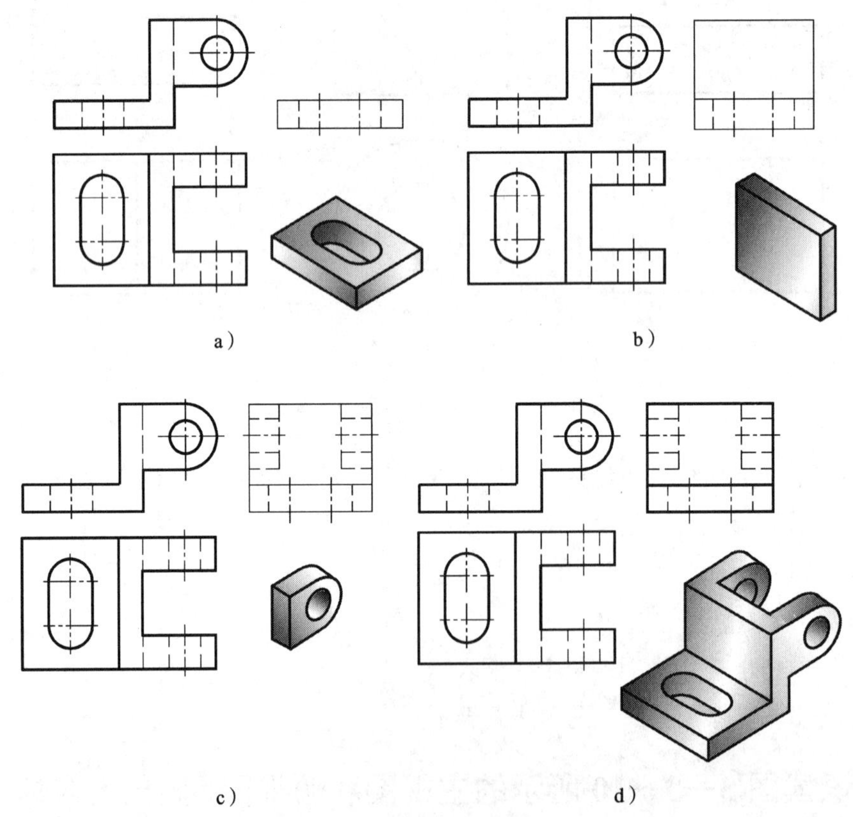

图 3—3—11 补画组合体的左视图（一）

三、识读图 3—3—12a 所示组合体的主视图和俯视图，并补画左视图

分析：由已知的两个视图可以看出，该组合体属于切割类，未切割前的基本形体是带半圆头的 U 形柱体。在主视图中有 3 个线框，根据投影规律，由主视图和俯视图可以看出，3

个线框分别表示组合体上 3 个不同位置的表面。a' 线框是一个凹形块，处于组合体的前面；c' 线框中还有一个小圆线框，与俯视图中的两条细虚线对应，可想象出是在半圆头 U 形柱体上穿了一个圆孔，它处于组合体的后面；从主视图中可看出，b' 线框的上部有个半圆槽，在俯视图上可找到对应的两条粗实线，处于 A 面和 C 面之间。因此，主视图中的 3 个线框实际上是组合体的前、中、后三个正平面的投影。

作图步骤：

（1）按照前后和高低层次画出左视图的外形轮廓，如图 3—3—12b 所示。

（2）在前层切出凹形槽，画出细虚线，如图 3—3—12c 所示。

（3）在中层切出半圆槽，画出细虚线，如图 3—3—12d 所示。

（4）在后层切出圆孔，画出细虚线，如图 3—3—12e 所示。加深图线，即完成作图。

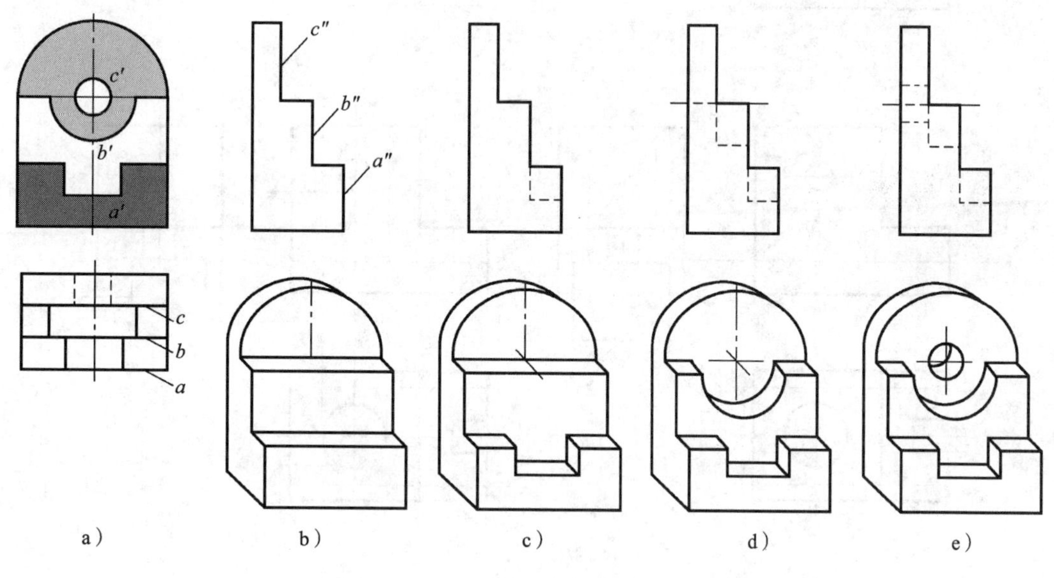

图 3—3—12　补画组合体的左视图（二）

四、识读图 3—3—13a 所示的三视图，想象组合体形状，并补画图中所缺的图线

分析：根据已知的三视图分析可知，该组合体是在长方体的左上方切掉一直角，在左下方的上下方向及下面的左右方向各切出一直槽，在竖直方向钻一大圆柱孔，在水平方向钻一小圆柱孔。切角及切槽处都应该有交线，两圆柱孔应该有相贯线。

作图步骤：

（1）补画左上方切掉直角后的俯视图和左视图，如图 3—3—13b 所示。

（2）补画切出上下方向及左右方向矩形直槽后的三个视图，如图 3—3—13c 所示。

（3）补画钻出两圆柱孔后的主视图和左视图，如图 3—3—13d 所示，注意相贯线的画法。

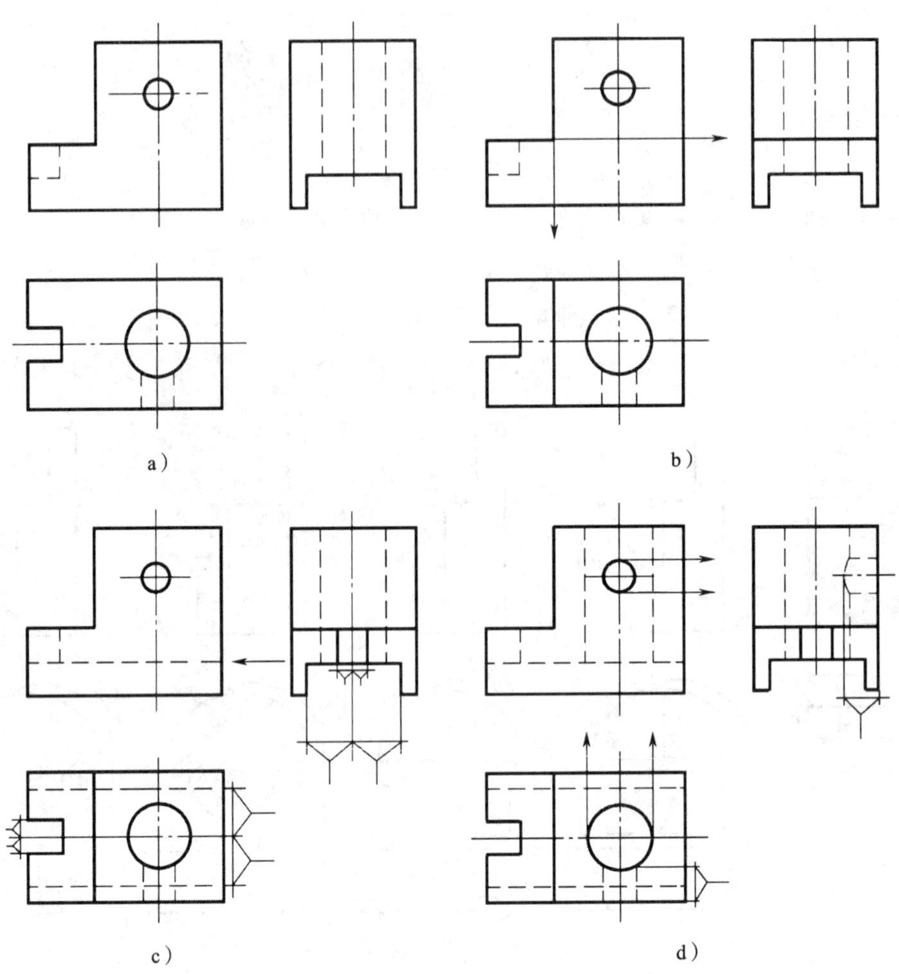

图 3—3—13　补画缺线（一）

五、识读图 3—3—14a 所示的三视图，想象组合体形状，并补画图中所缺的图线

分析：根据已知的三视图，可以看出该组合体属于切割类，切割以前的基本形体是长方体。在前上方切掉一角，在上面中间的位置切出矩形直槽，下面左右各切掉一直角。在相邻表面的接合处及直槽和两个直角的相交处都应该有交线。

作图步骤：

（1）补画前上方切掉一角后的主视图和俯视图，如图 3—3—14b 所示。

（2）补画切出矩形直槽后的俯视图和左视图，如图 3—3—14c 所示。

（3）补画出左右切去直角后的主视图和左视图，如图 3—3—14d 所示。

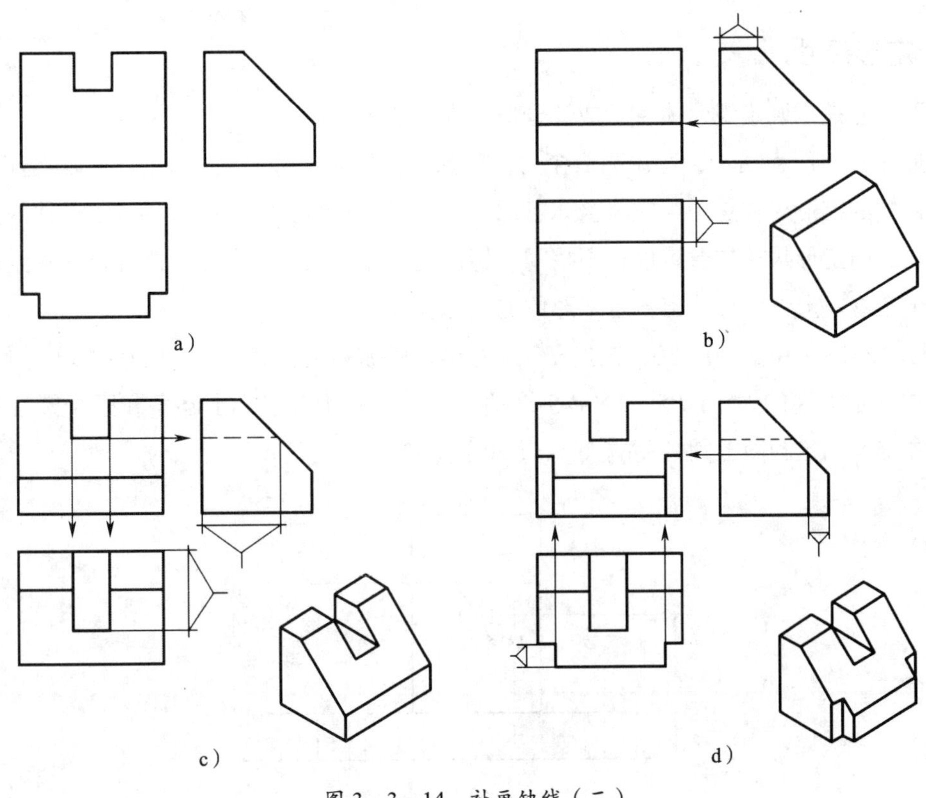

图 3—3—14　补画缺线（二）

课题四　标注与识读组合体的尺寸

学习目标

1．了解组合体尺寸的类型。

2．掌握组合体尺寸标注的方法与步骤。

3．能识读组合体的尺寸。

任务引入

视图只能表达组合体的形状，而各部分的大小及相对位置则要通过尺寸来确定。本课题主要介绍组合体的尺寸标注与识读方法。

知识准备

一、组合体的尺寸组成

组合体的尺寸分为定形尺寸、定位尺寸和总体尺寸三类。形体分析法是保证组合体尺寸标注完整的基本方法。

1. 定形尺寸

定形尺寸是指确定组合体各组成部分形状大小的尺寸。

定形尺寸一般包括长、宽、高三个方向的尺寸。因组合体是由不同的形体组合而成的，所以组合体的定形尺寸是由组成组合体各部分的定形尺寸组成的。由于各基本形体的形状特点不同，因而定形尺寸的数量也各不相同。标注组合体的尺寸时应按形体分析法将组合体分解为若干个基本形体，标注出各基本形体的定形尺寸。

如图 3—4—1 中的 50、30、7 这三个尺寸确定底板的长、宽、高；ϕ20、ϕ12、(20)这三个尺寸确定圆筒的大小；*R*5、4×ϕ5 这两个尺寸分别确定底板上圆角和四个圆柱孔的大小；尺寸 ϕ5 确定圆筒上圆柱孔的大小。(20)为参考尺寸。

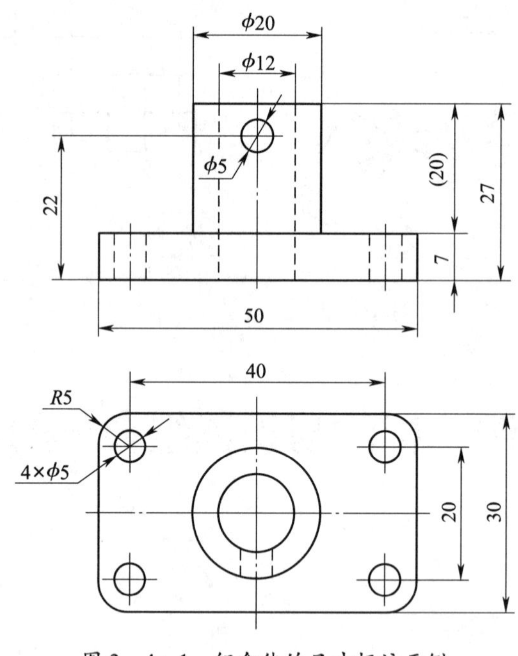

图 3—4—1　组合体的尺寸标注示例

2. 定位尺寸

定位尺寸是指确定组合体各组成部分之间相对位置的尺寸。

如图 3—4—1 中的 40、20 这两个尺寸确定底板上四个圆柱孔的圆心位置，尺寸 22 确定圆筒上圆柱孔的圆心位置。

3. 总体尺寸

总体尺寸是指组合体外形的总长、总宽、总高尺寸。图 3—4—1 所示的总体尺寸是总长为 50、总宽为 30、总高为 27。

需要指出的是，当组合体外形在某个方向的投影为圆形（圆柱或圆球）时，在这个方向就不必标注总体尺寸，如图 3—4—2 中的总高尺寸就不必标注。

二、组合体的尺寸基准

由于组合体的定位尺寸是确定各组成部分相对位置的尺寸，所以在长、宽、高三个方向上至少都应该有一个尺寸基准，如图 3—4—3 所示。

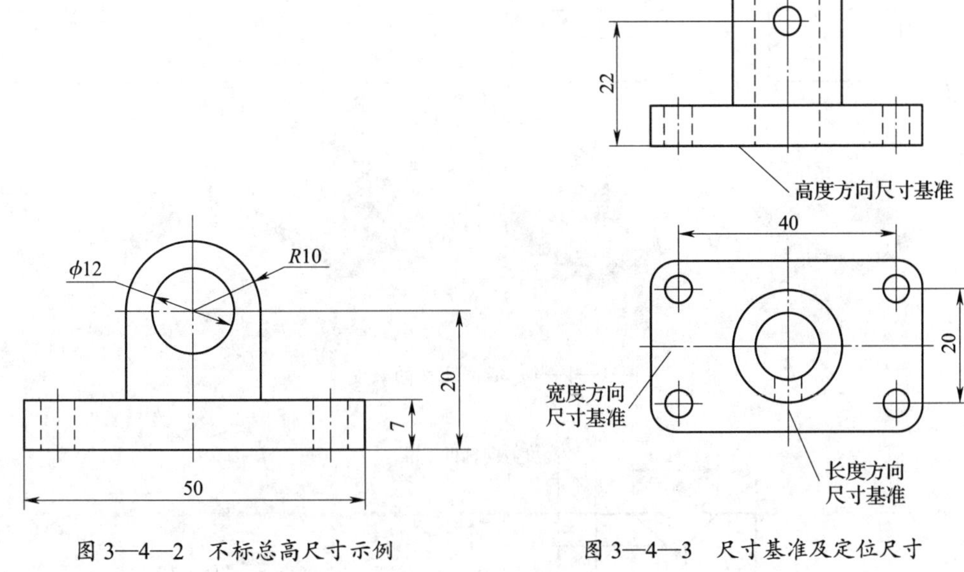

图 3—4—2　不标总高尺寸示例

图 3—4—3　尺寸基准及定位尺寸

1. 尺寸基准的选择

对于组合体，一般选择对称面、主要轴线、大的表面等作为尺寸基准。

如图 3—4—3 中以左右对称面作为长度方向的尺寸基准，标注出底板上的小圆孔在长度方向的定位尺寸 40；以前后对称面为宽度方向的尺寸基准，标注出底板上的小圆孔在宽度方向的定位尺寸 20；以底板的底面作为高度方向的尺寸基准，标注出圆筒上小圆孔的轴线在高度方向上的定位尺寸 22。

2. 尺寸基准的数量

当组合体各组成部分的结构和位置不同时，定位尺寸的数量也不相同，如图 3—4—4 所示。

当组合体的形状比较复杂时，一个方向可能会有多个基准。常把标注主要尺寸的基准称为主要基准，其他基准称为辅助基准，主要基准和辅助基准之间应有尺寸联系。如图 3—4—5 所示，其中尺寸 30 为主要基准和辅助基准之间的联系尺寸。

三、常见形体的尺寸标注

1. 基本体的尺寸标注

为了掌握组合体的尺寸标注，必须先熟悉基本体的尺寸标注方法。一些常用基本体的尺寸标注已形成固定形式，具体标注形式见表 3—4—1。

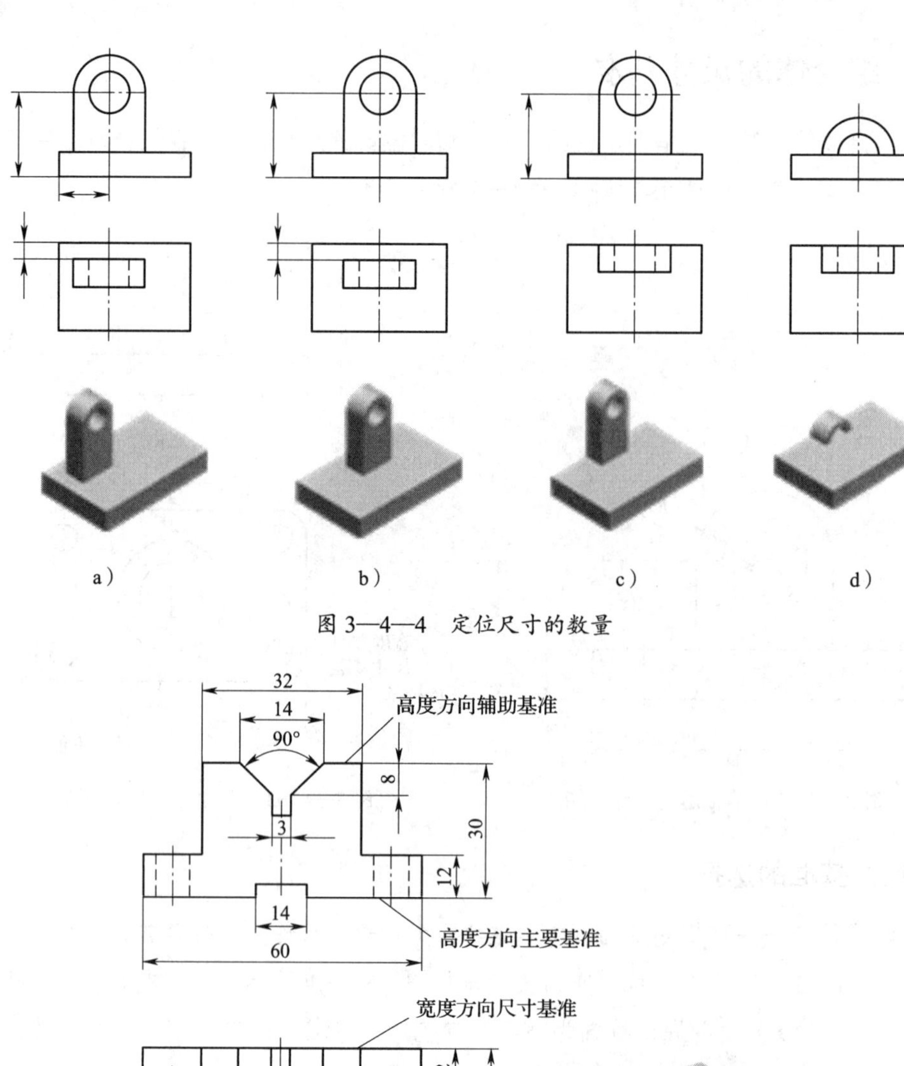

图 3—4—4 定位尺寸的数量

图 3—4—5 主要基准和辅助基准

表 3—4—1 常用基本体的尺寸标注

三棱柱	四棱柱	六棱柱	四棱锥
13 11 7	13 11 7	5 14 (12)	13 12 10

续表

四棱台	圆柱	圆锥	圆球
8 ϕ8 ϕ14	16 ϕ13	16 ϕ13	Sϕ16

2. 切割体的尺寸标注

对于切割体，除了要标注基本体的定形尺寸外，还要标注切口的定位尺寸。但截交线的定形尺寸（即图中打 × 的尺寸）不必标注，如图 3—4—6 所示。

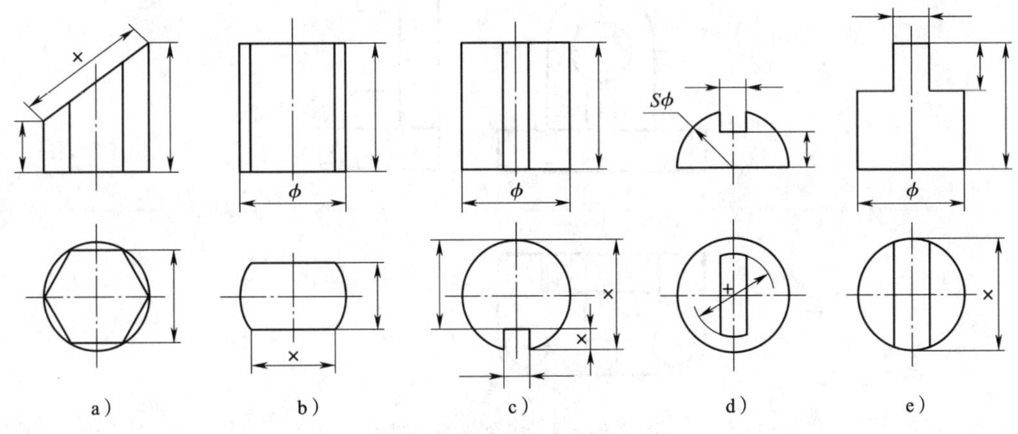

图 3—4—6　常见切割体的尺寸标注

3. 相贯体的尺寸标注

对于相贯体，除了要标注基本体的定形尺寸外，还要标注相关的定位尺寸。但相贯线的定形尺寸不必标注，如图 3—4—7 所示。

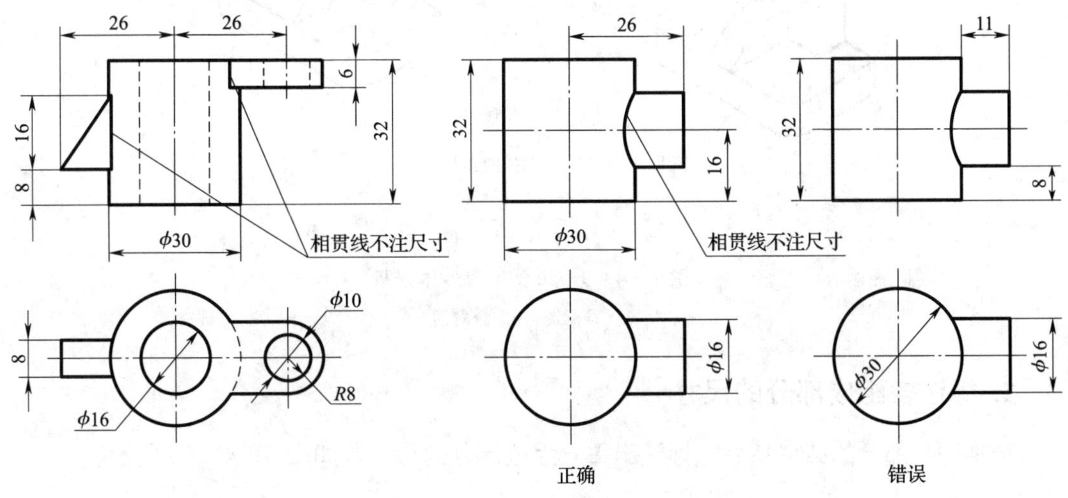

图 3—4—7　常见相贯体的尺寸标注

任务实施

一、标注图 3—4—8 所示组合体的尺寸

1. 形体分析

利用形体分析法，初步将该组合体分为三个组成部分，即底板、立板和肋板，如图 3—4—9a 所示。再仔细分析每一部分的细节：底板是在四棱柱体上经过切割两个圆角和两个圆柱以后形成的；立板是由一个 U 形柱体切掉一个圆柱以后形成的，肋板是一个直角梯形块，如图 3—4—9b 所示。

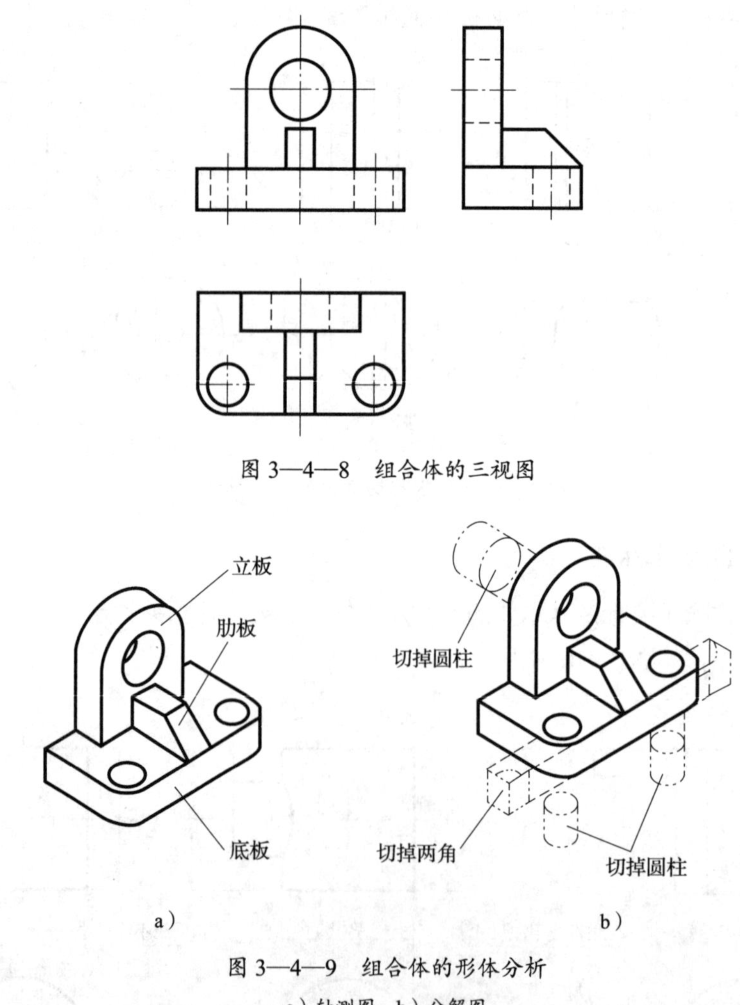

图 3—4—8 组合体的三视图

图 3—4—9 组合体的形体分析

a）轴测图 b）分解图

2. 标注各组成部分的尺寸

根据每一部分的结构特点，标注出每一组成部分的尺寸，如图 3—4—10 所示。

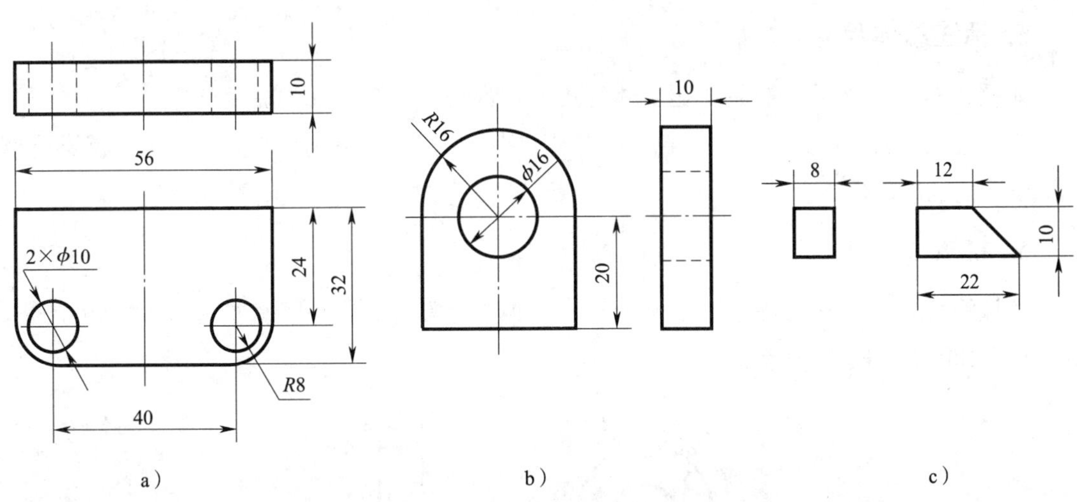

图 3—4—10　标注各组成部分的尺寸

a）底板的尺寸　b）立板的尺寸　c）肋板的尺寸

3. 选定尺寸基准

由形体组合情况看，该组合体左右对称，故该组合体长度方向的尺寸基准选左右对称面；高度方向的尺寸基准选底板的底面；宽度方向的尺寸基准选该组合体的底板与立板的公共后表面，如图 3—4—11 所示。

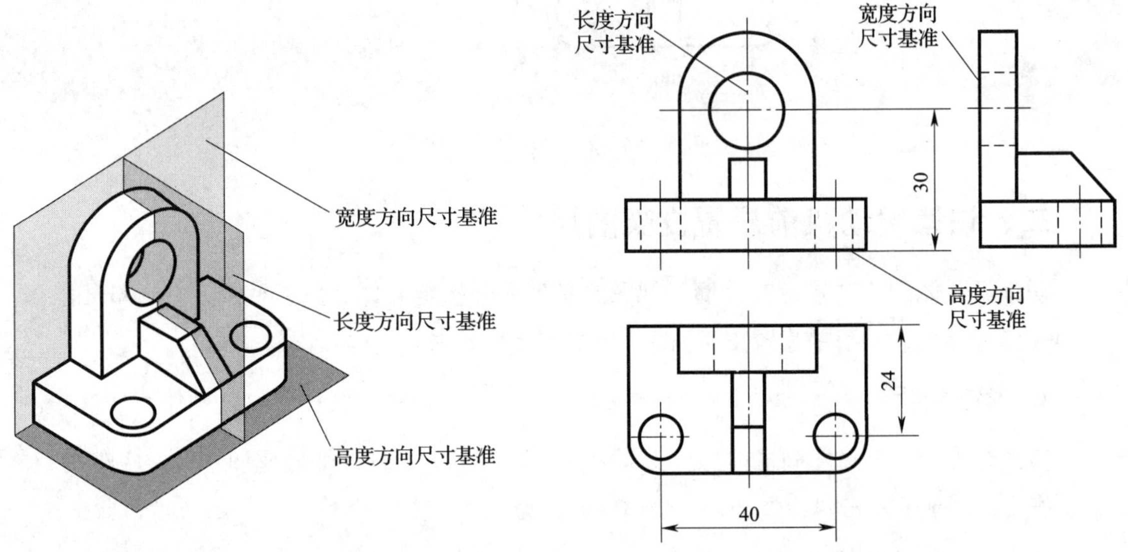

图 3—4—11　选定尺寸基准和标注定位尺寸

4. 标注定位尺寸

如图 3—4—11 所示，标注出各基本形体之间的三个定位尺寸。立板上圆孔在高度方向的定位尺寸 30 是以底面为基准标注的；底板上小孔在宽度方向的定位尺寸 24 是以后面为基准标注的，在长度方向的定位尺寸 40 是以左右对称面为基准标注的。

5. 标注总体尺寸

如图 3—4—12 所示，标注出组合体的两个总体尺寸：总长 56 和总宽 32。

必须注意：因为该组合体的上端为半圆柱，在标注了定位尺寸和定形尺寸后，就不再标注这个方向的总高尺寸。

6. 校核

校核的重点：尺寸是否完整、清晰，有无遗漏或重复；在校核的基础上进行适当的调整，标注结果如图 3—4—12 所示。

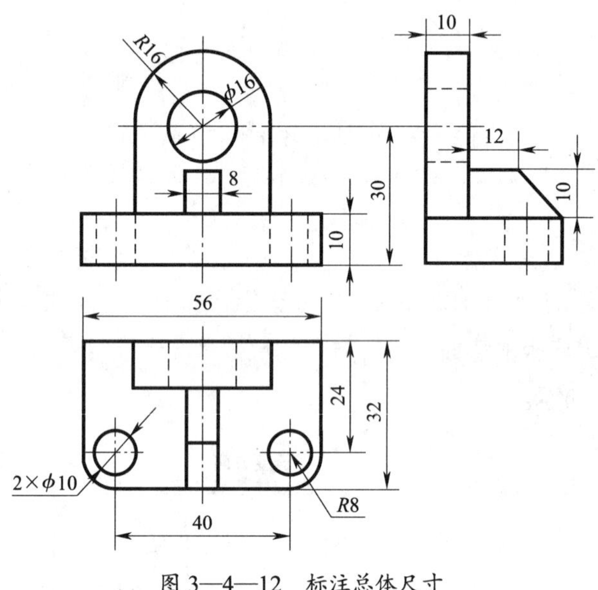

图 3—4—12　标注总体尺寸

二、识读发动机前悬置支架的尺寸

识读组合体的尺寸是指在读懂三视图的基础上分析组合体上所标注的尺寸。下面以图 3—4—13 所示的发动机前悬置支架为例，分析其上的尺寸。

1. 形体分析

按形体分析法，将发动机前悬置支架分解为两大组成部分，即底座和立板。底座在下，立板在上，两部分左右对称叠加，后表面共面。

2. 主要定形尺寸分析

长方体底座的定形尺寸：长 228，宽 42，高 30；立板的定形尺寸：底部长 144，上部半圆柱面的半径 R66，宽 30，高 114（78–30+66），通孔直径尺寸为 ϕ84；底板上底槽的定形尺寸：长 132，高 6；底板上前缺口的定形尺寸：长 168，宽 12（42–30）。

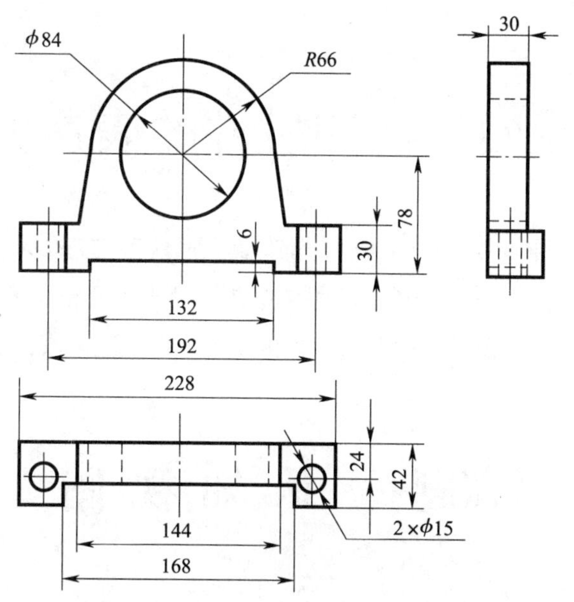

图 3—4—13　识读发动机前悬置支架的尺寸

3. 总体尺寸分析

该机件的总长为 228、总宽为 42、总高为 144（78+66）。

单元四　认知机件的表达方法

汽车机械零件的品种多种多样，结构有简有繁，形状千变万化。当其结构和形状比较复杂时，仅用前面所讲的三视图，已难以将物体的内、外形状正确、完整、清晰地表达出来。本单元主要介绍国家标准《技术制图》与《机械制图》中规定的视图、剖视图和断面图等表达方法。

课题一　认 知 视 图

学习目标

1．熟悉各种视图的特点及应用。

2．能根据机件的结构特点选择不同的视图表达。

任务引入

视图是指用正投影法将机件向投影面投射所得的图形，主要用来表达机件的外部结构和形状。一般只表示机件的可见部分，必要时才用细虚线画出其不可见部分。视图分为基本视图、向视图、局部视图和斜视图四种。

知识准备

一、基本视图

机件向基本投影面投射所得的视图称为基本视图。

1．基本视图的形成

在原有三个投影面的基础上，再增设三个互相垂直的投影面，从而构成一个正六面体，正六面体的六个侧面称为基本投影面，如图 4—1—1a 所示。将机件放在正六面体中间，分别向六个投影面投射，即得到六个基本视图，除原来的三个视图外，新增加的视图为右视图、后视图、仰视图，如图 4—1—1b 所示。

六个基本投影面的展开方式如图 4—1—2a 所示，即保持正投影面不动，其余各投影面按箭头所指方向展开，使其与正投影面共处一面，便得到六个基本视图。

展开后各视图的配置如图 4—1—2b 所示。按此位置配置，画在一张图纸内的六个基本视图一律不标注视图名称。

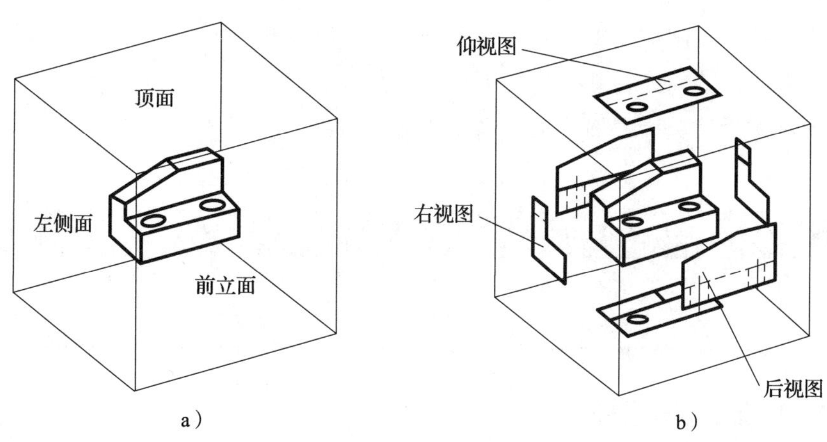

a）　　b）

图 4—1—1 基本投影面及新增加的三个视图

a）六个基本投影面 b）新增加的三个视图

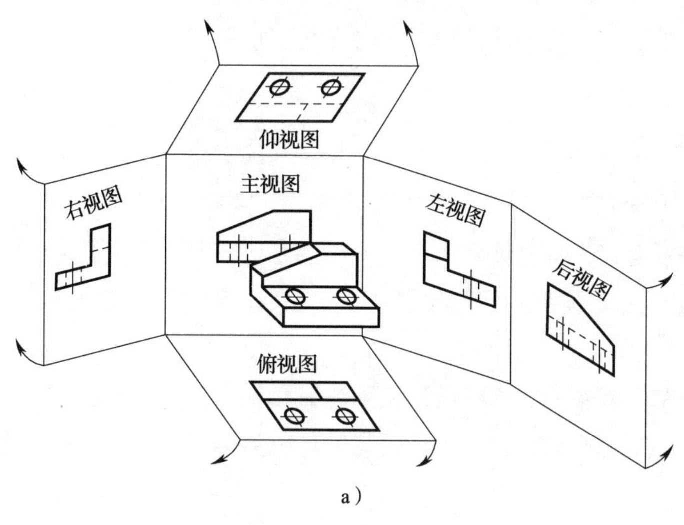

a）

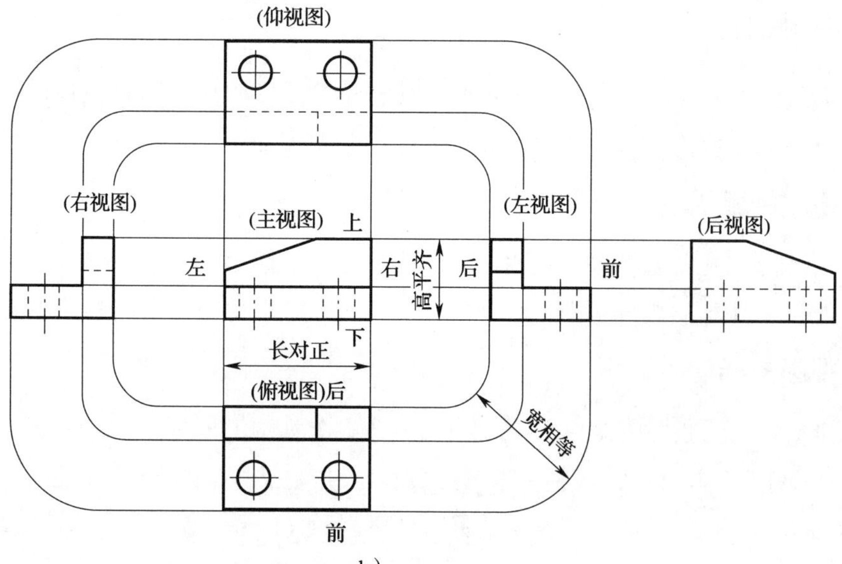

b）

图 4—1—2 基本视图

从图中可以看出，除后视图外，其他各视图靠近主视图的一侧表示机件的后面，远离主视图的一侧表示机件的前面，即“远前近后”。

六个基本视图的投射方向及位置配置见表 4—1—1。

表 4—1—1　六个基本视图的名称、投射方向及位置配置

视图名称	主视图	俯视图	左视图	右视图	仰视图	后视图
投射方向	自前向后	自上向下	自左向右	自右向左	自下向上	自后向前
位置配置		在主视图下方	在主视图右方	在主视图左方	在主视图上方	在左视图右方

2. 基本视图的投影规律

如图 4—1—2b 所示，六个基本视图之间仍保持着与三视图相同的“长对正、高平齐、宽相等”的投影规律，即主视图、俯视图与后视图、仰视图长对正；主视图、左视图与后视图、右视图高平齐；俯视图、左视图与仰视图、右视图宽相等。

可概括为：主、俯、后、仰视图——长对正；主、左、后、右视图——高平齐；俯、左、仰、右视图——宽相等。

3. 识读基本视图的要点

实际应用时，不是所有机件都需要用六个基本视图表达，而应根据机件的结构特点和复杂程度，按实际需要选择基本视图的数量。总的要求是表达完整、清晰，又不重复，使视图的数量最少。

识读基本视图时应掌握其特点，即按投影关系配置和图形完整。在看某一视图时，一定要弄清楚该视图是从零件的哪个方向投射的，再与其他有关的视图进行对应识读，不能孤立地看某一视图。

二、向视图

在实际绘图过程中，为了合理利用图纸，以上六个基本视图的位置可以自由配置，这种可以自由配置的基本视图称为向视图，如图 4—1—3 所示。

1. 向视图的配置

向视图是可以自由配置的基本视图，即根据图纸幅面的大小，将某一基本视图平移到图纸的适当位置（但不能旋转）。

2. 向视图的标注

因向视图的位置是自由的，为了读图方便，应在向视图的上方用大写拉丁字母“*X*”标注视图的名称，在相应视图附近用箭头指明投射方向，并注上同样的字母，如图 4—1—3 所示。

向视图是基本视图（完整的视图）的另一种表达形式，是只能平移（不能旋转）的基本视图。其投射方向应与基本视图的投射方向一一对应。

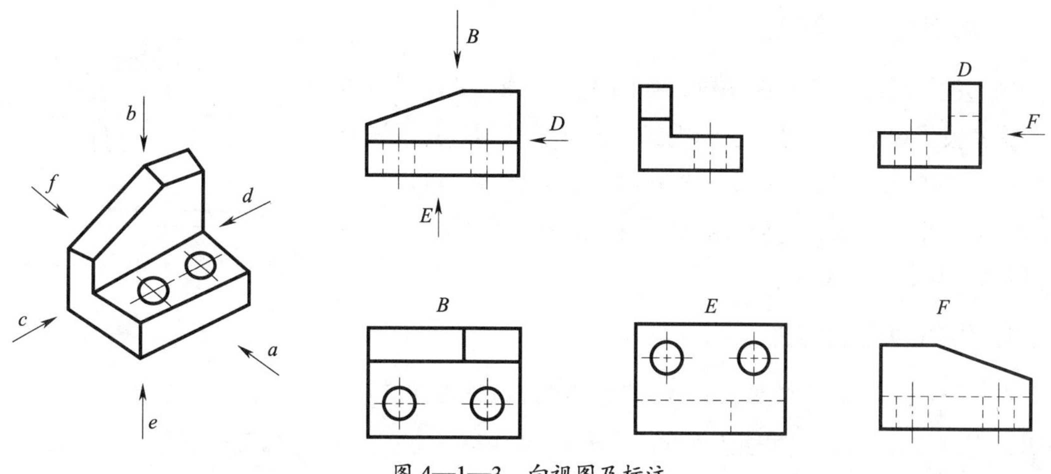

图 4—1—3　向视图及标注

3. 向视图的识读要点

识读向视图时，应首先在向视图上方找出大写拉丁字母“*X*”所表示的视图名称，并在相应视图附近找出箭头所标明的投射方向及同样的字母，相互对照。但要注意向视图与基本视图的区别。

三、局部视图

将零件的某一部分向基本投影面投射所得的视图称为局部视图，如图 4—1—4 所示。

局部视图是不完整的基本视图，利用局部视图可以减少基本视图的数量，使表达简洁，重点突出。例如图 4—1—4a 所示机件，在画出了主视图和俯视图以后，已将工件主体部分的形状表达清楚，只有左右两边的凸台形状没有表达，就用了两个局部视图。

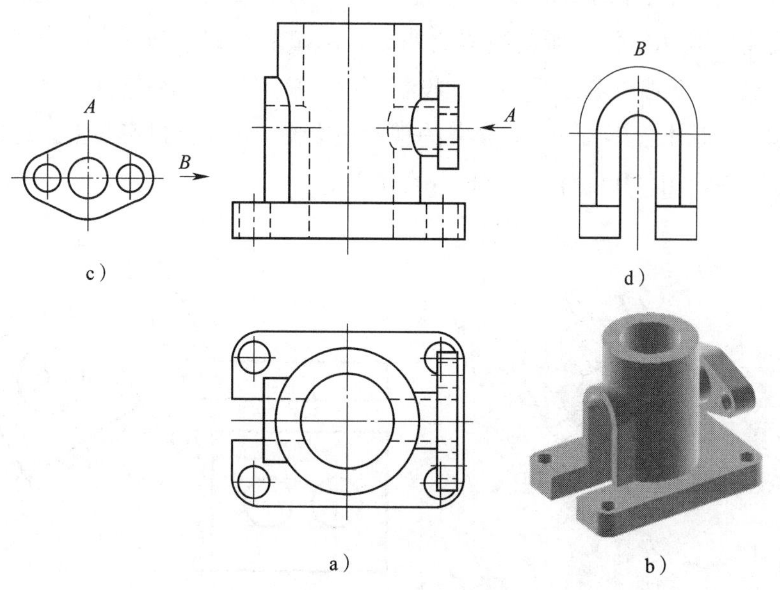

图 4—1—4　局部视图

a）主、俯视图　b）轴测图　c）、d）局部视图

1. 局部视图的配置

局部视图可按基本视图配置，如图 4—1—4c、d 所示，以直接保持投影联系；也可以按向视图配置；或按第三角画法配置（将在本单元课题三介绍）配置在视图上需要表示的局部结构附近，并用细点画线连接两图形，此时不需另行标注，如图 4—1—5 所示。

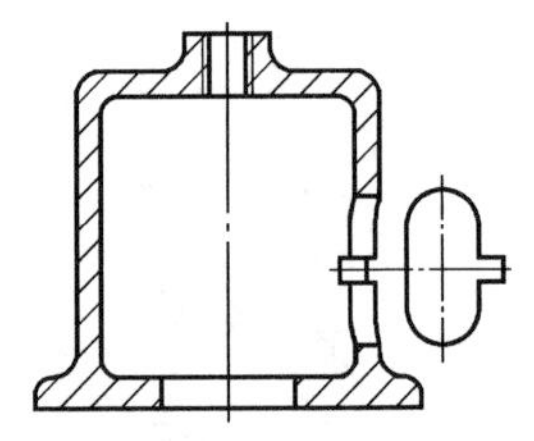

图 4—1—5 按第三角画法配置

2. 局部视图的标注

在局部视图上方正中位置用大写拉丁字母标出视图名称“*X*”，在相应视图附近用箭头指明投射方向，并注上相同的字母，如图 4—1—4d 所示。当局部视图按投影关系配置，中间又无其他图形隔开时，允许省略标注。

3. 局部视图的画法要点

局部视图的范围用波浪线表示，如图 4—1—4d 所示。但所表示图形的外形轮廓完整且又封闭时，则波浪线可省略，如图 4—1—4c 所示。

4. 局部视图的识读要点

识读局部视图时应掌握其特点：即图形不完整和有波浪线。如果图形的外形轮廓完整且又封闭，但图形的尺寸一定小于从观察方向看到的零件的尺寸，所以看图时，首先要在局部视图上方找到字母，再在相关的视图上找到带箭头的相同字母一一对照，进行读图。

四、斜视图

将机件向不平行于任何基本投影面的平面投射，所得到的视图称为斜视图。

斜视图适用于表达机件上倾斜结构的外形。例如图 4—1—6a 所示是一个弯板形机件，它右边的倾斜部分在俯视图和左视图上的投影都不反映实形。如果增加一个平行于该倾斜部分（并垂直于一个基本投影面——*V* 面）的辅助投影面 *P*，在该投影面上就可以得到倾斜部分的实形投影即斜视图，如图 4—1—6b 中的 *A* 图。

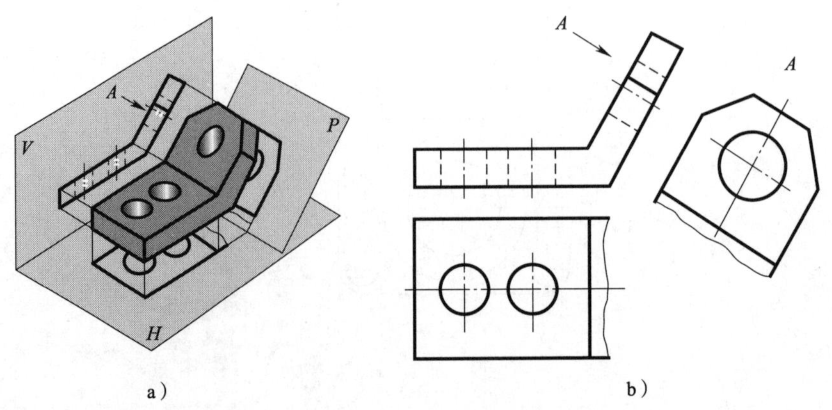

图 4—1—6 斜视图

1. 斜视图的标注与配置

（1）斜视图的标注

斜视图必须进行标注：在斜视图上方正中位置用大写拉丁字母标出视图名称“*X*”，在相应视图附近用箭头指明投射方向，并注上相同的字母，如图 4—1—6b 所示。字母一律水平书写，箭头垂直倾斜结构。

（2）斜视图的配置

斜视图尽可能配置在与基本视图直接保持投影联系的位置，如图 4—1—7b 所示；也可以平移到图纸内的适当地方，如图 4—1—7d 所示；为了画图方便，也可以旋转，但必须在斜视图上方注明旋转符号，旋转符号的箭头方向应与斜视图的旋转方向一致，表示该视图名称的大写拉丁字母应靠近旋转符号的箭头端，如图 4—1—7c 所示。

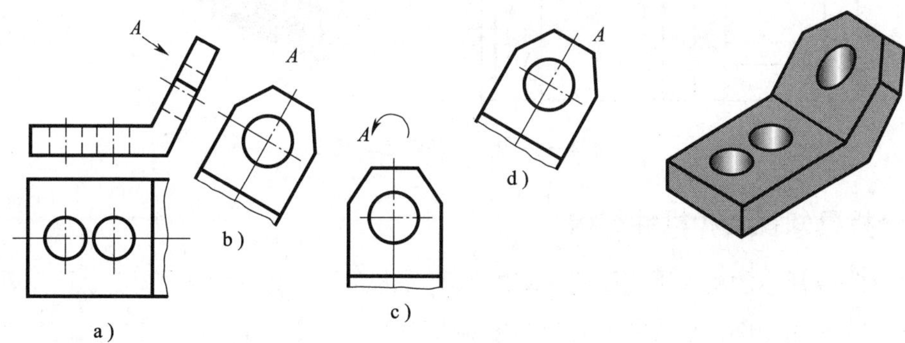

图 4—1—7 斜视图的配置

2. 斜视图的画法要点

（1）画波浪线

因增设的投影面只垂直于一个基本投影面，因此，机件上原来平行于基本投影面的一些结构，在斜视图上应以波浪线为界而省略不画，以避免出现失真的投影，如图 4—1—7 中的俯视图。

（2）符合投影关系

斜视图上反映实形的有关尺寸，分别在主、俯两个视图上量取，如图 4—1—8 所示。

3. 斜视图的识读要点

识读斜视图时应根据斜视图的特点：图形和箭头都是倾斜的，且图形不完整；或者图形是放正的，但图形上方有带旋转符号的箭头。先找到用大写拉丁字母表示的图形名称，再找到带有相同字母的箭头表达的倾斜部位，相互对照。

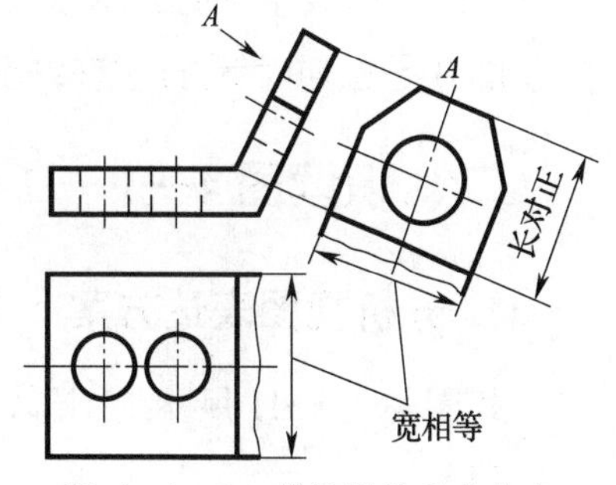

图 4—1—8 斜视图的画法要点

以上介绍的基本视图、向视图、局部视图和斜视图，在实际应用时，应根据机件的复杂程度和表达需要，灵活选用上述各种表达方法。

任务实施

一、根据图 4—1—9 所示机件的已知视图，选择适当的表达方案

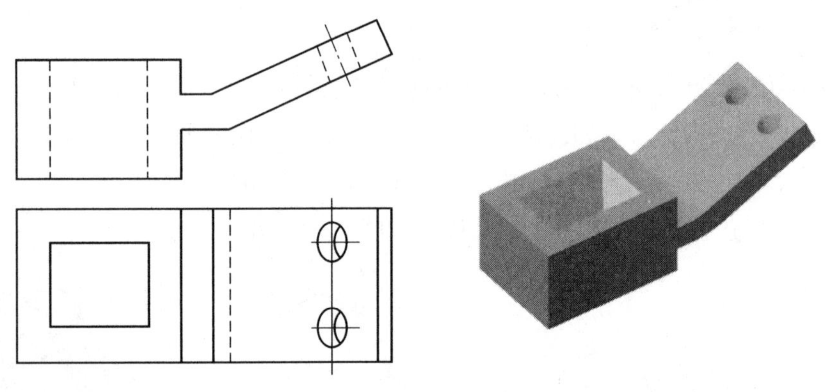

图 4—1—9 机件的已知视图

1. 分析已知视图和机件结构

图 4—1—9 所示的机件采用了两个基本视图表达，即主视图和俯视图。从已知视图可以看出，该机件是由三部分组成的：主视图主要表达三个组成部分在高度方向上的尺寸和相互位置关系，俯视图主要表达三个组成部分的形状特征。左边是带方孔的较厚四棱柱体，右边是带有两个圆孔的较薄四棱柱体，中间用矩形的薄板相连。

因为右边的板是倾斜的，在俯视图上不反映实形，所以图 4—1—9 所示的表达方法不合理。

2. 选择合理的表达方案

根据机件的结构特点，可以保留原有的主视图，再增加一个局部视图和一个斜视图，分别表达左边带方孔的较厚四棱柱体和右边带两个圆孔的较薄四棱柱体，如图 4—1—10 所示，这样既可以把机件的结构和形状表达清楚，还使图形简单，且便于标注尺寸。

因为局部视图是按投影关系配置在俯视图位置的，且主视图与俯视图之间没有其他视图隔开，所以省略了一切标注；又因为所表达的部分外形轮廓完整且又封闭，则省略了波浪线。斜视图 *A* 是按逆时针方向旋转配置的，主要是为了方便标注尺寸和注写其他技术要求。

二、识读图 4—1—11 所示压紧杆的视图表达，想象出压紧杆的形状

1. 分析视图表达方案

如图 4—1—11 所示的图形，共用了四个图形表达，分别是主视图、两个局部视图和一个斜视图。

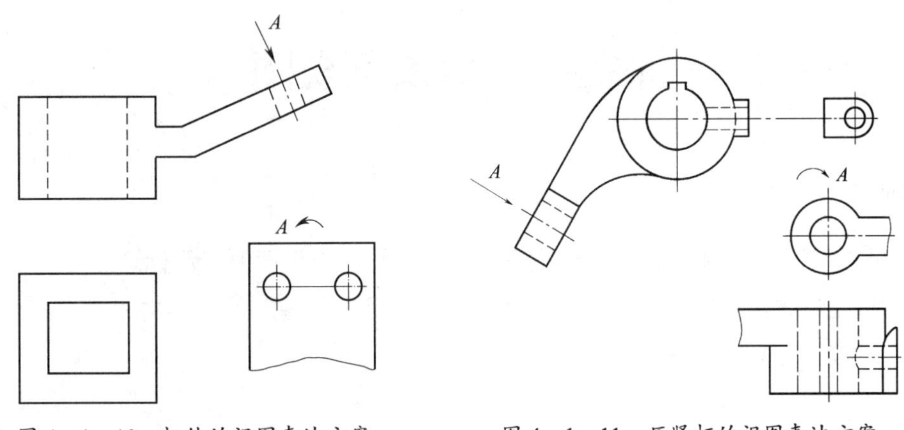

图 4—1—10　机件的视图表达方案　　　图 4—1—11　压紧杆的视图表达方案

（1）主视图

主视图是基本视图，用于表达主体结构和各组成部分的相互位置关系。

（2）局部视图

本表达方案中，有两个局部视图。

配置在俯视图位置上的局部视图，表达内孔及键槽的深度，内孔是通孔，键槽也是通槽；因为局部视图是按投影关系配置在俯视图位置，且主视图与俯视图之间没有其他视图隔开，所以省略了一切标注；又因为所表达的部分外形轮廓不完整且不封闭，所以不能省略波浪线。

按第三角画法配置在主视图凸台附近的局部视图，表达右端凸台的实形，用细点画线与主视图相连，也省略了标注。

（3）斜视图

斜视图 *A* 表达左下角耳板的实形。

2. 想象结构形状

通过上述分析，便可想象出压紧杆的结构和形状。压紧杆可以分解为三个组成部分：左下方是倾斜的耳板，中间是带键槽的圆筒，右端是凸台。

左下方倾斜耳板的下端有一个圆通孔，其形状特征从主视图和斜视图 *A* 上反映；上端是连接板，与圆筒相切，其形状特征从主视图和局部视图上反映；圆筒的内孔里有穿通的键槽，其形状特征从主视图和局部视图上反映；右端凸台的形状是后端带有半圆柱的 U 形柱体，里面有圆孔，与圆筒的内孔相通。想象出的压紧杆如图 4—1—12 所示。

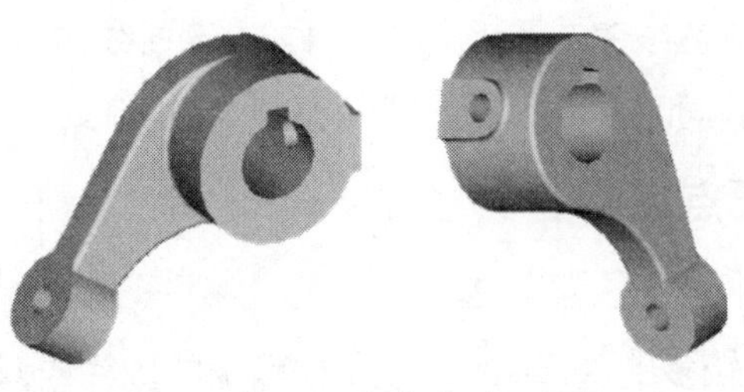

图 4—1—12　想象出的压紧杆

课题二　识读剖视图

学习目标

1．熟悉并掌握表达机件的各种剖视图的特点、画法与识读要点及标注方法。

2．能根据具体机件的结构特点，选择适当的剖视图表达方案。

3．能识读一般复杂程度的剖视图。

任务引入

用视图表达机件时，其内部不可见结构用细虚线表示。如果机件内部结构比较复杂，视图中的细虚线较多，有时会使不同的图线相互重叠，图形不够清晰，既不便于画图和读图，也不便于标注尺寸。为了清晰地表达零件的内部结构，《技术制图　图样画法　剖视图和断面图》（GB/T 17452—1998）和《机械制图　图样画法　剖视图和断面图》（GB/T 4458.6—2002）中规定可采用剖视图来表达。本课题主要介绍国家标准《技术制图》与《机械制图》中规定的剖视图的绘制与识读方法。

知识准备

一、剖视图的基础知识

1. 剖视图的形成

假想用剖切平面剖开机件，将处在观察者和剖切平面之间的部分移去，而将其余部分向投影面投射所得的图形称为剖视图（简称剖视）。

如图 4—2—1 所示的机件，在主视图中，用细虚线表达内部结构，图上的细虚线较多，有时部分细虚线会与其他图线相重合，图形不够清晰。按照图 4—2—2a 所示的方法，假想用剖切平面沿机件的前后对称平面把机件剖开，拿走剖切平面前面的部分，将剩余的后面部分向正投影面投射，便得到了一个剖视的主视图，如图 4—2—2b 所示。

将视图与剖视图相比较可以看出：由于主视图采用了剖视的画法，机件内部不可见的部分变成了可见，图中原有的细虚线变成了粗实线，再加上剖面线的作用，使机件内部结构形状的表达既清晰，又有层次感。同时，画图、看图、标注尺寸也将更为方便，如图 4—2—3b 所示。

2. 剖视图的画法要点

（1）剖切位置要适当

使剖切平面尽量通过较多的内部结构（孔、槽等）的轴线或对称平面，并平行（或垂直）于选定的投影面。图 4—2—2 是以机件的前后对称面为剖切平面。

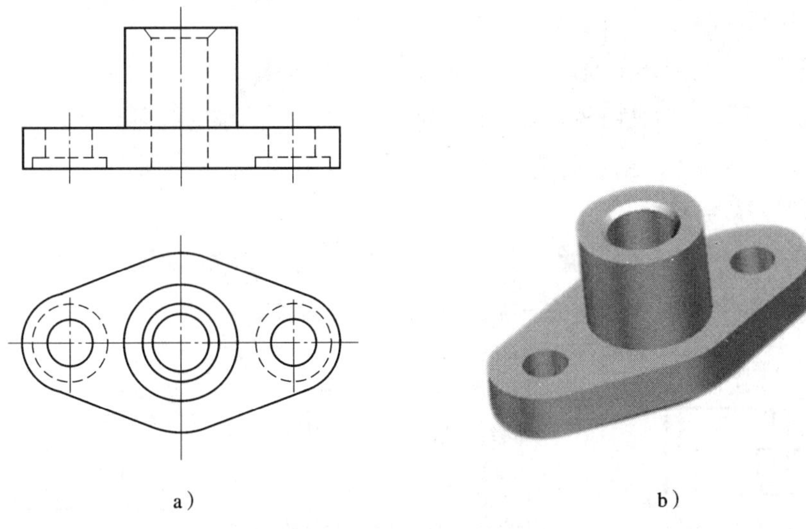
a)　　b)

图 4—2—1　机件的两视图

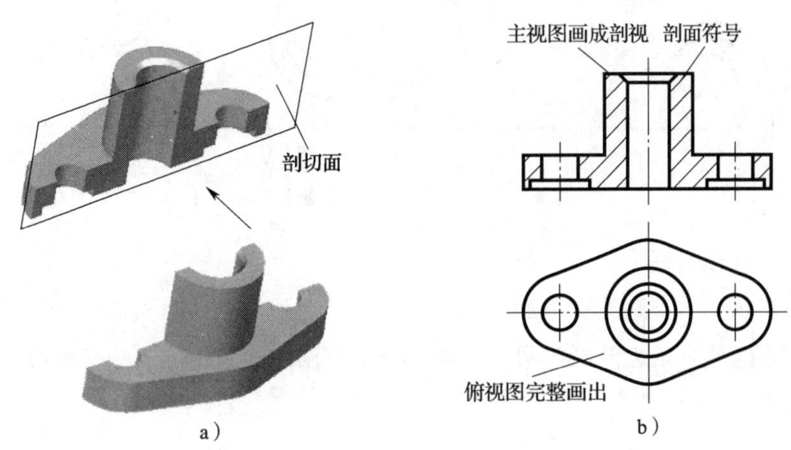

a)　　b)

图 4—2—2　剖视图的形成过程

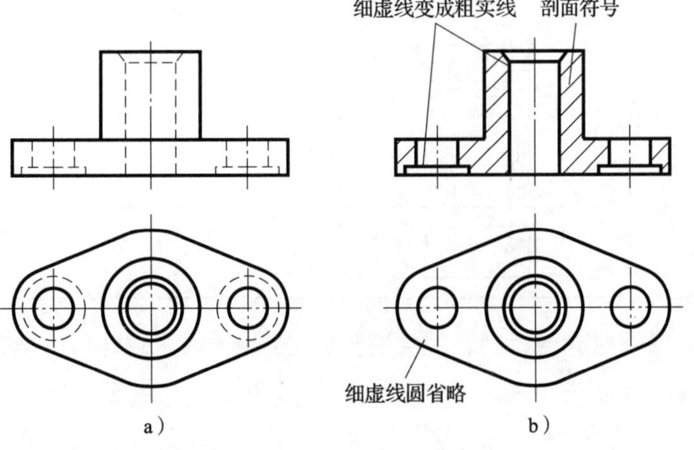

a)　　b)

图 4—2—3　视图与剖视图比较

（2）内外轮廓要画齐

机件剖开后，处在剖切平面之后的所有可见轮廓线都应画齐，不得遗漏，也不能多线，如图 4—2—4a 所示；机件上已表达清楚的结构，剖视图中的细虚线可省略，如图 4—2—4b 所示；机件上未表达清楚的结构则需要画出细虚线，如图 4—2—4c 所示。

（3）其他图形应完整

因为剖视图是假想剖切的，并不是真的切开机件拿走一部分，所以一个视图剖开后，其他的相关视图仍保持完整。图 4—2—4a 所示的画法是错误的。

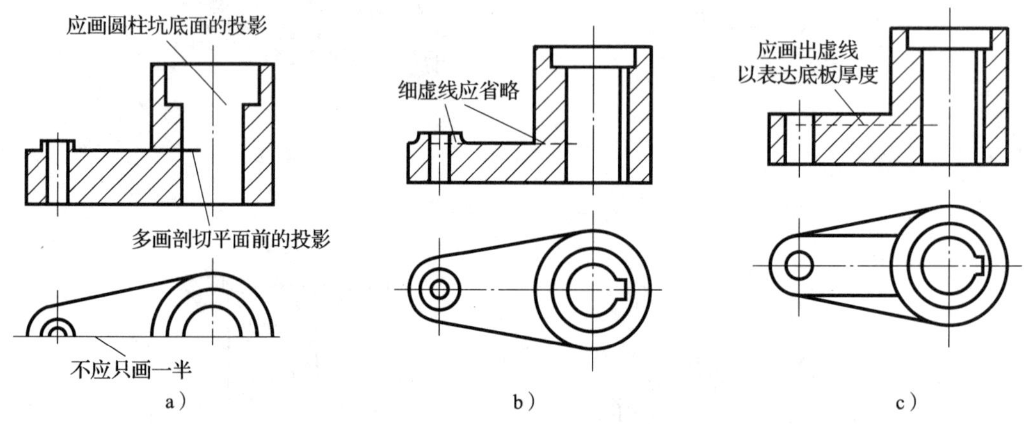

图 4—2—4　相似结构的画法比较

（4）剖面符号应画好

机件上凡与剖切面接触的实体部分称为剖面区域。为使机件上实体部分与空心部分加以区别，应在剖面区域内画出剖面符号。表 4—2—1 列出了国家标准《机械制图》规定的常见材料的剖面符号。

表 4—2—1　　常见材料的剖面符号

金属材料		钢筋混凝土	
线圈绕组元件		砖	
叠钢片		格网	
非金属材料		液体	

当不需要在剖面区域中表示材料的类别时，剖面符号可采用通用的剖面线表示。通用的剖面线为间隔相等的平行细实线，一般应画成与主要轮廓或剖面区域的对称线成 45° 角方向，如图 4—2—5a 所示；剖面线之间的距离视剖面区域的大小而异，通常取 2 ~ 4 mm；同一零件的各个剖面区域其剖面线的间隔与方向应一致。

当图形的主要轮廓线或剖面区域的对称线与水平方向成 45° 或接近 45° 角时，该图形的剖面线可画成与主要轮廓线或剖面区域对称线成 30° 或 60° 角的平行线，其倾斜方向仍应与其他图形剖面线的倾斜方向一致，如图 4—2—5b、c 所示。

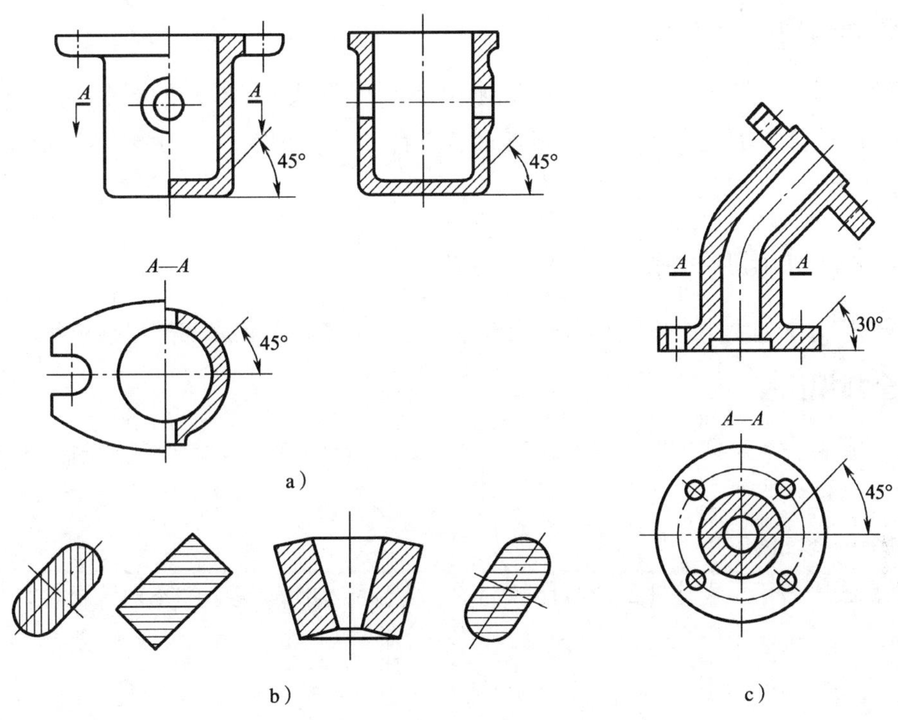

图 4—2—5　剖视图的标注及剖面线的方向

3. 剖视图的配置

剖视图可按基本视图的规定配置，如图 4—2—5a 所示。必要时允许配置在其他适当位置。

4. 剖视图的标注

为了看图时便于找出剖视图与其他视图的对应关系，应对剖视图进行标注。剖视图的标注一般应包括以下三个要素，如图 4—2—5a 所示。

（1）剖切线

指示剖切面的位置，用细点画线表示。剖视图中通常省略不画出。

（2）剖切符号

指明剖切面起止和转折处的位置及剖切后投射方向的符号。剖切符号用粗实线的短画表示，线长约为 5 mm，投射方向用箭头表示。

（3）字母

表示剖视图的名称，用大写拉丁字母注写在剖视图的上方及剖切符号的两端。标注的形式为 *A*—*A*、*B*—*B*……

在下列情况下，剖视图的标注内容可以简化或省略。

1）当剖视图按基本视图或投影关系配置时，可省略箭头，如图 4—2—5c 中的 *A*—*A*。

2）当单一剖切平面通过机件的对称平面或基本对称平面，且剖视图按投影关系配置，中间又没有其他图形隔开时，可省略标注，如图 4—2—5a 的主、左视图。

5. 识读剖视图的要点

识读剖视图时，先找到主视图，并按剖切位置线和箭头找到相应的剖视图；再按有无剖面线分清机件的实体部分和空心部分及前后、左右、上下各层次；最后将各图形联系起来，对照识读。

二、剖视图的种类

根据剖切范围的大小，剖视图可分为全剖视图、半剖视图和局部剖视图三种。

1. 全剖视图

用剖切平面完全剖切机件所得到的剖视图，称为全剖视图。如前所述的剖视图均为全剖视图。

（1）全剖视图的应用

全剖视图一般用于表达外部形状比较简单、内部结构比较复杂的不对称机件，如图 4—2—6 所示。

（2）全剖视图的标注

按前述剖视图的标注方法标注。

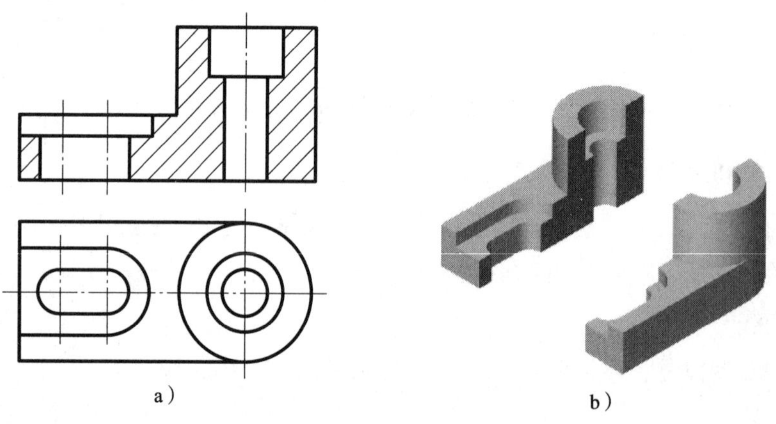

图 4—2—6 全剖视图

2. 半剖视图

当机件具有对称平面时，向垂直于对称平面的投影面上投射所得的图形，以对称中心线为界，一半画成剖视图，另一半画成视图，这种剖视图称为半剖视图。

如图 4—2—7a 所示，用两个视图表达的轴承座，图中的细虚线较多。如果主视图取全剖视，前面的外形（凸台和圆孔）被切掉了，其形状和位置在主视图上都无法显示，如图

4—2—7b 所示。根据轴承座左右对称的特点，以对称中心线为界，取表达外形的半个视图和表达内形的半个剖视图，从而组合成了半剖视图，如图 4—2—7c 所示。

半剖视图可以看作由半个剖视图和半个视图合并组成的图形，其优点在于：一半剖视图能够表达内部结构，另一半视图可以表达外形。由于机件是对称的，很容易想象出整个机件的内外形状。

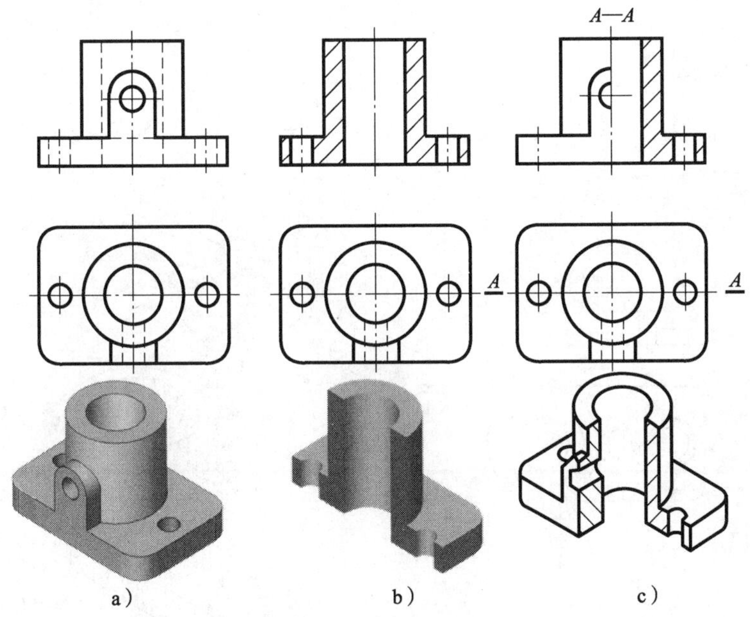

图 4—2—7　半剖视图

a）视图表达细虚线多　b）全剖视图外形无法表达　c）半剖视图内外均可表达

（1）半剖视图应用

半剖视图主要用于表达内外形状都比较复杂的对称机件，如图 4—2—8 所示。当机件形状接近对称，且不对称部分已在其他视图上表达清楚时，也可用半剖视图表示，如图 4—2—9 所示。

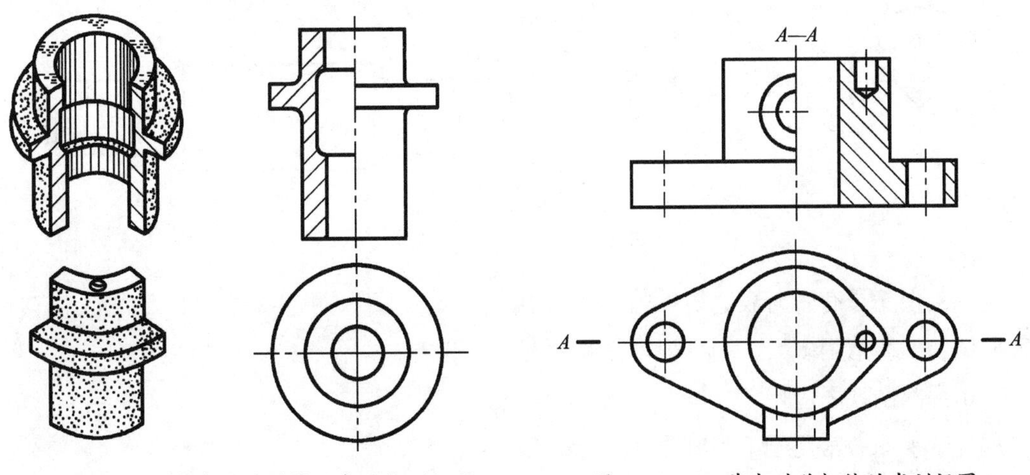

图 4—2—8　汽车牵引钩弹簧衬套的半剖视图　　图 4—2—9　基本对称机件的半剖视图

（2）半剖视图标注

半剖视图的标注方法与全剖视图相同。

（3）半剖视图的画法要点

1）半剖视图中视图与剖视图的分界线为细点画线，不能画成粗实线。

2）物体的内部结构在剖视图部分已表示清楚，在表达外形的视图部分不必再画出细虚线。

3. 局部剖视图

用剖切面局部地剖开机件所得的剖视图称为局部剖视图，如图 4—2—10 所示。

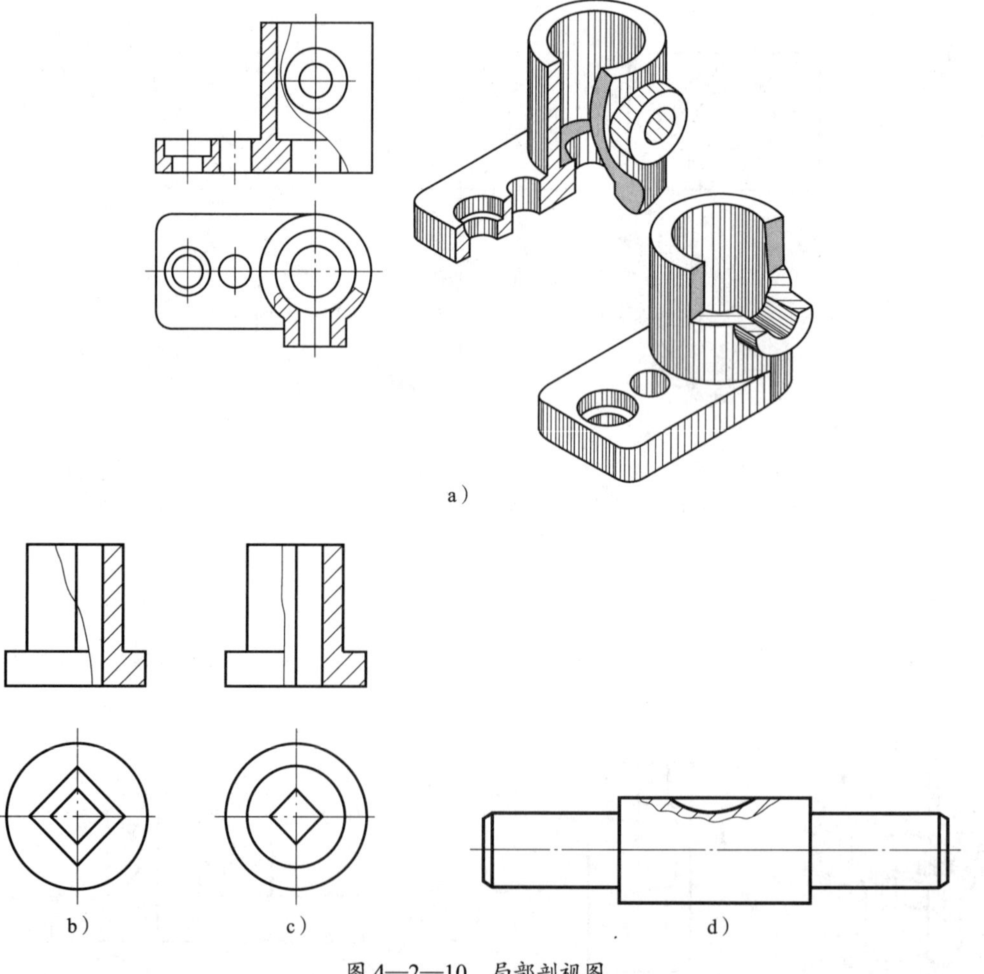

图 4—2—10　局部剖视图

局部剖视图具有同时表达机件内、外结构的优点，且不受机件是否对称的限制，在什么位置剖切、剖切范围多大，均可根据需要而灵活地选用。

（1）局部剖视图应用

局部剖视图通常用于下列情况：

1）只有局部结构的内形需要表示，而又不宜采用全剖视的机件，如图 4—2—10a 所示。

2）对称图形的轮廓线与中心线重合，不宜采用半剖视的机件，如图 4—2—10b、c 所示。

3）实心轴类、杆件上面的孔或槽等局部结构需剖开表达的机件，如图 4—2—10d 所示。

（2）局部剖视图标注

局部剖视图的标注方法和全剖视图相同。如果局部剖视图的剖切位置非常明显，则可以不标注；如果不明显，则需要标注。

（3）局部剖视图的画法要点

1）在一个视图中，剖切位置与范围根据需要而定，但局部剖的次数不宜过多，否则就会显得零乱，甚至影响图形的清晰度。

2）视图与剖视图的分界线用波浪线（或双折线）表示。波浪线不能超出视图的轮廓线，不应与轮廓线重合或画在其他轮廓线的延长线上，也不可穿空（孔、槽等）而过，其正误对比的图例如图 4—2—11 所示。

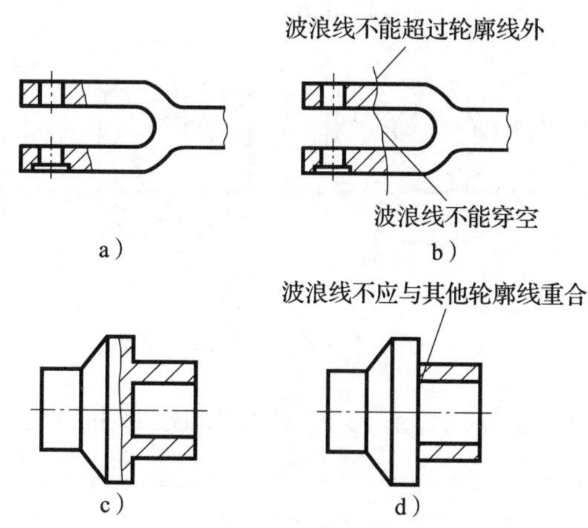

图 4—2—11 局部剖视图波浪线画法的正误对比

a）、c）正确 b）、d）错误

三、剖切面的种类

剖视图是假想将机件剖开而得到的视图，因为机件内部形状的多样性，剖开机件的方法也不尽相同。国家标准《机械制图》规定的剖切面有三种：单一剖切面、几个互相平行的剖切面、几个相交的剖切面。用其中任何一种剖切面都可以得到全剖视图、半剖视图和局部剖视图。

1. 单一剖切面

（1）单一剖切面的类型

单一剖切面包括单一平行剖切面、单一倾斜剖切面和单一剖切柱面。

1）单一平行剖切面：平行剖切面（平行于基本投影面）是画剖视图最常用的一种。前面的图例，无论是全剖视图、半剖视图或局部剖视图，都是采用单一平行剖切面获得的。

2）单一倾斜剖切面：即不平行于基本投影面（应垂直于某一基本投影面）的剖切平面。用于表达机件上倾斜部分的内部结构形状，如图 4—2—12 中的“A—A”及图 4—2—14 中的“A—A”。

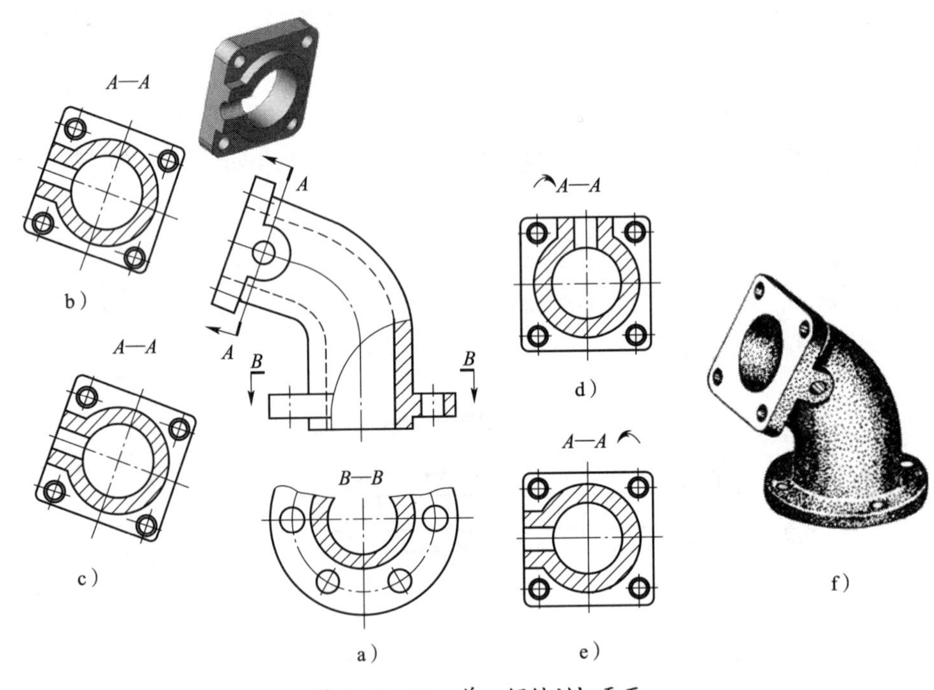

图 4—2—12 单一倾斜剖切平面

3）单一剖切柱面：即剖切面为圆柱形。单一剖切柱面主要用于表达机件内部结构处于圆柱面的情况，如图 4—2—13 所示的机件。为了表达实形，采用柱面剖切时，机件的剖视图按展开方式绘制。

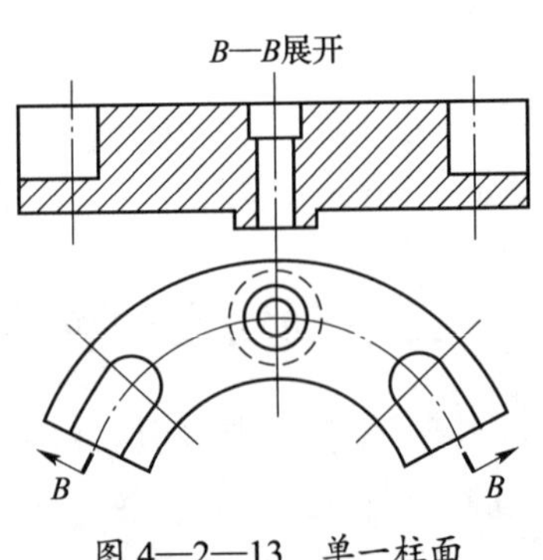

图 4—2—13 单一柱面

（2）单一剖切面的配置与标注

用单一倾斜剖切面及单一剖切柱面剖切得到的剖视图最好配置在与基本视图的相应部分保持直接投影关系的部位，标出剖切位置及字母，并用箭头表示投射方向，在该剖视图上方用相同的字母标明剖视图的名称，如图 4—2—12b 所示；也可以配置在其他位置，如图 4—2—12c 所示；还可以把剖视图旋转放正，但必须按规定加注旋转符号标注，如图 4—2—12d、e 所示。

2. 几个平行的剖切平面

几个互相平行的剖切平面可能是两个或两个以上的剖切平面。如图 4—2—15a 所示的机件，内部结构（三种不同结构的孔）的轴线分别位于三个平行的平面上，不能用单一剖切平面剖开，而是采用三个互相平行的剖切平面将其剖开，主视图为全剖视图，如图 4—2—15b 所示。

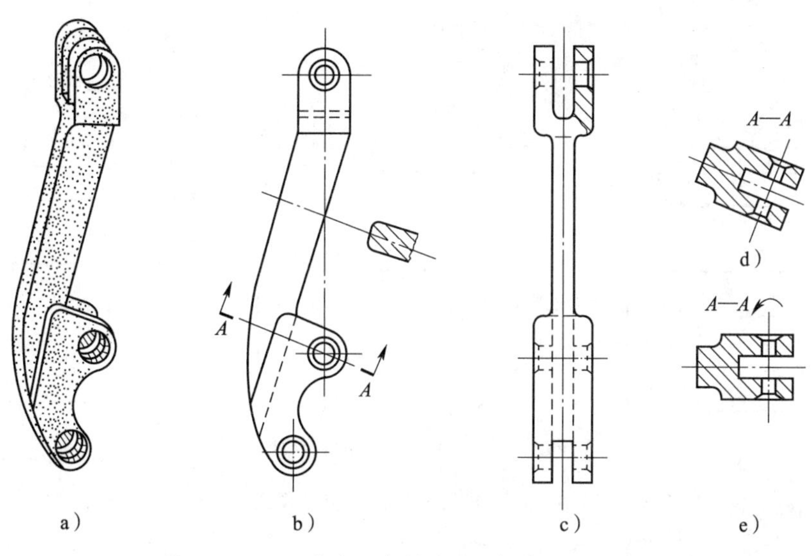

图 4—2—14　汽车驻车制动器拉杆臂的全剖视图

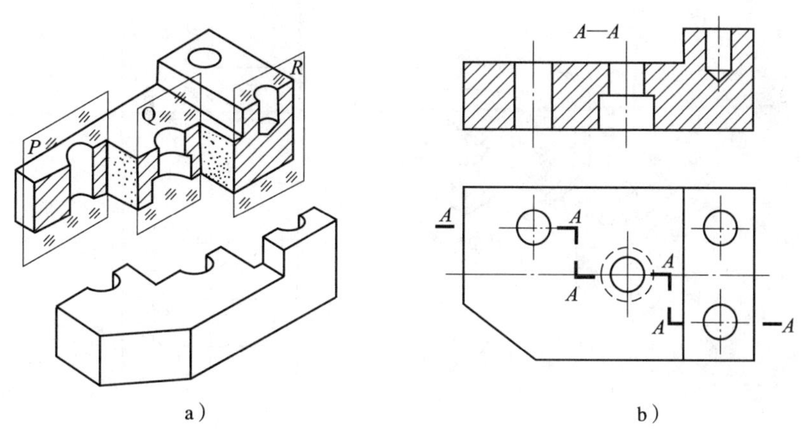

图 4—2—15　几个平行的剖切面

（1）几个平行的剖切平面的标注

在剖视图上方标出相同字母的剖视图名称“*X—X*”，在相应视图上用剖切符号表示剖切位置，在剖切平面的起、迄和转折处标注相同字母，剖切符号两端用箭头表示投射方向；当剖视图按投影关系配置，中间又无其他图形隔开时，可省略箭头，如图 4—2—15 所示。

（2）几个平行的剖切平面的画法要点

1）为了表达孔、槽等内部结构的实形，几个剖切平面均应通过孔的轴线。

2）因剖切平面是假想的，在两个剖切平面的转折处，不能画轮廓线；剖切面的转折处要画成直角，且不应与图中的轮廓线重合，图 4—2—16 所示是经常出现的错误画法。

3）用几个平行的剖切平面画出的剖视图中，一般不允许出现不完整的要素。仅当两个要素在图形上具有公共对称中心线或轴线时，允许各画一半，如图 4—2—17 所示。

（3）几个平行的剖切平面的应用

适宜于表达机件内部结构位于互相平行的平面内的情况。图 4—2—18 是采用两个互相

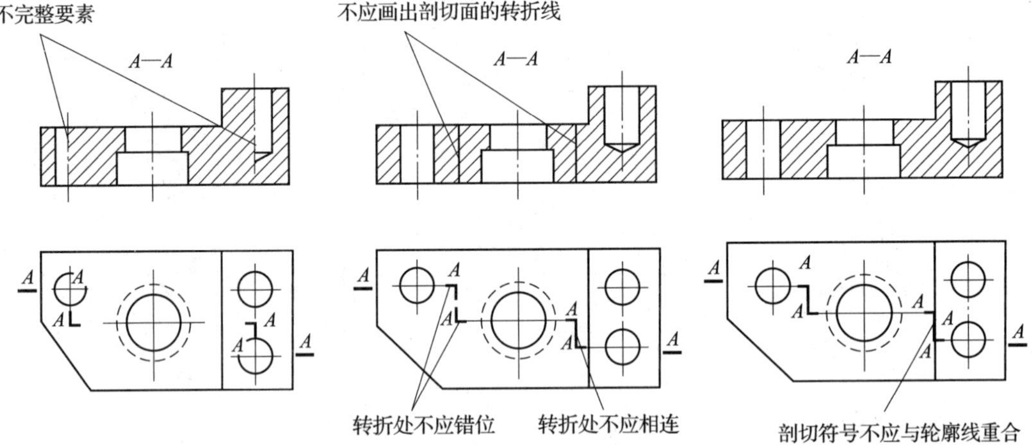

图 4—2—16 几个互相平行的剖切面常见的错误画法

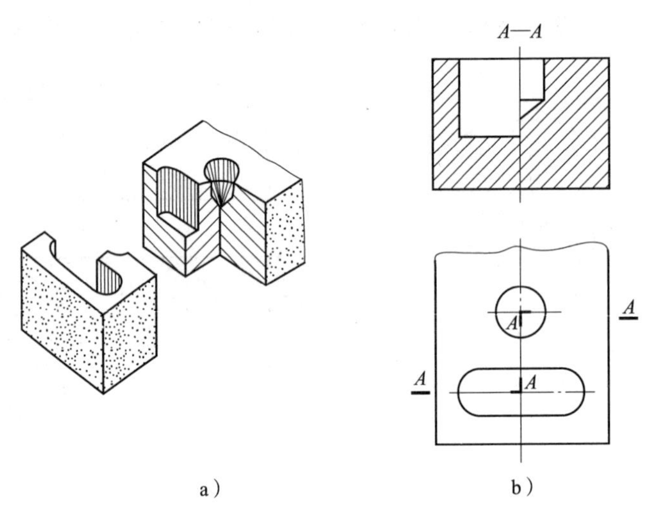

图 4—2—17 几个平行剖切面剖切的特例

平行的剖切平面将机件剖开画出的半剖视的主视图。图中肋板的画法采用的是简化画法，即肋板内不画剖面线，并用粗实线将其与相邻部分分开。

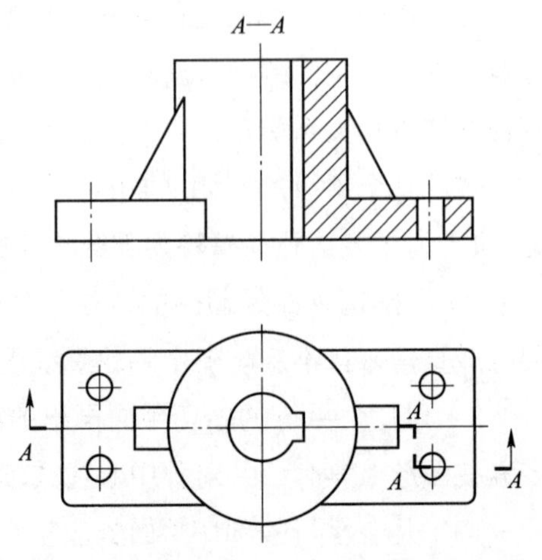

图 4—2—18 两个平行剖切面剖得的半剖视图

3. 几个相交的剖切面

当机件的内部结构用一个剖切平面不能完全表达，且这个机件在整体上又具有回转轴时，可用几个相交的剖切平面（交线垂直于某一基本投影面）剖开机件，并将与投影面不平行的结构及其有关部分旋转到与投影面平行后再进行投射。

几个相交的剖切面可以是几个相交的平面，也可以是几个相交的平面与柱面的组合。

如图 4—2—19 所示的法兰盘，它中间的大台阶孔和均匀分布在四周的小台阶孔都需要表达，可以用相交于法兰盘轴线的两个平面（交线垂直于正面）剖切。将位于倾斜剖切面上的结构绕轴线旋转到和平行剖切面平行的位置后进行投射，就得到了全剖的主视图。

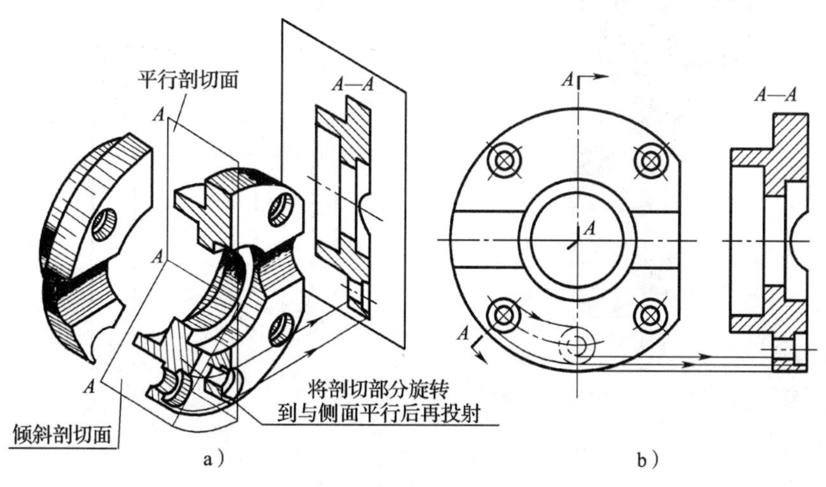

图 4—2—19　两个相交的剖切平面（一）

（1）几个相交的剖切平面的画法要点

1）先剖切，后旋转，再投射。即先假想按剖切位置剖开机件，再将被剖切面剖开的倾斜结构及其有关部分旋转到与选定的投影面平行，最后再按旋转后的位置进行投射。

2）处于剖切平面后面的结构要素，一般应按原来的位置画出它的投影，如图 4—2—20a 中间的小孔。

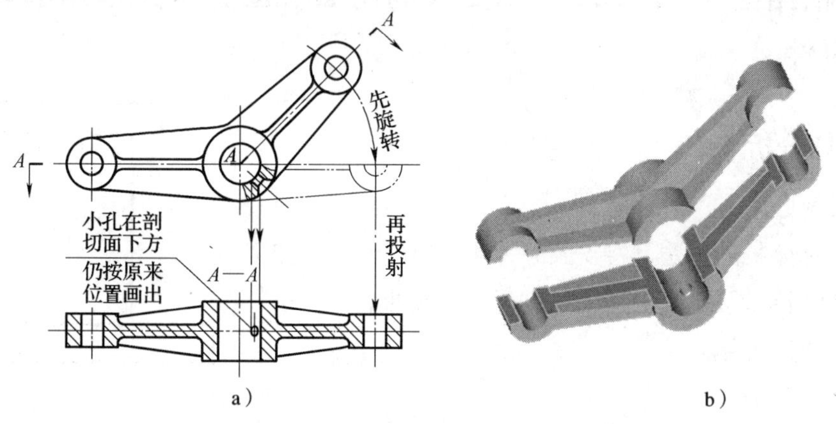

图 4—2—20　两个相交的剖切平面（二）

3）凡是被剖到的结构应一同旋转画出，如图 4—2—20 中的肋板和右端的孔。

4）为了反映真实结构，应展开绘制，如图 4—2—21 所示。

（2）几个相交的剖切平面的标注

在剖视图上方标注出相同字母的剖视图名称“*X—X*”；在相应视图上用剖切符号表示剖切位置，在剖切平面的起、迄和转折处标注相同字母，剖切符号两端用箭头表示投射方向。

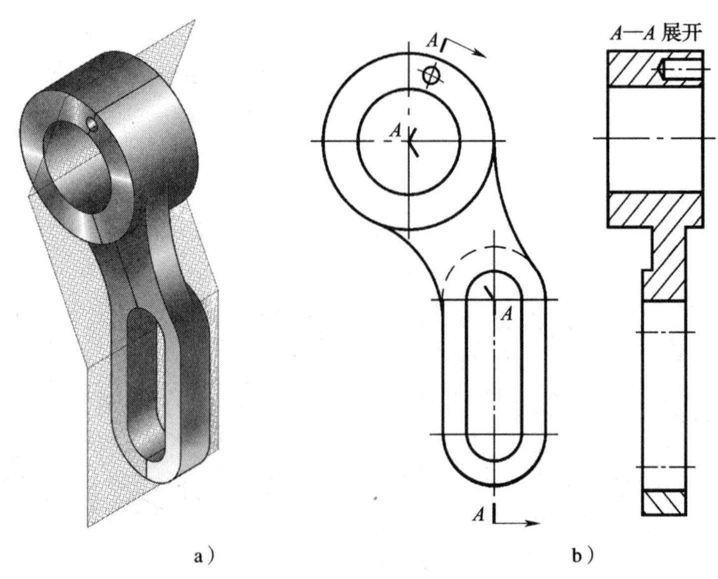

图 4—2—21 三个相交的剖切平面

当剖视图按投影关系配置，中间又没有其他图形隔开时，可省略箭头。

（3）几个相交的剖切平面的应用

主要用于表达机件内部的结构具有公共回转轴线、用单一的剖切面不能完整表达的机件。

任务实施

一、根据图 4—2—22 所示支架的两面视图，选择适当的表达方法表达该机件

1. 形体分析

（1）分解形体

根据形体分析的方法，将支架分为 4 个组成部分，如图 4—2—22 所示。*A* 为上连接板，*B* 为下连接板，*C* 为空心圆柱体，*D* 为凸台。

（2）形状分析

上连接板的形状是矩形，其上有 4 个小孔，还有 4 个圆角；下连接板的形状也是矩形，其上也有 4 个小孔和 4 个圆角；空心圆柱体的外表面是一等径圆柱体，内表面带有台阶孔，上大下小，中间圆锥面过渡；凸台为上方下圆的 U 形柱体，其上有小孔。

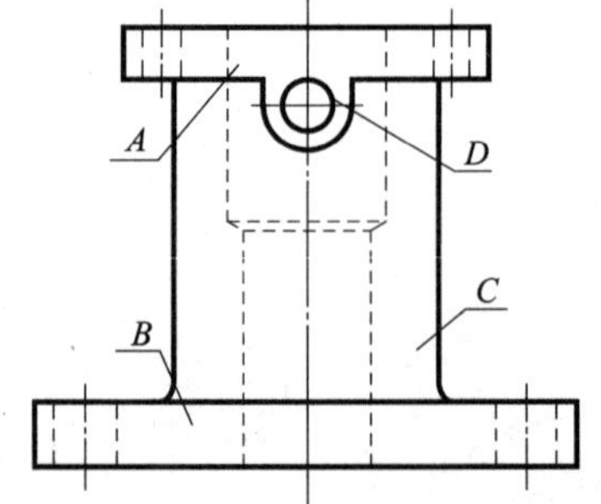

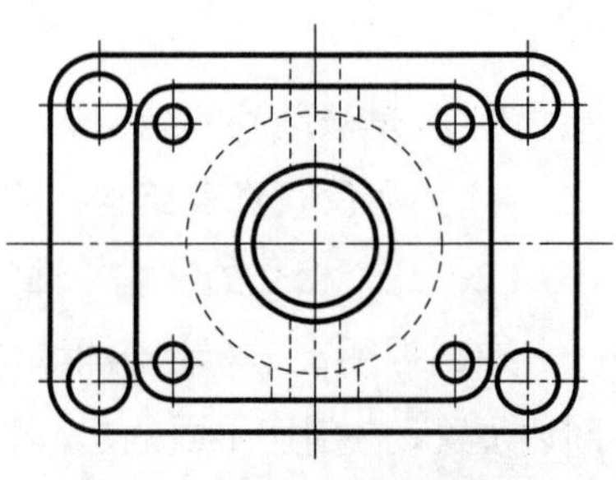

图 4—2—22 支架的两视图

（3）位置分析

以上 4 个部组成分的相互位置是：上连接板在最上，

下连接板在最下，空心圆柱体在上、下连接板之间，凸台在上连接板的下方，并与上连接板的前、后表面平齐共面，4 个组成部分在左右方向对称居中。

2. 选择表达方案

根据形体分析可知：支架的前后、左右对称，因此，主、俯视图均选用半剖视图表达，主视图剖视部分主要表达空心圆柱体内表面的台阶孔，未剖部分主要表达外形，重点是凸台的外形。因为主视图的剖切面通过前后对称面，上、下连接板上的 4 个小孔未剖到，因此，用了局部剖视，如图 4—2—23 所示。

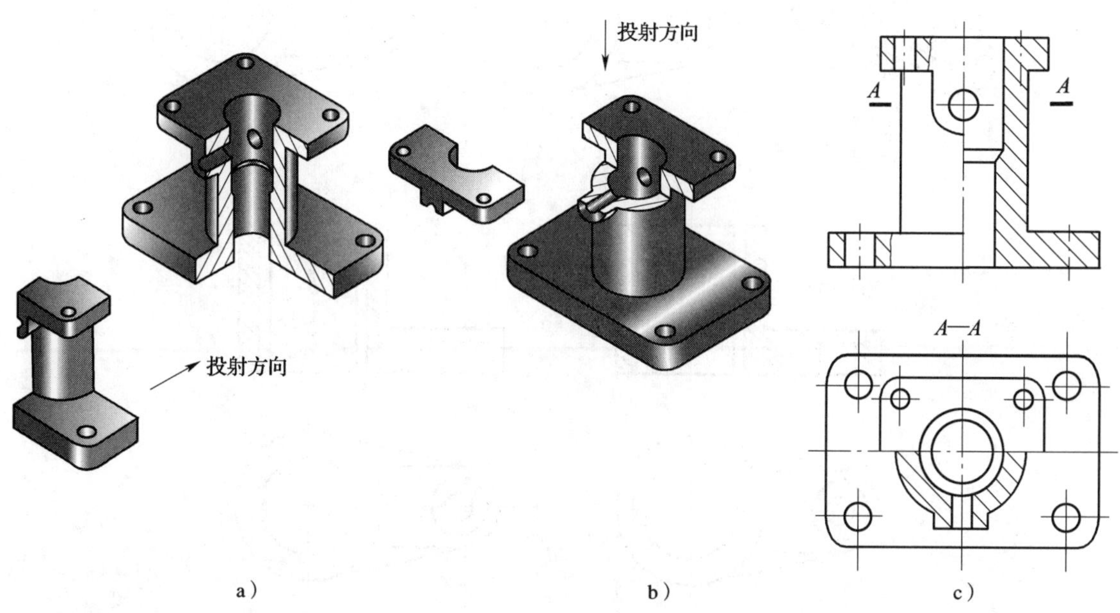

图 4—2—23　半剖视图的应用

a）主视图的投射方向　b）俯视图的投射方向　c）支架的表达方案

二、将图 4—2—24b 所示机件的主视图画成剖视图

作图步骤：

（1）确定剖切平面的位置，画出剖面区域。选取通过两个孔轴线的剖切平面，画出剖切平面与机件的交线，得到剖面区域，并在剖面区域内画出剖面符号（在同一张图样中，同一个机件中所有剖视图的剖面符号其间隔和方向应一致），如图 4—2—24c 所示。

（2）画出剖切平面之后可见部分的投影，如图 4—2—24d 所示。台阶面的投影和键槽的轮廓线容易漏画，应该引起注意。处于剖切平面之后的不可见部分，如果在其他视图上已表达清楚，细虚线应省略；对于需要在此表达的不可见部分，仍用细虚线画出，如图 4—2—24e 所示。

（3）标注出剖切平面的位置、投射方向和剖视图的名称，按规定的线型将图线加深，如图 4—2—24e 所示。

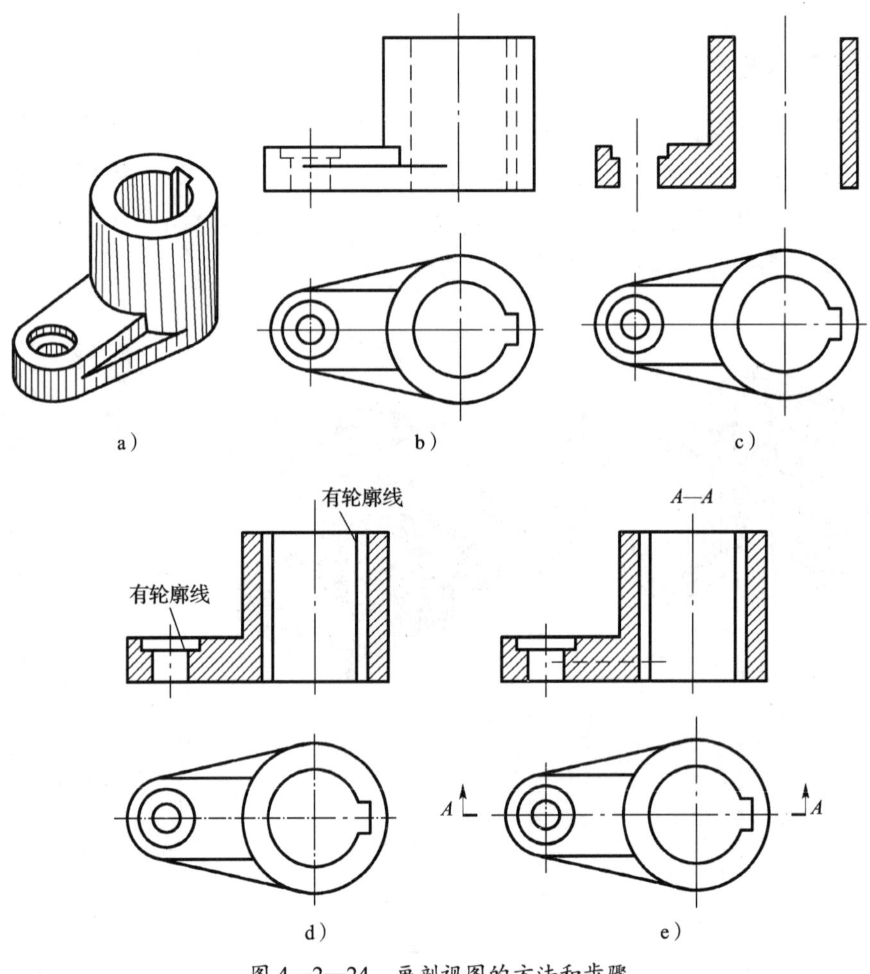

图 4—2—24　画剖视图的方法和步骤

三、识读图 4—2—25 所示的图形，想象形状

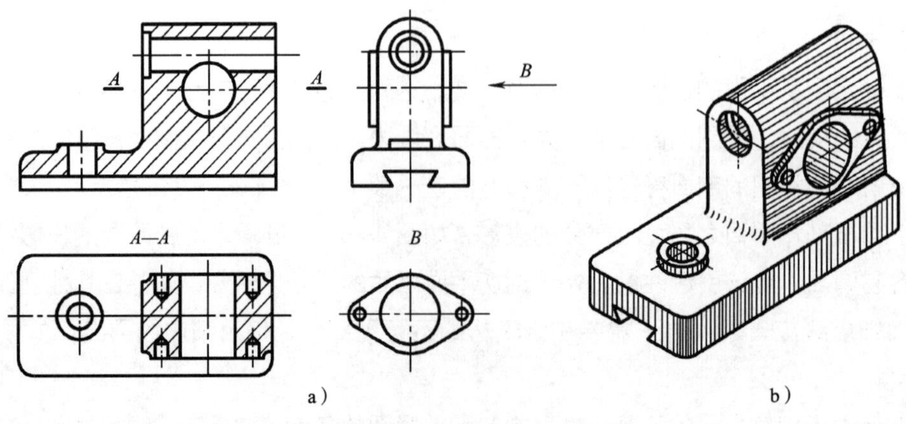

图 4—2—25　机座的剖视图

1. 视图分析

先找出主视图，然后分析共有几个视图及每个视图的名称。对于剖视图，应根据剖视图的标记，找到对应的剖切线的位置，并分析剖切的目的，做到对零件的轮廓有一个大致的了解。

图 4—2—25a 所示机座用了 3 个基本视图和一个局部视图来表达。主视图采用了全剖视，表达机座的内部形状。因为剖切平面通过机座的前、后对称面剖切，所以省略了一切标注。俯视图作了 *A—A* 全剖视，从剖切线的位置分析可知，*A—A* 剖视是为了表达前后方向的横向通孔和前、后面上的 4 个小孔。左视图主要反映外形，局部视图 *B* 是为了说明机座前（后）端凸台的形状，这样对机座就有一个大概的了解。

2. 形体分析

在视图分析的基础上，通过对线条，找投影，了解零件由哪些基本形体组成。通过剖视图及剖视图中的剖面线，辨别零件内部结构的虚实，并想象出零件的内部形状。

通过分析可知，机座基本上由两大部分组成。底部为一长方形底板，底板下方中间切有左右方向的燕尾槽，底板左上方有一圆形凸台，凸台中间有一圆孔和燕尾槽相通。底板上方有一个上部为半圆柱的 U 形柱体，在其左右方向和前后方向各有一个圆孔，从主视图中可看到这两个孔是相通的。在机座的前、后端面上各有一椭圆形的凸台，凸台两端各有两个小孔。

3. 综合想象

通过上面的分析就能想象出机座的整体形状和内部结构，如图 4—2—25b 的轴测图所示。

课题三　认知机件的其他表达方法

学习目标

1．熟知断面图、局部放大图及其他简化画法的特点及应用场合。

2．掌握断面图的画法及标注特点。

3．掌握局部放大图的特点。

任务引入

国家标准《技术制图》与《机械制图》中对机件的表达方法，除了规定有视图和剖视图以外，还有其他表达方法。本课题主要介绍断面图、局部放大图及其他简化画法。

知识准备

一、断面图

断面图是用来表达机件某一局部断面形状的图形。国家标准 GB/T 17452—1998 和

GB/T 4458.6—2002 对断面图的画法、标注等方面作了规定。

1. 断面图的概念

假想用剖切平面将机件的某处切断，仅画出断面的图形，称为断面图（简称断面），如图 4—3—1 所示。该图表达的是一个轴，在主视图上表明了键槽的形状和位置，键槽的深度用断面图表达，图形更清晰、简洁，同时也便于标注尺寸。

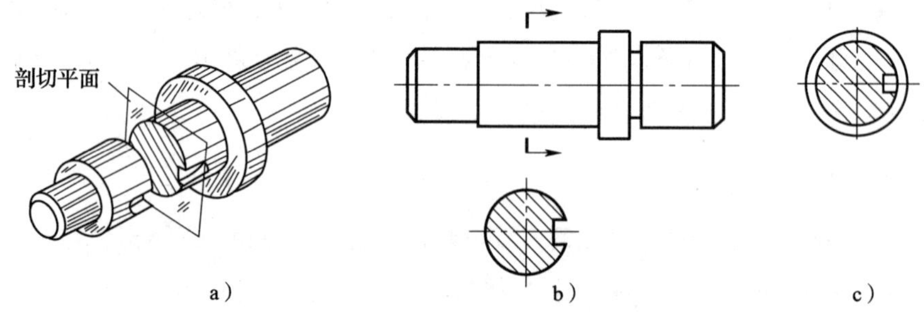

图 4—3—1 断面图与剖视图的比较

a）轴测图 b）断面图 c）剖视图

2. 断面图的分类

根据断面图配置的位置不同，分为移出断面图和重合断面图。

（1）移出断面图

画在视图轮廓之外的断面图称为移出断面图。图 4—3—1b 即为移出断面图。

1）移出断面图的画法要点如下：

①移出断面图的轮廓线用粗实线绘制，断面上画出剖面符号。

②当剖切平面通过由回转面形成的孔或凹坑的轴线时，这些结构按剖视绘制，如图 4—3—2 所示。

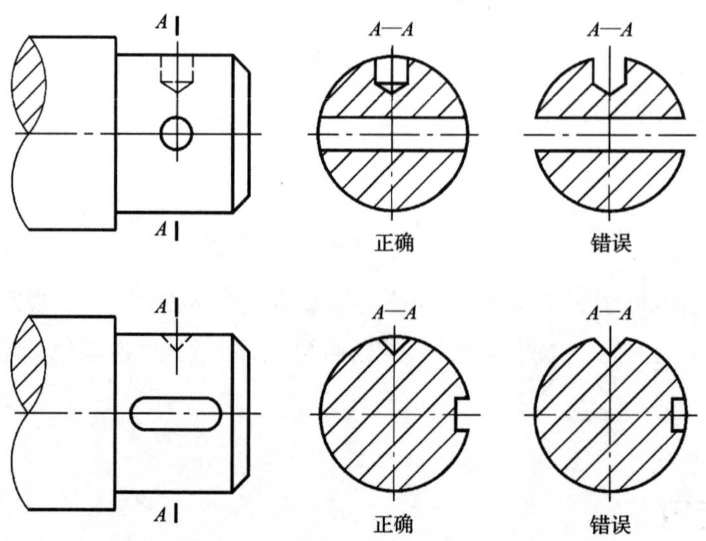

图 4—3—2 通过圆孔等回转面的轴线时断面图的画法

③当剖切平面通过非回转面，会导致出现完全分离的两个剖面区域时，这样的结构也应按剖视画出，如图 4—3—3a 所示，即外形轮廓应画完整。图 4—3—3b 所示为剖视图。

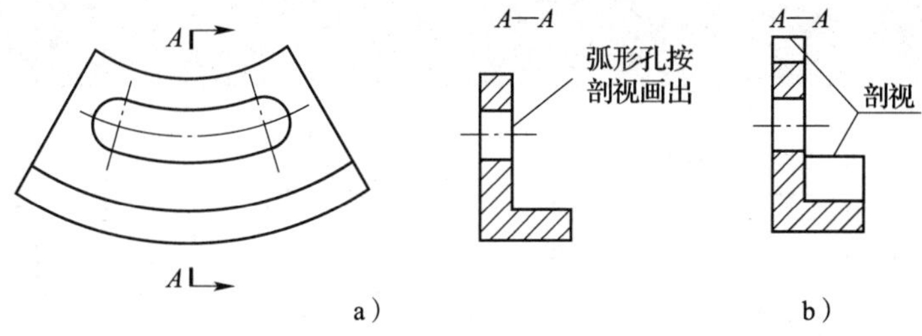

图 4—3—3　通过非回转面时断面图的特殊画法

④由两个或多个相交的剖切平面剖切得到的移出断面图，中间一般应断开，如图 4—3—4b 所示。

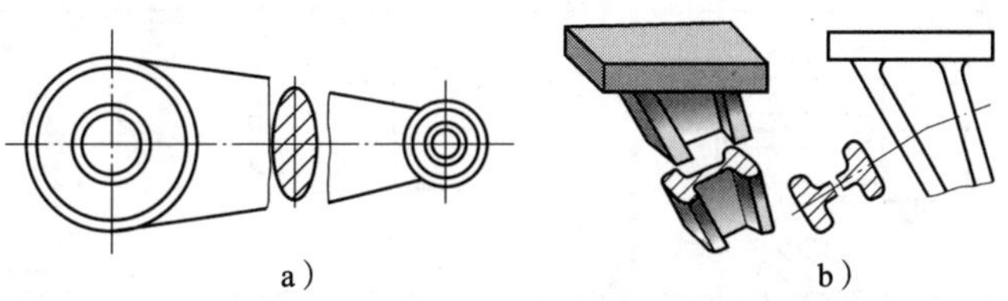

图 4—3—4　移出断面的配置示例

a）配置在视图的中断处　b）配置在剖切线的延长线上

2）移出断面图的位置配置应遵循以下原则：

①按投影关系配置，如图 4—3—3a 所示。

②移出断面图可配置在剖切符号的延长线上（见图 4—3—1b），或剖切线的延长线上（见图 4—3—4b）。

③当断面图形对称时，可配置在视图的中断处，如图 4—3—4a 所示。

④移出断面也可移位配置，即配置在图纸上的其他适当的位置。

3）移出断面图的标注方法。移出断面图的标注形式应按国标规定执行。因其图形配置部位的不同及图形是否对称，标注形式也不同，具体标注方法见表 4—3—1。

（2）重合断面图

画在视图轮廓之内的断面图称为重合断面图。如图 4—3—5 所示的断面即为重合断面。

1）重合断面图的画法要点如下：

①重合断面的轮廓线用细实线画出。

②当重合断面的轮廓线与视图的轮廓线重合时，视图中的轮廓线仍需完整画出，不应间断，如图 4—3—5b 所示。

2）重合断面图的配置与标注。重合断面均配置在视图轮廓之内。当图形不对称时，需标注其剖切位置和投射方向，如图 4—3—5b 所示；当重合断面为对称图形时，一般不必标注，如图 4—3—5a、c 所示。

表 4—3—1　　　　移出断面图的配置与标注

配置 断面 对称性		断面图的配置与标注的关系		
		配置在剖切线或剖切符号延长线上	移位配置	按投影关系配置
断面图的对称性与标注的关系	对称	剖切线（细点画线）	A A A—A	A A A—A
	说明	配置在剖切线延长线上的对称图形：不必标注剖切符号和字母	移位配置的对称图形：不必标注箭头	按投影关系配置的对称图形：不必标注箭头
	不对称		A A A—A	A A A—A
	说明	配置在剖切符号延长线上的不对称图形：不必标注字母	移位配置的不对称图形：完整标注剖切符号、箭头和字母	按投影关系配置的不对称图形：不必标注箭头

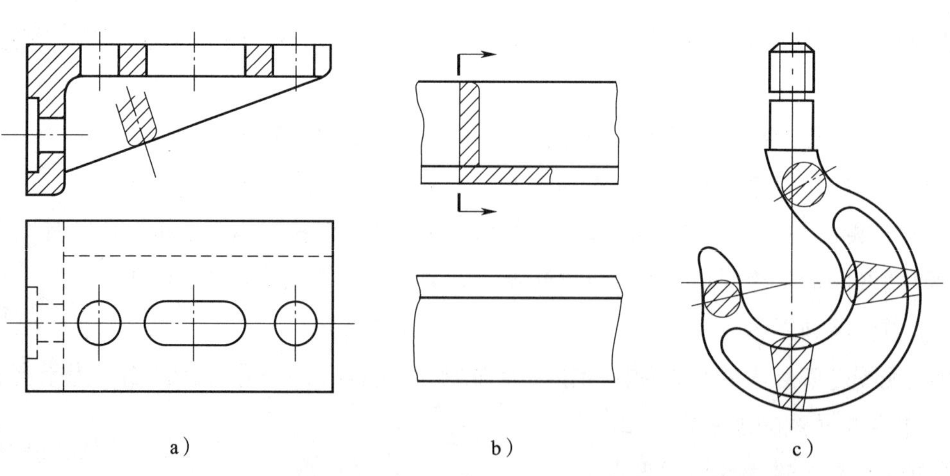

图 4—3—5　重合断面图的画法

二、局部放大图（GB/T 4458.1—2002）

将机件的部分结构用大于原图形所采用的比例画出的图形，称为局部放大图，如图 4—3—6a 所示。当同一机件上有几处需要放大时，可用细实线圈出需被放大的部位，并用罗马数字依次编号，以标明不同的放大部位，在局部放大图的上方标注出相应的罗马数字和所采用的比例，如图 4—3—6b 所示。对于同一机件上的不同部位，图形相同或对称时，只需画出一个局部放大图。

局部放大图应尽量配置在被放大部位的附近。其图形可画成视图、剖视图、断面图等，它与被放大部位的原表达方法无关。

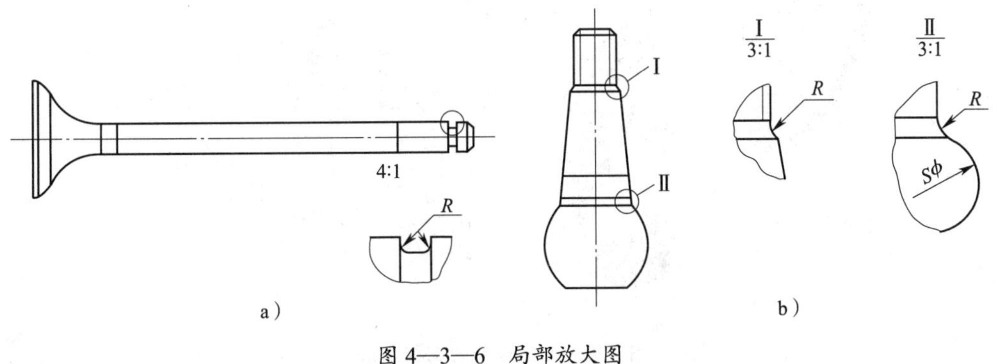

图 4—3—6　局部放大图

a）发动机排气门　b）转向拉杆球头销

三、简化画法（GB/T 16675.1—2012）

1. 肋板、轮辐及薄壁等结构

对于肋板、轮辐及薄壁等结构如纵向剖切都不画剖面线，而且用粗实线将它们与其相邻结构分开，但横向剖切必须画剖面线，如图 4—3—7 及图 4—3—8 所示。

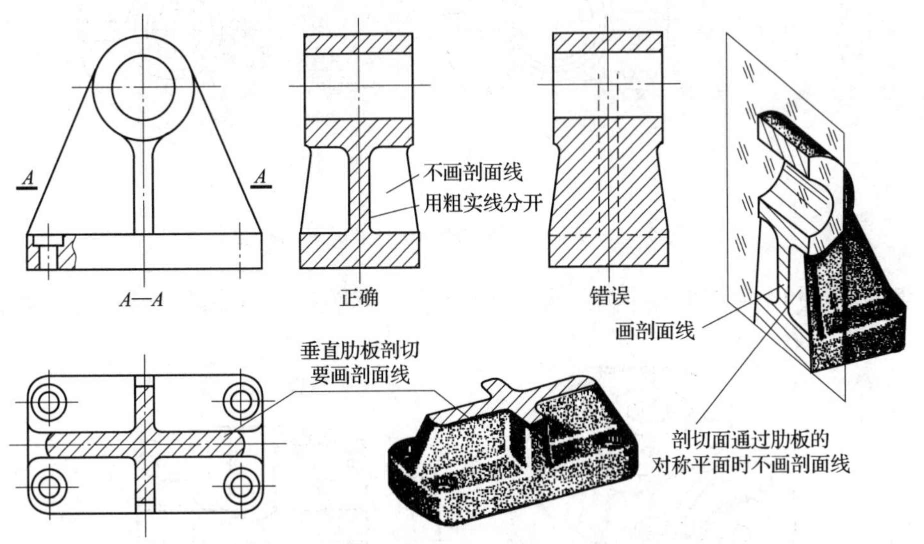

图 4—3—7　肋板的剖视画法

2. 回转体上均匀分布的结构

回转体上均匀分布的肋板、孔等结构不处于剖切平面上时，可将这些结构假想旋转到剖切平面上画出，且对这些不对称的结构，可按对称结构画出，如图 4—3—9 所示。

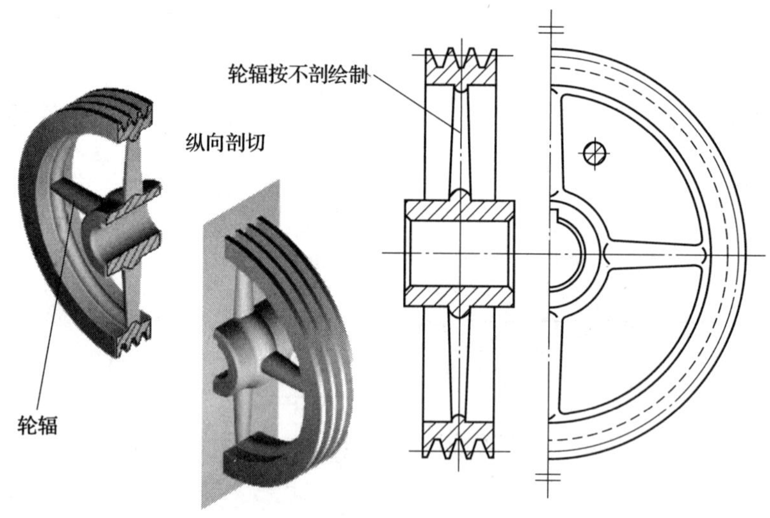

图 4—3—8 轮辐的剖视画法

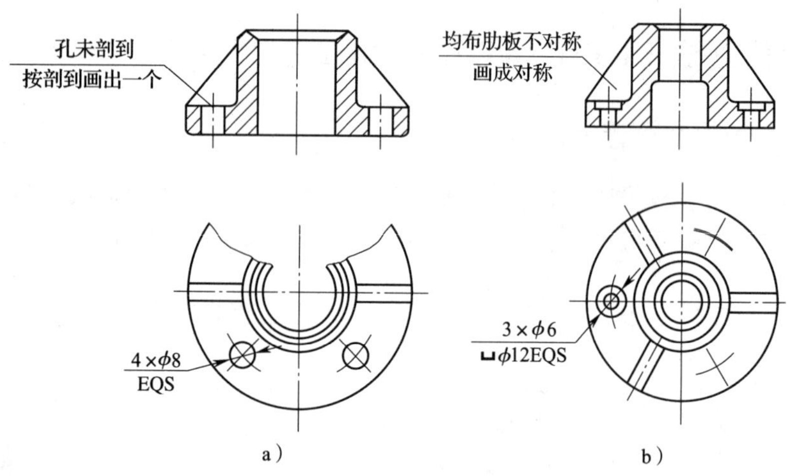

图 4—3—9 均匀分布的肋板、孔的剖切画法

圆盘形法兰和类似结构上按圆周均匀分布的孔，可按图 4—3—10 所示的方式画出。

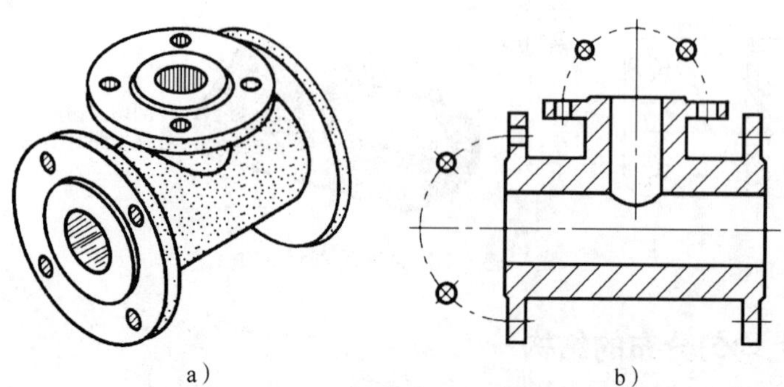

图 4—3—10 圆盘形法兰上均匀分布孔的画法

3. 倾斜的圆和圆弧

对于机件中与投影面倾斜角度不大于 30° 的圆和圆弧，手工绘图时，其投影可用圆和圆弧画出，如图 4—3—11 所示。

4. 平面的表示方法

当图形不能充分表达平面时,可以用平面符号（相交细实线）表示,如图 4—3—12 所示。

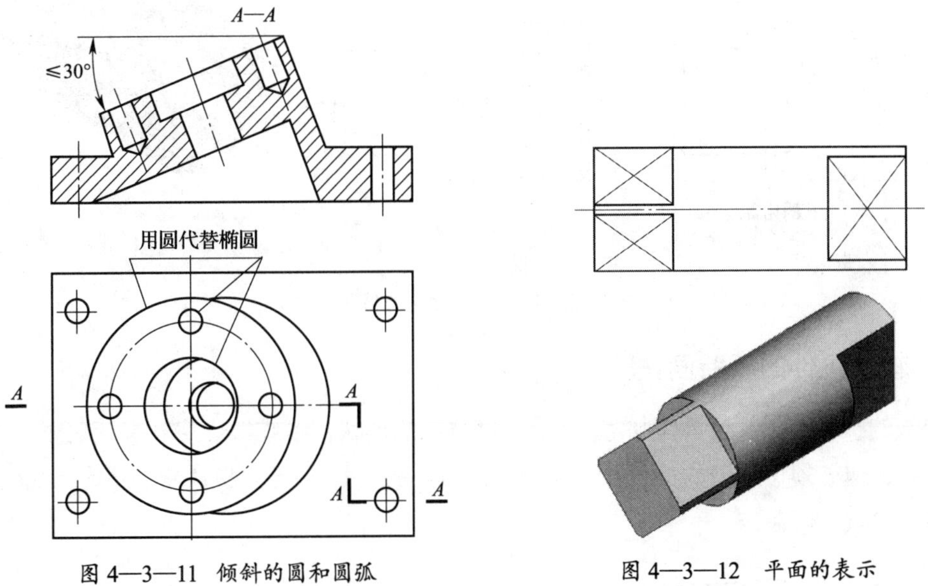

图 4—3—11　倾斜的圆和圆弧　　图 4—3—12　平面的表示

5. 相同结构

当机件上具有若干相同的结构（齿、槽、孔等），并按一定规律分布时，只需画出几个完整结构，其余用细实线相连或标明中心位置，并注明总数，如图 4—3—13 和图 4—3—14 所示。

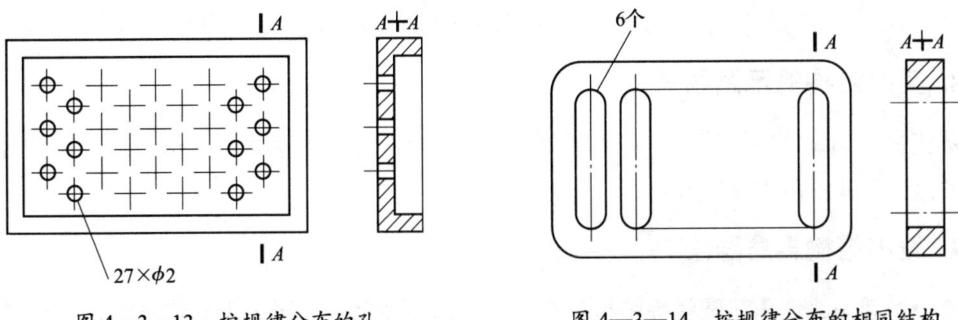

图 4—3—13　按规律分布的孔　　图 4—3—14　按规律分布的相同结构

6. 较小结构的简化画法

在不致引起误解时，图形中的相贯线允许简化，例如用圆弧或直线代替非圆曲线，如图 4—3—15a 所示，图 4—3—15b 所示是简化以前的投影。

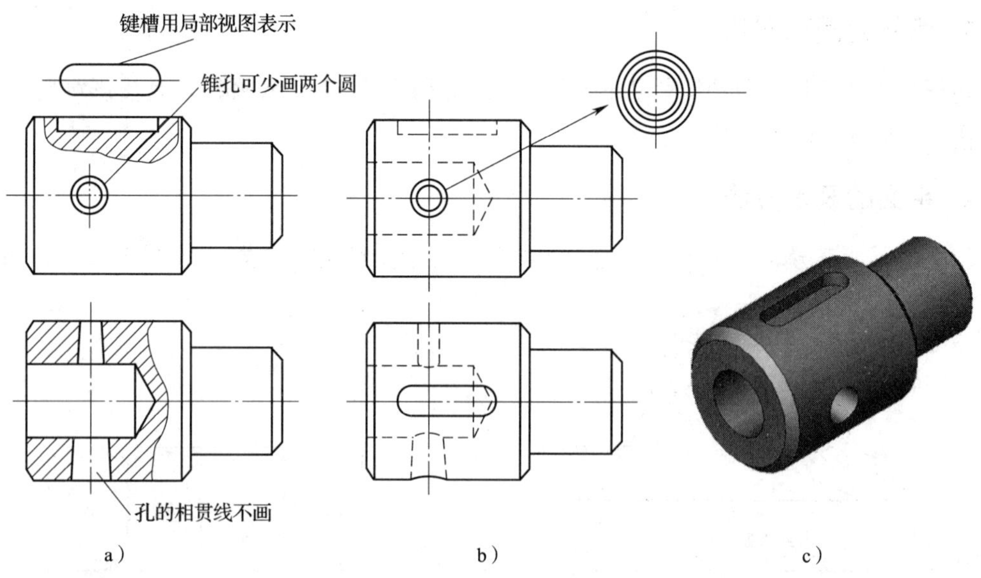

图 4—3—15 较小结构的简化画法

7. 较长机件的折断画法

较长的机件（轴、杆、型材等），沿长度方向的形状一致或按一定规律变化时，可断开缩短绘制，但必须按原来的实长标注尺寸，如图 4—3—16 所示，机件断裂边缘常用波浪线、双折线、双点画线表示。

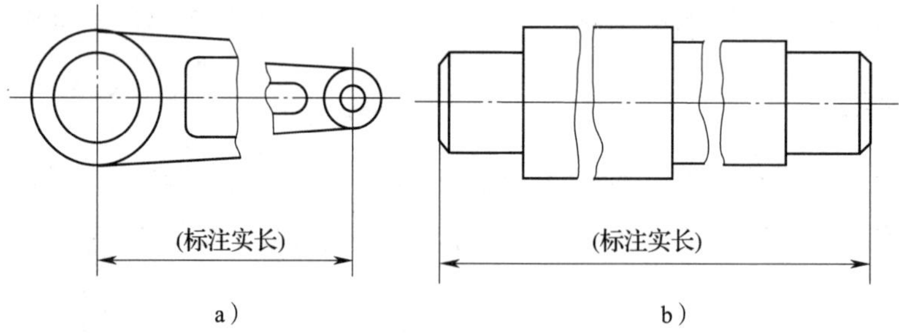

图 4—3—16 较长机件的折断画法

8. 某些结构的示意画法

网状物、编织物或机件上的滚花部分，可在轮廓线附近用粗实线示意画出，并标明其具体要求，如图 4—3—17 所示。

9. 较小结构省略画法

较小的圆角、倒角、圆弧等结构，在不致引起误解时，在图形上允许省略，但必须注明尺寸，或在技术要求中加以说明，如图 4—3—18 所示。

10. 对称机件的画法

对称机件的视图可以只画一半或 1/4，此时需在对称中心线的两端画两条与其垂直的平行细实线，如图 4—3—19 所示。

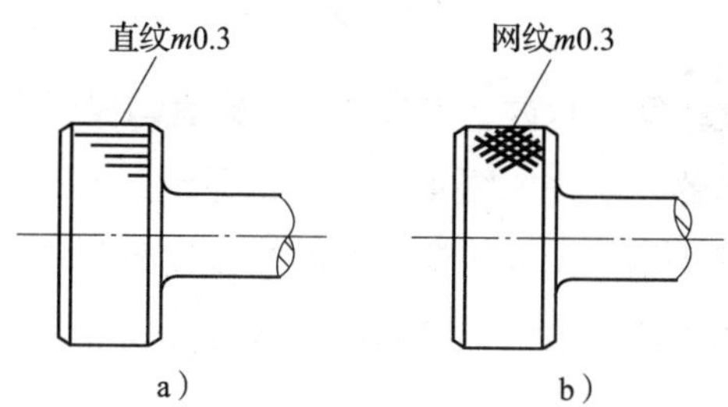

图 4—3—17 网状物及滚花的示意画法

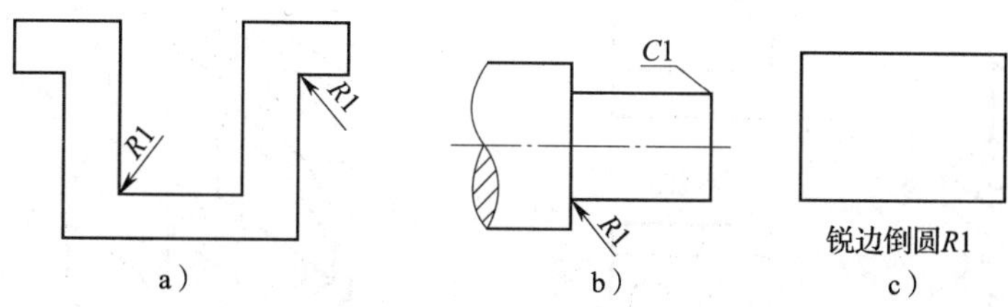

图 4—3—18 较小结构省略画法

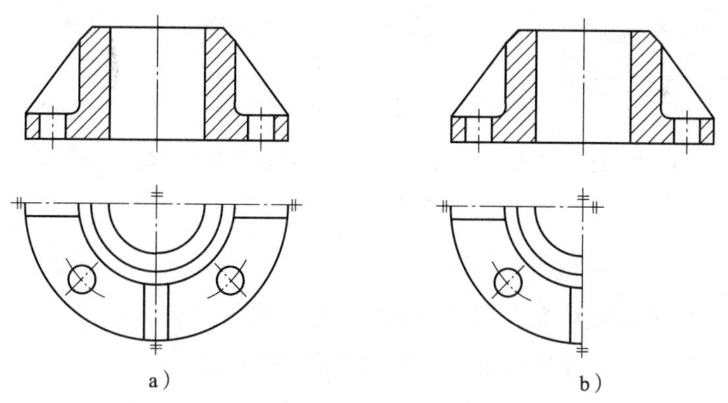

图 4—3—19 对称机件可以画一半或 1/4

四、第三角画法简介

根据 GB/T 17451—1998 和 GB/T 14692—2008 规定，我国技术图样应采用正投影法绘制，并优先采用第一角画法，必要时（如按合同规定等）才允许使用第三角画法。但国际上有些国家（如英、美等国）的图样是按正投影法并采用第三角画法绘制的。为了进行国际间的技术交流与合作，应对第三角画法有所了解，以适应日益发展的科学技术交流的需要。

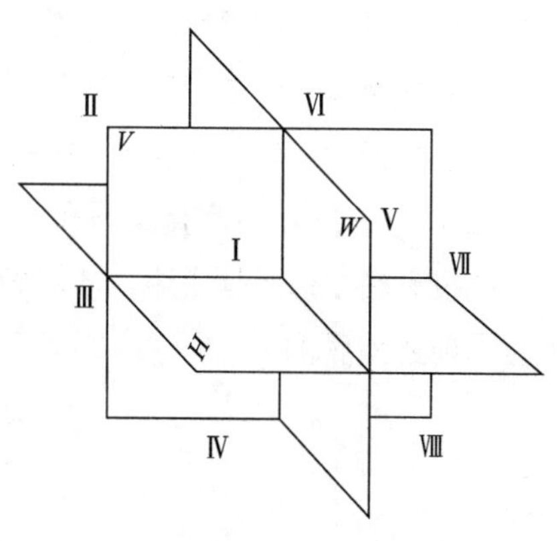

图 4—3—20 八个分角

如图 4—3—20 所示。三个相互垂直的平面将空间划分为八个分角，分别称为第一角、第二角、第三角、……第八角。

第一角画法是将物体置于第一角内，使其处于观察者与投影面之间（即保持人—物—面的位置关系）而得到正投影的方法，如图 4—3—21a 所示。

第三角画法是将物体置于第三角内，使投影面处于观察者与物体之间（假设投影面是透明的，并保持人—面—物的位置关系），而得到正投影的方法，如图 4—3—21b 所示。

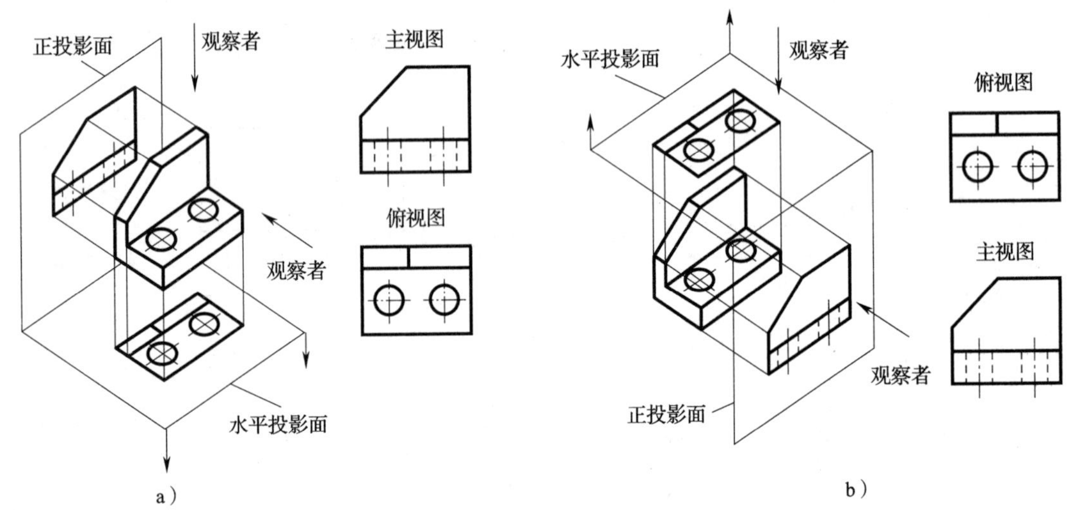

图 4—3—21 第一角画法和第三角画法中投影面及得到的视图比较
a）第一角画法 b）第三角画法

各视图的观察方向及视图名称如下：

从前面观察物体在正投影面上得到的视图称为主视图。

从上面观察物体在水平投影面上得到的视图称为俯视图。

从右面观察物体在侧面上得到的视图称为右视图。

在第三角画法中，同样有六个基本投影面，可以得到六个基本视图，六个投影面上得到的视图及展开方式如图 4—3—22 所示。六个基本视图的配置如图 4—3—23 所示。仔细比较可以看出，第一角画法和第三角画法中，六个基本视图及其名称都是相同的。相应视图之间仍保持“长对正、高平齐、宽相等”的对应关系。

视图按图 4—3—23 所示的位置配置时，一律不标注视图名称，但必须在图样中画出第三角画法的识别符号，如图 4—3—24 所示。

图 4—3—25 所示为用第一角画法和第三角画法表达的零件，看图时应分清机件圆盘上小孔的投影在左边还是右边，才能确定是第一角画法还是第三角画法及小孔在机件上的确切位置（前还是后）。

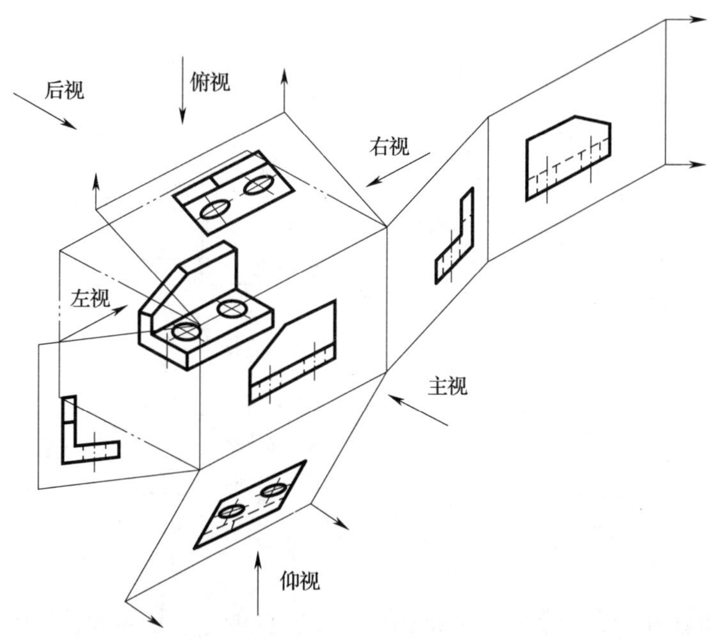

图 4—3—22　第三角画法中六个基本视图的形成

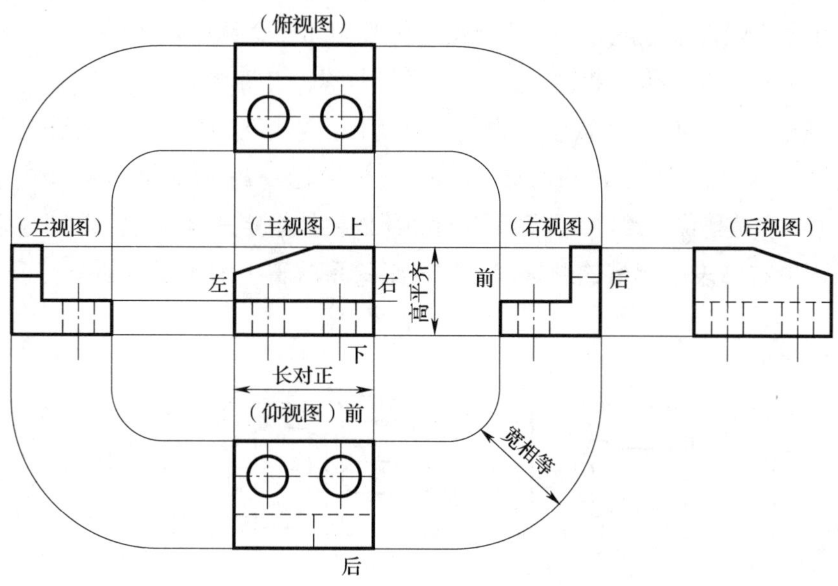

图 4—3—23　第三角画法中六个基本视图的配置

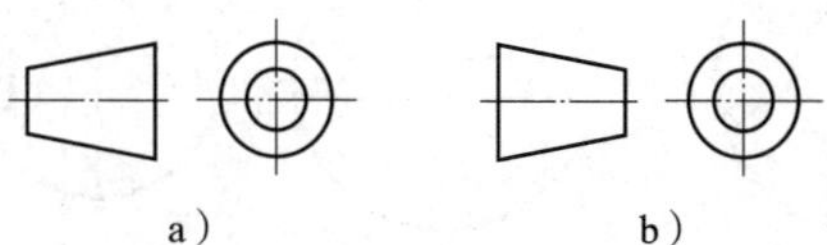

图 4—3—24　第一角和第三角画法的识别符号

a）第一角画法用　b）第三角画法用

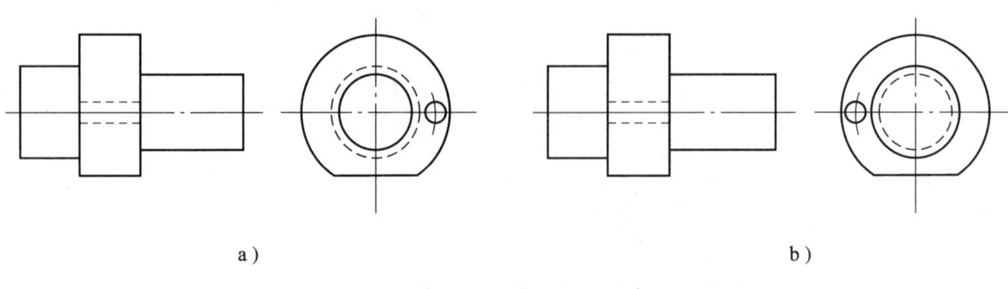

图 4—3—25　第一角和第三角画法表达的零件

a）第三角画法　b）第一角画法

任务实施

一、识读图 4—3—26 所示轴的一组图形，想象轴的形状

1. 图形分析

该轴共用了五个图形表达。一个局部剖的主视图和四个移出断面图。最左端的一个断面图表达最左轴段左端圆孔和键槽的形状，因图形对称，且不移位（即配置剖切线的延长线上），所以省略了标注；*A*—*A* 断面图表达最左轴段上径向小孔的形状，因为是移位配置，所以要按规定进行标注，但由于图形对称，所以省略了箭头；*B*—*B* 断面图表达中间轴段上键槽的形状，也因为是移位配置，且图形不对称，所以要按规定进行标注，箭头不能省略；*C*—*C* 断面图表达最右轴段上键槽的形状，因按投影关系配置（即左视图的位置），也省略了箭头。

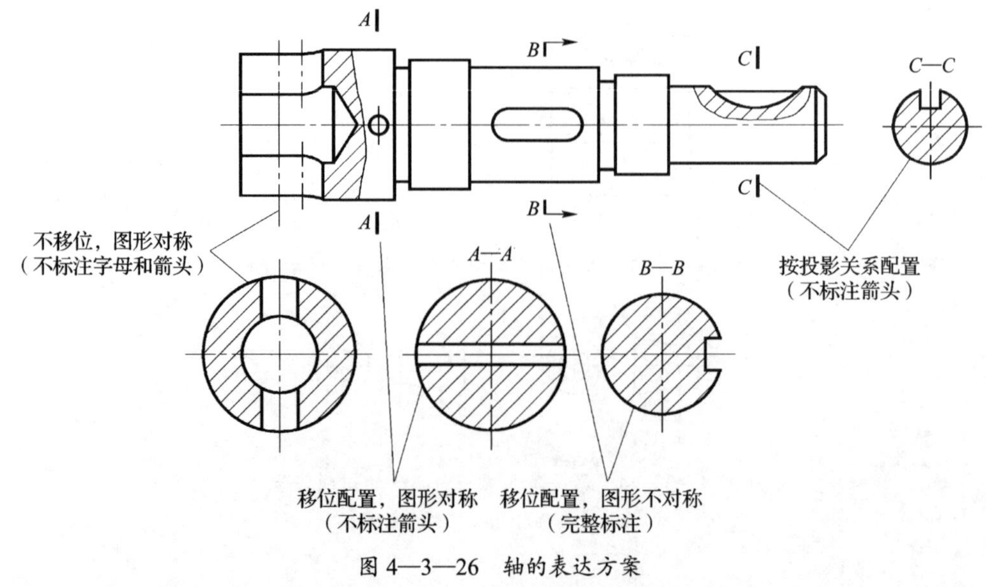

图 4—3—26　轴的表达方案

2. 想象形状

通过对上述各图形的分析，可以想象出该轴由大小不同的 5 段圆柱体组成（两段轴向尺寸很小的圆柱体是退刀槽），最左轴段的左侧有一轴向圆柱孔，还有上下相通、右端带半圆形的普通键槽；最左轴段的右侧还有一个径向贯通的小孔。中间轴段上有一个两端带半圆形的普通键槽，最右轴段上有一个半圆形的键槽。在最左端的轴段和第二轴段，以及中间轴段和第四轴段之间，分别有两段退刀槽，最右轴段的右端还有倒角结构。

二、识读图 4—3—27 所示脚踏座的图形表达及尺寸标注，并想象出脚踏座的形状

1. 图形分析

表达脚踏座共用了 4 个图形，主视图、俯视图、局部视图、移出断面图。

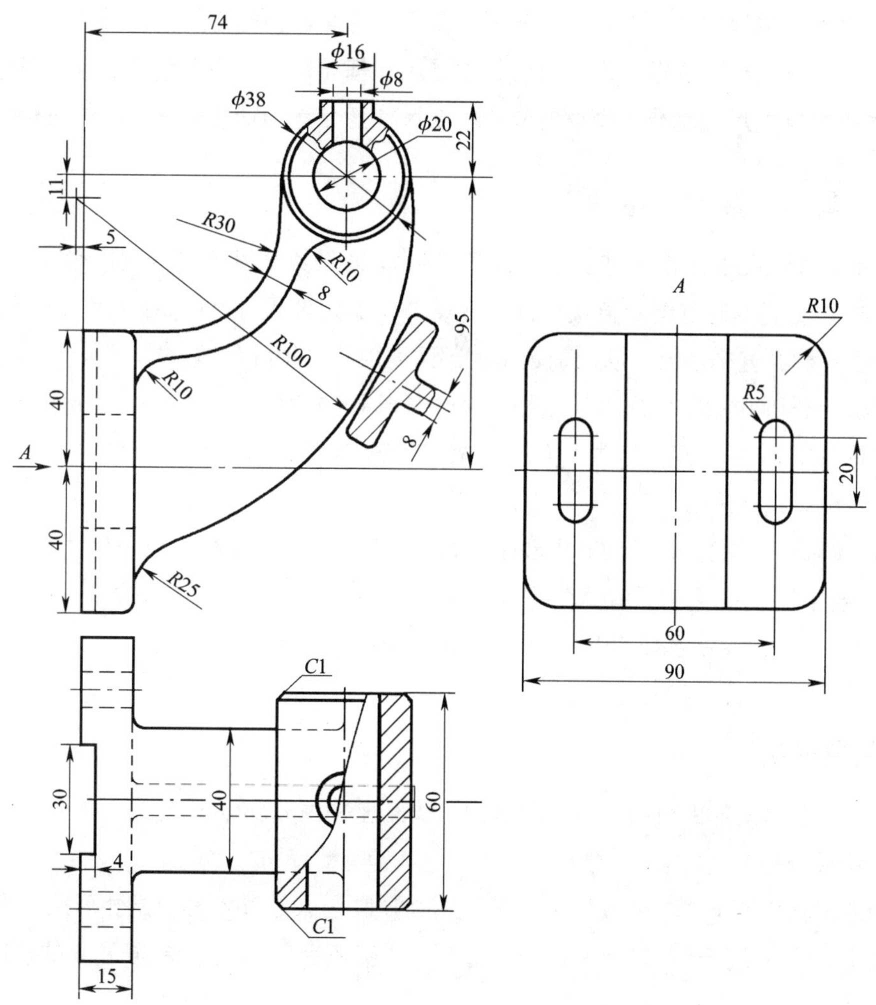

图 4—3—27 脚踏座

（1）主视图

主视图为局部剖视，表达脚踏座主要形状特征及各组成部分之间的相互位置关系，上方的局部剖视，是为了表达凸台上的通孔。

（2）俯视图

俯视图也是局部剖视，主要表达脚踏座宽度方向的尺寸及凸台的形状，并补充表达各组成部分的位置关系，俯视图上的局部剖视，是为了表达脚踏座右上方圆筒内的通孔。

（3）局部视图

局部视图 *A* 按基本视图的位置配置，相当于右视图的一部分，表达左端踏板的形状。

（4）移出断面图

移出断面图主要表达中间肋板的形状。

2. 分析尺寸

（1）分析主要尺寸基准

1）长度方向的尺寸基准。长度方向的主要尺寸基准是脚踏座的左端面。

2）高度方向的尺寸基准。高度方向的主要尺寸基准是脚踏座上踏板的水平对称面。

3）宽度方向的尺寸基准。宽度方向的主要尺寸基准是脚踏座前后方向的对称面。

（2）分析主要尺寸

1）主要定位尺寸。

①上部圆筒内孔的定位尺寸。上部圆筒内孔 $\phi 20$ 轴线长度方向的定位尺寸 74，由长度方向的尺寸基准踏板的左端面直接标注；高度方向的定位尺寸 95，由高度方向的尺寸基准踏板的水平对称面直接注出，从而确定了上部圆筒内孔的轴线位置。

②踏板上长圆孔的定位尺寸。踏板上两个长圆孔的定位尺寸为 60，由宽度方向的尺寸基准脚踏座的前后对称面直接注出；其上 *R*5 圆弧的定位尺寸 20 由高度方向的尺寸基准踏板的水平对称面直接注出。

2）总体尺寸。总宽尺寸为 90，因右上角是圆筒的缘故，未标注总长尺寸和总高尺寸。

3）主要定形尺寸。右上角圆筒的定形尺寸是 $\phi 38$、60，内孔是 $\phi 20$，其上还有凸台，尺寸是 $\phi 16$、$\phi 8$。踏板的定形尺寸是 90、80（40+40）、15。

其他尺寸请读者自行分析。

3. 想象形状

通过对上述各图形的分析，可以想象出该脚踏座是由五部分组成的。

（1）踏板

踏板的形状主要从主、俯视图和局部视图 *A* 反映出来。基本形状是外形尺寸为 90、80、15，四角带圆弧的矩形板，其上有两个长圆孔，左端还有一个尺寸是 30 和 4 的直通槽。

（2）圆筒

圆筒的形状主要从主、俯视图反映出来。基本形状是外形尺寸为 $\phi 38$、60，内孔是

ϕ20 的圆筒，圆筒的两端有尺寸为 *C*1（表示轴向尺寸为 1、角度为 45°）的倒角。

（3）肋板

肋板的形状主要从主、俯视图和移出断面图反映出来。基本形状是外径为 *R*100、内径为 *R*30，大约 1/4 的 T 形结构，从移出断面图上可以得知，肋板的厚度尺寸是 8。

通过仔细分析，可以想象出脚踏座的形状如图 4—3—28 所示。

图 4—3—28　想象出的脚踏座形状

单元五　绘制与识读专业图

在汽车钣金的维修工作中，经常会遇到一些用金属薄板制成的机件。这些机件在制造时需先在金属薄板上作出适用于它们轮廓的全部或部分展开图，然后下料弯制成形，再通过焊接、冲压或铆接等方法加工成机件。因此，焊接图和展开图也是汽车工业生产中常用的技术图样。本单元主要介绍焊接图和展开图的有关知识。

课题一　绘制展开图

学习目标

1．熟知放样的概念与步骤。

2．能正确地绘制展开图。

任务引入

钣金展开是将物体表面按其实际形状和大小，摊在一个平面上，展开所得的平面图形称为该物体的表面展开图，简称展开图。依靠施工图把工件的实际大小和形状画到施工板料或纸板上的过程叫放样。放样是施工下料的第一道工序，与钣金展开、下料有着极其密切的关系。本课题主要介绍展开放样的基础知识及展开图的绘制方法。

知识准备

一、展开放样的基本知识

制作金属板材制件的过程，一般是先放样、下料，然后加工成形、组对、焊接等。在放样时，将制件各表面的实际形状和大小依次展开摊平，画在同一平面上，这种展开的平面图形称为表面展开图，简称展开图。

1．放样

放样是汽车钣金工产品制造和汽车维修中的重要一环，一般钣金结构的形状和尺寸较大，其设计的图样是按一定比例缩小绘制，但在实际制造中必须确定每个零件或构件的形状和尺寸，以作为制造和装配的依据，这需要通过放样才能解决。

放样就是根据施工图的要求，按正投影原理，把构件的形状、尺寸按 1∶1 的实际形状划到施工板料或样板材料上，这样绘制出来的图叫作放样图（即展开图）。

2. 放样的一般步骤

（1）读图

首先要读懂钣金构件的施工图和主要内容，并对构件的形状尺寸进行分析，整理出构件各部分在空间的相互位置、尺寸大小和形状。

（2）准备放样工具

了解施工图的各项要求后，根据放样的具体情况准备放样所需的工具、夹具、量具等。

（3）选择放样基准

所谓放样基准，实际上是划线基准，即放样划线时作为起点的基准线、基准面、基准点。

基准的确定，通常情况下应选构件的对称面、底面、重要的端面以及回转体的轴线等。在板料放样划线中，基准一般只选择两个，具体可根据以下几种情况来选择，如图 5—1—1 所示。

1）以两个互相垂直的平面或直线作为基准，如图 5—1—1a 所示。

2）以两条对称中心线作为基准，如图 5—1—1b 所示。

3）以一个平面和一条对称中心线作为基准，如图 5—1—1c 所示。

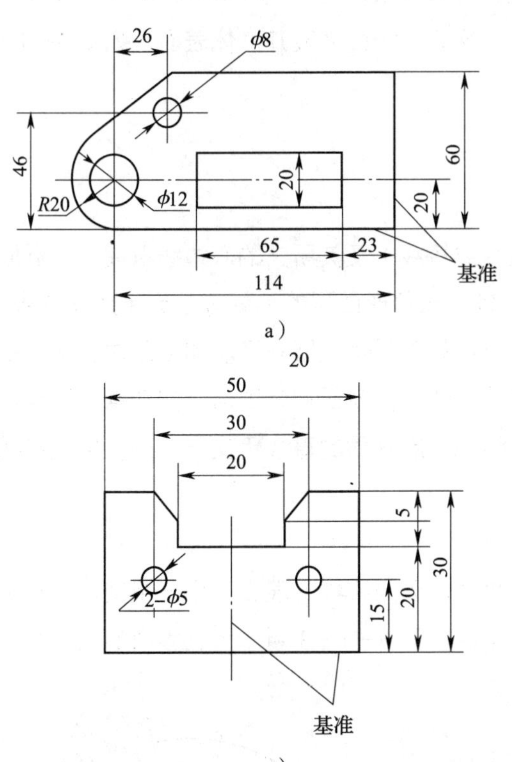

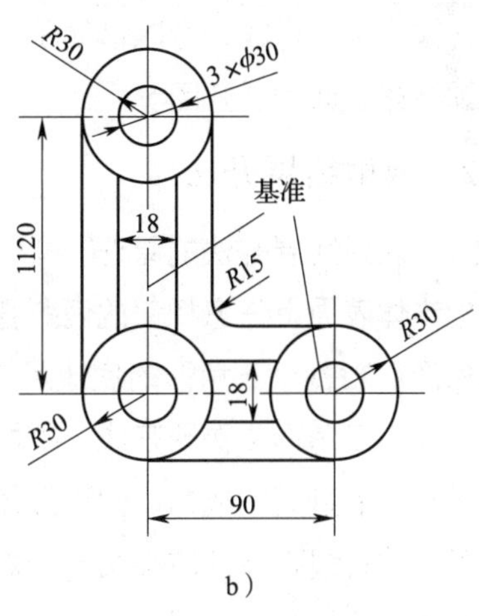

图 5—1—1　放样基准的选择

（4）划线

根据展开图（或样板），利用划线工具在板料上划线。

二、绘制展开图的方法

钣金展开的方法有两种，即图解法和计算法。目前，我国一般都采用图解法。所谓图解法，就是依据施工图通过一系列划线作图，从而得到展开图的方法。表面展开图绘制准确，不但可保证构件的质量，还可以节约材料、降低成本。

绘制展开图的主要方法有平行线展开法、放射线展开法、三角形展开法等。

1. 平行线展开法

（1）平行线展开法的原理

若形体表面是由无数条彼此平行的直线所构成的，那么其相邻的两条线及其上下端口曲线所围的微小面积，就可近似地看成长方形。当分成的面积较多，各小平面面积按照原来的分割顺序和上下位置不遗漏、不重叠地铺开时，则形体表面就被展开了。由于各线在摊平前是相互平行的，所以铺平后仍相互平行。作图时可充分利用这一特性，只要找出这些直线之间的距离，以及它们各自的实长，即可得到展开图。这种作图方法就是平行线展开法。

（2）平行线展开法的应用

平行线展开法主要应用于棱柱体表面或圆柱体表面，因为棱柱体表面的棱线或圆柱体表面的素线均为平行线，可以借助于立体表面的这些平行线来展开立体表面，如图 5—1—2 所示的圆柱体表面的展开图。

2. 放射线展开法

（1）放射线展开法的原理

把锥体表面上任意相邻的两条直线（素线或棱线）及其所夹的底边线看成一个近似的平面三角形。当各小三角形的底边足够短时，各小三角形面积的和就等于原来形体的表面积。若把所有小三角形依次铺开成一平面，原来的形体表面也就展开了。如果形体表面是由一组交汇于一点的直线构成的，则该形体称为锥体，该形体表面称为锥面，如棱锥、圆锥。所有锥体表面的直线在展开前都交于一点，称为锥顶。展开后的直线仍交于一点，呈放射状，这种展开方法称为放射线展开法。

（2）放射线展开法的应用

放射线展开法主要应用于棱锥、圆锥等椎体。因为椎体的表面是由一组交汇于一点的直线构成的，展开后的直线仍交于一点，呈放射状。图 5—1—3 所示为圆锥面的展开图。

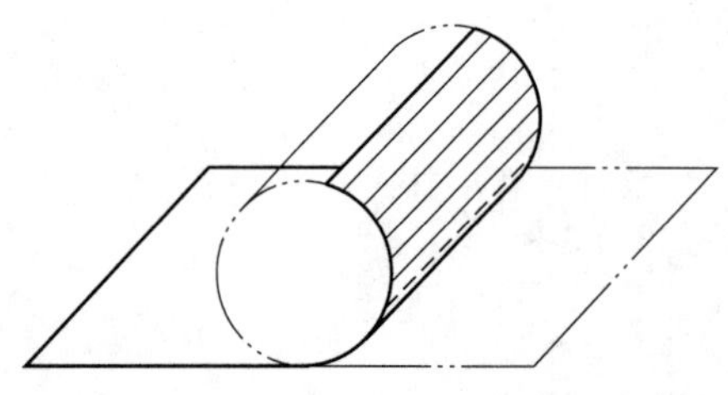

图 5—1—2　圆柱体表面的展开图

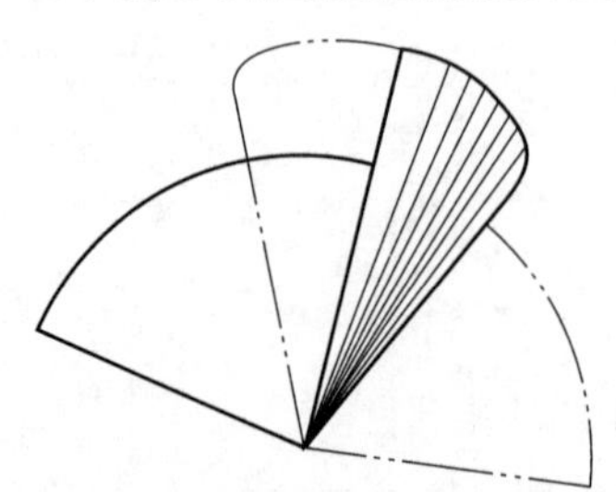

图 5—1—3　圆锥管表面的展开图

3. 三角形展开法

（1）三角形展开法的原理

若形体的表面是由若干个平面与曲面、曲面与曲面或平面与平面构成的，就可以把表面划分成若干个小三角形，再把这些小三角形按原来的相互位置和顺序不遗漏地铺开，则形体的表面就被展开了。

（2）三角形展开法的应用

主要应用于机件的表面是由平面、柱面和锥面的全体或部分曲面组合而成的任意形状的表面。

三、用旋转法求棱线和素线的实长

画表面展开图的实质就是求构件各表面的真实形状，求构件表面实形的关键是求出表面各条边的线段实长。在钣金作业放样与展开中，展开图就是钣金构件表面铺平后的实际形状和尺寸的图样。在各种形体中，有一部分线段处于特殊位置，即平行于投影面的线段可反映实长，但如果线段倾斜于投影面时却不能反映实长。这就必须通过作图法或计算法求得线段实长。作图法中常用求线段实长的方法有直角三角形法、直角梯形法、旋转法等，这里只介绍常用的旋转法。

旋转法就是保持投影面不变，使倾斜直线绕垂直于某一投影面的直线为轴，旋转成与投影面相平行的直线，则直线在与其平行的投影面上的投影就反映它的实长。

如图 5—1—4a 所示，线段 *AB* 为一般位置直线（即与三个投影面都倾斜的直线），过端点

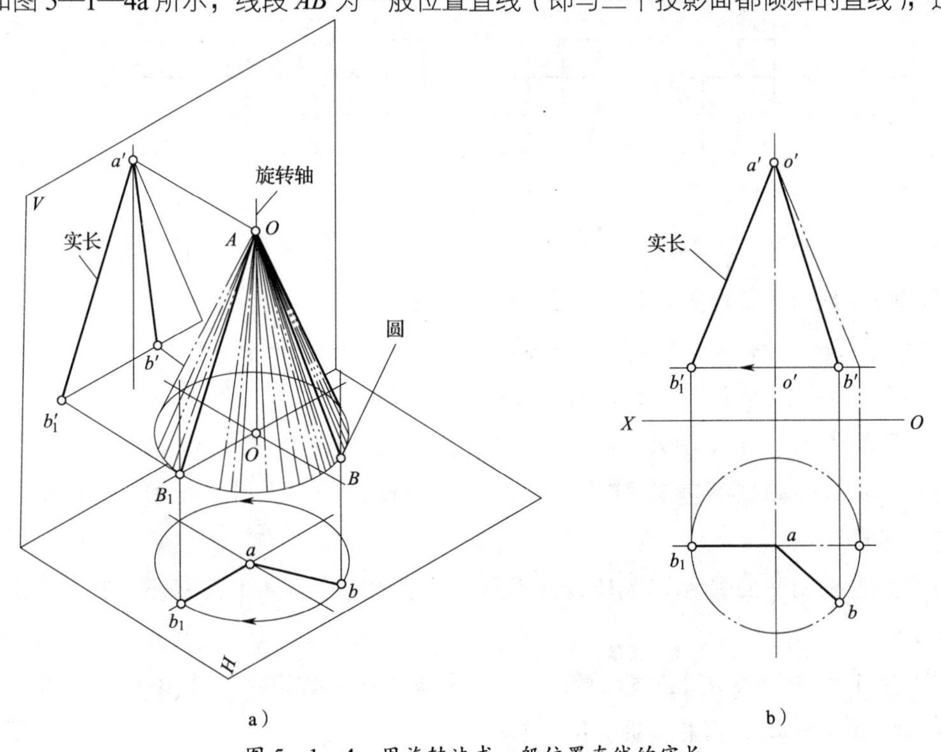

a）　　　　b）

图 5—1—4　用旋转法求一般位置直线的实长

A 取垂直于 H 面的直线 OO 为轴，将线段 AB 绕轴 OO 旋转到与正面平行的位置 AB_1，其直线 AB 新的正面投影 $a'b_1'$ 即为实长。

作图步骤：作图步骤如图 5—1—4b 所示。

（1）以 a 为圆心，把 ab 旋转到与投影轴 OX 平行的位置 ab_1。

（2）过 b' 作投影轴平行线与过 b_1 作投影轴垂直线相交得 b_1'。

（3）连 $a'b_1'$ 即得线段 AB 的实长。

任务实施

为了叙述理论方便，下面介绍展开图的做法时是按薄板（即不考虑板厚）来处理的，但是实际的钣金构件，都有一定的厚度，在绘制展开图时必须考虑。关于板厚处理的问题，将在本单元的课题二中介绍。

一、用平行线展开法展开

教师与学生互动进行实践。教师拿出如正方体的粉笔盒，让学生讨论，粉笔盒平面展开图可以有哪些？然后由学生演示，可以得到多种展开图形，教师再总结出展开图形的类型，如图 5—1—5 所示。

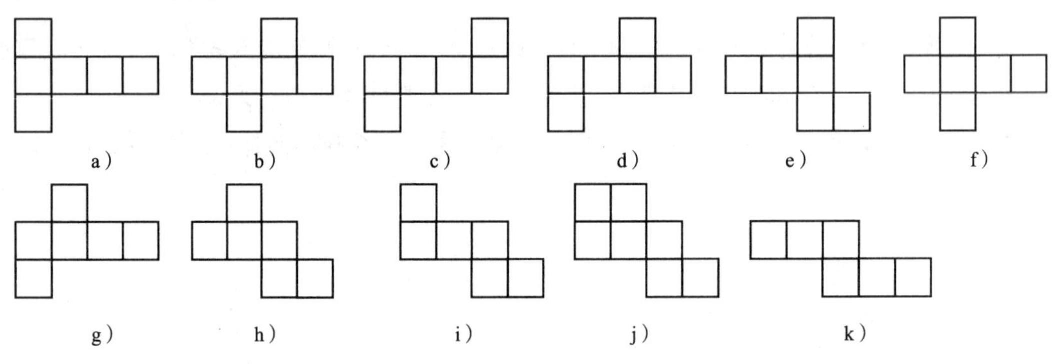

图 5—1—5 粉笔盒的展开图

【案例 5—1—1】斜切直立四棱柱管的展开。

分析：图 5—1—6a 所示为斜切四棱柱管的轴测图，图 5—1—6b 所示为斜切四棱柱管的已知视图。从已知的主、俯视图可以看出，四条棱线均垂直于水平面，其正面投影反映棱线的实长；底面 Ⅰ Ⅱ Ⅲ Ⅳ 平行水平面，其水平投影反映实形。因棱线垂直于底面，则棱线必然垂直于底面的四条边，棱线之间的距离就是底面四边形的边长，且展开后底面的四条边成一直线。

作图步骤：

（1）如图 5—1—6c 所示，选棱线 A Ⅰ 为基准棱线，确定 A Ⅰ 在展开图中的位置，且取 A Ⅰ $= a'1'$。

（2）过 Ⅰ 点作棱线 A Ⅰ 的垂直线，并在该垂直线上截取线段 Ⅰ Ⅱ = 12、Ⅱ Ⅲ = 23、Ⅲ Ⅳ = 34、Ⅳ Ⅰ = 41，得 Ⅱ、Ⅲ、Ⅳ、Ⅰ 点。

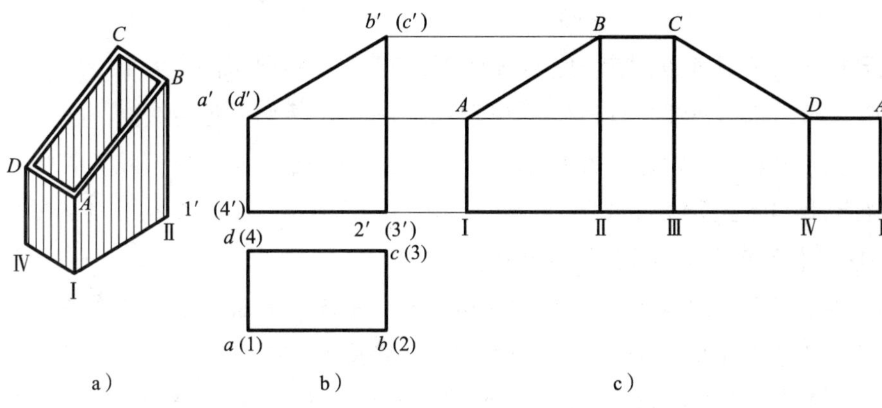

图 5—1—6 斜切四棱柱管的展开图

（3）过Ⅱ、Ⅲ、Ⅳ、Ⅰ点分别作直线平行于棱线 *A* Ⅰ，并分别截取线段 *B* Ⅱ = *b*′2′、*C* Ⅲ = *c*′3′、*D* Ⅳ = *d*′4′、*A* Ⅰ = *a*′1′，得 *B*、*C*、*D*、*A* 点。

（4）依次连接 *A*、*B*、*C*、*D*、*A* 各点，即得斜切直立四棱柱管的展开图。

【案例 5—1—2】斜切正圆柱管的展开。

分析：如图 5—1—7a 所示，正圆柱管斜切后，使得圆柱面上各条素线的长度不相等。作展开图时应根据视图的投影关系求出若干素线的实长，然后光滑连接这些素线的端点，即可得到展开图。

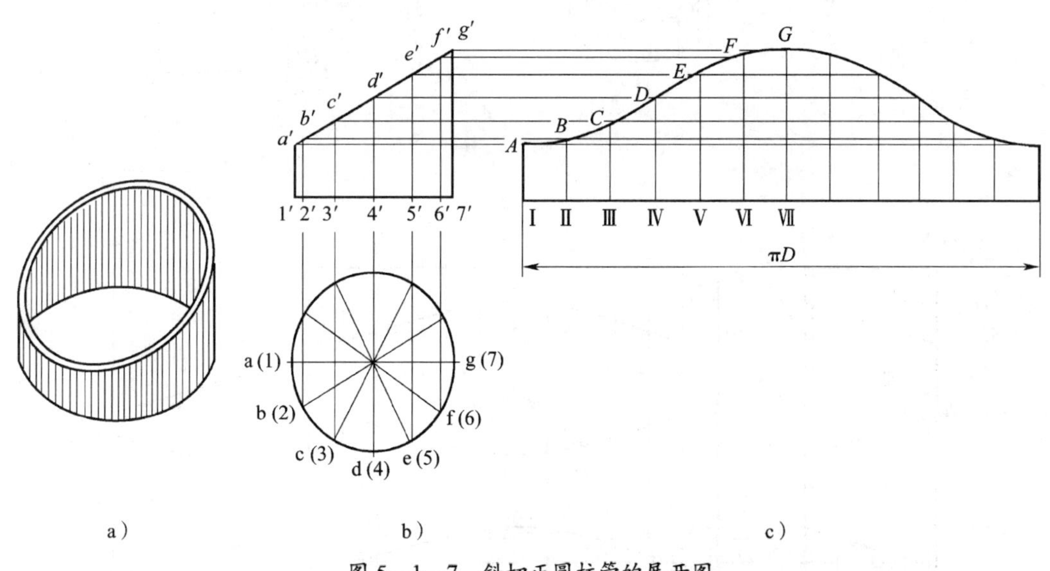

图 5—1—7 斜切正圆柱管的展开图

a）轴测图 b）视图 c）展开图

作图步骤：

（1）在俯视图上将圆柱管的底圆周长分成 12 等份（等份越多，展开图越准确，因图形前后对称，所以只标出前半部分），得若干等分点；求出各等分点的正面投影 1′、2′、3′、…；过各等分点的正面投影作相应的素线，即得素线的实长，如 1′*a*′、2′*b*′、3′*c*′、…，如图 5—1—7b

所示。

（2）将底圆周长展开成直线，其长度为 πD，并取同样的等分（图中为 12 等分），得各等分点；过这些等分点作该直线的垂直线，得圆柱面展开后各素线的位置线。

（3）把斜切正圆柱管正面投影上各素线的实长移至展开图上，得相应素线的端点 A、B、C… 点，再依次光滑连接各素线的端点，即得斜切正圆柱管的展开图，如图 5—1—7c 所示。

【案例 5—1—3】多节等径圆柱弯管的展开。

分析：多节圆柱弯管采用多节斜圆柱管拼接而成。图 5—1—8a 为四节等径圆柱弯管，中间两节是双斜口圆柱管（称为全节），每节所对应的角度为 30°；中间节的长度和形状都相同，且中间节与各自中部的横截面相对称，两端的节为半节，是中间节的一半，为单斜口圆柱管，每节所对应的角度为 15°，该圆柱弯管共有 6 个半节（即 3 个全节）。

为了节省材料和提高工效，把四节斜口圆管拼合成一完整的圆管来展开，如图 5—1—8b 所示，再依次画出如图 5—1—8c 所示的四节直角弯管的展开图。

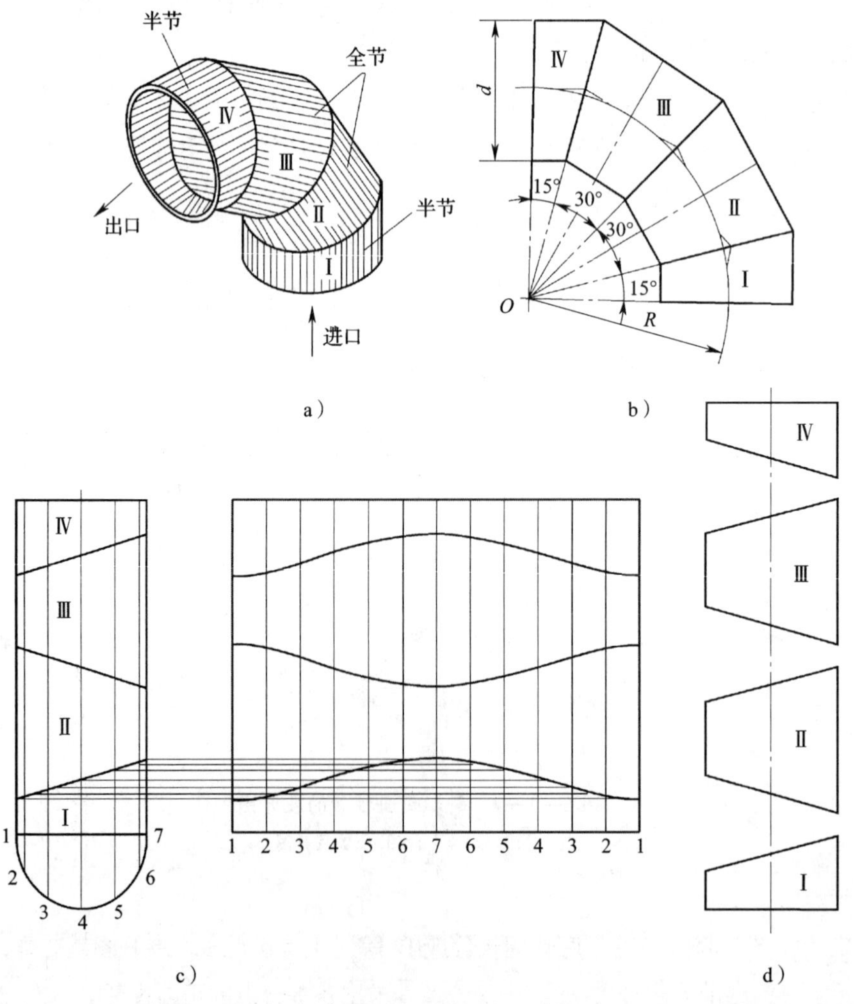

图 5—1—8　多节等径圆柱弯管的展开图

a）轴测图　b）视图　c）展开图　d）Ⅱ、Ⅳ节旋转 180°

按展开曲线将各节切割分开以后，卷制成斜口圆管，并将Ⅱ、Ⅳ两节绕其轴线旋转180°（见如 5—1—8d），按顺序将各节连接即可。

作图步骤：

已知四节等径直角圆柱弯管的直径为 d，弯头中心半径为 R，其作图步骤如下。

（1）作相互垂直的两条直线，其交点为 O。以 O 为圆心、R 为半径画弯管中心圆弧，再以 O 为顶点，画出弯管的各节分界线（$\alpha = 90° /6 = 15°$），并作出中心圆弧的切线，最后根据直径 d 作出切线的平行线，即得弯管的主视图，如图 5—1—8b 所示。

（2）按斜切圆柱管展开图的画法画出弯管表面的展开图，如图 5—1—8c 所示。

【案例 5—1—4】等径直角三通管的展开。

分析：图 5—1—9a 为等径三通管的轴测图，它是由两个直径相同的圆柱管 A 和 B 垂直相交而成的。两圆柱管表面的相贯线是两圆柱管的共有线，作展开图时必须先求出相贯线的投影，再分别画出两个圆柱管的展开图。为了简化作图，可以不画水平投影，而把铅垂圆柱管 A 的水平投影用半个圆周画在正面投影上，如图 5—1—9b 所示，从而作出相贯线的正面投影和两圆柱管的展开图。

（1）直立圆柱管 A 的展开图作图步骤

1）作出相贯线的投影，再将圆柱管 A 的顶端分为 12 等份，过各等分点作相应素线的投影，如图 5—1—9b 所示。

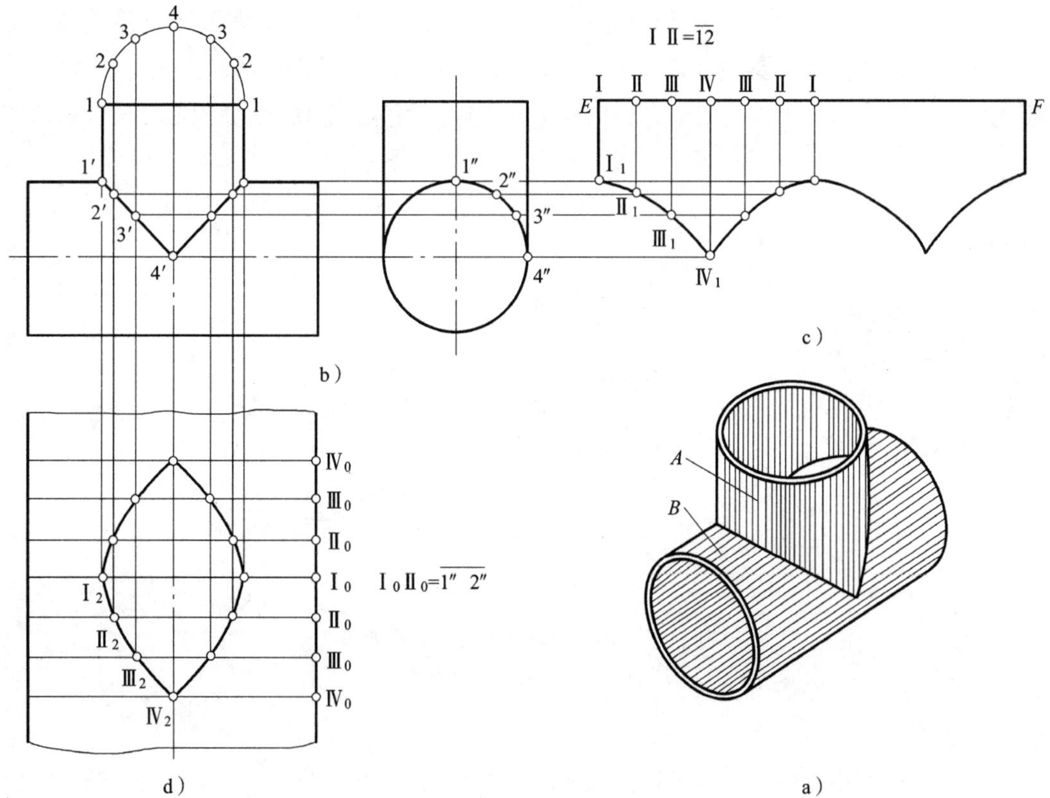

图 5—1—9　等径直角三通管的展开图

2）作一水平线 EF，使其等于圆柱管 A 的周长 πd_A，并将其分成 12 等份，得出各等分点Ⅰ、Ⅱ、Ⅲ、Ⅳ、…；过各等分点作 EF 的垂线，使其长度等于相应素线的长度，得出各相应素线的端点 $Ⅰ_1$、$Ⅱ_1$、$Ⅲ_1$、$Ⅳ_1$、…；再光滑连接各端点，即得圆柱管 A 的展开图，如图 5—1—9c 所示。

（2）水平圆柱管 B 的展开图作图步骤

1）作水平圆柱管 B 的展开图：展开图为矩形，矩形的宽度为圆柱管 B 的直径 πd_B，长度为与主视图对应的矩形的长度，图中用断开画法画出，如图 5—1—9d 所示。

2）画出对称中心线，在垂直方向的中心线上取 $Ⅰ_0Ⅱ_0=1''2''$、$Ⅱ_0Ⅲ_0=2''3''$、$Ⅲ_0Ⅳ_0=3''4''$（以弦长代替弧长），即得等分点 $Ⅰ_0$、$Ⅱ_0$、$Ⅲ_0$、$Ⅳ_0$，再过各等分点引水平线，与过主视图上各素线上的对应点 1′、2′、3′、4′ 向下引铅垂线相交，得相应素线上的交点 $Ⅰ_2$、$Ⅱ_2$、$Ⅲ_2$、$Ⅳ_2$、…。

3）用作对称点的方法得到相贯线上其他对称点，并依次将各点光滑连接，即得到水平圆柱管 B 的展开图，如图 5—1—9d 所示。

二、用放射线展开法展开

【案例 5—1—5】四棱台管表面的展开。

分析：图 5—1—10a 所示为四棱台管的轴测图，图 5—1—10b 所示为四棱台的主、俯视图。可以看出四棱台的四个锥面都是等腰梯形，但在主视图和俯视图上都不反映其实形，所以必须先求出四个等腰梯形的实形。在梯形中，上、下底的水平投影反映实长，四条棱线相等，且为一般位置直线。所以要求出等腰梯形的实形，必须先求出四条棱线的实长，并以此为半径画出扇形，再在扇形内作出四个等腰梯形（其中对应面梯形相等），即得四棱台的展开图。

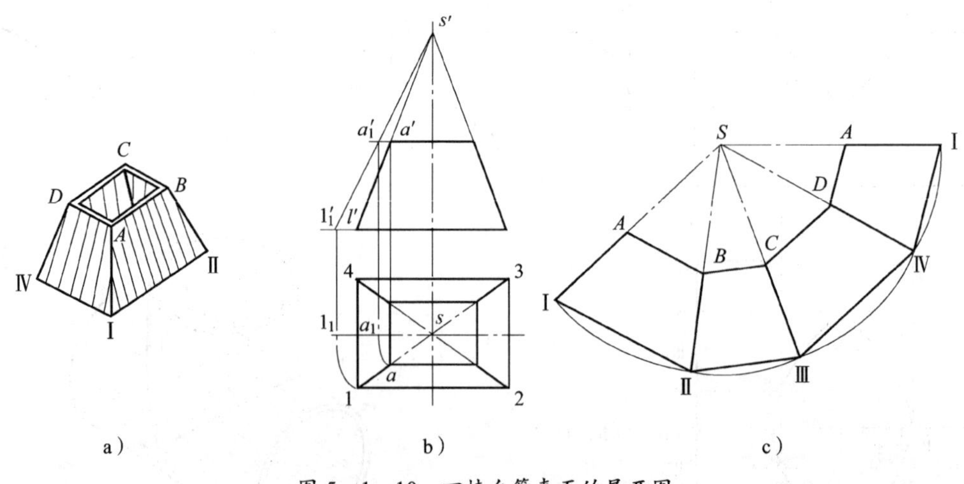

图 5—1—10 四棱台管表面的展开图

a）轴测图 b）视图 c）展开图

作图步骤：

（1）将主视图中的各棱线延长得交点 s'，如图 5—1—10b 所示。

（2）用旋转法求棱线 SI、SA 的实长 $s'1_1'$、$s'a_1'$。

（3）以 S 为圆心，$s'1_1'$ 为半径画圆弧，在圆弧上依次截取 Ⅰ Ⅱ =12、Ⅱ Ⅲ =23、Ⅲ Ⅳ =34、Ⅳ Ⅰ =41，并通过 Ⅰ、Ⅱ、Ⅲ、Ⅳ、Ⅰ 各点向 S 连线，在 S Ⅰ 上截取 $SA=s'a'_1$ 得点 A，再过 A 点依次作底边的平行线，得 AB、BC、CD、DA，即完成四棱台管的表面展开图，如图 5—1—10c 所示。

【案例 5—1—6】 斜切口圆锥管表面的展开。

分析：图 5—1—11c 为斜切口正圆锥管的轴测图，它的近似展开图如图 5—1—11a 所示。

斜切口正圆锥管的展开图为正圆锥展开图的一部分。因此，应首先作出正圆锥的展开图，然后求出斜切口平面与圆锥面各素线的交点，再确定这些交点在相应素线实长上的真实位置，得到被截素线的实长，依次连接这些素线的端点，即可得所要求作的展开图。

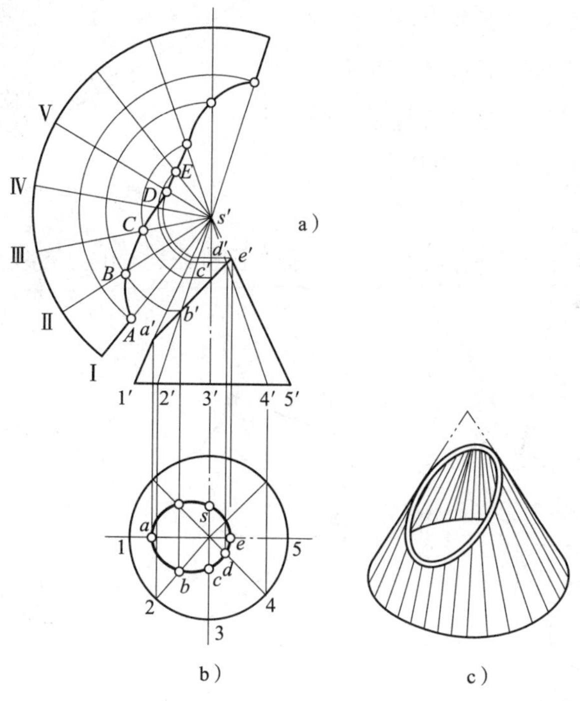

图 5—1—11　斜切口正圆锥管的展开图

a）展开图　b）视图　c）轴测图

作图步骤：作图步骤如图 5—1—11a、b 所示。

（1）将正面投影的素线延长，求出锥顶的正面投影 s。

（2）以素线的实长 $s'1'$ 为半径画弧，在圆弧上量取 8 段等距离，此时以底圆上的分段弦长近似代替分段弧长即 Ⅰ Ⅱ = 12、Ⅱ Ⅲ = 23…将首尾两点与圆心相连，得正圆锥面的展开图。

（3）用旋转法求出被切去各素线的实长。

（4）以 s 为圆心、被切去各素线的实长为半径划圆弧与相应的正圆锥素线相交可得到若干交点，例如 A、B、C、D…

（5）依次光滑连接上述各交点 A、B、C、D…即可得到斜切正圆锥管的展开图，如图

5—1—11a 所示。

三、用三角形展开法展开

【案例 5—1—7】变形管接头的展开。

分析：变形管接头的结构如图 5—1—12 所示。从图中可以看出：变形管接头的上部是圆形，下部是方形。其表面由四个全等的等腰三角形和四个相同的局部斜圆锥面组成。

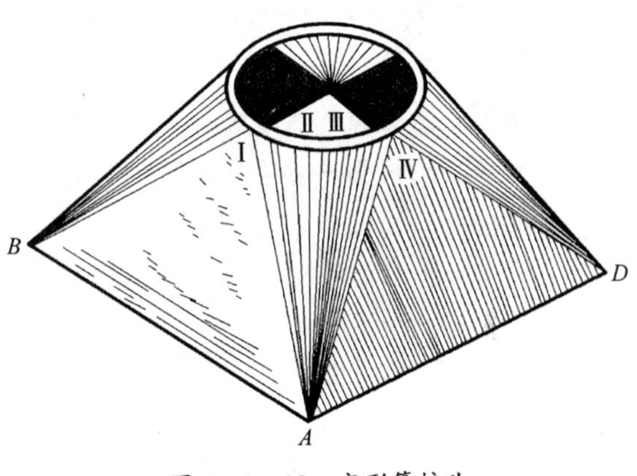

图 5—1—12 变形管接头

变形管接头的顶面和底面的水平投影反映实形和实长；三角形的两腰 A Ⅰ、B Ⅰ以及锥面上的所有素线均为一般位置直线，必须求出它们的实长，才能画出展开图。

作图步骤：

（1）在投影图上按上述分析的方法画出平面与圆锥面之间的分界线，如图 5—1—13a 所示。

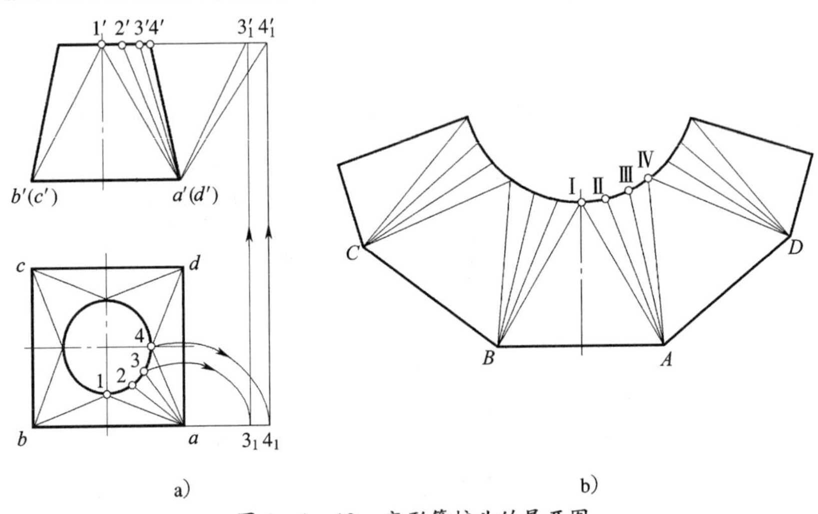

图 5—1—13 变形管接头的展开图

a）视图 b）展开图

（2）将顶面 1/4 圆周 3 等分，并与底面顶点相连，得斜圆锥面上四条素线的投影。用旋转法求作素线的实长 A Ⅰ $=A$ Ⅳ $= a'4'_1$、A Ⅱ $= A$ Ⅲ $= a'3'_1$，如图 5—1—13a 所示。

（3）以后面等腰三角形的中垂线为接缝展开，则展开图与前面的等腰三角形的高对称。如图 5—1—13b 所示，首先以水平线 $AB = ab$ 为底，A Ⅰ $= B$ Ⅰ $= a'4'_1$ 为两腰，作出等腰三角形 AB Ⅰ。

（4）以 A 为圆心、$a'3'_1$ 为半径画弧，再以Ⅰ为圆心、顶面等分弧的弦长为半径画弧，两弧相交得Ⅱ点，作出△ A ⅠⅡ。用同样的方法作出△ A ⅡⅢ、△ A ⅢⅣ，再将Ⅰ、Ⅱ、Ⅲ、Ⅳ各点光滑地连接，得一斜圆锥面的展开图。

（5）用上述方法向两侧继续作图，最后在两侧分别作出一个直角三角形，相当于上述等腰三角形的一半，即得变形管接头的展开图，如图 5—1—13b 所示。

课题二 板 厚 处 理

学习目标

1．熟知板厚处理的方法。

2．能对典型的钣金构件进行板厚处理。

任务引入

任何一个钣金件都是由一定厚度的板料制作而成的。在钣金工展开、下料、制作过程中，板厚会对钣金构件的尺寸、形状和精度产生一定的影响。对于薄板构件，如果略去板料的厚度，其产生的影响对构件的误差一般可以在工程允许的公差范围之内。但对于中、厚板来说，则必须进行处理，处理不当容易产生残品或废品。

在放样及展开的过程中采取相应措施，消除板厚对构件尺寸和形状的影响，这些措施的实施过程就称为板厚处理。本课题主要介绍典型的钣金构件板厚处理方法。

知识准备

一般的板料都包括里皮、中心和外皮。如图 5—2—1a 所示，当板料弯曲时，发现上面（弧外侧）的长度变长了，下面（弧内侧）的长度变短了，就产生了一定的尺寸和形状误差。因此，在画展开放样时必须进行板厚处理。

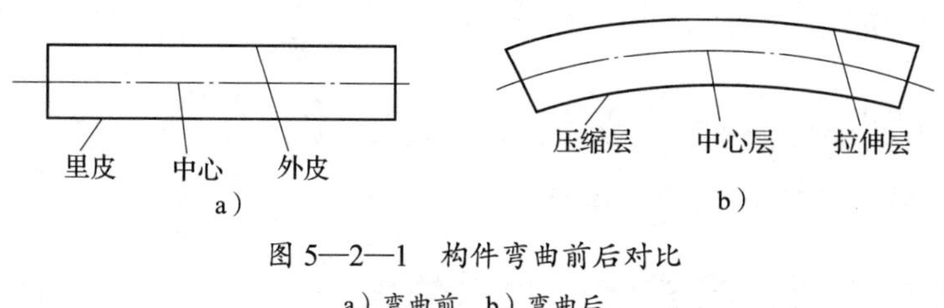

图 5—2—1 构件弯曲前后对比

a）弯曲前 b）弯曲后

一、根据构件的断面形状进行板厚处理

因为构件的形状复杂多变，构件的断面形状也各不相同。为了叙述方便，把构件的断面形状分为折线和曲线两种。

1. 断面形状为折线时的板厚处理

如图 5—2—2 所示，板厚为 t 的平板弯折成斜角形状，其里皮弯折处的半径是极小的（接近零）圆角，可看作板料在该角点处发生急剧弯折，这时里皮长度变化很小，可忽略不计，而认为里皮的长度在弯折前后基本不变，即 L_1+L_2。而外皮弯折处则是半径近似等于板厚 t 的圆角，这时外皮与中心层都有较大的长度变化。因此，这类构件在进行板厚处理时应以里皮为准，绘制放样图并展开。这类以里皮为准的板厚处理原则，适用于所有断面呈折线形状的构件。

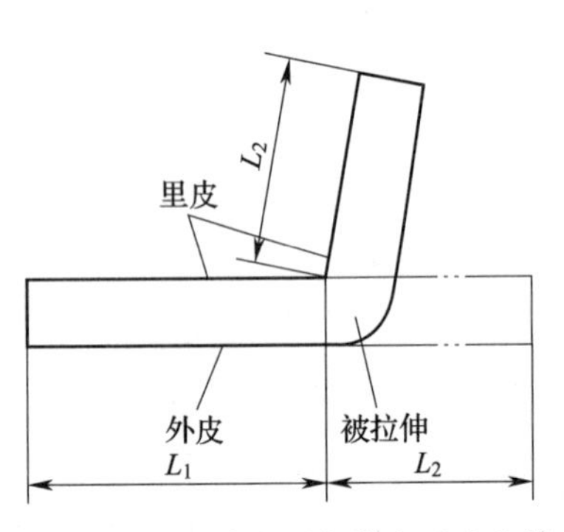

图 5—2—2 弯折时板料断面变化情况

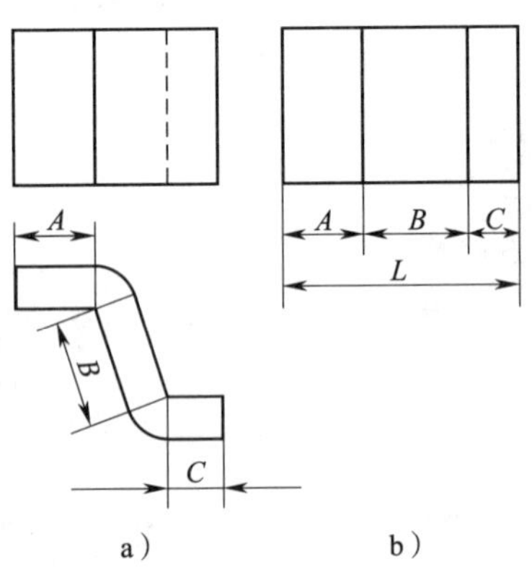

图 5—2—3 双向弯折板的板厚处理

a）视图 b）展开图

图 5—2—3 中为双向弯折板的投影图和展开图。弯板两边的尺寸 A 和 B 没有变化，中段以前表面内角到后表面内角的距离作为放样长度，展开图总长为 $A+B+C$。

2. 断面形状为曲线时的板厚处理

图 5—2—4 表示将板厚为 t 的平板弯曲成圆弧状的断面长度变化。当板料弯曲时，外表面部分将受到拉伸而变长，内表面部分则受压缩而变短，它们都改变了原来长度，只有中心层的尺寸不会改变。因此，下料时的展开长度应以中心层的展开长度为准。

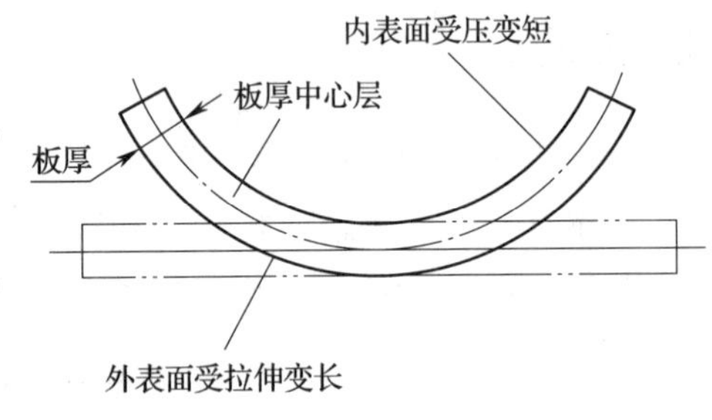

图 5—2—4 弯曲时板料断面变化情况

一般当板料里皮的弯曲半径 r 和板厚 t 的比值大于 4 时，可认为板料的中心层即为其中性层。

二、根据构件接口形式进行板厚处理

板厚处理不仅与构件本身的形状有关，而且还与构件接口处的形式有关。

相交构件在接口处应按照图样的要求完全吻合，在经过咬合或焊接后成为成品。如果接口处没有做板厚处理，就会造成接口处的对接角度不对。

在生产中，对于焊接接口，由于工艺不同，接口处板厚处理的方式也不同，一般可分为铲坡口和不铲坡口两种。

1. 不铲坡口时的板厚处理

不铲坡口是指下料时沿金属板面的垂直方向切割而形成的直角坡口，常称为自然坡口。

如图 5—2—5 所示。

前面所介绍的展开图画法，除了不考虑板厚以外，也都是按不铲坡口绘制的。

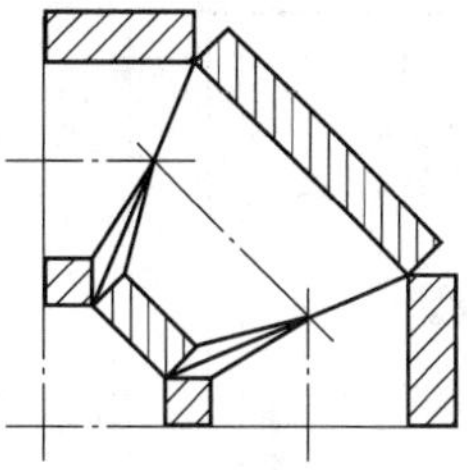

2. 铲坡口时的板厚处理

铲坡口是将板边切割成一定形状的斜坡。对于较厚的钢板，在接口处铲坡口，不仅可以调整接口接触部位，有利于提高焊件质量，还能改善焊接条件，提高焊接强度，同时也是取得吻合接口的重要途径。

图 5—2—5 不铲坡口的等径直角弯头

坡口的形式根据板厚的具体施工要求不同，可分为 X 形坡口和 V 形坡口两大类，如图 5—2—6 所示。如果将坡口铲成 X 形，那么接口的接触点均在板厚的中心层上，如果将坡口铲成 V 形，那么接口处的外皮相接触。X 形坡口用于双面焊接，V 形坡口用于单面焊接。

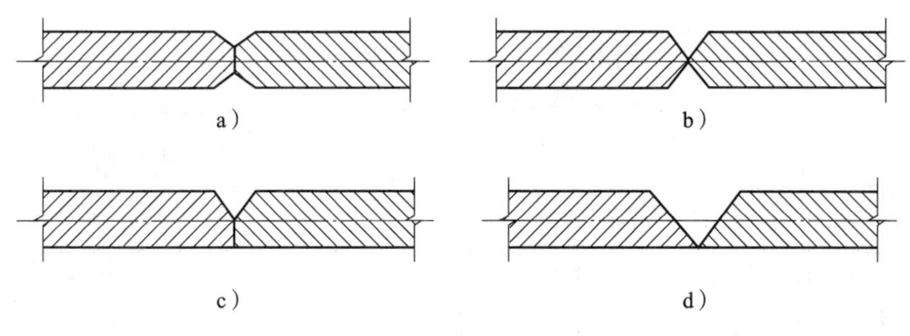

图 5—2—6 常用的坡口形式

a)、b）X 形坡口 c)、d）V 形坡口

任务实施

一、矩形管的板厚处理

分析：矩形管的断面形状为折线，应以里皮为准放样展开。

图 5—2—7 所示为矩形管的展开图。矩形管的展开图为一矩形，高不变，仍为 H；长度按视图里皮为准，即为 $2a+2b$。

二、圆柱管的板厚处理

分析：圆柱管是断面为曲线构件的特例，如图 5—2—8 所示，其展开长度必须以中径 d_0 为准计算，展开图为一矩形，高度为 H，矩形的长为 πd_0，即等于 $\pi(d+t)$ 或 $\pi(D-t)$，在实际中，这类圆管的放样图只需画出中径尺寸。

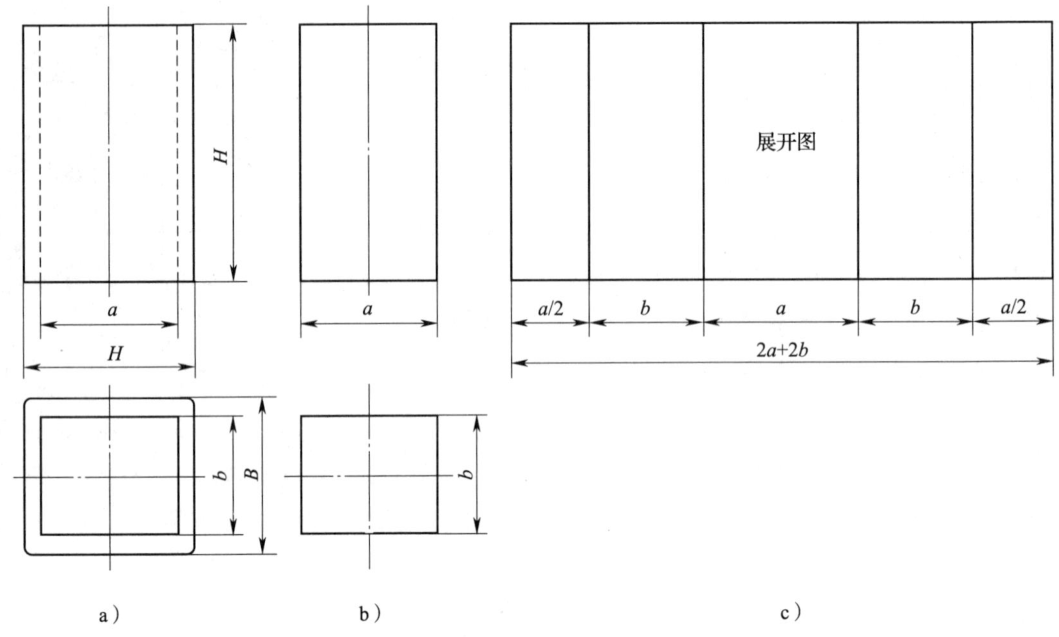

图 5—2—7 矩形管的板厚处理

a）视图 b）放样图 c）展开图

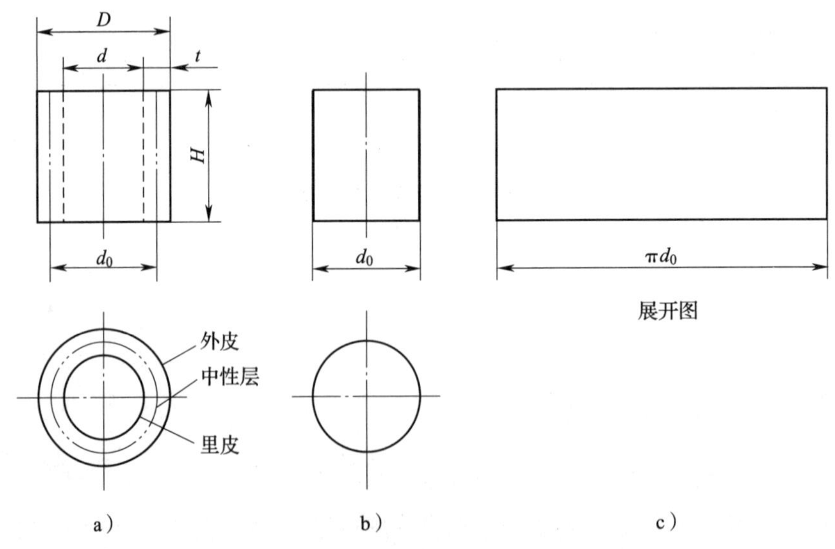

图 5—2—8 圆柱管的板厚处理

a）视图 b）放样图 c）展开图

三、圆锥管的板厚处理

分析：图 5—2—9 为圆锥管的投影图、放样图和展开图。圆锥管的大小端均以中径为准绘制放样图、展开图。大、小端直径分别为 D_0 和 d_0，高度为 H_0。展开图为扇形，两段弧长分别为 πD_0 和 πd_0，L 和 θ 的大小可由下式算得：

$$L=\sqrt{H_0^2+\left(\frac{D_0-d_0}{2}\right)^2}$$

$$\theta=\frac{180°\ (D_0-d_0)}{L}$$

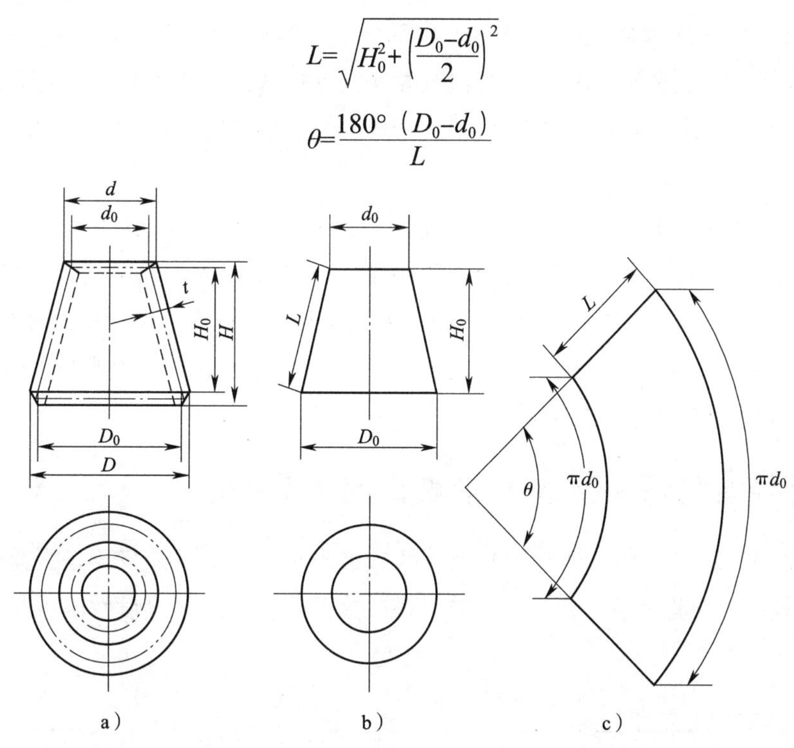

图 5—2—9　圆锥管的板厚处理

a）视图　b）放样图　c）展开图

四、等径直角弯头不铲坡口的板厚处理

分析：从图 5—2—10 所示的等径直角弯头可知，弯头内侧圆管外皮在 A 处接触，而弯

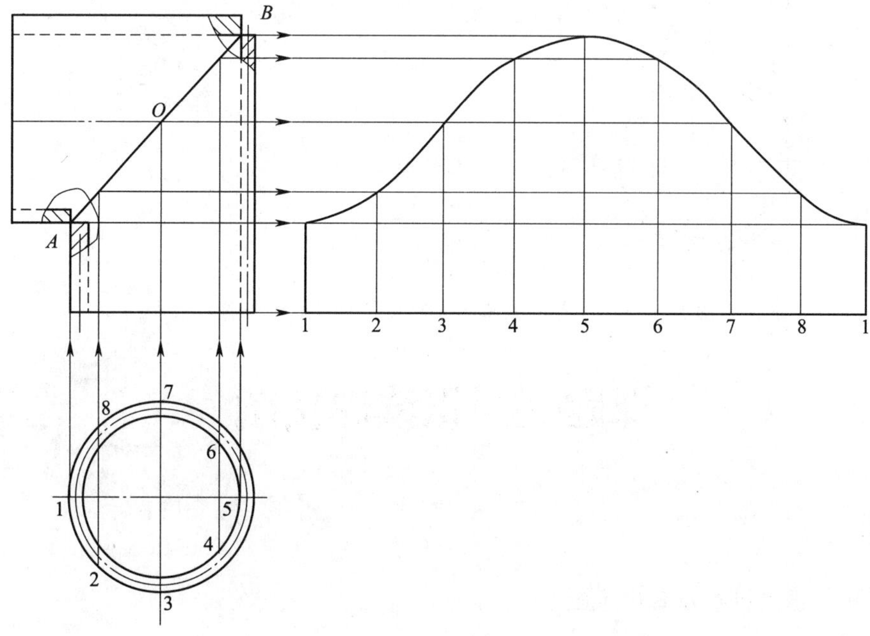

图 5—2—10　等径直角弯头不铲坡口的板厚处理

头外侧圆管里皮在 B 处接触，在 O 点附近可以看成是圆管的中径接触，其他部位则由 A 到 O 逐渐地过渡到中心层接触，由 O 到 B 再过渡到里皮接触。在作展开图时应根据这一特点，圆管的展开高度在理论上应处处以上述的接触部位相应素线的尺寸为准。但在实际上很难办到，只能某种程度上接近。

因此，在实际展开过程中，常将断面圆周均分为若干等份，本例为八等分，等分点 1、2、8 画在外皮上，因为它们离 A 点较近；4、5、6 画在里皮上，因为它们离 B 点较近；3、7 两点则划在中心层上。因为圆管的断面为曲线，所以展开长度应等于中径的展开长度，再根据前面所述展开图画法中的平行线法，即由 1 ~ 8 向上引垂线与 A ~ B 相交，弯头下口至各交点的距离，即为展开图上相应素线的高度。

五、等径直角弯头铲成 X 形坡口的板厚处理

分析：如图 5—2—11 所示，等径直角弯头铲成 X 形坡口后，内、外皮均是板厚中心层接触，因此，放样图只要画出板厚中心层即可。展开图的展开长度和展开高度都以板厚中心层为准，如图 2-49 所示。

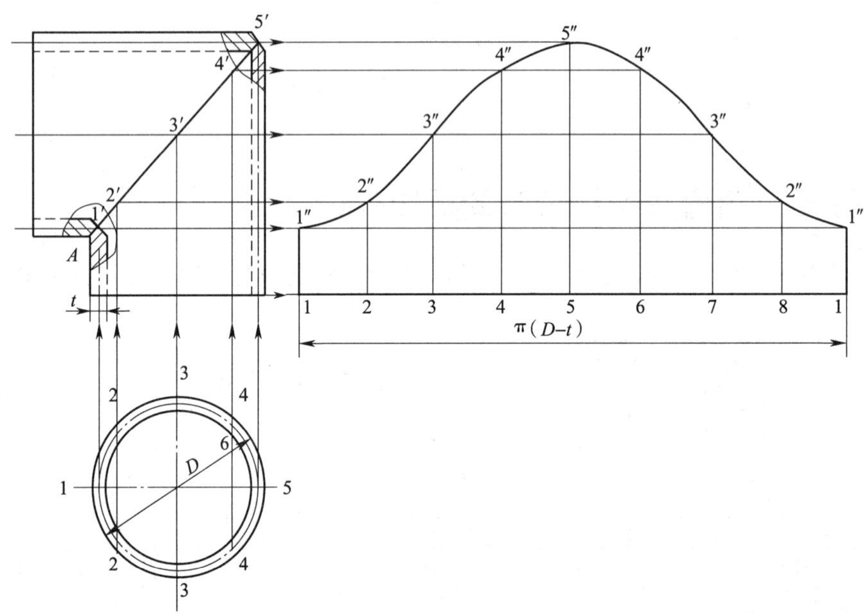

图 5—2—11 等径直角弯头铲成 X 形坡口的板厚处理

课题三 识读焊接图

学习目标

1. 了解焊缝的种类及其规定画法。
2. 了解焊缝符号及其标注方法。

3．能看懂焊接图。

任务引入

焊接是对需要连接零件的连接处进行局部加热到熔化或半熔化状态后，同时填充熔化金属或加压，使它们构成一种不可拆的连接方法。焊接具有施工简单、连接可靠、节省材料、劳动强度低等优点，所以在汽车、机械、电气、工程建设等各个领域中得到广泛应用。

焊接图与展开图一样，也是汽车钣金维修作业中常用的技术图样。本课题简要介绍焊接图的基本知识，包括焊缝符号及焊接图的画法和识读方法。

知识准备

焊接图是提供焊接施工时所用的图样，除了把焊接件的结构表达清楚以外，还必须把焊接有关内容表示清楚，如焊接接头形式、焊缝形式、焊缝尺寸、焊接方法等。

图样上焊缝有两种表示方法，即符号法和图示法。

一、焊接图的表示方法

1．常用的焊接方法及其代号

按焊接过程中金属所处的状态不同，焊接方法分为熔焊、压焊和钎焊三大类。国家标准《焊接及相关工艺方法代号》（GB/T 2185—2005）中规定：用阿拉伯数字代号来表示各种焊接方法，并可在图样上标出。常用焊接方法及其数字代号见表 5—3—1。

表 5—3—1　　常用焊接方法及其数字代号（摘自 GB/T 5185—2005）

代号	焊接方法	代号	焊接方法	代号	焊接方法	代号	焊接方法
111	焊条电弧焊	21	点焊	321	空气乙炔焊	75	光辐射焊
12	埋弧焊	22	缝焊	42	摩擦焊	91	硬钎焊
121	单丝埋弧焊	25	电阻对焊	43	锻焊	912	火焰硬钎焊
122	带极埋弧焊	291	高频电阻焊	441	爆炸焊	916	感应硬钎焊
15	等离子弧焊	311	氧乙炔焊	72	电渣焊	94	软钎焊
181	碳弧焊	312	氧丙烷焊	74	感应焊	942	火焰软钎焊

2．焊接接头形式

用焊接方法连接的接头称为焊接接头（简称接头）。它由焊缝、熔合区、热影响区及其邻近的母材组成。

由于产品结构形状、材料厚度和工件质量要求的不同，需要采用不同形式的接头进行焊接。常用的焊接接头主要有四种类型，即对接接头、T 形接头、角接接头和搭接接头，如图 5—3—1 所示。

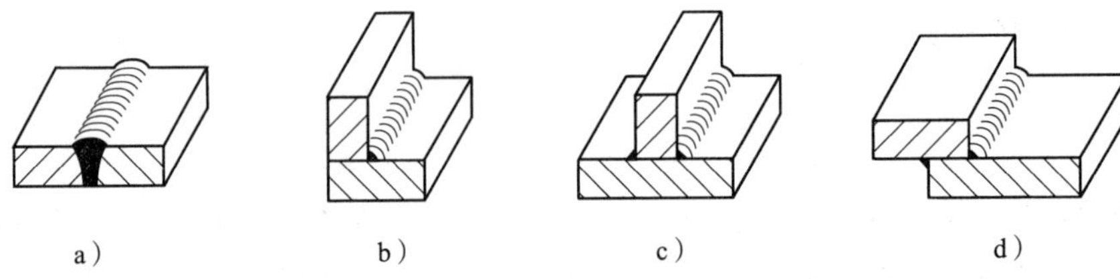

a） b） c） d）

图 5—3—1 常见的焊接接头形式

a）对接接头 b）T 形接头 c）角接接头 d）搭接接头

3. 焊缝的种类及图示法

工件经焊接后形成的接缝称为焊缝。常见的焊缝形式有对接焊缝、点焊缝和角焊缝等。

GB/T 12212—2012 规定：绘制焊缝时，可用视图、剖视图、断面图、局部放大图等表示，也可用轴测图示意地表示，见表 5—3—2。

表 5—3—2 焊缝的图示法

表示方法	基本规定	图例
视图	在视图中画焊缝时，用一系列平行的细实线段（栅线）表示连续焊缝，用间断的平行细实线段（栅线）表示不连续焊缝	可见不连续焊缝 不可见不连续焊缝 可见连续焊缝 不可见连续焊缝 a） b）
	也可用连续粗线（2d~3d）表示连续焊缝，用间断粗线段（2d ~ 3d）表示不连续焊缝	
	在表示焊缝端面的视图中，通常用粗实线绘出焊缝的轮廓。必要时，可用细实线画出焊接前的坡口形状等	

续表

表示方法	基本规定	图例
剖视图或断面图	在垂直于焊缝的剖视图或断面图中，画出焊缝的断面形状并涂黑	
局部放大图	当标注焊缝符号不能充分表达设计要求，并需要保证某些尺寸时，可将该焊缝部位放大表示并进行标注	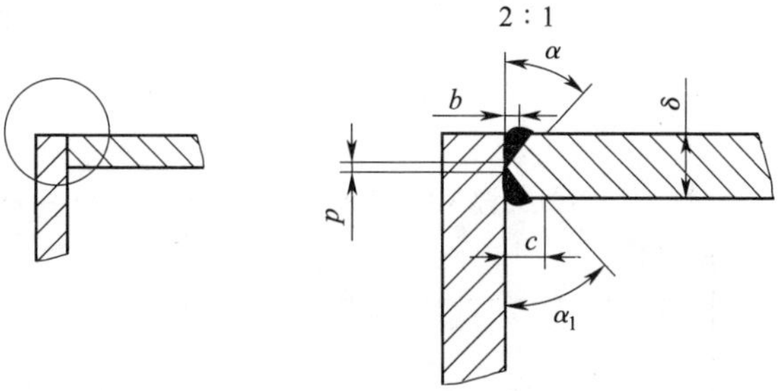 2∶1 α b δ p c α_1
轴测图	焊缝也可以用轴测图示意地表示	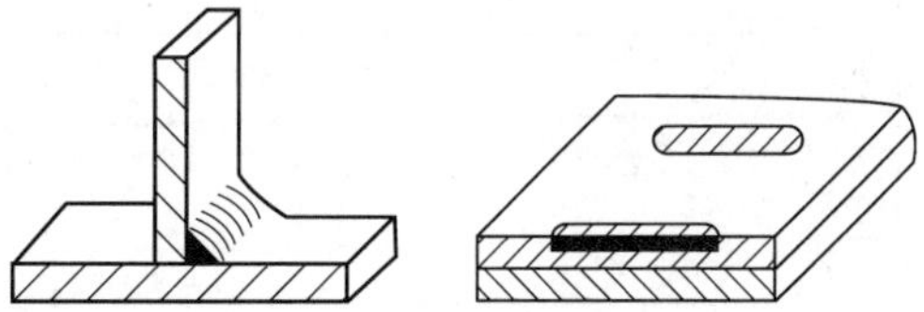 a） b）

二、焊缝符号及标注方法

为简化图样上焊缝的表示方法，一般采用焊缝符号（表示焊接方式、焊缝形式和焊缝尺寸等技术内容的符号）表示。GB/T 324—2008《焊缝符号表示法》规定，焊缝符号由基本符号和指引线组成，必要时还可加上补充符号和焊缝尺寸符号。

1. 基本符号

基本符号是表示焊缝横断面形状的符号，采用近似焊缝横断面形状的符号来表示。基本符号用粗实线绘制。常用焊缝的名称、示意图及基本符号见表 5—3—3。

表 5—3—3 常用基本符号

序号	名称	示意图	符号
1	卷边焊缝（卷边完全熔化）	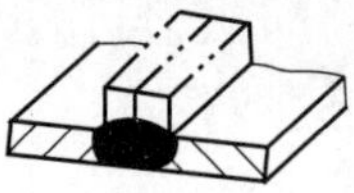	 八
2	I 形焊缝	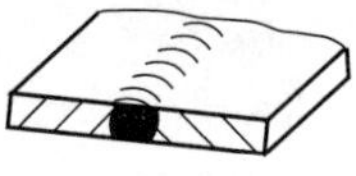	 ||

续表

序号	名称	示意图	符号
3	V 形焊缝	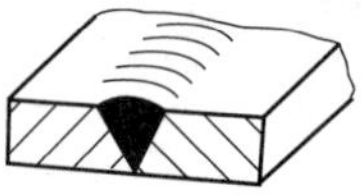	
4	单边 V 形焊缝	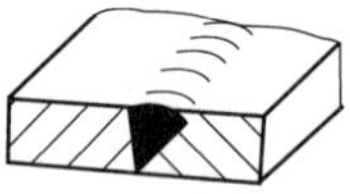	
5	带钝边 V 形焊缝	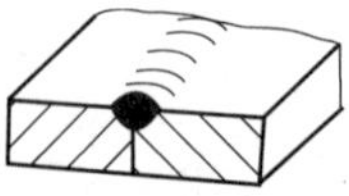	
6	带钝边单边 V 形焊缝	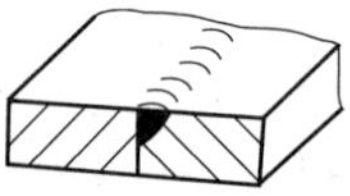	
7	带钝边 U 形焊缝	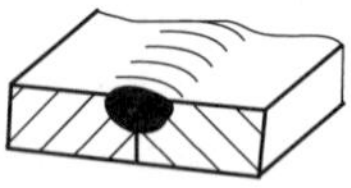	
8	带钝边 J 形焊缝	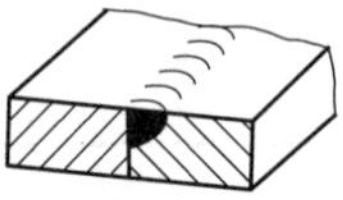	
9	封底焊缝		
10	角焊缝	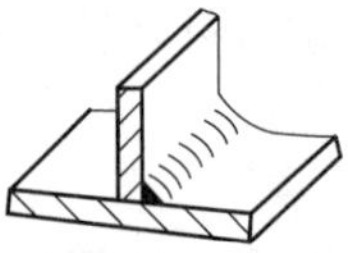	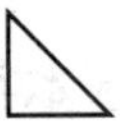
11	塞焊缝或槽焊缝	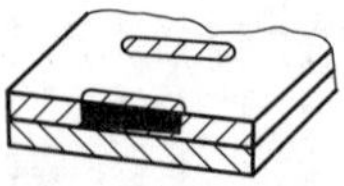	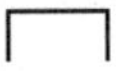
12	点焊缝	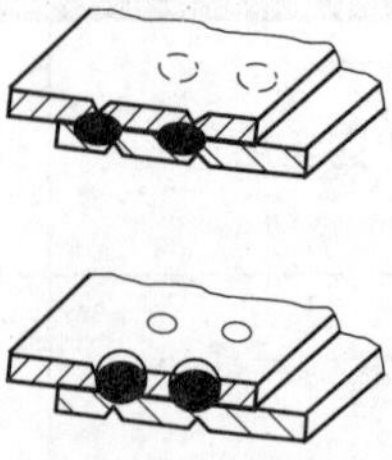	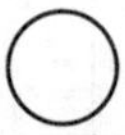

续表

序号	名称	示意图	符号
13	缝焊缝	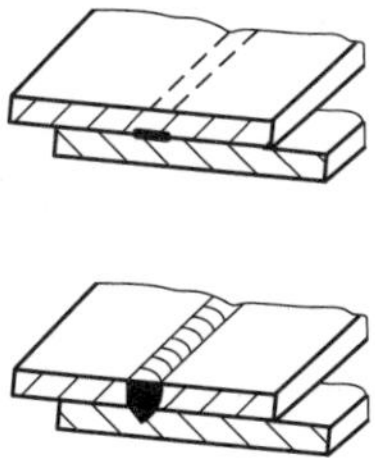	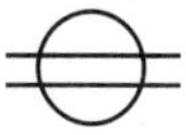
14	陡边 V 形焊缝	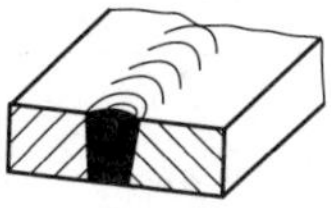	
15	陡边单 V 形焊缝	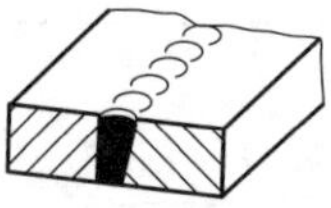	
16	端焊缝		
17	堆焊缝	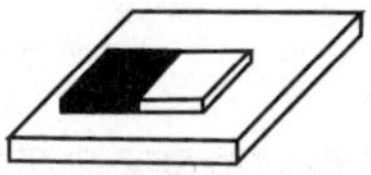	
18	平面连接（钎焊）	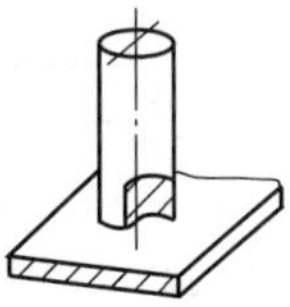 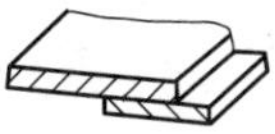	
19	斜面连接（钎焊）	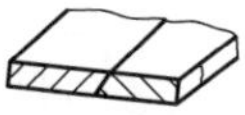	
20	折叠连接（钎焊）		

2. 基本符号的组合

标注双面焊焊缝或接头时，基本符号可以组合使用，见表 5—3—4。

表 5—3—4　　基本符号的组合

序号	名称	示意图	符号
1	双面 V 形焊缝 （X 形焊缝）		X
2	双面单 V 形焊缝 （K 形焊缝）		K
3	带钝边的双面 V 形焊缝		
4	带钝边的双面单 V 形焊缝		
5	双面 U 形焊缝		

3. 补充符号

补充符号用来补充说明有关焊缝或接头的某些特征（如表面形状、衬垫、焊缝分布、施焊地点等）。补充符号见表 5—3—5。

表 5—3—5　　补充符号

序号	名称	符号	说明
1	平面		焊缝表面通常经过加工后平整
2	凹面		焊缝表面凹陷
3	凸面		焊缝表面凸起
4	圆滑过渡		焊趾处过渡圆滑
5	永久衬垫	M	衬垫永久保留
6	临时衬垫	MR	衬垫在焊接完成后拆除
7	三面焊缝		三面带有焊缝
8	周围焊缝		沿着工件周边施焊的焊缝 标注位置为基准线与箭头线的交点处

续表

序号	名称	符号	说明
9	现场焊缝		在现场焊接的焊缝
10	尾部		可以表示所需的信息

补充符号说明如下：

（1）三面焊缝符号表示工件三面带有焊缝，是不封闭的焊缝。三面焊缝符号的开口方向固定向右，该符号无指示焊缝开口方向的功能，它不随焊缝开口方向变化。

（2）周围焊缝符号表示沿筒形焊件分布的头尾相接的封闭焊缝。焊件可以是圆柱体或多棱体。

（3）现场符号表示焊接构件在工地安装后就地进行的焊接，又称现场焊接。车间里焊接不标注现场符号，因为车间里焊接不属现场焊接。

补充符号的应用示例见表 5—3—6，补充符号的标注示例见表 5—3—7。

表 5—3—6　　补充符号应用示例

序号	名称	示意图	符号
1	平齐的 V 形焊缝		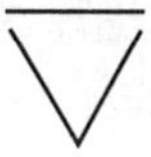
2	凸起的双面 V 形焊缝		
3	凹陷的角焊缝	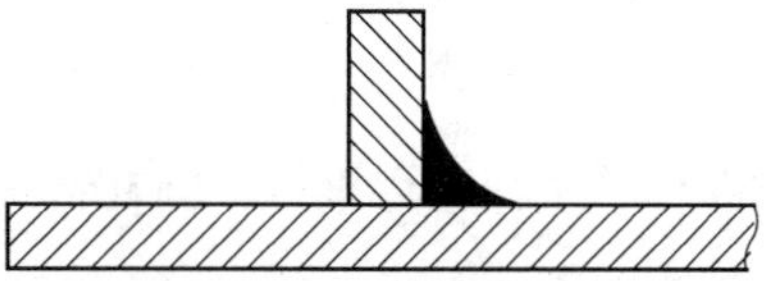	
4	表面过渡平滑的角焊缝	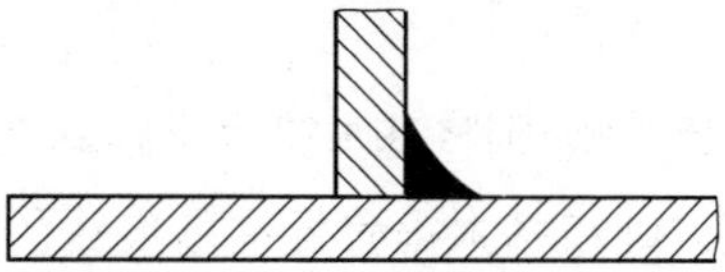	

表 5—3—7　　　　补充符号标注示例

示意图	标注示例	说明
		表示 V 形焊缝的背面底部有垫板
	111	工件三面带有焊缝，焊接方法为焊条电弧焊
		表示在现场沿工件周围施焊

4. 指引线

完整的焊缝表示方法除了基本符号和补充符号以外，还包括指引线、一些尺寸符号及数据。

（1）指引线一般由带有箭头的指引线（简称箭头线）和两条基准线（一条为细实线，另一条为细虚线）两部分组成。箭头可画在基准线左端或右端，也可引向上方或下方，指向焊缝，如图 5—3—2 所示。

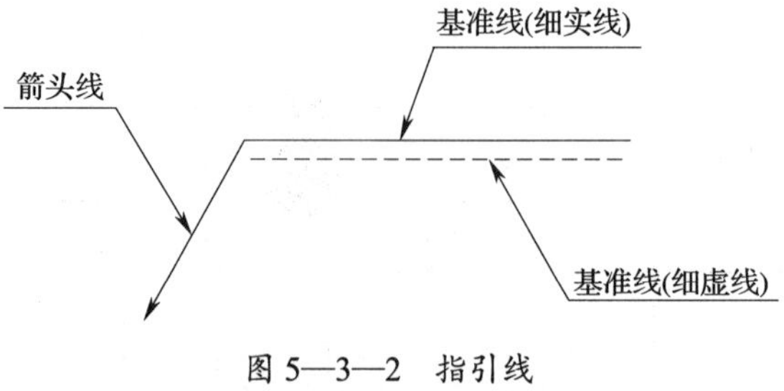

图 5—3—2　指引线

（2）基准线一般应与图样的主标题栏平行，但在特殊情况下也可与底边相垂直。基准线的细虚线可以画在基准线细实线的下侧或上侧。

（3）基准线的上侧或下侧用来标注各种符号和尺寸。必要时可在基准线的细实线末端加一尾部作说明。

（4）如焊缝在接头的箭头侧，则将基本符号标在基准线的细实线侧，如图 5—3—3a 所示；如焊缝在接头的非箭头侧，则将基本符号标在基准线的细虚线侧，如图 5—3—3b 所示；标对称焊缝或双面焊缝时，可不加细虚线。如图 5—3—3c 所示。

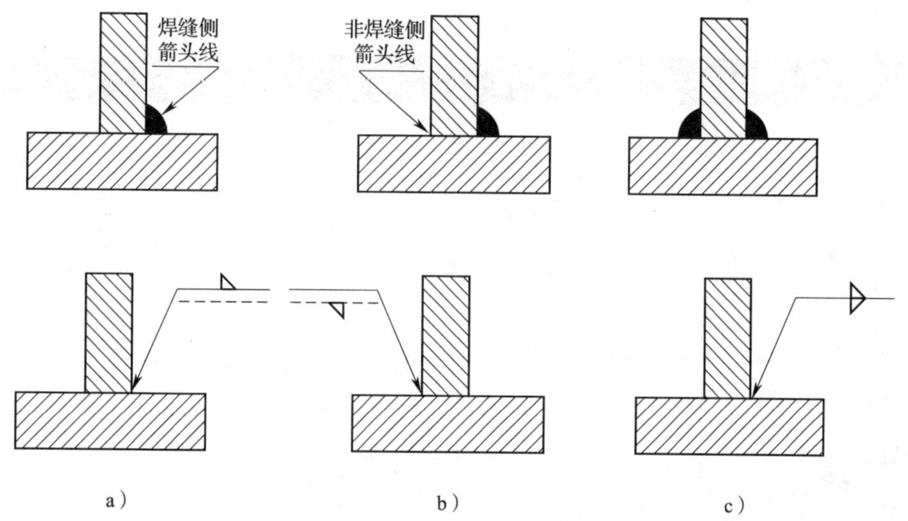

图 5—3—3　基本符号相对基准线的位置

a）焊缝在接头的箭头侧　b）焊缝在接头的非箭头侧　c）对称或双面焊缝

（5）箭头线相对焊缝的位置一般没有特殊要求。必要时，允许箭头线弯折一次。

5. 焊缝尺寸符号

焊缝尺寸符号用来表示坡口及焊缝尺寸，对于无严格尺寸要求的焊缝，一般不标注焊缝尺寸。如设计或生产需要注明焊缝尺寸时，可按 GB/T 324—2008 焊缝代号的规定标注。

（1）常用焊缝尺寸符号

常用焊缝尺寸符号见表 5—3—8。

表 5—3—8　常用焊缝尺寸符号

符号	名称	示意图	符号	名称	示意图
δ	工件厚度		c	焊缝宽度	
α	坡口角度		K	焊脚尺寸	
β	坡口面角度		d	点焊：熔核直径 塞焊：孔径	
b	根部间隙		n	焊缝段数	

续表

符号	名称	示意图	符号	名称	示意图
p	钝边		l	焊缝长度	
R	根部半径		e	焊缝间距	
H	坡口深度		N	相同焊缝数量	N=3
S	焊缝有效厚度		h	余高	

（2）焊缝尺寸符号的标注

焊缝尺寸符号的标注如图 5—3—4 所示。

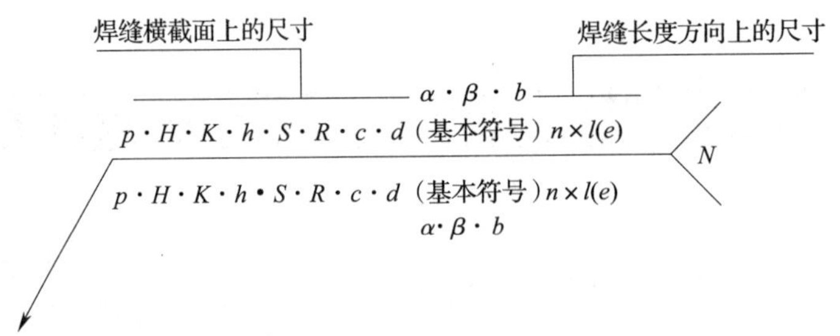

图 5—3—4　焊缝尺寸符号的标注

1）焊缝横截面上的尺寸标在基本符号左侧。

2）焊缝长度方向的尺寸标在基本符号的右侧。

3）坡口角度、根部间隙等尺寸标在基本符号的上侧或下侧。

4）相同焊缝数量符号标在尾部。

5）当需要标注的尺寸数据较多又不易分辨时，可在数据前面增加相应的尺寸符号。当箭头方向变化时，上述原则不变。

三、焊缝标注方法

常见焊缝的标注方法及示例见表 5—3—9。

表 5—3—9　　常见焊缝的标注示例

接头形式	焊缝形式	标注示例	说明
对接接头	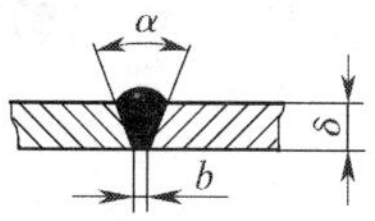	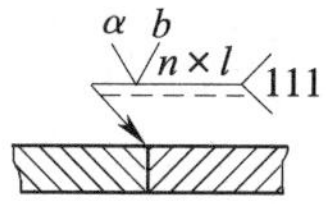	111 表示焊条电弧焊，V 形坡口，坡口角度为 α，根部间隙为 b，有 n 段焊缝，焊缝长度为 l
T 形接头	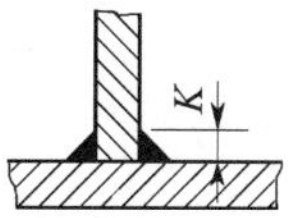	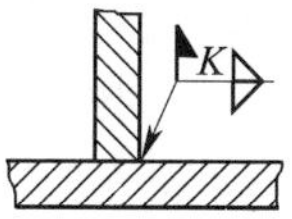	▶ 表示在现场装配时进行焊接 ▷ 表示双面角焊缝，焊脚尺寸为 K
	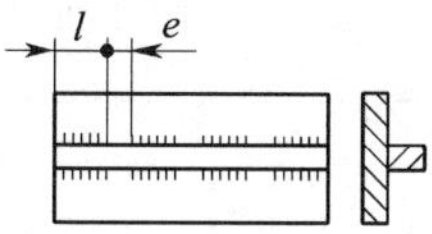	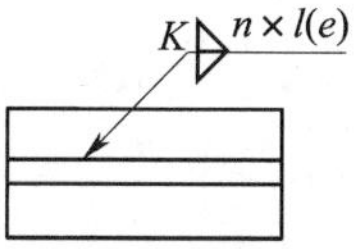	$n\times l(e)$ 表示 n 段断续双面角焊缝，l 表示焊缝长度，e 表示断续焊缝的间距
角接接头	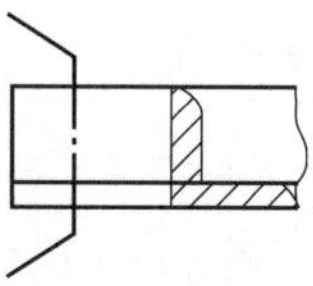	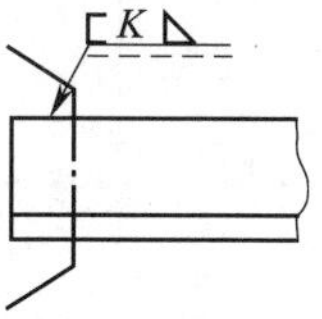	⊏ 表示三面焊接 ◺ 表示单面角焊缝
	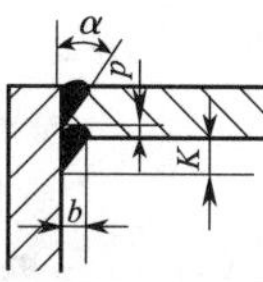	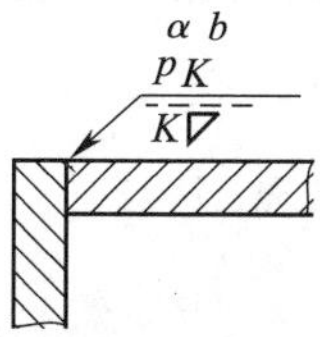	$\frac{K}{\triangledown}$ 表示双面焊缝，上面为带钝边单边 V 形焊缝，下面为角焊缝
搭接接头	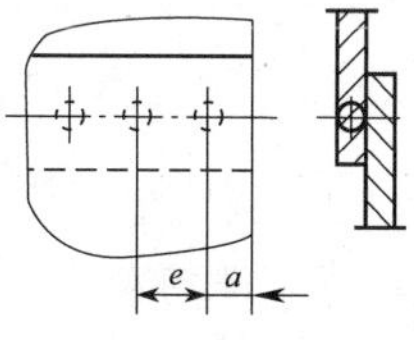	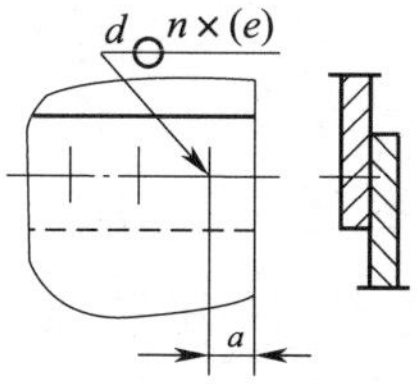	○ 表示点焊缝，d 表示焊点直径，e 表示焊点的间距，a 表示焊点至板边的间距

任务实施

识读图 5—3—5 所示弯头的焊接图

1. 分析图形

从标题栏可知，该焊接件的名称叫轴承挂架，是用来支撑传动轴的部件。轴承挂架的焊接图用 3 个视图表示。主视图主要表达各组成部分的相互位置关系和墙板 1 的形状特征，其上的局部剖视图，表达横板 2 上小孔为通孔。俯视图主要表达横板 2 的形状特征。左视图主要表达肋板 3 的形状特征及各组成部分的相互位置关系，其上有 2 处采用局部剖，分别表达墙板 1 上小孔为通孔，以及圆筒上的内孔也为通孔。

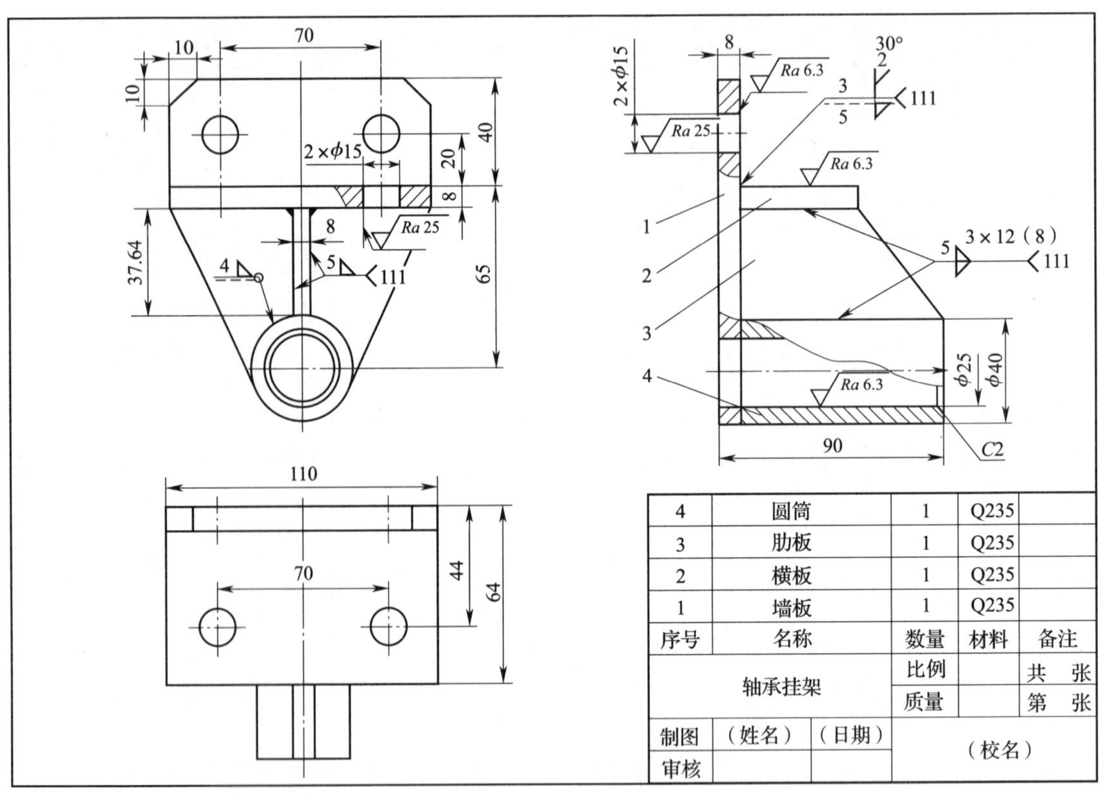

图 5—3—5　轴承挂架的焊接图

2. 分析各组成部分的形状和尺寸

从标题栏上方的明细栏可以看出，轴承挂架共由 4 部分组成。

（1）墙板

墙板 1 的基本形状由两部分组成。上部的基本形状是矩形，尺寸是长 110 mm、宽 8 mm、高 48（40+8）mm，并在顶部的左右部分切掉两个尺寸为 10 mm 斜角，还有 2 个直径为 Φ15 mm 的小孔，小孔的定位尺寸是 70 和 20，该孔的表面粗糙度的代号是 $\sqrt{Ra\ 25}$，表示用去除材料的方法获得的表面，轮廓算数平均偏差 *Ra* 的上限值是 25 μm（数值越小，表面越光滑，质量越好）。下部的基本形状是底部带圆角的三角形，圆角的圆弧半径是 20（ϕ40/2），与圆角同心处还有一个直径为 ϕ25 的通孔。

（2）横板

横板 2 的形状是矩形，长度尺寸是 110 mm，宽度尺寸是 64 mm，高度尺寸是 8 mm，横板的上表面的粗糙度的代号是 $\sqrt{Ra\ 6.3}$；其上也有 2 个直径为 ϕ15 mm 的小孔，小孔的定位尺寸是 70 mm 和 44 mm，该孔的表面粗糙度的代号是 $\sqrt{Ra\ 25}$，表示用去除材料的方法获得的表面，轮廓算数平均偏差 *Ra* 的上限值是 25 μm。

（3）肋板

肋板 3 的形状是直角梯形，长度尺寸是 8 mm，上部宽度尺寸是 64 mm，下部宽度尺寸是 90 mm，高度尺寸是 37.64 mm。

（4）圆筒

圆筒 4 的外径尺寸是 Φ40 mm，内孔尺寸是 Φ25 mm，内孔的表面粗糙度的代号是 $\sqrt{Ra\ 6.3}$，表示用去除材料的方法获得的表面，轮廓算数平均偏差 *Ra* 的上限值是 6.3 μm，内孔的前端有倒角，其倒角尺寸是 *C*2 mm，表示轴向尺寸为 2 mm，角度是 45°，圆筒的轴向尺寸是 82 mm。

3. 分析各组成部分的相对位置及表面连接关系

上下位置关系：墙板 1 与圆筒 4 的圆柱面相切，圆筒 4 在最下方，横板 2 在最上方，肋板 3 在中间；左右位置关系：墙板 1 与横板 2 的长度尺寸相同，圆筒 4 与肋板 3 处于左右居中的位置。前后位置关系：墙板 1 在最后方，其他三个都是紧贴（焊接）在墙板 1 的前表面的。

4. 分析图中各焊缝符号

图中共有 4 个焊缝符号，其表示的意义如下。

（1）主视图中的焊缝符号 4◺○，表示墙板 1 与圆筒 4 之间环绕圆筒一周进行焊接，◺表示角焊缝，其焊脚高度为 4 mm。

（2）主视图中的焊缝符号 5◺<111，两条箭头表示所指的两条大焊缝的焊接要求相同，◺表示墙板 1 与肋板 3 的两侧为角焊缝，其焊脚高度为 5 mm，“111”表示全部焊缝均采用焊条电弧焊（下同）。

（3）左视图中的焊缝符号 30° 2 3 5 <111，表示与横板 2 与墙板 1 的焊缝是双面焊缝，横板上表面与墙板 1 为带钝边的单边 V 形焊缝，坡口角度为 30°，根部间隙为 2 mm，钝边为 3 mm，焊缝表面平齐；墙板 1 与横板 2 的下表面的焊缝为角焊缝，焊脚高度是 5 mm。

（4）左视图中的焊缝符号 5 3×12（8）<111，表示肋板 3 与横板 2 的下表面之间、肋板 3 与圆筒 4 之间均为双面角焊缝，焊脚高度为 5mm，“3×12（8）”表示有 3 段断续角焊缝，焊缝长为 12 mm，焊缝间距为 8 mm。

单元六　认知汽车车身材料

汽车车身材料是指车身的壳体、附件、附属装备的制造以及车身的内、外装饰，外表面涂装等方面所用的材料。汽车车身常用材料有金属材料和非金属材料两大类。金属板材是基本的车身材料，以薄板或型材为主。非金属材料如塑料、橡胶、玻璃等也是汽车车身不可缺少的用料。本单元主要介绍常用的金属材料、非金属材料的性能及其在汽车车身上的应用。

课题一　认知汽车车身结构和钣金材料的性能

学习目标

1．了解汽车车身钣金材料对性能的要求。

2．熟知金属材料的基本性能。

任务引入

在现代生活中，汽车是工业、农业乃至各行各业最重要的交通运输工具之一，也是人类日常生活中最重要的活动工具之一。汽车在使用过程中，往往要承受重载荷、高速度、高振动、高粉尘等，工作环境恶劣，而且车身经常日晒雨淋，工作温度非常悬殊，因而对汽车的车身材料特别是钣金覆盖件，提出了较为严格的要求。本课题简要介绍汽车车身金属材料对性能的要求及金属材料的物理性能和力学性能。

知识准备

一、汽车车身结构

车身是汽车四大组成部分之一。汽车车身安装在底盘的车架上，为驾驶员提供良好的操作条件，为乘客提供舒适的乘坐空间、工作场地或装载货物。

1．汽车车身结构的分类

汽车车身的种类繁多，形状和结构各异，小轿车、轻型车、大客车、货车及特种汽车都有各自不同的功能。与之相适应的车身无论在外形上还是结构上，都有明显的差异。

汽车车身按受力形式不同可分为非承载式车身、半承载式车身和承载式车身，非承载式车身和承载式车身的结构如图 6—1—1 所示。

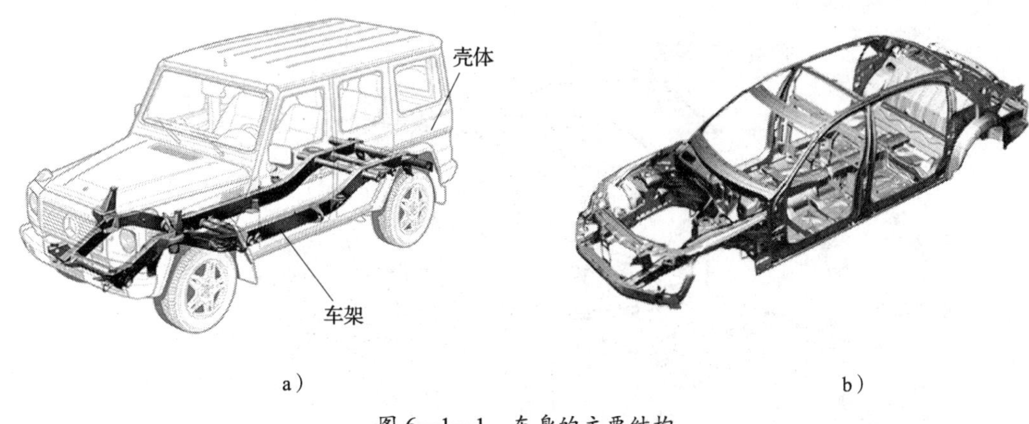

图 6—1—1　车身的主要结构
a）非承载式车身　b）承载式车身

（1）非承载式车身

非承载式车身的结构如图 6—1—1a 所示，车身下面有刚性车架，又称底盘大梁架。车身通过橡胶软垫或弹簧与车架作柔性连接。车架是支撑全车的基础，承受着在其上所安装的各个总成的各种载荷。车身只承受所装载的人员和货物的重量及惯性力，在车架设计时不考虑车身对车架承载所起的辅助作用。

（2）半承载式车身

半承载式车身与非承载式车身相同之处，下面也有刚性车架。但其车身通过焊接、铆接或螺钉与车架刚性连接，车架是承受各个总成载荷的主要构件，车身在一定程度上有助于加固车架，分担车架所承受的一部分载荷。

（3）承载式车身

承载式车身的结构如图 6—1—1b 所示，车身没有车架，所以也称整体式车身。因为没有车架，车身就作为发动机和底盘各总成的安装基体，车身兼有车架的作用并承受全部载荷。

2. 汽车车身的基本组成

虽然汽车的用途、形式多种多样，但现代汽车的车身一般都包括以下基本组成部分，如图 6—1—2 所示。

3. 汽车车身主要钣金件

汽车车身的主要钣金件包括车门、顶盖，发动机罩、前后翼子板等，如图 6—1—3 所示。

二、汽车车身钣金材料对性能的要求

轿车车身的外表展示了整车的造型艺术和整车的特征。因此，车身材料既要满足车身设计、生产（制造）、装配、维护方面的要求；还要满足使用、安全等方面的要求，即满足强度、刚度、耐腐蚀、拉延性以及可焊接、易加工成形等方面的要求。

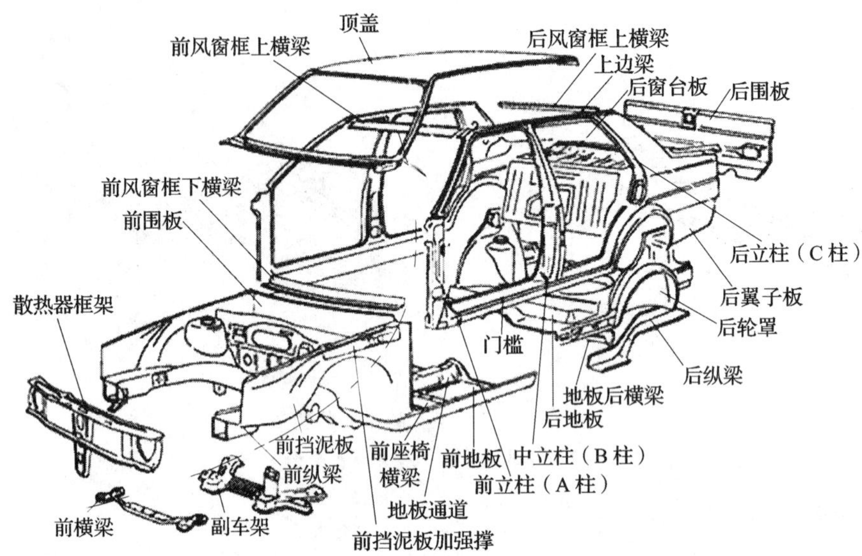

图 6—1—2 汽车车身的组成

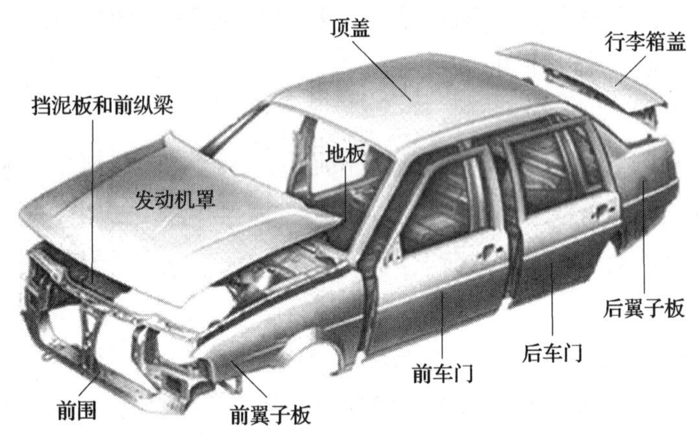

图 6—1—3 汽车车身主要钣金件

1. 良好的力学性能

汽车在工作中经常处于高速、重载及频繁的振动状态，所以要求汽车车身的钣金件，必须具有足够的强度、适宜的硬度、良好的韧性以及良好的抗疲劳性能，保证汽车在正常运行中不变形、不损坏，以满足正常运输的需要。

2. 良好的工艺性能

在汽车制造与修理中，许多车身钣金结构件的形状复杂，要求车身材料必须有良好的工艺性能。

（1）良好的压力加工性能，保证钣金工件加工成形。车身材料要有在外力作用下产生永久变形而不被破坏的能力，对于冷作零件来讲，要有良好的冷塑性，如汽车车身冲压件；对于热作零件来讲，要有良好的热塑性，如弹簧钢板、热铆铆钉等。

（2）良好的焊接性能。许多汽车钣金零件是通过点焊、气焊、电弧焊或气体保护焊等方式熔焊在一起的，所以要求车身材料必须有良好的焊接性能。可焊性好的材料焊接强度高、开裂倾向小。

（3）具有一定加工硬化性能。加工硬化是指金属材料在常温下加工时，随着加工变形程度的增加，材料的硬度提高，使继续加工困难的现象，如图 6—1—4 所示。加工硬化是汽车钣金零件冲压成形过程中经常发生的现象，在汽车钣金维修过程中，因不断地施加外力，使钢板产生塑性变形，也会造成加工硬化。在加工硬化局部用火焰加热进行退火处理，温度达到 700℃左右缓慢冷却，便可恢复材料的加工性能。

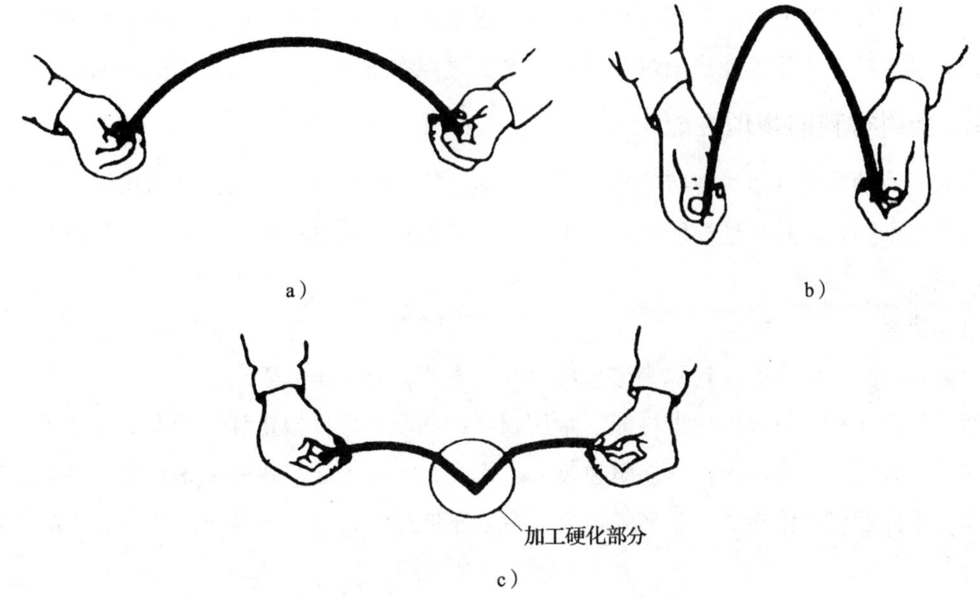

图 6—1—4　金属材料加工硬化现象

a）将平钢板折弯　b）进一步将平钢板折弯

c）将折弯后的钢板反方向折回时，则留下当初折弯部分的形状，即加工硬化的部分

3. 良好的化学稳定性

汽车覆盖件大都是在露天环境中工作的，经常与水及蒸汽接触，如消声器，经常在较高温度和腐蚀气体下工作。这就要求车身材料必须有良好的化学稳定性，既要求在常温下耐腐蚀，防锈能力强，又要求在高温或太阳暴晒下不被腐蚀，不变形。

4. 良好的板材尺寸精度和内在质量

板材的尺寸精度和内在质量对钣金加工影响极大，特别是对模压件影响更大，具体要求如下：

（1）板材尺寸精度高、厚度均匀、无变形。

（2）表面平整、光滑，无气泡、缩孔、划痕、裂纹等缺陷。

（3）无严重锈蚀及氧化皮等附着物。

（4）组织均匀，晶体组织及硬度无明显差异。

5. 价格低廉，经济实用

对于汽车的任何构件，在满足工作条件的情况下，都应考虑到经济性。能用黑色金属的，不用有色金属；能用有色金属的，不用贵重金属。汽车钣金构件的寿命应与汽车其他构件的寿命相适应。

三、金属材料的性能

金属材料之所以在汽车上得到广泛的应用，是由于它具有优良的性能。金属材料的性能包括使用性能和工艺性能。金属材料在使用过程中所表现出来的性能，包括物理性能、化学性能和力学性能；工艺性能是指金属材料在制造过程中适用各种加工方法的能力。

1. 金属材料的物理性能

金属材料的物理性能主要有密度、熔点、热膨胀性、导热性、磁性和耐磨性。由于机器零件的用途不同，对其物理性能要求也不同。材料的一些物理性能对热加工工艺也有一定的影响。

（1）密度

金属材料单位体积的质量称为该金属材料的密度，用符号 ρ 表示。

密度是金属材料重要的物理性能。金属材料的密度与零件自重和效能有直接关系，体积相同的不同金属，密度越大，其质量也越大。因此，工程上通常用密度来计算零件毛坯的质量，作为零件选材的依据之一。例如，为了减轻车体重量，汽车车身可选用密度小的铝合金来制造。

（2）熔点

金属由固态熔化成液态时的熔化温度称为金属材料的熔点。对于热加工材料，金属材料的熔点是制定热加工工艺的重要依据之一，一般来说，金属的熔点低，铸造和焊接都易于进行。熔点低的金属或合金用来制造焊丝或熔丝，而熔点高的金属或合金可用以制造耐热零件。

（3）热膨胀性

金属材料在受热时体积增大、冷却时体积缩小的性能称为热膨胀性。它是指固态金属热胀冷缩的性能，工程上常用线膨胀系数来表示。如柴油机的活塞在气缸内既要自由往复运动，又需要保证良好的气密性，因此，活塞和气缸套材料的热膨胀性要相接近。

（4）导热性

金属材料传导热量的性能称为导热性，常用热导率来表示。金属材料的热导率越大，说明导热性越好。金属中银的导热性最好，铜、铝次之。

合金的导热性比纯金属差。例如，合金钢的导热性较差，当其进行锻造或热处理时，加热速度应慢一些，否则会形成较大的内应力而产生裂纹。

金属的导热性对焊接、锻造和热处理等工艺有很大影响。导热性好的金属，在加热和冷却过程中不会产生过大的内应力，可防止工件变形和开裂。此外，导热性好的金属散热性也好，所以一些散热器和热交换器等零件，常选用导热性好的铜、铝等金属材料来制造。

（5）导电性

它是指金属传导电流的能力，常用电阻率来表示。金属材料的电阻率越小，导电性越好。常用金属中银的导电性最好，铜和铝次之。所以工业上常用铜、铝及其合金等做导电材料；用导电性差的康铜、钨等做电热元件。合金的导电性比纯金属差。

（6）磁性

金属能导磁的性能称为磁性，其特征是能被磁铁所吸引，常用的磁性金属有铁、镍、钴等。

（7）耐磨性

它是指金属材料在工作过程中承受磨损的耐久程度。耐磨性直接影响零件的性能和使用寿命。材料的耐磨性与其硬度、表面粗糙度、摩擦系数、运动速度等有关。

2. 金属材料的化学性能

化学性能是指金属材料抵抗化学介质侵蚀的能力，它包括耐腐蚀性和抗氧化性等。

（1）耐腐蚀性

金属材料在常温下抵抗大气、水蒸气、酸及碱等介质腐蚀的能力称为耐腐蚀性。

由于汽车车身外露，特别是钣金覆盖件，经常会受周围环境的污染，如大气层中的水蒸气、下雨天遇到的酸雨、大雾天的雾气及其周围出现的各种有腐蚀性的介质等，所以汽车材料的腐蚀现象是非常普遍的。各种介质的腐蚀作用对汽车金属材料的危害很大，它不仅使金属材料本身受到损伤，严重时还会使金属构件遭到破坏，引起重大的事故。因此，对金属材料的腐蚀应引起足够的重视，在选用材料时，要考虑材料的耐腐蚀性，并采取必要的防腐蚀措施。

（2）抗氧化性

金属材料在高温下容易被周围环境中的氧气氧化而遭破坏。金属材料在高温下抵抗氧化作用的能力称为抗氧化性。

在高温环境中工作的汽车发动机及其上的一些零件极易因氧化而失去使用性能，所以对长期在高温下工作的零件，应采用抗氧化性好的材料来制造。

3. 金属材料的力学性能

金属材料的力学性能是指材料受外力作用时所反映出来的承载性能，是衡量金属材料性能最重要的指标。力学性能包括强度、硬度、弹性、塑性、冲击韧性和疲劳强度等。

（1）强度

强度是指金属材料在静载荷作用下抵抗变形和破坏的能力，通常用应力来表示。

根据载荷作用的不同方式，强度分为抗拉强度、抗压强度、抗弯强度、抗剪强度和抗扭强度五种。一般以抗拉强度为主要指标。

金属的抗拉强度是通过拉伸试验测定的。拉伸试验是在拉伸试验机上用静拉力对标准试样进行轴向拉伸，使试样不断产生变形，直至拉断为止。在拉伸过程中连续测量拉伸力和试样相应的伸长量，根据测得的数据，求出有关的力学性能。

金属材料的常用强度指标为屈服强度和抗拉强度。

1）屈服强度。屈服强度是指当金属材料产生屈服现象时，在试验期间发生塑性变形而力不增加的应力点。屈服强度分为上屈服强度 R_{eH} 和下屈服强度 R_{eL}。在金属材料中，一般用下屈服强度 R_{eL} 代表其屈服强度。计算公式为

$$R_{eL}=\frac{F_{eL}}{S_0}$$

式中 R_{eL}——屈服强度，MPa。

F_{eL}——试样屈服时的最小载荷，N。

S_0——试样原始横截面面积，mm^2。

屈服强度代表金属材料抵抗微量塑性变形的能力。它是机械零件设计和选用材料的重要依据之一。例如，为了保证缸盖和缸体的密封性，缸盖螺栓是不允许产生塑性变形的，所以在设计缸盖螺栓时就是以屈服强度作为计算依据。

2）抗拉强度。金属材料在被拉断前所能承受的最大应力称为抗拉强度，用符号 R_m 表示，计算公式为

$$R_m=\frac{F_m}{S_0}$$

式中 R_m——抗拉强度，MPa。

F_m——试样承受的最大载荷，N。

S_0——试样原始截面面积，mm^2。

抗拉强度表示金属材料在拉伸载荷作用下的最大均匀变形抗力，工程上把抗拉强度作为设计时的主要依据之一，也是材料的主要力学性能指标之一。零件在工作中所承受的应力，不允许超过抗拉强度，否则会产生断裂，造成事故。因此，抗拉强度也是机械零件设计和选材的重要依据。

（2）塑性

塑性是指金属材料在外力作用下产生永久变形而不发生破坏的能力。金属材料的塑性也是通过拉伸试验来测定的。常用断后伸长率和断面收缩率来表示。

1）断后伸长率。试样拉断后，标距长度的伸长量与原始标距长度之比的百分数称为断后伸长率。用符号 A 表示，若改用 k=11.3 的比例试样测试时，用符号“$A_{11.3}$”表示，计算公式为

$$A=\frac{L_u-L_0}{L_0}\times 100\%$$

式中 A——断后伸长率，%；

L_u——试样拉断后的标距长度，mm；

L_0——试样的原始标距长度，mm。

A 越大，表示材料的塑性越好。

2）断面收缩率。试样拉断后，缩颈处截面积的最大缩减量与原始横断面积的百分比称为断面收缩率。用符号 Z 表示，其数值可由下式求出：

$$Z=\frac{S_0-S_u}{S_0}\times 100\%$$

式中 Z——断面收缩率，%；

S_0——试样的原始截面面积，mm^2；

S_u——试样拉断后的截面面积，mm^2。

塑性是钣金成形的重要指标之一。金属的塑性越好，越有利于压力加工，否则，压力加工不易成形；塑性好的材料，在一定的强度要求前提下，零件的安全可靠性高，可进行大变形量的加工而不被破坏；对冷压成形的钣金零件要求材料具有足够的塑性变形能力，以承受偶然的过载。

（3）弹性

弹性是指金属材料受外力作用时发生一定变形，当外力消除后，能完全恢复原来形状的性能，如图 6—1—5 所示。允许的变形量越大，说明材料的弹性越好。弹性金属承受外力的最大限度，称为弹性极限。当外力超过弹性极限时，则产生永久变形（即塑性变形）。

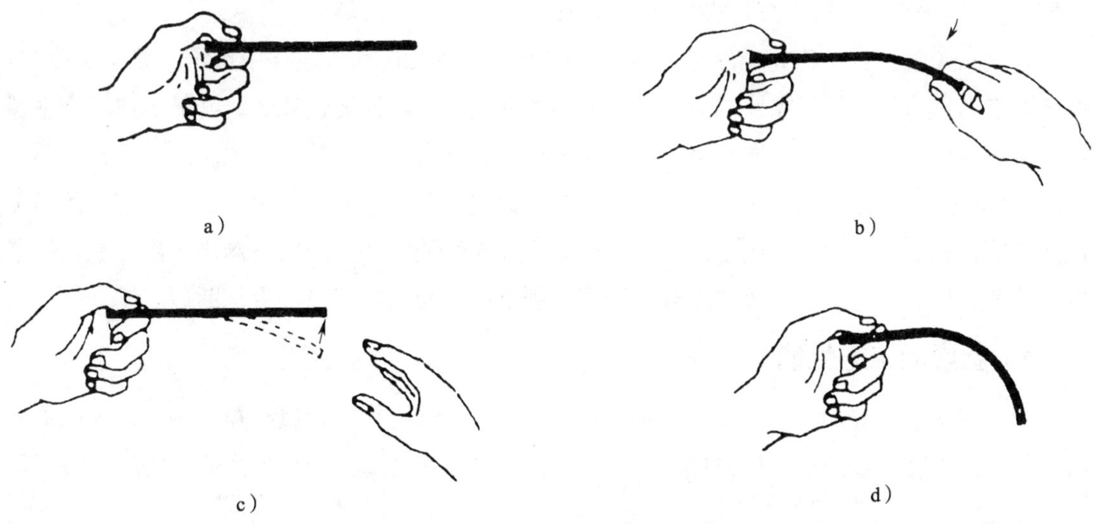

图 6—1—5 金属材料的弹性现象

a）平直钢板 b）施加弯曲力 c）除去弯曲力时，反弹力的作用使钢板恢复原状 d）作用力超过弹性极限时则产生永久变形

（4）硬度

材料抵抗局部变形，特别是塑性变形、压痕或划痕的能力称为硬度。硬度是金属材料的一个重要的力学性能指标，它不仅可以间接地反映材料的强度，还可以反映材料耐磨性的高

低。一般来说，材料的硬度越高，耐磨性也越好。常用的金属硬度测试方法有布氏硬度法和洛氏硬度法。

布氏硬度用符号 HB 表示。当用淬火钢球为压头时，写成 HBS，适用于测量布氏硬度值在 450 以下的金属材料；当用硬质合金为压头时，写成 HBW，适用于测量布氏硬度值为 450 ~ 650 的金属材料。硬度数值标写在布氏硬度符号之前，例如 230HBS、500HBW 等。

洛氏硬度根据压头和压力不同，分别用 HRA、HRB、HRC 表示，其中 HRC 最为常用。硬度数值标写在洛氏硬度符号之前，如锉刀的硬度为 60HRC、扳手的硬度为 45HRC。

（5）冲击韧性

冲击韧性是指金属材料抵抗冲击载荷作用而不破坏的能力，用冲击韧度表示。冲击载荷作用的速度快，因而其对材料的破坏作用远大于静载荷。材料的应力及变形分布越不均匀，对材料的破坏作用越大。

汽车上的许多零件在工作中往往要受到冲击载荷的作用，如发动机活塞、连杆、曲轴等零件在做功行程中会受到很大的冲击载荷；汽车起步、换挡、制动时钢板弹簧、齿轮、传动轴、半轴等零件会受到很大的冲击载荷。车身在行驶过程中，车身受到的碰撞是最典型的冲击现象。因此，制造此类零件所用的材料必须考虑其抗冲击载荷的能力。

（6）疲劳强度

金属材料在无数次重复交变载荷作用下而不至于引起断裂的最大应力，称为疲劳强度。如果在交变应力作用下，材料发生了断裂，这种现象称为疲劳破坏。

如汽车中的曲轴、齿轮、轴承、叶片、弹簧等零件，在工作过程中都承受着交变应力。在交变应力作用下，虽然零件的应力低于材料的屈服强度，但经过较长时间的工作而产生裂纹或突然发生完全断裂。制造此类零件所用的材料必须具有一定的疲劳强度。

零件产生疲劳破坏的原因主要是因为材料表面或内部有缺陷（如夹杂、划痕、尖角等）。这些缺陷首先在零件的表面产生裂纹，随应力循环次数的增加，裂纹逐渐向内部扩展，使零件的承载面积逐步减小，以致使承载面积减小到不能承受所加载荷而突然断裂。

4. 金属的工艺性能

金属材料的一般加工过程如图 6—1—6 所示。工艺性能是指金属材料在制造过程中适用各种加工方法的能力。包括铸造性能、压力加工性能、焊接性能、热处理性能和切削加工性能等。

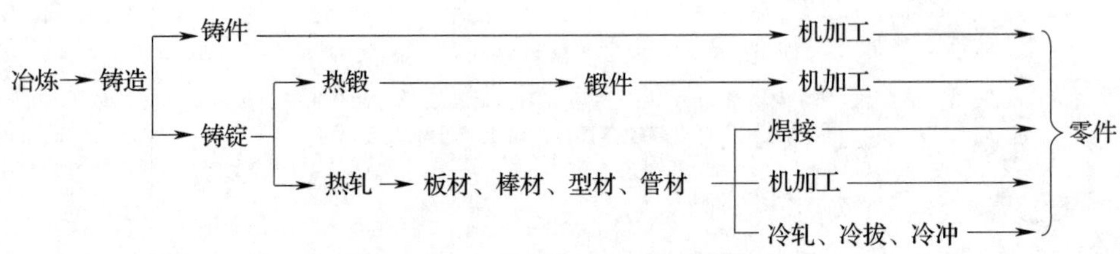

图 6—1—6 金属材料的一般加工过程

（1）铸造性能

金属材料能否用铸造方法获得优良铸件的能力称为铸造性能，衡量铸造性能的指标有液态流动性、收缩率和偏析等。金属材料的铸造性能直接影响铸件的完整性和力学性能，因此要求金属材料流动性好、收缩率和偏析小。

（2）压力加工性能

金属材料在冷、热状态下，利用压力加工方法成形或变形的难易程度称为压力加工性能。

压力加工性能常用塑性和变形抗力两个指标来综合衡量。塑性越好，变形抗力越小，则金属的压力加工性能越好。化学成分会影响金属的压力加工性能，纯金属的压力加工性能优于一般合金。铁碳合金中，碳的质量分数越低，压力加工性能越好，所以低碳钢的压力加工性能很好。因此，低碳钢板是汽车车身上应用最为广泛的材料。合金钢中，合金元素的种类和含量越高，压力加工性能越差，钢中的硫会降低压力加工性能。金属组织的形式也会影响其压力加工性能。

（3）焊接性能

焊接性能是指金属材料对焊接加工的适应性，也就是在一定的焊接工艺条件下，获得优质焊接接头的难易程度。

对碳钢和低合金钢而言，焊接性能主要与其化学成分有关，其中碳的影响最大。如低碳钢具有良好的焊接性，而高碳钢和铸铁的焊接性则较差。

（4）热处理性能

金属材料适应各种热处理方法的能力称为热处理性能。

热处理性能包括淬透性、淬硬性、过热敏感性、变形开裂倾向、回火脆性倾向、氧化脱碳倾向等。碳钢热处理变形的程度与其碳的质量分数有关。一般情况下，碳的质量分数越高，变形与开裂倾向越大，而碳钢又比合金钢的变形开裂倾向严重，钢的淬硬性也主要取决于碳的质量分数。碳的质量分数高，材料的淬硬性好。

（5）切削加工性能

金属材料是否易于被各种切削刀具切削的能力称为切削加工性能。

切削加工性能与金属材料的化学成分、硬度、韧性、导热性和变形强化等因素有关。它通常用切削用量的大小、加工后零件的表面粗糙度和刀具的使用寿命等来衡量。

一般来说，具有适当的硬度（170 ~ 230 HBW）和足够脆性的金属材料，其切削加工性能较好。例如灰铸铁比钢的切削加工性能好。

任务实施

全班分成若干小组进行讨论并按要求完成下列各题目，教师巡回指导，根据各小组做出的答案再进行点评，最后统一正确答案。

一、在图 6—1—7 中的横线上写出整体式车身框架各部分的名称

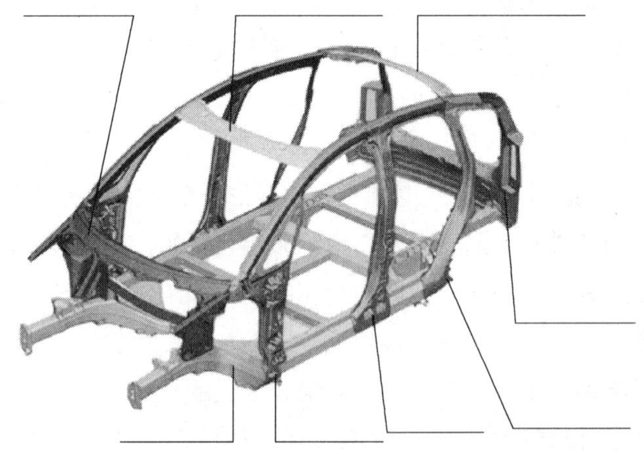

图 6—1—7　车身框架简图

二、在图 6—1—8 中的横线上写出主要钣金件的名称

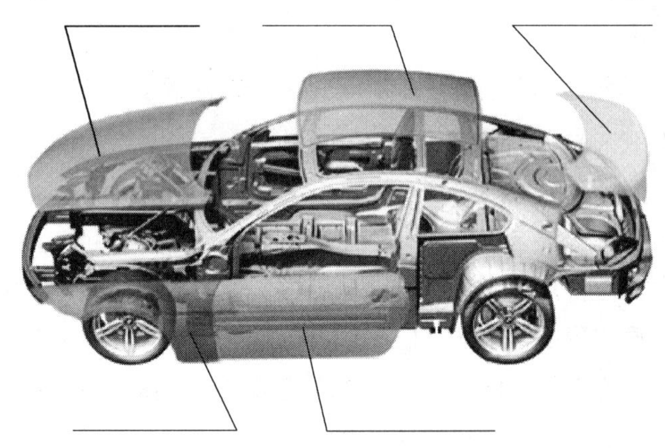

图 6—1—8　车床主要钣金件简图

课题二　汽车车身常用的金属材料

学习目标

1．能正确描述常用黑色金属的种类。

2．能正确描述常用有色金属的种类

3．了解常用金属材料的规格、品种及在汽车上的应用。

任务引入

汽车车身常用的金属材料分为黑色金属和有色金属两大类。黑色金属是指铁碳合金，按

碳的质量分数高低分为低碳钢、中碳钢、高碳钢；按其材料断面形状分为板材、管材、型钢和线材四类。有色金属主要有铜及铜合金、铝及铝合金等。

知识准备

一、黑色金属

黑色金属又称为钢铁材料，是以铁和碳为基本元素的合金，故又称为铁碳合金。

铁碳合金按碳的质量分数不同，分为碳素钢、铸铁和工业纯铁。碳的质量分数为0.021 8% ~ 2.11% 的铁碳合金称为碳素钢，简称碳钢。碳的质量分数大于 2.11% 的铁碳合金称为铸铁，碳的质量分数低于 0.021 8% 的铁碳合金称为工业纯铁。

碳钢中按碳的质量分数不同可分为：低碳钢（$w_C \leqslant 0.25\%$）、中碳钢（$0.25\% < w_C < 0.6\%$）、高碳钢（$w_C > 0.6\%$）。根据钢中有害杂质 S、P 含量的不同可分为：普通质量碳素钢（$w_S \leqslant 0.055\%$，$w_P \leqslant 0.045\%$）、优质碳素钢（w_S、$w_P \leqslant 0.04\%$）、高级优质碳素钢（w_S、$w_P \leqslant 0.03\%$）。

碳是决定钢性能最主要的元素，钢中的杂质对钢的性能也有一定的影响。在碳的质量分数小于 0.8% 的碳钢中，随着碳的质量分数的增加，钢的强度、硬度不断提高，塑性、韧性不断降低。碳的质量分数大于 0.8% 的碳钢，随着碳的质量分数的增加，钢的强度不再增加，但硬度还有提高，塑性、韧性继续降低。

为了改善钢的性能，在碳钢的基础上，有目的地加入某些合金元素而炼成的钢称为合金钢。碳钢经过添加合金元素和热处理后，不仅可以显著提高其综合力学性能，还能满足某些特殊性能的要求，如可获得较高的硬度、淬透性、耐腐蚀性、红硬性（高温下保持高硬度和高耐磨性）等。

1. 车用钢板

汽车车身常用的黑色金属主要是钢板。钢板是一种宽厚比和表面积都很大的矩形截面钢材。钢板按轧制工艺分为冷轧钢板、热轧钢板、热轧酸洗钢板；按化学成分分为优质碳素钢板、普通碳素钢板、低合金结构钢板（主要合金元素是 Mn、Ti、Nb、Si、Mo、Cr）；按冲压级别分为一般冲压钢板、深冲钢板、超深冲钢板；按表面处理分为普通钢板、涂层钢板；按强度级别分为普通强度钢板、高强度钢板、超高强度钢板、特高强度钢板。

汽车车身常用钢板主要有以下几种：

（1）轧制钢板

钢的轧制是将钢锭或钢坯通过两个旋转的轧辊间的空隙受轧辊辊压而使钢坯截面积减小、长度增加的一种压力加工的方法。轧制钢板可分为热轧钢板、冷轧钢板及热轧酸洗钢板。

1）热轧钢板。热轧钢板是由低碳钢的钢锭经高温（在 800℃以上）轧制而成的钢板，板厚一般在 1.6 ~ 6.0 mm，碳的质量分数一般在 0.15% 以下，硬度低、抗拉强度不高。

热轧钢板既可直接应用，又可进一步加工成冷轧钢板（卷）和表面处理钢板（卷）。钢材热轧时具有良好的塑性，延展性能好，容易成形，成形后钢材没有内应力，便于后续工序加工。如用来进行冲压的钢板、要进行机械加工的钢材都是热轧钢材。热轧钢板主要用于外观不需要很美观的部分，如尺寸较大的车身零件，挡泥板、地板、行李箱铰链、保险杠等。

2）冷轧钢板。冷轧钢板是热轧钢板再经常温轧延及表面调质处理后的钢板，主要用于生产型材、板材、管材。钢材经冷轧以后，具有冷加工硬化的特性，从而使钢板具有较好的力学性能，且表面平整美观。所以冷轧钢板大多用于汽车的车身外板、零件的外壳、车顶板、行李箱盖、发动机罩、车门内外板、保险杠、挡泥板等。

3）热轧酸洗钢板。热轧酸洗钢板是以优质热轧薄板为原料，经酸洗去除氧化层、切边、精整后，表面质量和使用要求介于热轧板和冷轧板之间的中间产品，是部分热轧钢板和冷轧钢板理想的替代产品，有良好的市场发展前景。

热轧酸洗钢板是汽车工业需要的新钢种，其较好的表面质量和加工性能，可以替代车身覆盖件和以往用冷轧钢板生产的汽车零部件，降低原材料成本。如轿车的副车架、车轮轮辐、前后桥总成、卡车箱板、防护网、汽车大梁以及零配件等，都可以使用热轧酸洗钢板。

（2）高强度钢板

高强度钢是指强度高于低碳钢的各种类型的钢板，一般强度为 340 MPa 以上。这种钢板是在低碳钢板的基础上通过冶金成分及工艺的控制，生产出来的既有一定的强度又有较好的成形性的钢种，与低碳钢板相比，其抗拉强度大幅度提高。因此，可以在厚度减薄的情况下依然保持车身的力学性能要求，从而减少了汽车质量。比如原来用厚度 1 mm 碳钢钢板做侧面板，采用了高强度钢板只需要厚度 0.8mm 即可。高强度钢板还可以有效地提高车身的抗冲击能力，满足更为严格的碰撞标准。

高强度钢板在进行钣金加工时，不宜采用加热的方法进行操作。因为高强度钢板在 370 ~ 650℃温度区域会降低钢的强度，钣金校正时要谨慎操作，一般情况下只有用更换的方法进行修理。

（3）镀层钢板

镀层钢板也称为表面处理钢板，是在冷轧或热轧钢板的基础上经过表面处理的方法在钢板表面镀有一层其他金属的镀层，以提高表面的耐腐蚀性。镀层钢板一般用抗腐蚀能力较强的金属或合金将钢板表面遮盖起来，使其与腐蚀介质机械隔离；或以化学及电化学氧化处理方式，使金属表面生成氧化膜达到防腐蚀的目的。

按镀层材料不同，镀层钢板可分镀锌钢板、镀锡钢板、镀铝钢板和镀铅钢板等。

1）镀锌钢板。镀锌钢板也称为白锌板，其表面发白，具有耐腐蚀性能好及表面美观的特点。

2）镀锡钢板。镀锡钢板也称为马口铁，其表面电镀一层锡，呈银白色。

以上两种镀层板耐腐蚀性能好，表面光亮美观，对人体无毒害作用，常用于制作一些日用器具。

3）镀铝钢板。镀铝钢板的镀层为硅铝合金，其特点是耐热性、耐腐蚀性能好，主要用于制作微波炉、加热器的门板和汽车散热器等。

4）镀铅钢板。镀铅钢板也称为白铅板，耐腐蚀性能极强，最适合做一些耐酸容器，如汽车燃油箱、储油器等。但因铅有毒，不适合制作食品容器及经常与人体接触的器具。

镀层钢板一般用在车身上易发生腐蚀的部位，如车门下坎、车轮护罩、车身下护围等。在这些部位进行焊接、修补等作业时，应通过对裸露钢板表面颜色仔细观察，判断是否属于镀层钢板。因为加热或焊接的高温会使防锈层受到破坏，在制定车身修理工艺时应予以充分考虑。

（4）特殊钢板

特殊钢板是指具有特殊性能和特殊花纹的钢板。常用的特殊钢板有特殊金属复合钢板、夹层滞振钢板和花纹钢板。

1）特殊金属复合钢板。特殊金属复合钢板又称为双金属板，它是以一种金属材料为基体，再复合另一种金属材料，以达到既能满足需要又能降低成本的目的。如不锈钢复合板可以部分代替不锈钢板，用于制造耐腐蚀、防锈的容器、管件和防护罩等；铜－钢双金属板用于制造高压热交换器等。

2）夹层滞振钢板。夹层滞振钢板是在两层钢板之间夹着一层厚度约 0.05 mm 的高分子阻尼材料，把金属材料和高分子材料的特性有机地结合起来。因此，夹层滞振钢板既具有金属材料的强度、塑性、可焊性和冷加工成形性，又具有高分子材料的阻尼特性。

为减小汽车振动、降低噪声、增加乘坐的舒适性，在汽车上发动机和变速器周围的冲压件常采用夹层滞振钢板制造，如发动机油底壳、气缸罩盖、变速器正时齿轮盖板、齿轮室罩盖和驾驶室前围板等。

3）花纹钢板。花纹钢板表面具有高低不平的菱形或扁豆形花纹，如图 6—2—1 所示。花纹钢板具有防滑作用，用于制造汽车脚踏板、扶梯等。

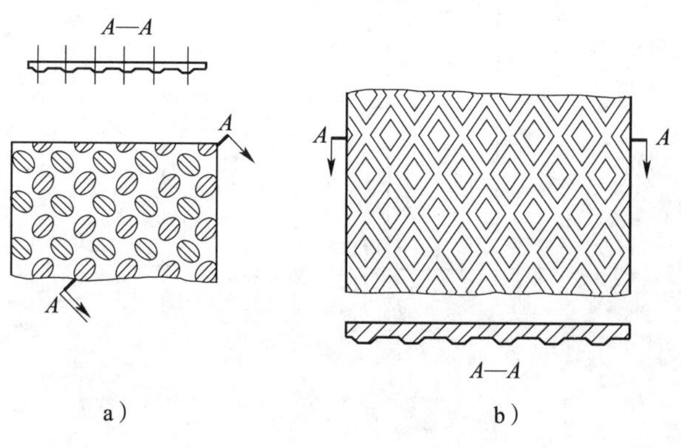

图 6—2—1 花纹钢板

a）扁豆形花纹 b）菱形花纹

2. 型钢

型钢的种类很多，根据断面形状分为简单断面型钢和复杂断面型钢。简单断面型钢有圆钢、方钢、六角钢、扁钢和角钢；复杂断面型钢有槽钢、工字钢、螺纹钢等。

圆钢、方钢、六角钢、扁钢均由热轧、冷轧或锻制而成。其中圆钢、方钢、六角钢常用于切削加工；而扁钢常用于制作框架、箍、拉条等焊接构件。

角钢分等边角钢和不等边角钢两种，大小用号数表示，如 3 号角钢表示边长为 30 mm 的等边角钢。角钢常用于制作框架式构件或焊接构件。角钢的断面形状如图 6—2—2 所示。

槽钢分热轧槽钢、热轧轻型槽钢、普通低合金结构钢轻型槽钢三大类，规格用号数表示，如 10 号槽钢表示高度为 100 mm 的槽钢。槽钢常用于制作梁、柱及车辆底盘等，其断面形状如图 6—2—3 所示。

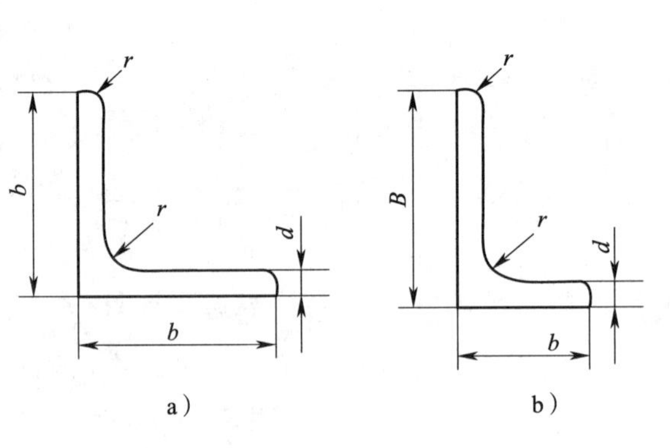

图 6—2—2　角钢断面

a）等边角钢　b）不等边角钢

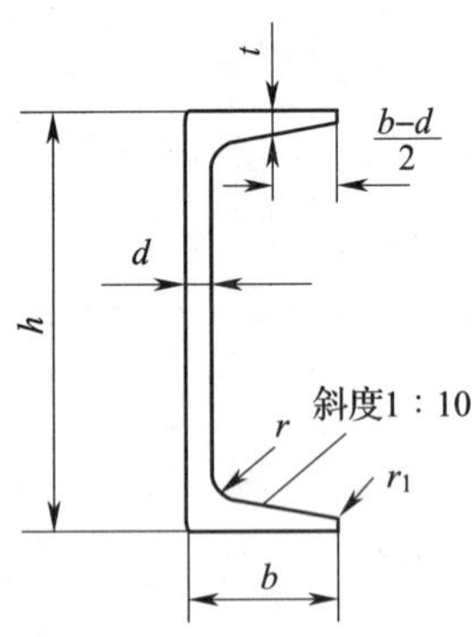

图 6—2—3　槽钢断面

工字钢分热轧普通工字钢、热轧轻型工字钢和合金结构钢热轧工字钢三大类，其规格用号数表示，如 10 号工字钢表示高度为 100 mm 的工字钢。由号数后的 a、b、c 表示工字钢的不同腰厚。工字钢主要用于横梁、道轨等重载荷的构件，断面形状如图 6—2—4 所示。

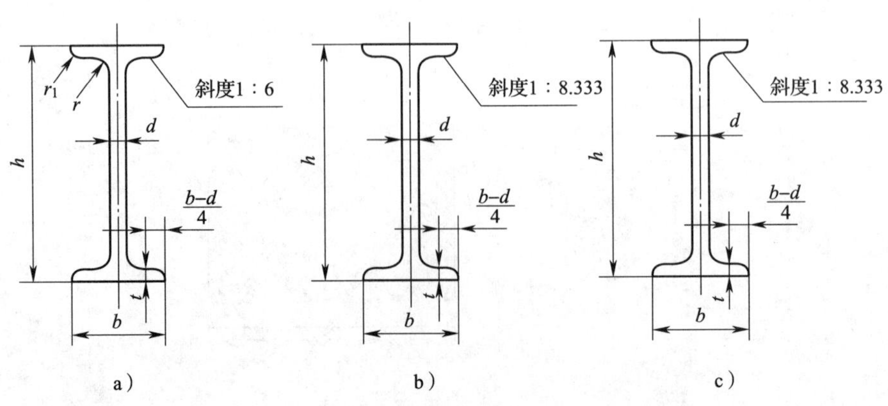

图 6—2—4　工字钢断面

a）热轧普通工字钢　b）热轧轻型工字钢　c）合金结构钢热轧工字钢

3. 管材

钢管分无缝钢管和有缝钢管两大类。

（1）无缝钢管

无缝钢管由整块金属轧制而成，断面无接缝。按生产工艺不同分为热轧管、冷轧管、挤压管；按断面形状分为圆形管和异形管；根据壁厚不同分为厚壁管和薄壁管。异形管有方形、椭圆形、三角形等多种复杂形状。

无缝钢管主要用于高精度构件、高压管道等构件。材料有普通碳素结构钢、优质碳素结构钢和合金结构钢等多种。

（2）有缝钢管

有缝钢管又称焊接管，用钢带成形后焊接而成。它有镀锌和不镀锌两种。镀锌管防锈性好，可以用于水管等易腐蚀的地方；不镀锌管用于一般管道系统。

二、有色金属板材

有色金属板材是指除钢铁材料以外的其他金属及其合金的板材，外观大都有不同色泽，物理、化学及力学性能各异。它与黑色金属板材一样，都是汽车钣金构件中不可缺少的材料。有色金属板的种类较多，但常用的主要有铜材和铝材。

1. 铜板

汽车车身常用的铜板主要是薄铜板。它有冷轧纯铜板和冷轧铜合金板两种。

（1）纯铜薄板

纯铜薄板呈紫红色，熔点为 1 083℃，密度为 8.9 g/cm^3，它具有良好的导电性、导热性和耐腐蚀性，还有良好的塑性，但抗拉强度较低，适于压力加工。纯铜价格较贵，在汽车上主要用于气缸垫、进（排）气歧管垫片、轴承垫片和散热气管、制动管等。

（2）铜合金板

铜合金板中常用的是黄铜板。黄铜板的塑性较好，比纯铜强度高，价格便宜，适于各种成形加工和手工制作各种钣金零件，如汽车散热器、暖风散热管等。

纯铜和黄铜的焊接性好，适于气焊、钎焊。

2. 铝板

汽车车身常用铝板有纯铝板和铝合金板两种。

（1）纯铝板

纯铝板是银白色的轻金属，熔点较低，为 660℃，密度小，仅为 2.7 g/cm^3，具有良好的塑性、导电性、导热性和耐腐蚀性，一般用于制作耐腐蚀容器、油桶和各种形状的拉伸件和弯曲件。但纯铝板抗拉强度较低，不宜制作大载荷的构件。

（2）铝合金板

铝合金板是在纯铝中加入硅、锰、铜、镁等合金元素轧制而成。其强度和耐腐蚀性比纯铝显著提高，并保持了纯铝高塑性等原有的良好性能。

铝合金板分为防锈铝合金板、硬铝铝合金板、一般铝合金板等。还有专门的铝型材，由形状各异的铝型材压延拉制而成，一般用于仪器仪表外壳、客车嵌条，以及装饰件、门窗装修等。

铝合金板质量轻，可以减轻汽车重量，在汽车上得到广泛应用，可用来制造汽车上较重要的拉伸件和各种钣金件，例如车身板制件，包括车门、发动机罩、行李箱盖和顶盖等，也可应用于装饰件，例如装饰条、水箱前饰罩、侧保险杠等。

（3）车用铝合金的前景

随着汽车工业的迅速发展，减轻汽车重量，降低油耗，改善对环境的污染等要求，使汽车轻量化设计变得越来越重要。减轻汽车自重的关键是使用轻质材料，能够大幅度减轻重量的铝合金的应用越来越广泛。特别是铝及其合金由于具有质轻、耐磨、耐腐蚀，弹性好、比强度和比刚度高，抗冲击性能好、易表面着色，并具有良好的加工成形性以及极高的再回收、再生性等一系列优良特性，成为汽车轻量化最理想的材料。由于能源、环境问题普遍受到人们的重视，汽车用铝合金的开发和应用得到广泛关注，铝合金在汽车上的应用逐年扩大。

例如德国大众公司的新型奥迪 A2 型轿车，由于采用了全铝车身骨架和外板结构，使其总质量减少了 135 kg，比传统钢材料车身减轻了 43%，使平均油耗降至 3 L/100 km 的水平。

全新奥迪 A8 通过使用性能更好的大型铝铸件和液压成型部件，车身零件数量从 50 个减至 29 个，车身框架完全闭合。这种结构不仅使车身的扭转刚度提高了 60%，还比同类车型的钢制车身车重减少 50%。

铝材可进行喷砂、氧化处理，使外观更美观。但它的焊接性较差，使用特定的工艺如氩弧焊、接触焊等才能获得较好的焊接效果。

三、常用金属材料的计算

1. 常用钣金材料的密度

要计算钣金构件的质量，必须准确知道有关车身材料的密度。常用车身材料的密度见表 6—2—1。

表 6—2—1 常用车身材料的密度

材料名称	材料密度 /（g/cm^3）	材料名称	材料密度 /（g/cm^3）
碳钢	7.80 ~ 7.85	纯铝	2.7
合金钢	7.9	铝合金板	2.73
纯铜	8.9	铅	11.37
黄铜	8.40 ~ 8.85	不锈钢	7.75

2. 钣金构件质量的计算

知道各种材料的截面积计算方法和常用车身材料的密度后，即可方便地进行钣金构件质量的计算。计算中注意计量单位必须换算一致，计算后的车身材料质量为理论质量，由于材料加工中的允差范围所致，理论质量与实际质量间有一定误差。

（1）薄板质量的简易计算

薄板质量的简易计算公式如下：

$$m=\rho S\delta$$

式中　m——板材的质量，kg；

ρ——板材的密度，10^{-3} kg/cm^3；

S——板材的表面积，cm^2；

δ——板材的厚度，cm。

例 1： 求长 1 200 mm、宽 800 mm、厚 2 mm 的碳素薄钢板的质量。

解： 查表 6—2—1，取碳钢密度为 7.85×10^{-3} kg/cm^3

根据公式：$m=\rho S\delta$

则：$m=10^{-3}\times7.85\times(120\times80)\times0.2$ kg=15.072 kg

（2）钣金构件质量计算

其计算公式如下：

$$m=\rho FL$$

式中　m——车身材料的质量，kg；

ρ——车身材料的密度，10^{-3} kg/cm^3；

F——车身材料的横截面积，cm^2；

L——车身材料的厚度，cm。

例 2： 生产一批变速机构拉杆管件，需用外径为 22 mm、壁厚 2.5 mm 的无缝钢管 160 m，计划应采购多少钢管？

解： 查表 6—2—1，取碳钢密度为 7.85×10^{-3} kg/cm^3。

根据公式：$m=\rho FL$

则：$m=10^{-3}\times7.85\times(3.14\times1.1^2-3.14\times0.85^2)\times16\,000$ kg=192.26 kg

任务实施

到附近的 4S 店调研，了解不同品牌、不同车型的车身材料，并做好记录，回校后讨论不同材料在汽车上的应用范围，并撰写调研报告。

课题三　车身材料的预处理

学习目标

1．明确车身材料预处理的目的及方法。

2．学会除油、除锈、除氧化皮的方法。

任务引入

在汽车钣金维修中，有些金属材料根据使用的情况需进行预处理，其目的是清除材料表面的锈痕、油污、氧化皮等。有些材料还需进行消除应力、校平、校直等工作，以便使钣金作业能够顺利进行。金属材料在钣金加工前进行的所有准备工作，统称为钢材的预处理。本课题主要介绍汽车车身材料预处理的主要目的及常用的预处理方法。

知识准备

在钣金加工前，对较重要的、精度稍高的一些构件，一定要进行材料的预处理。预处理的质量直接影响钣金构件的成形、尺寸及表面质量，还直接影响钣金加工过程中的工艺性能。

车身材料的预处理一般包括表面处理、软化处理、整形处理、预加工四个方面。

一、金属材料的表面处理

金属材料的表面处理主要是指借助于清洗设备或工具，清除材料表面的油污、锈蚀、氧化皮等，使之达到一定表面质量要求，能够适合钣金加工的加工方法。

钣金件与毛坯材料常用的清理方法有浸渍清理、喷淋洗涤、机械清理、混合清理等多种，见表 6—3—1。

表 6—3—1　　车身材料与金属毛坯常用的清理方法

清理方法	浸渍清理	喷淋洗涤	机械清理	气相清理	电解清理	超声清理	混合清理
配用清洗液或介质	有机溶剂、水基清洗液、碱液、酸液	有机溶剂、各种清洗液、清水	磨料抛光膏、砂布、清水	氮化烃类蒸气	酸碱液、水基液	各种相应清洗液	各种清洗液
设备工具	清洗槽、擦刷工具	喷淋设备、喷洗装置	砂轮、砂带、喷丸、滚磨砂光机等	气相清洗设备	电解设备	超声波清洗设备	多步清洗设备

续表

清理方法	浸渍清理	喷淋洗涤	机械清理	气相清理	电解清理	超声清理	混合清理
作用	除油、除锈	除油、除锈	除锈、除各种毛刺	除油	除油、除锈、除毛刺	除油、除锈、除小毛刺	除油、除锈、除黏附物

1. 清除金属油污

常用的除油清洗液有有机溶剂除油清洗液、碱液除油清洗液、乳化除油清洗液等。清洗液对钣金油污有湿润、溶解、吸附、卷离、乳化、分散等多种作用，每种清洗液都有各自的适用范围，起一种或几种作用，在使用中应根据情况灵活使用，在一般情况下，污物的性质、油污的数量、工件表面的质量以及清洗方法和清洗液浓度都直接影响清洗速度和清洗效果；同等条件下，加热可促进清洗过程，机械力、液力或电解作用则会增强清洗效果。

金属清除油污的溶剂要求是具有溶解力强、不易着火、毒性小、挥发缓慢、不易引起空气中的水分冷凝于钢材表面的诸多特性，并且，还要尽量考虑溶剂的经济性——即价格要低廉。在实际工作中，完全满足这些条件很难，必须根据实际情况灵活掌握。

2. 清除铁锈

锈是金属表面的腐蚀物。在不同的储运、保管、加工环境条件下，材料由于存放时间太长或保管不善，各种金属都会生成不同的腐蚀物——氧化生锈。从外观上看，轻度腐蚀的金属表面一般都是失去原有光泽而变暗；腐蚀程度加重时，钢铁表面呈褐色、棕色，甚至出现麻点和疤痕；铜及铜合金表面则出现黑色或绿色堆积物；铝合金、镁合金会出现白色粉末甚至锈坑；镀锌板表面也会出现白色粉状末；热轧钢材表面本身就带有一层轧后留下的氧化皮。这些腐蚀物对板材成形质量影响极大，同时也会加剧模具的磨损。因此，在钣金加工前，一般都要将这些有害物质清除。

清除这些有害物质常用机械方法和化学方法。

（1）机械除锈法

机械除锈法是利用机械设备工具或手工工具清除锈蚀的方法。

1）机械设备工具除锈。随着科学的发展，用于除锈的机械设备及工具越来越多。常用的除锈机械工具有风动刷（利用压缩空气带动钢刷除轻锈）、电动刷（利用电机带动钢刷除轻锈）、电动砂轮（利用电动砂轮机清除重锈），此外还有除锈枪、针束除锈器等。

喷砂除锈广泛地应用于钢板、钢管、型钢及各种钢制构件。它既能清除工作表面的锈蚀及氧化皮和各种污物，又能使之产生一层均匀的粗糙表面，清除微小毛刺。喷砂法质量好、效率高，但污染比较严重，须在密封的容器内进行。喷砂除锈分干喷砂除锈和液体喷砂除锈两种方法。干喷砂除锈是利用压缩空气的压力，将砂粒以很高的速度喷射到钢材表面上，将氧化皮、铁锈以及油垢漆膜等杂物去掉；液体喷砂除锈又称为水力喷砂除锈，原理与干喷砂除锈相似，利用磨液泵和压缩空气，把磨料喷射到钢材表面，达到除锈和除油污的目的。这种方法不仅效率高，消耗磨料少，而且对环境污染程度也有很大改善。

抛丸除锈是利用高速旋转的抛丸器叶轮将磨料投向材料表面，依靠高速弹丸（弹丸直径0.6 ~ 0.9 mm）的冲击以及与材料表面的摩擦来达到除锈、除油的目的。

2）手工工具除锈法。手工除锈法是利用手工工具除锈，常用的有铲刀铲锈、刮刀刮锈、砂布擦锈、钢丝刷刷锈等方式。它只适于小范围的除锈和难以用机械方法除锈的部位，机动性好，但效率低。

（2）化学除锈法

化学除锈俗称酸洗。一般是用酸碱溶液按一定配比装入槽内，将工件放入槽内浸泡一定时间，待锈痕清除干净，必要时再用碱液进行中和处理，以防止余酸的腐蚀。常用的化学除锈侵蚀液见表 6—3—2。

表 6—3—2 常用化学除锈侵蚀液

序号	槽液	配比 /（g/L）	温度 /℃	时间 /min	适用材料
1	盐酸 若丁	200 ~ 350 0.5 ~ 1	室温	—	钢铁
2	硝酸 若丁	700 ~ 1 000 0.5 ~ 1	室温	—	钢铁、磁性氧化皮
3	硫酸 硫酸高铁	100 100	40 ~ 50	—	薄壁铜材
4	硫酸 水	5% ~ 10% 余量	室温	1 ~ 5	纯铜
5	硝酸 重铬酸钾 水	5% 1% 余量	10 ~ 35	5 ~ 10	铝及其合金
6	苛性钠	40 ~ 60	45 ~ 60	2	铝及其合金

二、金属材料的软化处理

钣金工作使用的一些钢材和型材，由于在轧制过程中，加热温度较高，材料组织粗大，成分不均匀；轧制的钢材还有方向性，纵向和横向承载能力大不相同；塑性指标也不同，有的材料由于轧制时的冷却条件差异也会产生硬度不均匀的现象，使塑性变差，脆性增大；再者一些冷作加工，不能一次成形，钣金作业中在第一次加工过程中会产生应力增加的现象，所有这些都不利于钣金工艺加工，如不妥善处理，就会造成成形不良甚至开裂现象，造成钣金加工的废品，使钣金工作不能进行。这就需要在钣金加工前对于两次以上才能成形的构件，在每次加工后都应进行一次软化处理。

车身材料常用的软化处理方法有退火处理、正火处理和消除应力处理。

1．钢的退火处理

退火是将钢材加热到临界温度以上 30 ~ 50℃，保温一段时间，然后随炉冷却的热处理方法。

钣金用钢材一般为碳的质量分数在 0.2% 以下的低碳钢，所以常用的退火方法是完全退火，其退火的温度一般控制在 860 ~ 880℃。完全退火后的钢材，硬度大大降低，塑性和韧性有了很大提高，改善了内部组织结构，消除了内应力，这为钣金工艺加工创造了良好的条件。

2．钢的正火处理

对于低碳钢来说，正火处理也可较好地满足钣金加工的需要。

正火是将钢材加热到临界温度以上 30 ~ 50℃，保温一段时间，在空气中冷却。经正火后的钢，消除了内应力，虽硬度比退火后较高，但正火工艺简单、经济、效率高，所以应用广泛。

3．消除应力处理（低温退火）

将钢材加热到 500 ~ 650℃，保温一段时间，然后缓慢冷却的方法称为消除应力处理。

对于两次以上的拉伸构件来讲，消除每次拉伸后产生的加工硬化是很重要的。采用退火、正火处理易产生较厚的氧化皮，直接影响下一轮加工。而消除应力处理的加热温度仅在 500 ~ 650℃，钢的金相组织不会发生变化，也不会明显产生氧化皮，但对消除冷塑性变形加工中产生的内应力作用很大，可为下一步的钣金加工创造良好条件。

总之，通过对车身材料进行软化处理，可达到细化组织、均匀成分、降低硬度、提高塑性的目的，使车身材料在各个方向上的力学性能相同，增强了工艺性，为钣金作业创造更为有利的条件。

三、整形处理和预加工

整形处理是指有些车身材料在加工运输过程中，可能会产生各种缺陷，如轧制时产生的不规则边、裁板时产生毛刺以及坑凹变形等，直接影响放样及钣金工作的正常进行，需要对所存的缺陷进行去除。一般来讲，不规则毛边需机器或手工切除；毛刺需锉、刮修光；坑凹、弯曲需进行整形、矫正；而焊割时产生的熔瘤则需用砂轮磨平或錾削切除。影响钣金作业的各种缺陷都需采取妥当措施，予以修整。各种修整方法见表 6—3—3。

表 6—3—3　　修整方法

序号	缺陷	修整方法	工具
1	焊瘤	錾削、砂轮磨削	电动或风动砂轮、錾子
2	不规则毛边	剪切、錾削	剪板机、剪子、錾子
3	边缘毛刺	锉削、刮削、手工打磨	锉刀、刮刀、油石、砂纸

续表

序号	缺陷	修整方法	工具
4	坑凹弯曲	手工整形	木槌、垫板
5	局部锈蚀、氧化皮	打磨、刷除	砂布、砂轮、钢丝刷
6	孔边毛刺	划孔、倒角	刮刀、机床、钻头

车身材料的预加工是在钣金构件中（如车身覆盖件上），许多成形后不易加工的孔、凹沟槽（或在许多拉伸件中的预制孔）等，均需采用各种金属切削加工的方法在钣金作业前预先加工出来，本节不作详述。

任务实施

到工厂的热处理车间或者 4S 店参观，了解金属材料的表面处理、热处理方法都有哪些应用。

课题四　车身用非金属材料

学习目标

1．了解非金属材料的概念及类型。

2．掌握汽车常用非金属材料的性能、特点及应用。

任务引入

非金属材料是指除金属材料以外的其他材料。采用非金属材料制造的钣金件是近年来汽车材料的发展趋势。汽车上使用的非金属材料主要有塑料、橡胶、胶黏剂、玻璃等。本课题主要介绍汽车上常用的非金属材料。

知识准备

一、塑料

塑料除了给人良好的手感外，还以质量轻、坚固和易着色等特点，在汽车材料中应用范围逐渐扩大，除了采用塑料钣金件外，每辆汽车还有几百个塑料零件。采用了塑料钣金件后，汽车的质量可以减少 40% 左右，大大降低了汽车重量和生产成本。

1．塑料的组成

塑料是以天然树脂或合成树脂为基体，加入添加剂、填充剂、增塑剂、稳定剂、固化剂、阻燃剂、润滑剂和着色剂等而制成的高分子有机物。有些塑料本身不需加入任何添加剂，如有机玻璃。

合成树脂是由低分子化合物经聚合反应而获得的高分子化合物。受热时可软化，在塑料中起着粘接作用。添加剂是指为了改善或弥补塑料的某些物理、化学、力学或工艺性能而特别加入的助剂。填充剂主要是调整塑料的性能、提高机械强度、节约树脂用量、降低塑料制品的成本。增塑剂用以提高树脂的可塑性和柔韧性，并使热变形降低。稳定剂主要是提高树脂在受热或光作用时的稳定性，减慢老化速度，延长塑料使用期。固化剂在塑料加工过程中可使树脂硬化，从而达到使用要求。润滑剂可防止塑料对设备或模具的黏附。阻燃剂可使塑料难以燃烧或不燃烧。加入着色剂是为了使塑料有鲜艳的色彩。

2. 塑料的主要特性

1）密度小，吸水率低。塑料的密度为 0.9 ~ 2.3 g/cm^3，只有钢的 1/8 ~ 1/4。

2）化学稳定性好。塑料对酸、碱、盐和有机溶剂有良好的抗腐蚀作用。

3）比强度（强度与密度的比值）高。尽管塑料的强度低于金属，但由于其密度小，比强度相当高。

4）良好的绝缘性。所有塑料都有良好的绝缘及耐电弧特性，绝缘性与陶瓷、橡胶及其他绝缘材料不相上下，在汽车电器设备上塑料被广泛应用。

5）良好的耐磨、减磨和自润滑性能。多数塑 料摩擦系数小，耐磨性能好，可作为减磨材料制造各种自润滑轴承、密封圈以及齿轮等。

3. 汽车上常用的塑料及其制品

随着汽车向家庭化、舒适化的方向发展，汽车用塑料也从最初单纯用于制造电器绝缘件和转向盘等零件的热固型树脂等少数几个品种迅速增加到内饰件用 PVC（聚氯乙烯）、车顶棚用 PUR（聚氨酯填充树脂）、车身覆盖件用 PC（聚碳酸酯）、燃油箱用 PP（聚丙烯）等几十种。不同类型塑料在汽车上的应用情况见表 6—4—1。

表 6—4—1 部分常用的车用塑料实例

塑料名称	用途举例
聚乙烯（PE）	燃油箱、转向盘等
聚酰胺（尼龙 1010）（PA）	发动机上盖、进气管、过滤器、车轮罩、插头
聚甲醇（POM）	各种阀门、各种叶轮、支撑元件
ABS 塑料（苯乙烯—丁二烯—丙烯腈）（ABS）	散热器格栅、灯壳
聚碳酸酯（PC）	前照灯散光玻璃、保险杠外包皮、车身覆盖件
聚丙烯（PP）	保险杠、空气滤清器、导管、容器、侧遮光板
聚氨酯填充树脂（PUR）	坐垫、仪表板垫和罩盖、车顶棚
聚氯乙烯（PVC）	地板护板、防撞系统、电缆线、绝缘介质、驾驶室内饰
PMMA（聚甲基丙烯酸甲酯）	尾灯散光玻璃
聚酯（PET）	纺织物、盖、皮带、气囊壳体
聚对苯二甲酸丁二醇酯（PBT）	电子器件外壳、保险杠外包皮，车身覆盖件、杆头、把手

4. 汽车车身常用塑料及其制品

（1）聚氯乙烯（PVC）

PVC 塑料在汽车车身中应用较广，所以在车身的维修中也用得较多，如地板护板、防撞系统、电缆线、绝缘介质、驾驶室内饰件等。

（2）聚苯乙烯

聚苯乙烯主要用于制造各种仪表外壳、指示灯灯罩等。

（3）低压聚乙烯

低压聚乙烯用于制造一般的结构零件，如玻璃升降器塞、手柄、杂件箱等。

（4）ABS 塑料

ABS 塑料是由苯乙烯、丁二烯、丙烯腈所组成的。它具有良好的综合性能，常用于制造转向盘、散热器罩、仪表板总成、车顶天窗、挡泥板等。

（5）聚丙烯

聚丙烯是塑料中密度最小的一种，其密度仅为 0.90 ~ 0.91 g/cm^2，在汽车上可用于制造正时齿轮、散热器罩、变速箱体、蓄电池外壳及挡泥板。

（6）有机玻璃

有机玻璃是一种高透明度的弹性塑料，透光率可达 90%，是高级透明材料，常用于制造指示灯保护镜、遮阳板、门窗玻璃及钣金装饰件等。

（7）尼龙和聚甲醛

尼龙和聚甲醛都具有耐磨性，可用于制造正时齿轮、转向节衬套等。

（8）聚四氟乙烯

聚四氟乙烯属于减摩材料，它的耐高温、耐腐蚀、绝缘性能均好于其他塑料。即使在 250℃下使用 24 h，其力学性能也不下降，有塑料王之美称，常用于制造密封圈、垫片一类的减摩片。

（9）聚苯醚

聚苯醚属于耐高温零件用的塑料，可在 –127 ~ 121℃中工作，因此多用于制造在较高温度下工作的齿轮、轴承及水泵类零件。

（10）泡沫塑料

泡沫塑料有聚氨酯泡沫塑料和聚乙烯泡沫塑料两种。前者主要用于车身装饰构件上，后者属于隔热、减振材料，用作地毯、密封条等。

为了提高汽车行驶的经济性，减轻汽车重量，近年来汽车上越来越多地使用了塑料做车身部件，更多的乘用车保险杠用塑料制成。

二、橡胶

橡胶是一种具有高弹性的高分子材料。由于它具有高弹性、优良的伸缩性、减振性，绝缘性、耐磨性，隔音性，因此，在汽车上广泛应用于制造密封件、减振件、传动件、绝缘件及轮胎等。橡胶在工业生产中有着重要的地位，是一项重要的工业材料。橡胶的主要缺点是易老化，耐油能力差。

1. 橡胶的组成

橡胶是以生胶为原料，加入适量的配合剂，经硫化以后得到的一种高分子材料。

（1）生胶

生胶按其来源分为天然橡胶与合成橡胶。

1）天然橡胶。天然橡胶是将橡胶树流出的胶乳，经过凝固、干燥，加压等工序制成的片状固体物，主要成分为异戊二烯。

2）合成橡胶。合成橡胶是以石油、天然气、煤等为原料，通过化学合成的方法制成的与天然橡胶性能相似的高分子材料。

（2）配合剂

配合剂是为了提高和改善橡胶的性能而加入的物质。加入硫化剂，是为了改善橡胶分子结构，提高橡胶的力学性能，克服因温度升高而变软、发黏的缺点。加入促进剂，起加速硫化过程，缩短硫化时间的作用。加入填充剂的作用是增加橡胶的强度并降低生产成本。加入补强剂用于提高橡胶的力学性能和耐磨、耐撕裂性能，加入软化剂能提高橡胶的柔软性和可塑性。加入防老剂的作用是防止橡胶老化。除此之外，还有发泡剂和着色剂等。

2. 橡胶的基本性能

（1）极高的弹性

这是橡胶独特的性能，橡胶在起初受负荷时变形量很大，但随外力的增加，橡胶又具有很强的抵抗变形的能力。因此，橡胶可作为减振材料，用于制造各种减轻冲击和吸收振动的零件。

（2）良好的热可塑性

橡胶在一定温度下失去弹性而具有可塑性，称为热可塑性。橡胶处于热可塑性状态时，容易加工成各种形状和尺寸的制品，而且当加工外力去除后，仍能保持该变形下的形状和尺寸。根据这一特性，可把橡胶加工成不同形状的制品。

（3）具有良好的黏着性

黏着性是指橡胶与其他材料黏结成整体而不分离的能力。橡胶有很强的吸附能力，能与其他材料黏结成整体，如汽车轮胎就是利用橡胶与棉、毛、尼龙等，牢固地黏结在一起而制成的。

（4）良好的绝缘性

橡胶大多数是绝缘体，是制造电线、电缆等导体的绝缘材料。此外，橡胶还具有良好的耐寒、耐蚀和不渗漏水、气等性能。

（5）橡胶的缺点

橡胶的缺点是导热性差，硬度和抗拉强度不高，尤其是容易老化等。

3. 常用橡胶

生产中常用的橡胶材料有天然橡胶、合成橡胶和再生胶。

（1）天然橡胶

天然橡胶材料是指以天然橡胶为生胶制成的橡胶材料，代号为 NR。天然橡胶属于通用橡胶，它具有优良的弹性，弹性温度范围为 70 ～ 130℃；具有较高的强度和优异的抗疲劳性、耐磨性、耐寒性、防水性、减振性、绝热性和电绝缘性，具有良好的加工性能。其缺点是耐老化性和耐候性差，耐油性和耐溶剂性较差，易溶于汽油和苯类等溶剂，易受强酸侵蚀，且易自燃。

（2）合成橡胶

由于资源数量的限制，天然橡胶的产量远远不能满足工业生产的需要，因而合成橡胶得到了发展。在 1914 年人类就制造出了合成橡胶。随着石油工业的迅速发展，合成橡胶原料来源丰富、成本低廉，产量也已超出天然橡胶。合成橡胶在各行各业得到了广泛的应用，也是汽车工业的一种重要的材料。合成橡胶的种类繁多，主要分为通用合成橡胶和特种合成橡胶。通用合成橡胶的主要品种有丁苯橡胶、顺丁橡胶、丁酯橡胶、氯丁橡胶、异戊橡胶、丁基橡胶、乙丙橡胶、丙烯酸酯橡胶、氯醇橡胶、聚氨酪橡胶、硅橡胶、氟橡胶等。

（3）再生胶

再生胶是将硫化胶的边角废料和废旧橡胶制品经过粉碎、化学物理方法加工后，去掉硫化胶的弹性，恢复塑性和黏性，可以重新再硫化的橡胶。再生胶对于环保和生产资料的再利用有着重要的意义。再生胶的强度低，硫化速度快，操作比较安全，并有良好的耐老化性，加工容易，成本低廉。

4. 橡胶制品在汽车上的应用

橡胶是汽车上所用的一种重要材料。橡胶材料在汽车用非金属材料中占有重要地位，是其他材料难以替代的。每辆汽车有数百个橡胶件，总重达几十千克，占整车自重的 3% ～ 6%。汽车橡胶制品主要分布在汽车车身、传动、转向、悬挂、制动和电器仪表等系统内。车用橡胶品种有天然橡胶、丁苯橡胶、氯丁橡胶、丁酯橡胶、三元乙丙橡胶、丙烯酸酯橡胶、氟橡胶、硅橡胶、聚氨酯橡胶和丁基橡胶等。

（1）轮胎

汽车轮胎是汽车上橡胶用量最大的零件，轮胎约占橡胶件总重的 70%。轮胎是装在汽车轮辋上与地面相接触的环状弹性体。制造轮胎的主要材料有生胶（包括天然橡胶、合成橡胶、再生胶）、骨架材料（即纤维材料、人造丝、尼龙、聚酯、玻璃纤维、钢丝等）以及炭黑等。轮胎的外胎普遍使用天然橡胶、丁苯橡胶、顺丁橡胶等。内胎一般用气密性好的材料来制造，如丁基橡胶。

（2）密封制品

汽车上使用的橡胶密封制品主要包括油封件、密封条、密封圈、皮碗、防尘罩、衬垫等。根据使用环境的不同，要求这类橡胶制品应有良好的密封性能，耐油及各种化学试剂、耐老化、耐热、耐寒，耐臭氧、耐磨及高强度和永久压缩变形小等特性。

（3）胶管

每辆汽车中所用的胶管有几十种，总长约 30 m，用胶量达到 20 kg 以上。所用的橡胶材料有天然橡胶、丁腈橡胶、三元乙丙橡胶、氯丁橡胶、丙烯酸酯橡胶等。胶管按结构可分为纯胶管、夹布胶管和编织胶管；按其耐压性能分为低压管、高压管和真空管。胶管一般用在汽车上的燃油、制动、冷却、空调等系统中。

（4）胶带

车用胶带主要是 V 带。V 带通常有三种，即普通 V 带、切割 V 带和多楔 V 带，以切割 V 带为多。切割 V 带两侧没有包布，屈挠性好，摩擦因数大，具有受力大、线速度高、散热性及耐疲劳性良好和节能等特点。

（5）减振块

减振块主要用在汽车发动机、底盘等部件上，用来防止和降低汽车行驶中的振动和噪声。每辆车上使用的减振块有几十种，按其材料的组合形式可分为纯橡胶制品、塑料橡胶复合制品及金属橡胶复合制品。一辆车上减振块的用量最多可达 15 kg 左右，使用的材料有天然橡胶、氯丁橡胶、聚氨酯橡胶、丁腈橡胶等。

三、车用玻璃

汽车玻璃是构成汽车外形的重要材料之一，它具有透明、隔音和保温的特点。有艺术装饰的作用和较好的化学稳定性，经过特殊处理后的玻璃还具有绝热、导电、防爆和防辐射等许多特殊性能，因此，玻璃是现代汽车工业不可缺少的材料。

1. 车用玻璃的性能特点及要求

汽车车身上的车窗和灯具使用的材料都是玻璃。玻璃具有抗拉强度低、抗压强度高、硬度较高、韧性很差、耐热性较差（经过热处理可提高其耐热性）的特点；但玻璃有良好的化学稳定性，对酸、碱的腐蚀具有较强的抵抗能力；具有良好的绝缘性能，可用于制造各种绝缘器材和电学仪器。玻璃最突出的特点是具有良好的光学性质，主要是玻璃的透明性和折光性。

汽车上使用的玻璃主要是窗玻璃，对玻璃的透明性、耐候性、强度及安全性有很高的要求。汽车玻璃不仅是一种功能性外装件，而且兼顾了保证开阔视野、良好的乘坐环境、降低空气阻力和美观等多种功能。玻璃优良的造型设计有利于降低汽车的空气阻力，减少燃料的消耗。现代汽车流行的曲面风窗玻璃使汽车的造型更加美观实用。

2．常用汽车玻璃的种类、特点及主要用途

（1）根据玻璃在汽车上的安装位置分类

根据玻璃在汽车上的安装位置不同，分为前风窗玻璃、后风窗玻璃、前角窗玻璃、前门窗玻璃、后门窗玻璃、后角窗玻璃和后侧窗玻璃等。汽车玻璃在汽车上所处的位置如图 6—4—1 所示。

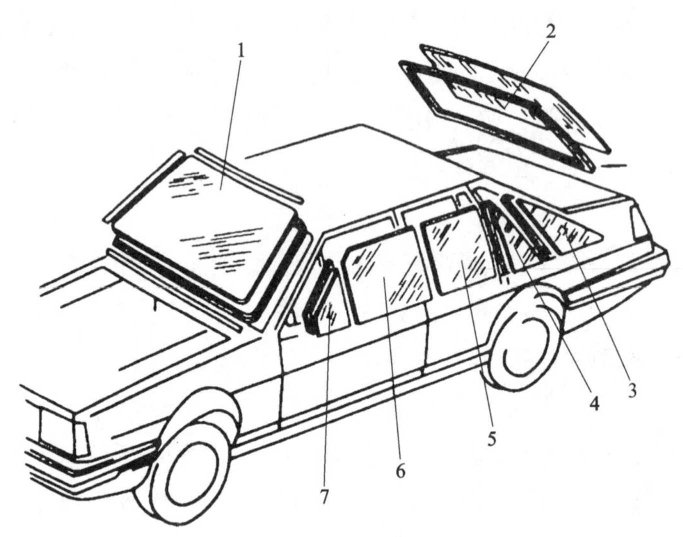

图 6—4—1　轿车的玻璃

1—风窗玻璃　2—后窗玻璃　3—后角窗玻璃

4—后侧窗玻璃　5—后门窗玻璃　6—前门窗玻璃　7—前角窗玻璃

（2）按加工及特性分类

按加工及特性可分为钢化玻璃和夹层玻璃。

1）钢化玻璃。钢化玻璃是普通玻璃经过高温淬火处理的特种玻璃，即将普通玻璃加热到一定温度后，迅速冷却进行特殊钢化处理。其性能特点是具有很高的温度急变抵抗能力，强度也较高。

钢化玻璃在受到冲击破碎后，碎片小而无棱角，如图 6—4—2a 所示，不会造成人体伤害。但这种玻璃在破碎前会产生很多裂纹，由于光线的漫射作用，玻璃会变得模糊不清，如果是用于汽车前风窗玻璃，会造成驾驶员不能继续驾驶，易造成事故。所以，钢化玻璃仅作为汽车后风窗玻璃和侧窗玻璃。

另外，还有局部钢化玻璃，即只对玻璃局部进行淬火，而在玻璃的中部不进行淬火。在玻璃受到冲击作用时，玻璃局部碎裂为细小的碎块，中部则破碎成大块，如图 6—4—2b 所示。局部钢化玻璃的这种特性，在临破碎之前能保持玻璃有一定的透明度，可使驾驶员受到较小的伤害，并使其有短暂的时间来进行应急处理。同样，局部钢化玻璃也可作为汽车后窗玻璃和侧窗玻璃。

2）夹层玻璃。夹层玻璃又称安全玻璃。它是将两片以上的平板类玻璃用聚乙烯醇缩丁醛塑料衬片黏合而成，具有较高的强度。在受到破坏时，会产生辐射状或同心圆形

裂纹，碎片不易脱落，且不影响透明度，不产生折光现象，如图 6—4—2c 所示。夹层玻璃常用于汽车的前风窗玻璃。各国已制定有关法规，规定轿车的前窗必须安装夹层玻璃。

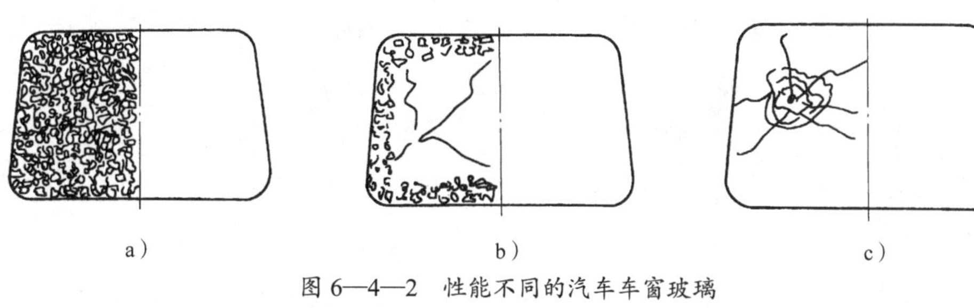

图 6—4—2　性能不同的汽车车窗玻璃

a）钢化玻璃　b）局部钢化玻璃　c）夹层玻璃

（3）按特殊功用不同分类

按特殊功用不同可分为憎水玻璃、防爆玻璃、中空玻璃和特种挡风玻璃等。

1）憎水玻璃。憎水玻璃又称拨水玻璃，是在普通玻璃上涂一层硅有机化合物薄膜，以加大水珠与玻璃表面的接触角度，缩小接触面积，使水珠可轻易滚落，提高雨天行驶中玻璃的可视度。一般用于前门玻璃。

2）防爆玻璃。防爆玻璃具有较大的抗冲击强度及透光性好、耐寒、耐热等特点。当遇到爆炸或弹击时，轻者玻璃可以完好无损，重者即使玻璃破裂，子弹也不易穿透玻璃，玻璃碎片不会脱落伤人。主要用于防弹车的玻璃。

3）天线玻璃。天线玻璃是在玻璃夹层中装置导线，或将能够接收无线电信号的天线印刷于玻璃表面，可以形成汽车内收音机、电视机、移动电话、卫星导航等需要的天线。

4）反光玻璃。反光玻璃的表面涂有一层有反光特性的物质，用作汽车后窗玻璃时，当后面车辆的车灯照在它上面时，即可反光，以提高车辆的安全性。

5）电热玻璃。也叫除霜玻璃，是可以通电加热的玻璃，也就是把电加热元件烧结到玻璃上或采用特殊工艺结合到玻璃上的一种安全玻璃。当玻璃表面结霜时，通过电加热后能起到除雾、除霜的作用。由于其操作方便，常被用作现代轿车的后窗玻璃。

6）着色玻璃。为了使车窗玻璃具有遮挡阳光照射的功能，在硅酸盐玻璃中加入微量的钴（使玻璃变成蓝色）、铁（使玻璃变成红褐色）或其他金属元素，制成了能够抵抗紫外线照射的着色玻璃。有些着色玻璃还能随阳光的强弱自动变化色度，减少驾、乘人员眼睛的疲劳程度，增加了乘坐的舒适性。着色玻璃的颜色是逐渐过渡的，前风窗的上部也适于着色，以遮挡阳光对驾驶员的照射。

四、密封剂

汽车车身焊接组装后，会留下各种缝隙（如车顶排水槽、地板接缝、车门钣金折边、门和窗玻璃与框架以及门把手孔口等）。密封剂的作用就在于将缝隙密封住，防止雨水、尘土侵入车身构件和车室内。这种方法与橡胶条密封相比，具有工艺简便、接合牢固和玻璃不易错动等优点。

汽车用密封剂具有密封粘接和密封汽车的双重作用，用来组装连接、填隙密封，还可以代替铆焊以减轻汽车的重量、降低消耗，提高汽车和车身的耐用性和可靠性。在汽车上使用密封胶是解决三漏的有效措施。密封胶在汽车生产中可简化工艺，节省材料，增强构件强度，尤其在防振隔热、防腐、防锈、防漏、防松、降低噪声、减轻自重、舒适安全等方面有特殊作用，已成为现代汽车生产中必不可少的材料。

1. 点焊密封胶

点焊密封胶是冲压钣金件在点焊前涂敷在接缝处的一种密封剂。点焊后和油漆一起烘干，形成密封层，防止水分和灰尘的侵入。它多为聚氯乙烯合成橡胶（如丁苯橡胶）类。

2. 焊缝胶

焊缝胶是在点焊后对焊缝进行密封时用的，主要有聚氯乙烯型塑料溶胶，还有双组分聚硫橡胶型、沥青型、改性环氧型和聚氨酯型胶等。

3. 折边黏结剂

用于轿车车门、发动机罩和行李箱盖折边的粘接密封，能起防水、防锈的作用。这种黏结剂可分为单组分环氧型和聚氯乙烯塑料溶胶型，它们均随油漆烘干而固化。

4. 风窗玻璃黏结剂

将风窗玻璃直接粘接在窗框上。常用的有聚硫橡胶型黏结剂、丁基胶带、聚氨酯密封胶三类。

5. 密封条黏结剂

用于汽车车门、发动机盖和行李箱盖的涂漆钢板上粘接各种橡胶密封条，以防止雨水、尘土的侵入。

6. 内饰件黏结剂

用于汽车内饰件，如顶棚衬里、仪表板、车门护板、侧护板、遮阳板、座垫、靠背和地毯等的粘接，以达到安全、舒适的目的。常用的有氯丁一酚醛胶和丁腈橡胶、聚异丁烯橡胶为主体材料的各种胶型以及水基型顶棚黏结剂等。

任务实施

全班分成若干小组进行讨论，指出汽车上各位置玻璃的名称，并选取所使用玻璃的种类。教师巡回指导，根据各小组讨论结果再进行点评，最后统一正确答案。

a）

b）

图 6—4—3　认知汽车玻璃

单元七　钣金安全操作规程

课题一　汽车钣金维修的人身防护

学习目标

1. 了解个人安全防护知识。
2. 熟悉各类防护用品。
3. 能够正确使用各类防护用品。

任务引入

一些钣金操作工，在长时间作业后听力下降，偶尔会出现头晕、嗓子刺痛、眼睛肿胀等现象。经检查发现，这些钣金工在作业中，因觉得防护用品累赘而不喜欢佩戴，造成了身体的伤害。因此，作为汽车钣金从业者，应掌握相关防护知识，有效地保护自身健康。

知识准备

一、个人安全准则

1. 掌握信息

使用设备前要认真阅读说明书，切忌盲目操作和违反规程操作。

2. 穿戴防护用品

按防护要求佩戴好个人防护用品，并保证防护用品的可靠。

3. 注意场地安全

遵守实训场地的管理制度，不允许追逐打闹。物品搬运遵照说明进行。

二、个人头部防护

钣金操作工的头部防护是依据作业环境，选用适当的防护用品，保护作业者的口鼻眼耳及面部等裸露的皮肤。常见钣金操作工头部防护用品有以下几种。

1. 供气式呼吸器

带外部供气系统、护眼、防毒滤芯（活性炭过滤器）、供气调节器的安全面罩，如图7—1—1所示。可在全封闭环境（烤房、油库或地下管道等）进行作业。它由2根软管、1个快速接头、5个更换贴片和4个滤芯组成。

2. 滤筒式呼吸器

又称防毒面具，用来过滤油漆、有机化学品、灰尘等，采用双活性炭过滤器，适合大强度作业，配2个滤芯，如图7—1—2所示。

图7—1—1　供气式呼吸器

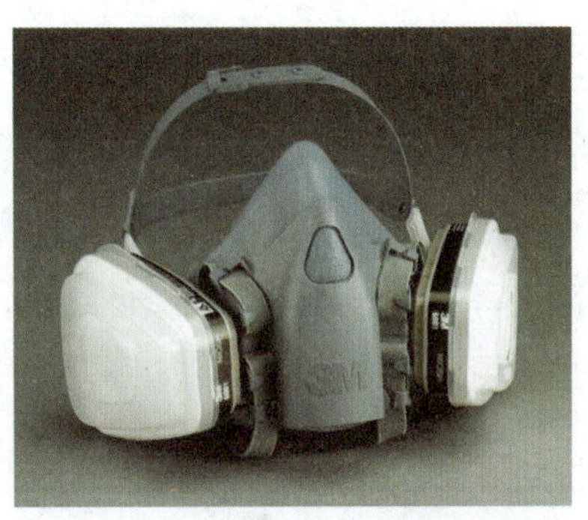

图7—1—2　滤筒式呼吸器

3. 防尘呼吸器

又称防尘口罩，专用于研磨、清洁防尘、防灰，如图7—1—3所示。

4. 安全帽

佩戴安全帽可防止在狭小空间里撞击或者重物等碰撞头部，如图7—1—4所示。

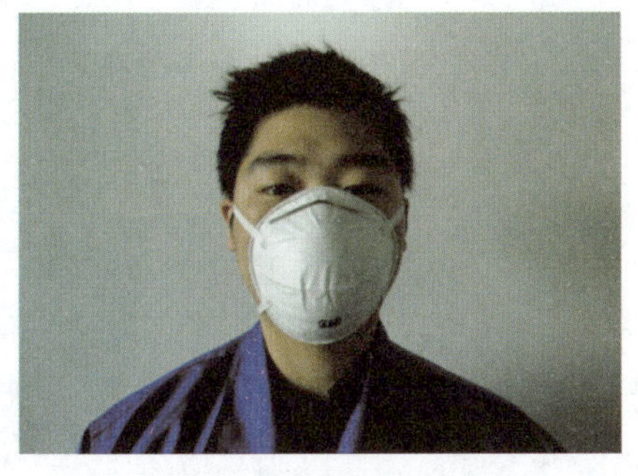

图7—1—3　防尘口罩

图7—1—4　安全帽

5. 防护眼镜

防护眼镜又称护目镜，适用于进行打磨、抛光工序时眼睛的防护，如图7—1—5所示。防护眼镜质软，能增加佩戴人员长时间工作时的舒适感。除设有通气孔之外，全部密封，同时也适合北方地区风沙天气时佩戴。注意不能用稀料清洁。

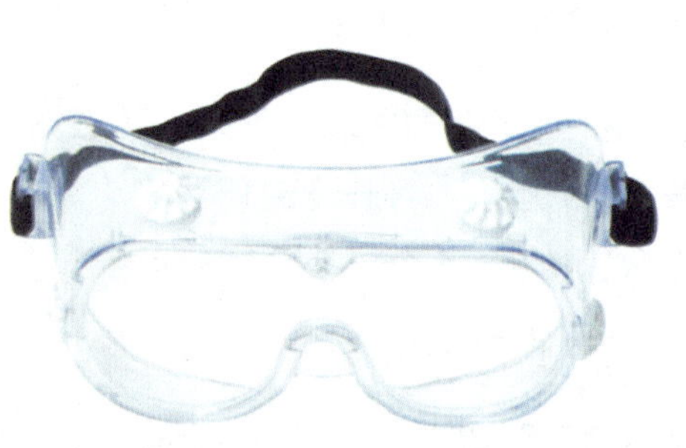
图 7—1—5 防护眼镜

6. 焊接面罩

焊接专用面罩的材料采用防火 PP，视窗尺寸一般大小为 90 mm×40 mm，如图 7—1—6 所示。现在专业的焊接面罩都有供电，供电方式分为太阳能电池和内置式锂电池。其面罩视窗的遮光度可以自动调节，以适应不同光亮强度下的可视能力，即戴上后可以在不用摘下的情况下，在焊接时（明态）或者不焊接时（暗态）都能看清物体。一般自动关机时间为 15 ~ 20 min（在不进行烧焊的情况下）。

7. 隔音耳罩

隔音耳罩是一种能明显降低噪声，对耳朵听力起有效防护的产品。佩戴好耳罩，可以有效防止噪声对耳朵的伤害，如图 7—1—7 所示。

图 7—1—6 焊接面罩

图 7—1—7 隔音耳罩

三、个人身体防护

1. 工作服

工作服是为工作需要而特制的服装。钣金作业中穿戴好工作服，可以有效地防护裸露在外的皮肤，如图 7—1—8 所示。

2. 手套

（1）线手套

线手套是常见的作业防护手套，正常情况下，在进行钣金作业时必须要佩戴，如图 7—1—9 所示。

图 7—1—8　工作服

图 7—1—9　线手套

（2）皮手套

皮手套能有效地隔绝高温绝缘，采用橡胶厚绒制成，在进行气焊时能隔绝高温，在进行电弧焊时能绝缘，如图 7—1—10 所示。

3. 保护鞋

保护鞋又称劳保鞋，与一般鞋子不同，劳保鞋采用橡胶制成，厚底，起绝缘保护作用，同时能防止高温火星飞溅溶剂腐蚀等，如图 7—1—11 所示。鞋头内部有钢板层，能防止重物掉落在脚面时，保护脚不受重击伤害。

图 7—1—10　皮手套

图 7—1—11　劳保鞋

任务实施

在钣金作业过程中，操作者必须要有较强的自我保护意识。钣金操作通常有敲击、打磨、测量、焊接等，应合理选择防护用品，学会正确穿戴。

一、打磨时的个人防护

打磨容易产生飞屑、粉尘及噪声等，因此需要操作者合理穿戴工作服、手套和鞋帽的同时，还需要佩戴隔音耳罩、护目镜及防尘口罩。打磨时的个人防护如图 7—1—12 所示。

图 7—1—12 打磨防护

二、焊接时的个人防护

焊接对人体危害主要是弧光对眼睛的灼伤，还有焊接时产生的高温飞溅物对身体的烫伤。因此要求操作人员佩戴好焊接面罩，穿好专门的焊接工作服及厚的劳保鞋，并戴好焊接手套，如图 7—1—13 所示。如果焊接时产生气体，也要视情况佩戴防尘口罩。

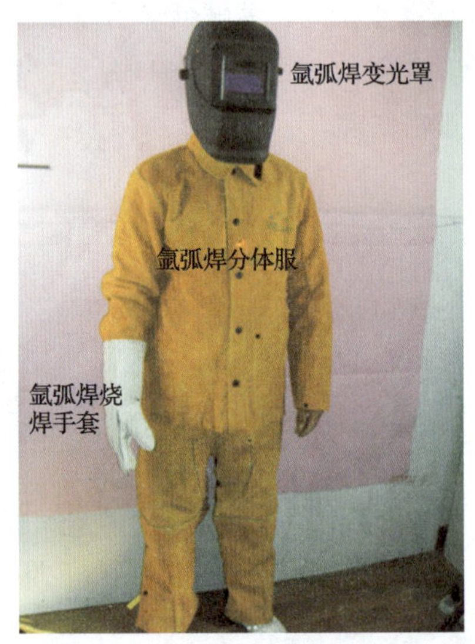

图 7—1—13 焊接时的个人防护

三、进行基础钣金训练的个人防护

进入实训室，就必须穿好工作服，戴好棉纱手套，基础训练时，使用较多的工具是锤子、垫铁等。基础钣金训练时穿戴的普通工作服如图 7—1—14 所示。在有噪声的情况下，需要佩戴好隔音耳罩。如果要戴安全帽操作时，隔音耳罩又会影响操作，这时可以使用耳塞代替耳罩，耳塞如图 7—1—15 所示。

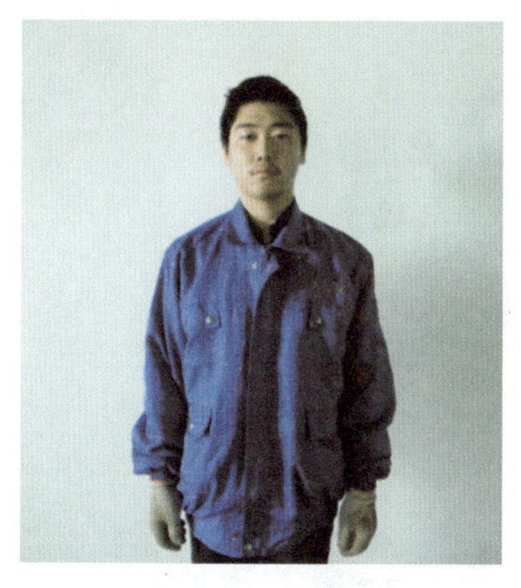

图 7—1—14　普通工作服

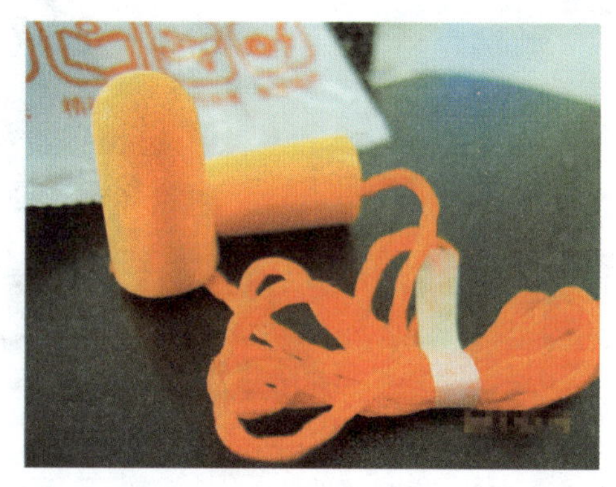

图 7—1—15　耳塞

课题二　汽车钣金维修工具和设备的安全使用

学习目标

1. 了解手动工具使用安全知识。
2. 了解电动工具使用安全知识。
3. 了解气动工具使用安全知识。
4. 能够进行举升机的安全操作。

任务引入

实训室里的电动砂轮机、抛光机、打磨机、空气压缩机等机电设备使用的均为高压交流电；车辆及各种气动工具、设备本身也存在许多不安全因素。如果操作者安全意识淡薄，粗心大意，很容易发生事故，给生产和社会带来不应有的损失，严重时还会造成人员伤亡，给受害者及其家人带来终生不幸。因此，无论是管理者还是操作人员，都有义务不断完善安全生产规章制度，严格遵守安全操作规程，加强劳动保护并不断改善劳动条件，以确保生产安全及劳动者的安康，预防工伤事故和职业病的发生。

知识准备

一、手动工具使用安全知识

手动工具根据用途可分为扳手类、钳子类、旋具类、卷尺类、锤子类、套筒类、切削类、剪刀类、组套类以及辅助类（如工具车）等，每种类别均有不同的型号。各类手动工具如图 7—2—1 所示。

图 7—2—1 各类手动工具

其使用安全注意事项如下：

（1）使用工具人员必须熟知工具的性能、特点、使用、保管和维修及保养方法。

（2）工作前必须对工具进行检查，严禁使用腐蚀、变形、松动、有故障、破损等不合格的工具。

（3）手动工具要保持清洁和完好。应经常清洁工具，检查其是否有破损，以免使用时发生机械事故。

（4）带有牙口、刃口尖锐的工具及转动部分应有防护装置。使用锐利或有尖角的工具时应当小心，以免不慎划伤。

（5）使用特殊工具时，应有相应的安全措施。

（6）不要将旋具、手钻、冲头等锐利工具放在口袋中，以免伤及本人或划伤汽车表面。小型工具放在工具袋中妥善保管。

二、电动工具使用安全知识

电动工具主要分为金属切削电动工具、研磨电动工具、装配电动工具和铁路专用电动工具。常见的电动工具有电钻、电动砂轮机、电动扳手、电动旋具、电锤、冲击钻、混凝土振动器、电刨等，如图 7—2—2 所示。

电动工具的使用安全注意事项如下：

（1）使用电动工具时，必须配有必要的、合格的绝缘防护用品，在潮湿地带或金属容器内使用电动工具，必须有相应的绝缘措施，并有专人监护。电动工具的开关应设在监护人便于观察、便于操作的地方。

（2）检查各部件外部安装是否牢固、紧固连接是否可靠、电缆及插头有无损坏、开关是否灵活等。

（3）尽量使用 220 V 电源，必须用 380 V 电源时应确保地线连接可靠。

图 7—2—2　各类电动工具

（4）使用前应检查所用电压是否符合铭牌规定。

（5）接通电源空运转，检查有无异响。

（6）使用中发现异常现象（如火花、异响、过热、冒烟或转速过低等）应立即停止使用，并由专业维修人员进行检修。

（7）手持式电动工具如手提砂轮机、手电钻等使用前，要检查其本身是否漏电，砂轮片、钻头是否紧固牢靠。作业时必须保持一定距离，以防砂轮片飞出、钻头断裂而造成伤人事故。

三、气动工具使用安全知识

从广义上讲，气动工具主要是利用压缩空气带动气动马达而对外输出动能工作的一种工具，如图 7—2—3 所示。根据其基本工作方式可分为旋转式（偏心可动叶片式）和往复式。旋转式的气动工具较为常见，一般有气动马达及动力输出齿轮组成，它依靠高压力的压缩空气吹动马达叶片而使马达转子转动，对外输出旋转运动，并通过齿轮带动整个作业形式转化部分运动；往复式（容积活塞式）气动工具主要由动力输出部分、作业形式转化部分、进排气路部分、运作开启与停止控制部分、工具壳体等组成。

气动工具运作时还必须由能源供给部分、空气过滤与气压调节部分以及工具附件等辅助设备组成，因此气动工具的辅助设备必须要有专业人员进行维护保养。

其主要使用安全注意事项如下：

（1）使用气动工具时，气源应装气水分离器，以免混浊空气进入，磨损机件。

（2）供气的软管应进行吹洗，不得对人，与套口连接应牢固。

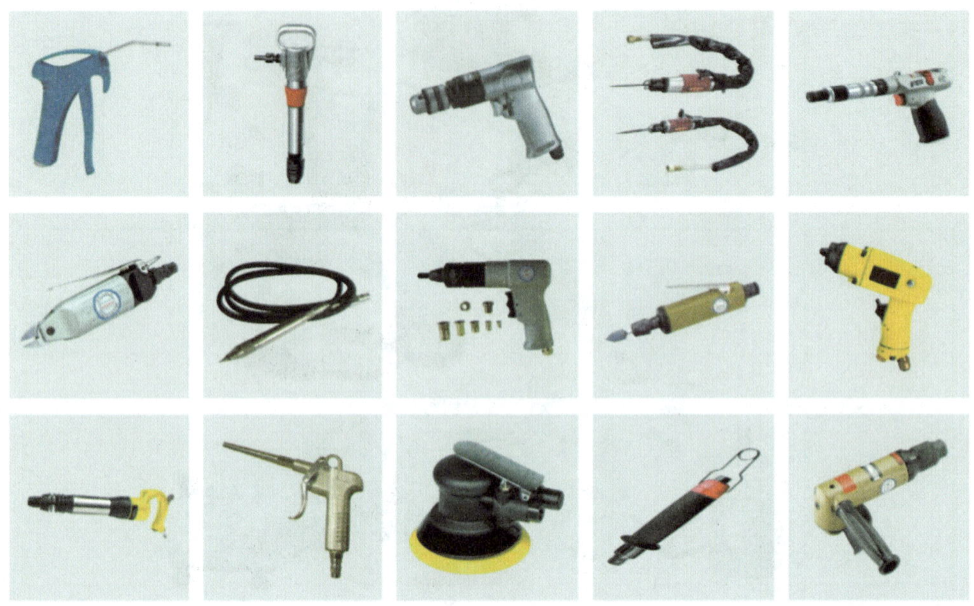

图 7—2—3　各类气动工具

（3）气管不得变成锐角，遭受挤压或受到损坏时，应立即停止使用。

（4）气动工具使用过程中，沿气管方向不得站人以防风管脱口伤人。

（5）更换工具附件，须待气体全部排出，压力下降后，方可进行。

（6）使用冲击性气动工具（风锤、风镐、风铲、风枪等）时，必须把工具置于工作状态后，方可通气。

（7）气动工具必须在规定的压力下工作。当喷嘴处于末端时，用以吹除灰尘的压缩空气的压力应保持在 200 kPa 以下。

（8）不准用压缩空气清洁穿戴在身上的衣物。

四、汽车举升机使用安全知识

汽车举升机（见图 7—2—4）是用于汽车维修过程中举升汽车的设备，汽车开到举升机工位，通过人工操作可使汽车举升一定的高度，便于汽车维修。举升机在汽车维修养护中发挥着非常重要的作用，现在的维修厂都配备了举升机，举升机是汽车维修厂的必备设备。因此，举升机的安全使用要求每位汽车维修从业人员都必须掌握。

图 7—2—4　举升机

举升机的形式较多，从立柱构造来分类，主要有单柱式举升机、双柱式举升机、四柱式举升机、剪式举升机和地沟式举升机等。从举升机的驱动类型来分类，主要分为气动式、液压式、机械式三大类。其中以液压式居多，机械式次之，气动最少。

汽车举升机安全使用操作规程如下：

（1）使用前应清除举升机附近妨碍作业的器具及杂物，并检查操作手柄是否正常。

（2）应确保机器操作机构灵敏有效，液压系统不允许有爬行现象。

（3）支车时，四个支脚应在同一平面上，调整支脚胶垫高度使其接触车辆底盘支撑部位。

（4）支车时，车辆不可支得过高，支起后四个托架要锁止。

（5）待举升车辆驶入后，应将举升机支撑块调整移动对正该车型规定的举升点。

（6）举升时人员应离开车辆，举升到需要的高度时，必须插入保险锁销，并确保安全可靠才可开始车底作业。

（7）机器除低保及小修项目外，其他烦琐笨重作业，不得在举升器上操作修理。

（8）使用举升机时不得频繁起落。

（9）支车时举升要稳，降落要慢。

（10）有人作业时严禁升降举升机。

（11）如果发现操作机构不灵，电动机不同步，托架不平或液压部分漏油，应及时报修，不得带故障操作。

（12）完成作业后应清除杂物，打扫举升机周围以保持场地整洁。

（13）定期（半年）排除举升机油缸积水，并检查油量，油量不足应及时加注相同牌号的压力油。同时应检查润滑、举升机传动齿轮及链条。

任务实施

柱式液压举升机的操作

举升机的使用是每一个从事汽车修理人员必须要掌握的，具体使用方法在举升机的支柱铭牌上都有说明。汽车钣金修理常用柱式液压举升机，其使用步骤如下：

步骤一：熟读举升机安全使用操作规程。

步骤二：检查举升机周围是否有杂物，如图 7—2—5 所示。接通电源，检查举升机是否正常。

步骤三：将举升机的四个支脚移至一条线，空出中间工位，如图 7—2—6 所示，驶入车辆至举升机的正中间。

步骤四：将四个支脚的支撑点调整至车辆底盘支撑部位。按下上升键，车辆轮胎离地 10 cm 左右停止上升，检查整个系统是否正常，检查车辆有无倾斜，如图 7—2—7 所示。

步骤五：继续上升车辆至安全指定高度，锁止。

图 7—2—5 检查举升机

图 7—2—6 准备工位

图 7—2—7 检查举升是否正常

步骤六：车辆下降。下降前检查车辆底部是否有杂物。然后解除锁止，按下下降键，直至车辆四轮着地，支脚离开车辆底盘。

步骤七：调开支脚，驶出车辆。整理好举升工位，将举升机周围的杂物全部清除，关闭电源，如图 7—2—8 所示。

图 7—2—8　恢复工位

单元八　钣金基本工艺与训练

课题一　整形工具的使用

学习目标

1. 了解汽车钣金常见整形工具的使用方法。
2. 掌握锤子和垫铁的使用方法。
3. 掌握凹陷的撬棒修复法。

任务引入

车辆在行驶或者静止中，难免碰伤刮擦或者受外力作用产生钣金件变形。一辆车的车身发生轻微碰撞产生小凹陷（见图 8—1—1），如何能够修复好这一凹陷，并且不损伤原有漆面，降低修复成本呢？常见的钣金件基本变形如何修复？又需要借助于哪些工具来实现？

图 8—1—1　车身凹陷

知识准备

一、工作平台

工作平台是钣金操作的基础件，主要用于在其上平面进行板料划线、下料、敲平及矫正工作。普通钣金工作平台没有确定的尺寸标准，常用的台面有以下几种规格：600 mm×

1 000 mm、800 mm×1 200 mm、1 500 mm×3 000 mm。台面高度 h 为 650 ~ 700 mm（有的平台高度可调）。其材料多为铸铁，背面有加强肋。平板固定在支架上便形成工作平台，如图 8—1—2 所示。

二、锤子

锤子是汽车钣金维修中的基本工具，如图 8—1—3 所示，形状很多，作用也不一样。应用于钣金修理中的锤子，企业通常又称其为钣金锤。

图 8—1—2　工作台

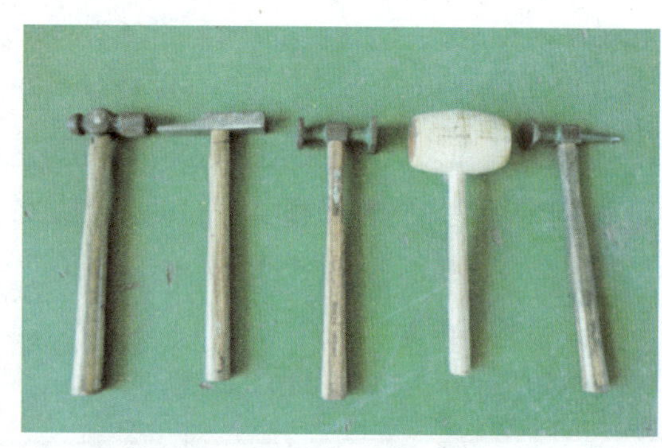

图 8—1—3　各种锤子

1. 分类

（1）扁头锤：主要用于敲击平面，也可以敲击较深的凹陷和边缘拐角，如图 8—1—4a 所示。

（2）捅锤：主要用于直捅敲击弧形构件，也可以横击，还可以作为撬具和垫铁使用，如图 8—1—4b 所示。

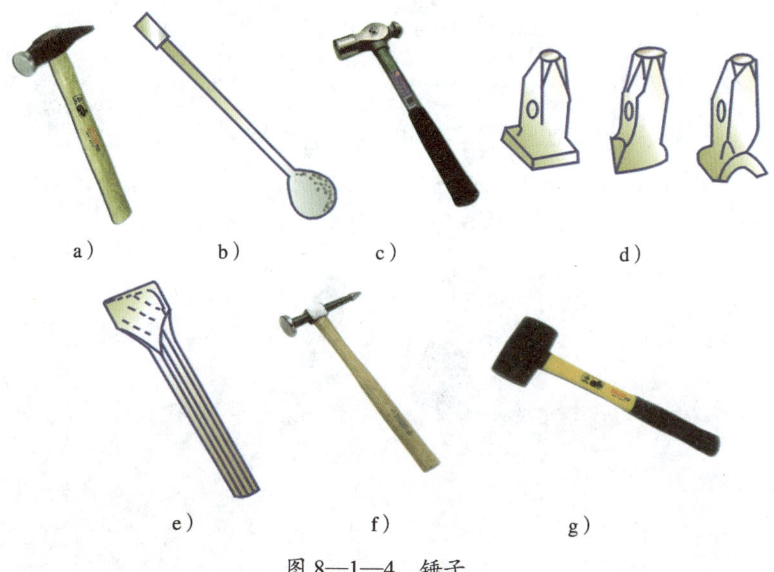

图 8—1—4　锤子

a）扁头锤　b）捅锤　c）拱锤　d）中间锤　e）平头整形锤　f）鹤嘴锤　g）橡胶锤

（3）拱锤：主要用于圆弧形工件的整形和制作，如整修或配制小型车的轴端盖等，如图8—1—4c 所示。

（4）中间锤：为了使工件避免直接锤击而使用中间锤，如图 8—1—4d 所示。

（5）平头整形锤：主要用于修整箱形角等部位，如图 8—1—4e 所示。

（6）鹤嘴锤：主要用于消除工件表面的小凹坑，如图 8—1—4f 所示。

（7）其他形式：根据锤击需要，锤头可以做成各种形状，如橡胶锤、木槌、铜锤等，如图8—1—4g。

2. 使用方法

锤子的手柄长短必须适度，一般经验认为比较合适的长度是手握锤头，前臂的长度与锤子的长度相等。在需要较小的击打力时，可采用手挥法；在需要较强的击打力时，可采用臂挥法。采用臂挥法时应注意锤头的运动弧线，如图 8—1—5 所示。

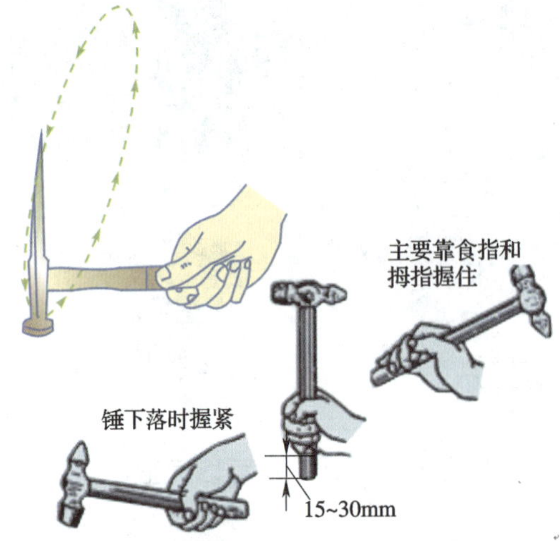

图 8—1—5　锤子的正确使用

使用锤子的注意事项如下：

（1）通过训练掌握锤子的使用方法，如图 8—1—6 所示。

（2）使用前擦净锤面及手柄上的油污，以免滑脱伤人。

（3）检查手柄是否松动，以免锤头脱出造成事故。

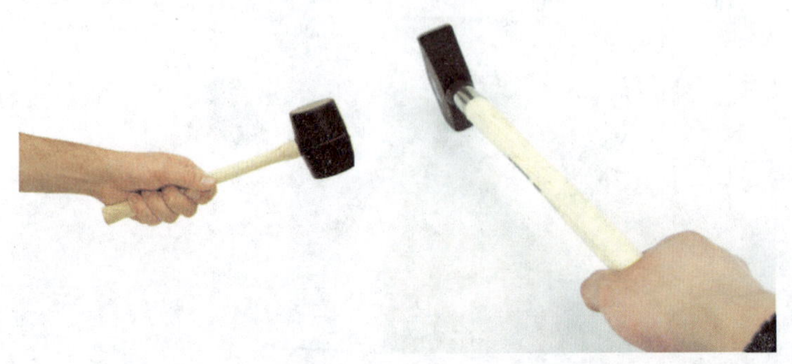

图 8—1—6　锤子使用练习

三、垫铁

垫铁是一种手持的铁砧，也称为顶铁或衬铁，如图 8—1—7 所示。

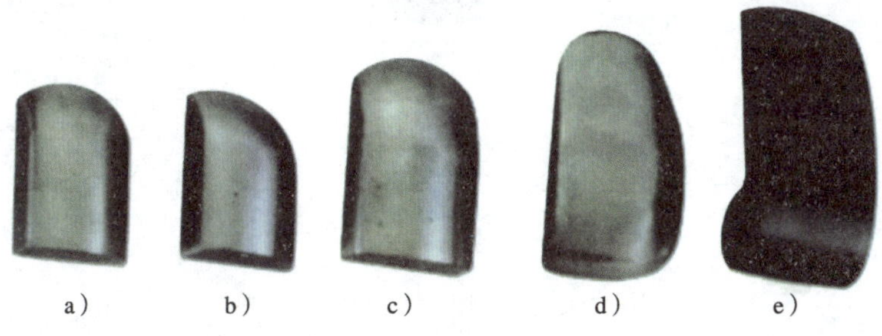

图 8—1—7　各种垫铁

一般垫铁和锤子（见图 8—1—8）配合使用，用来消除工件表面的变形，是钣金作业中最为流行的一种修平方法，称为垫铁法，如图 8—1—9 所示。车身板件发生的凹凸变形，凡是便于放入垫铁的部位，均可采用垫铁法予以修整。

图 8—1—8　各类锤子和垫铁

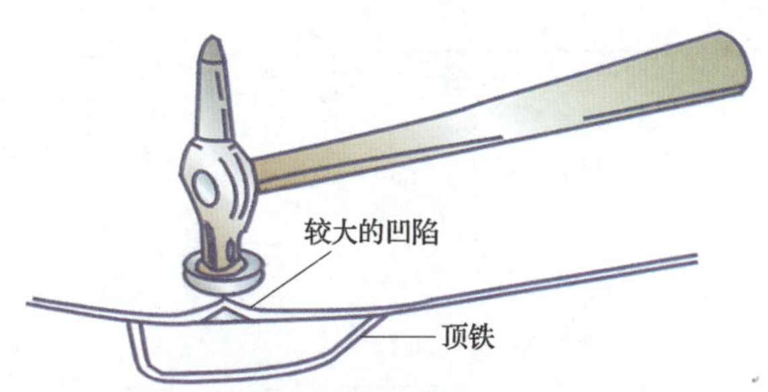

图 8—1—9　锤子与垫铁的配合

用垫铁法修整可分为正托和偏托两种方式，如图 8—1—10 所示。

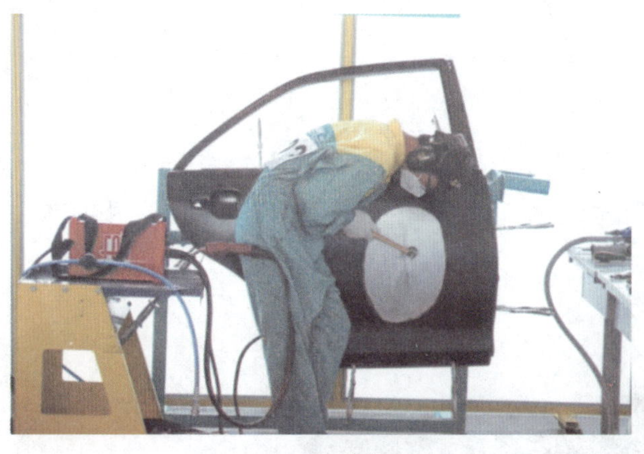

图 8—1—10　垫铁法作业

偏托法是直接用垫铁抵住最大凹陷处，使用木槌或尼龙锤敲击凹陷周围产生的隆起变形，即深入浅出地由最大凹凸变形处开始敲平，如图 8—1—11a 所示。当局部凹凸变形被修平至一定程度时，应改用图 8—1—11b 所示的正托法进一步敲平，即用垫铁直接抵住小的凹凸变形处，使用锤子直接敲击变形处，直至该变形处平整。

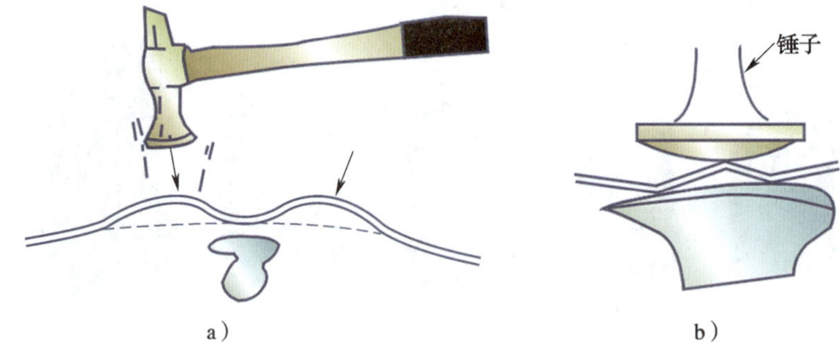

图 8—1—11　偏托法与正托法

a）偏托　b）正托

垫铁法敲平的工序如图 8—1—12 所示。所用垫铁的端面形状应与被修正壁板形状吻合，否则，将会产生严重的后果，使金属板的损坏更严重。

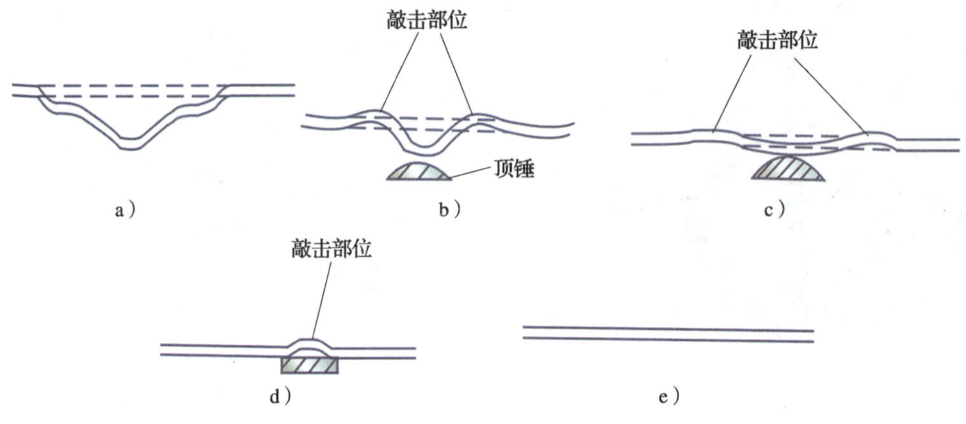

图 8—1—12　顶铁法工序

a）修复前　b）第一次敲击部位　c）第二次敲击部位　d）最后敲击部位　e）修复后

四、匙形铁

匙形铁是车身修理的特殊工具，主要用于抛光金属表面，所以也称为修平刀，如图 8—1—13 所示。不同的匙形铁可与不同的面板形状匹配使用，如图 8—1—14 所示。

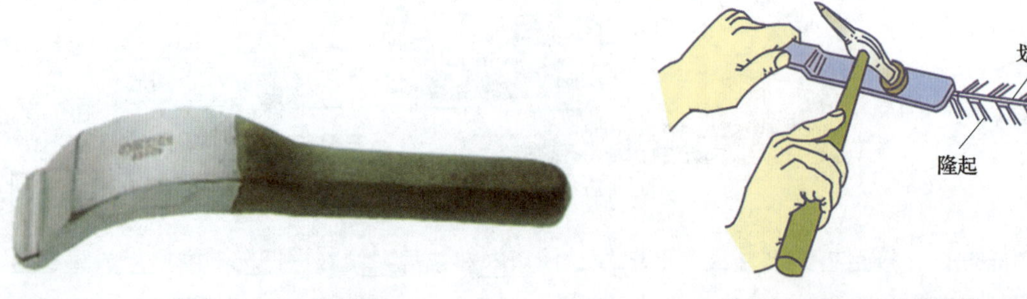

图 8—1—13　匙形铁

图 8—1—14　其他匙形铁

当面板背面的空间有限时，匙形铁弯曲的弧面也可作为撬板使用，如图 8—1—15 所示，利用面板的孔洞作为支撑点，朝与凹陷相反的方向受力，撬出凹陷。

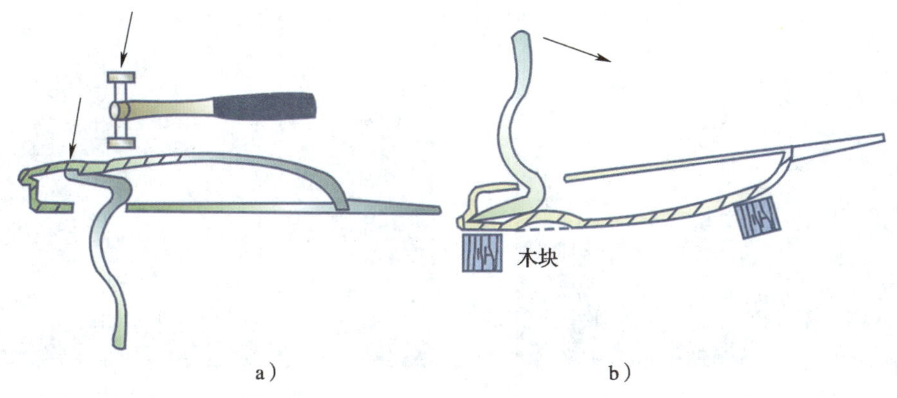

图 8—1—15 匙形铁的其他作用

a）作撬板用 b）直接顶起

五、汽车整形机

汽车整形机（见图 8—1—16a）又称为汽车外形整形机、车身修复机，企业也称其为介子拉伸机。对于密封型车身面板的凹陷无法垫铁安置也就无法使用垫铁法来修复面板，也无法利用面板上现成的孔洞使用匙形铁撬起，此时可采用整形机配套的惯性锤组件（见图 8—1—16b）进行修理。惯性锤的顶端呈螺纹尖端或钩状形式。

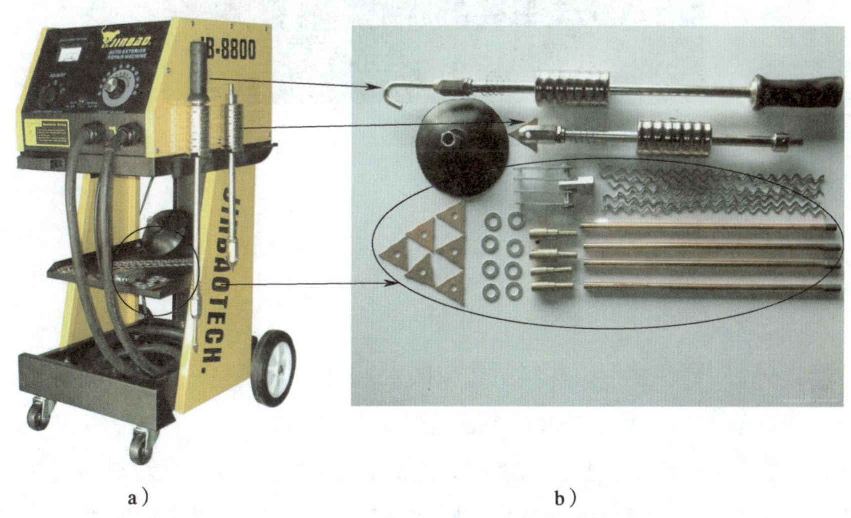

图 8—1—16 汽车整形机

a）整形机 b）惯性锤组件

用惯性锤组件进行矫正时，先将惯性锤顶端与面板变形处连接固定，用手握住惯性锤的滑块迅速向与变形相反的方向滑动，利用滑块沿惯性锤杆身滑动时的惯性力，冲击杆端并带动面板变形处，如图 8—1—17 所示。在修整面板时，视具体情况在变形处周围轻轻锤击，将凹陷变形拉起，同时敲打其隆起点（见图 8—1—18）。经整平后打磨焊点，用气焊修补孔洞，喷漆复原。

图 8—1—17 直接拉伸

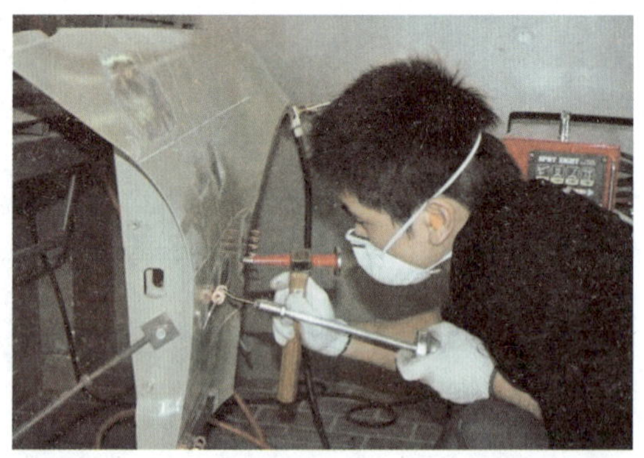

图 8—1—18 配合锤子敲击

当面板凹陷呈现较小弧面凹坑时，使用惯性锤组件的吸盘可即时修复凹坑，如图 8—1—19 所示，而且不损伤汽车车身原有的漆面。

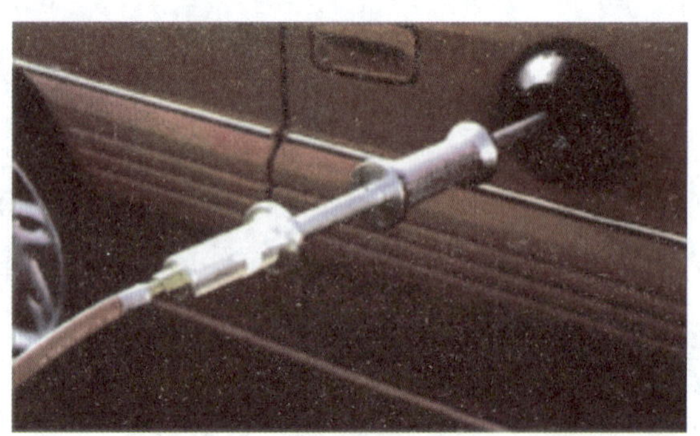

图 8—1—19 吸盘

六、夹具与撬具

1. 夹具

在钣金修理中，对部件整形、板料折边或固定划线等加工，经常用到各种夹具，其外形如图 8—1—20 所示，钣金夹具的主要作用就是固定作业对象。

尼龙夹采用工程塑料制成，具有重量轻、绝缘、耐腐蚀、隔热及无磁等特点，在汽车钣金作业过程中主要应用于一些用电设备搭铁时的夹持，或者作业强度较低时的固定。大力钳主要用于夹持零件进行铆接、焊接及磨削等加工，其特点是钳口可以锁紧并产生很大的夹紧力，使被夹紧零件不会松脱，而且钳柄有很多挡调节位置，供夹紧不同厚度零件使用，另外也可作扳手使用；按大力钳的钳口形状可分为焊接大力钳、直口带刃大力钳、C 形大力钳和扁嘴大力钳等。台虎钳是用来夹持工件的通用夹具，装置在工作台上，用以夹稳加工工件，是钣金修理的必备工具。

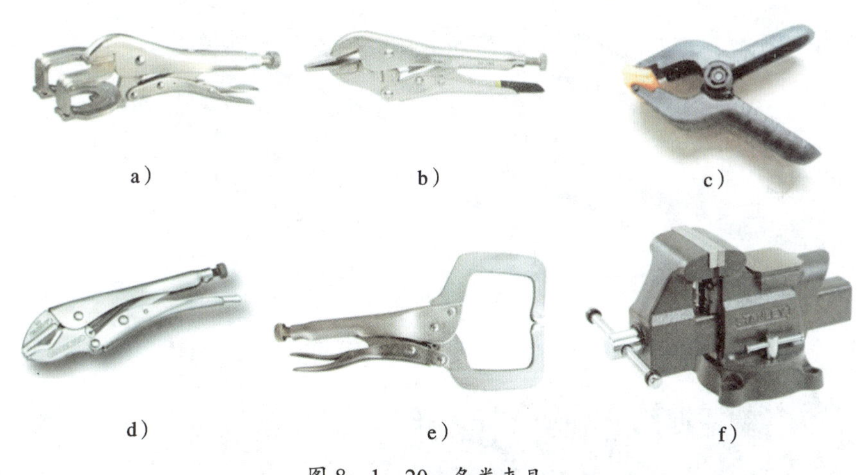

图 8—1—20　各类夹具

a）焊接大力钳　b）扁嘴大力钳　c）尼龙夹
d）直口带刃大力钳　e）C 形大力钳　f）台虎钳

2. 撬具

在钣金作业中，可以使用尖锤、撬棒、垫铁或划针等尖头工具插入凹陷处，将凹陷的金属撬起。如车门蒙皮凹陷时，可将撬具从车门侧边排水孔或门背后的孔内插入，如图 8—1—21 所示。这样的修理可以不拆除门内饰，也不需要在面板上打孔或去除漆膜。

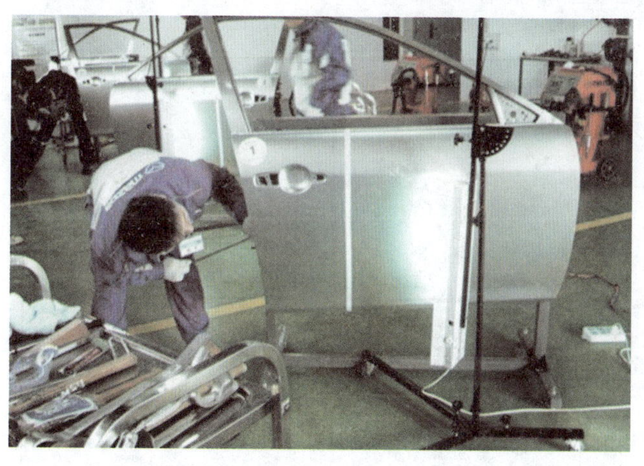

图 8—1—21　使用撬具

常见的撬具为撬棒，又称为撬棍。完成某一特定形状的板件而使用的各种撬棒如图 8—1—22 所示。撬棒采用螺纹钢或不锈钢等加工制成，一般无固定尺寸，如钣金工自己手工制作的撬棒，其尺寸和弯曲度可以视具体修整情况随时修改。或者可以购买不锈钢套装撬棒，数量从几十到几百不等。

利用撬棒修复凹陷时，如图 8—1—23 所示，先选用尺寸合适的撬棒，撬棒头形状与修复的面板形状贴近，撬棒前端的弯曲度不能过大，要可以插入凹陷处。其次选择较为接近凹陷处的孔洞作为撬棒的支撑点，并在支撑点处加衬垫板，防止二次损伤支撑点。

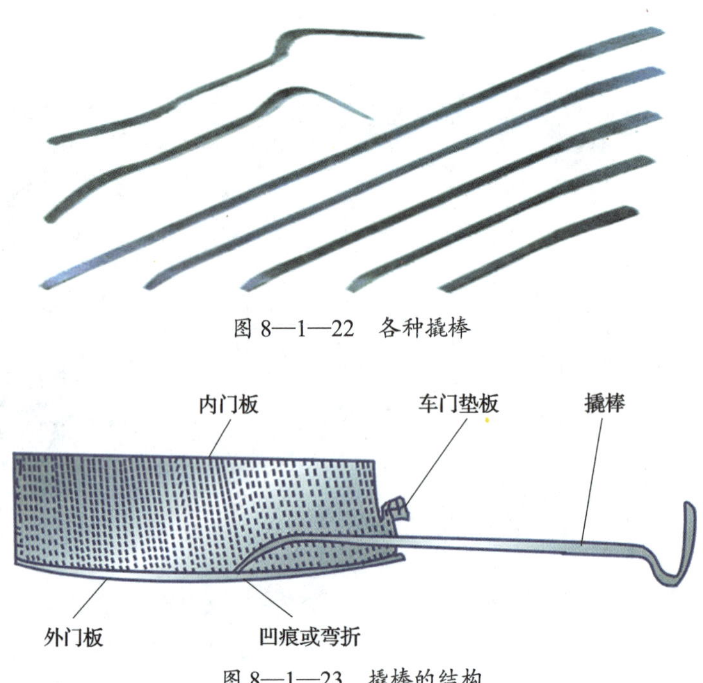

图 8—1—22　各种撬棒

图 8—1—23　撬棒的结构

最后撬起作业时，要从凹陷的最低处开始，缓慢地将凹陷部位撬起，撬动力度不可过大，以免金属层受到拉伸而导致漆面破裂，如此反复缓慢的撬动挤压凹陷处直至凹陷处恢复平整。撬棒修复原理如图 8—1—24 所示。

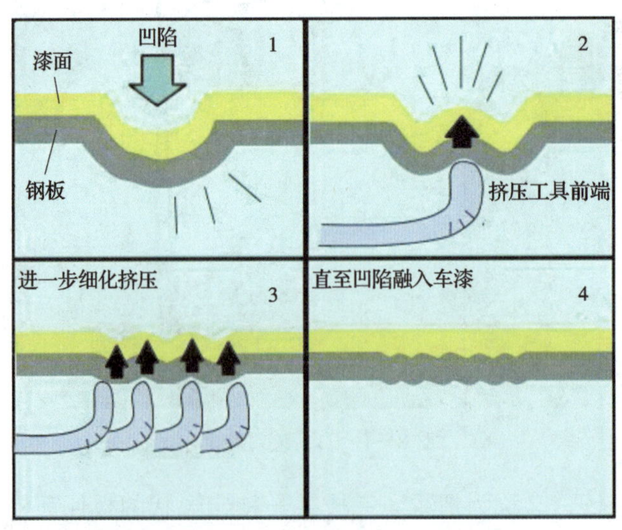

图 8—1—24　撬棒修复原理

七、车身锉刀

车身锉刀用于修整由于锤、顶铁、匙形铁等钣金工具作业留下来的凹凸不平的痕迹，也可磨削焊接时留下的焊疤，其外形如图 8—1—25 所示。

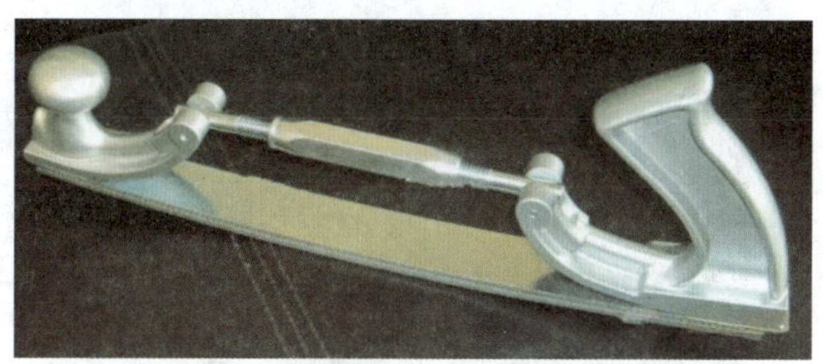

图 8—1—25　车身锉刀

车身锉刀的使用方法如下：

（1）锉较平的表面

以与水平方向成 30° 角握锉刀向上直推，如图 8—1—26a 所示；或水平直握锉刀，但推动锉刀的运动方向是沿水平方向偏 30° 角，如图 8—1—26b 所示。

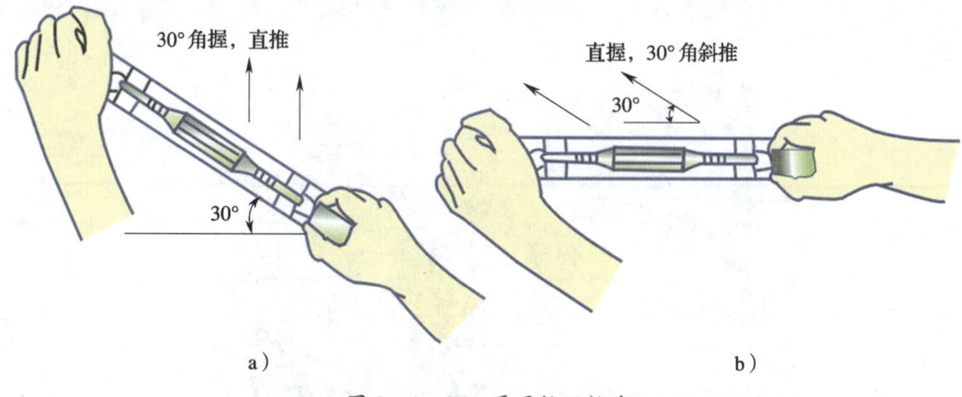

图 8—1—26　平面锉刀锉法

（2）锉凸起的表面

沿曲率最小的弧面的母线方向握住锉刀直推，如图 8—1—27a 所示；或者以等于或小于 30° 角进行侧推，如图 8—1—27b 所示。

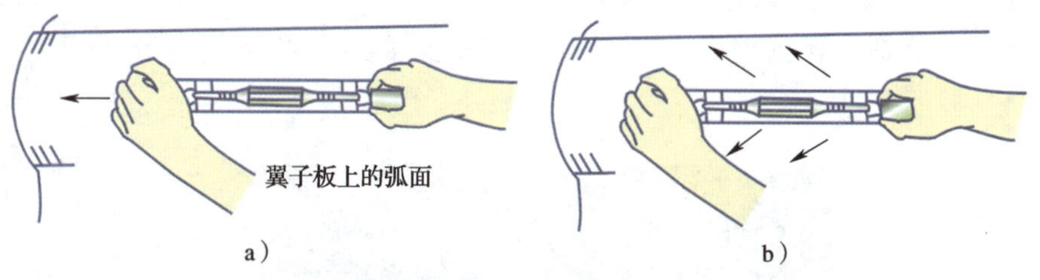

图 8—1—27　曲面锉刀锉法

a）锉刀握持方向与曲率最小的弧面母线方向相同，直推

b）锉刀握持方向与曲率最小的弧面母线方向相同，推进角为 30° 或小些

任务实施

车身碰撞产生无损漆面的凹陷，在荧光灯的照射下还可以看到周围有细小的凹陷，如图 8—1—28 所示。确定修复方案为撬棒修复法，其具体步骤如下：

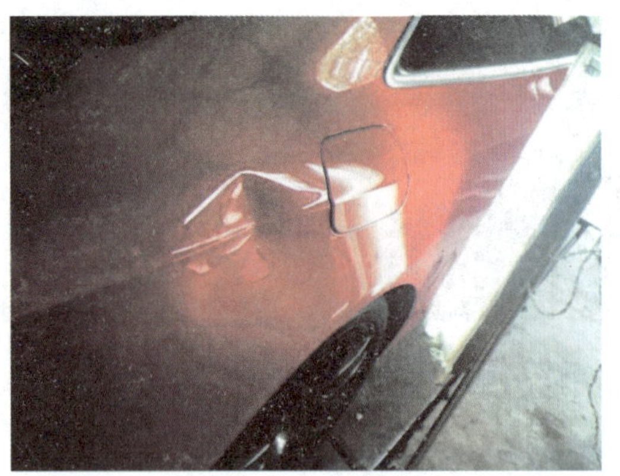
图 8—1—28 凹陷

步骤一：因为凹陷面积比较大，先采用木条将整个凹陷部分从内部顶出来一部分，有利于进行下一步处理。注意要在放木条和撬棒的位置垫一块垫子，如图 8—1—29 所示，防止用力撬时二次损伤车身。

图 8—1—29 放置垫子

步骤二：整体修复，选用大小位置合适的专用撬棒。对于凹陷部分，主要采取从内部利用撬棒往外顶的方式进行修复，对于较大凹陷可以采用从四周往中间慢慢顶，如图 8—1—30 所示。旁边的荧光灯通过灯光照射在车表面上所留下的光影来检测修复的平整性。

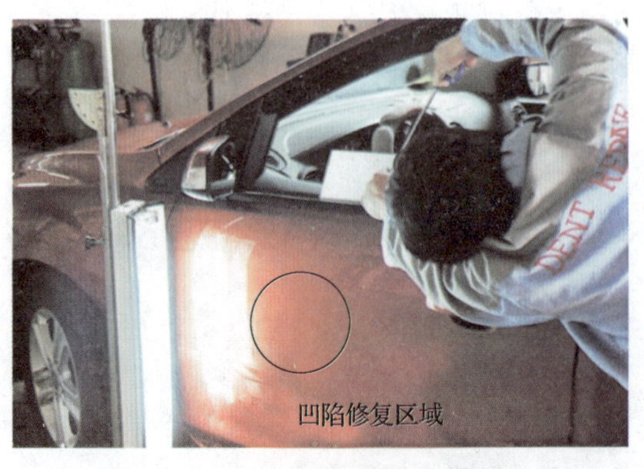

图 8—1—30 撬棍顶出凹陷

步骤三：局部完善。当整体车面基本修复完成后，就进入局部完善阶段。利用小木槌敲打铅笔状的木头，将修复过程中留下的一些细微的凸面敲平，如图 8—1—31 所示。注意在处理时要格外小心，力度要轻。一旦用力过大，就会影响整体的效果。

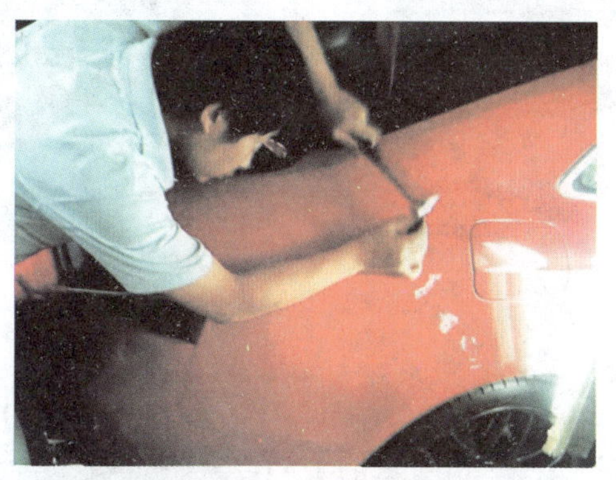

图 8—1—31 敲平凸面

课题二 剪切工具的使用

学习目标

1. 熟悉剪切工具并学会使用。
2. 掌握板料的剪切方法。
3. 掌握锯削板料的方法。

任务引入

如果遇到车身钣金件的损伤是形成塑性变形区或腐蚀等，整形已不能恢复其原有性能时，需采用挖补修理。这时采用何种工具将车身上的损坏部分切割掉？又如何从其他整板料中剪切下所需的板料呢？

知识准备

一、手动剪切工具

1. 手动剪刀

手动剪刀分为手剪刀（见图 8—2—1）和台式剪刀（见图 8—2—2），一般用于某种条件下单件生产或半成品的修整工作。手剪刀只能剪切 0.8 mm 以下的板料，而台式剪刀可以剪切 1.5 ~ 2 mm 的板料。

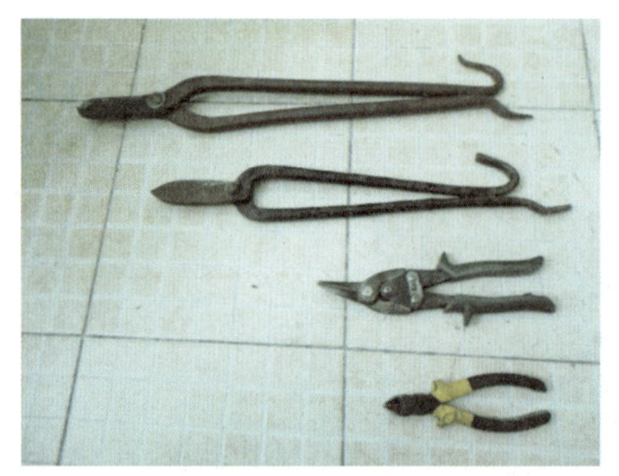
图 8—2—1　手剪刀

图 8—2—2　台式剪刀

2. 剪板机

剪板机是借助运动的上刀片和固定的下刀片，采用合理的刀片间隙，对各种厚度的金属板材施加剪切力，使板材按所需要的尺寸断裂分离。剪板机可分为脚踏式（人力）、机械剪板机式、液压摆式等，脚踏式剪板机如图 8—2—3 所示。剪板机常用于剪裁直线边缘的板料毛坯，剪切工艺应能保证被剪板料剪切表面的直线性和平行度要求，并尽量减少板材扭曲，以获得高质量的工件，一般用于批量生产。

图 8—2—3　脚踏式剪板机

3. 电动剪

电动剪属于振动式剪刀，由一个小型电动机带动刀杆上下快速运动，与下刀头配合达到剪切的目的，如图 8—2—4 所示。

4. 风动手提式振动剪

风动手提式振动剪简称风剪，如图 8—2—5 所示。其特点是体积小、重量轻、操作灵活轻便。

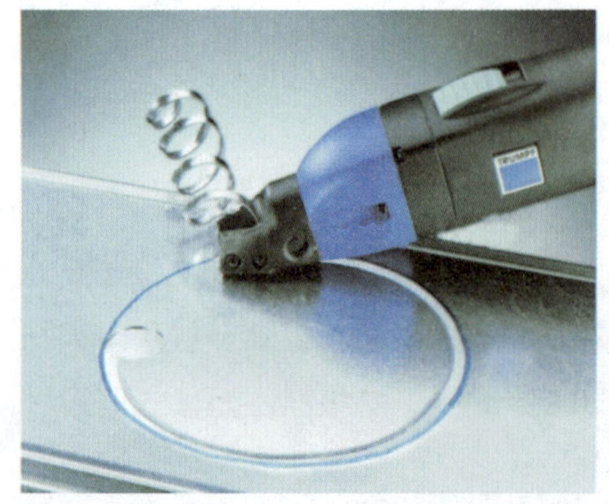
图 8—2—4　电动剪

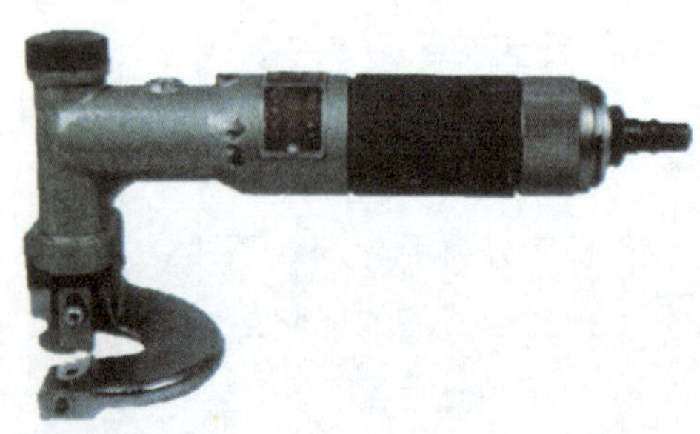
图 8—2—5　风剪

二、手动锯割工具

目前钣金件修理中多使用可调式锯弓，如图 8—2—6 所示。

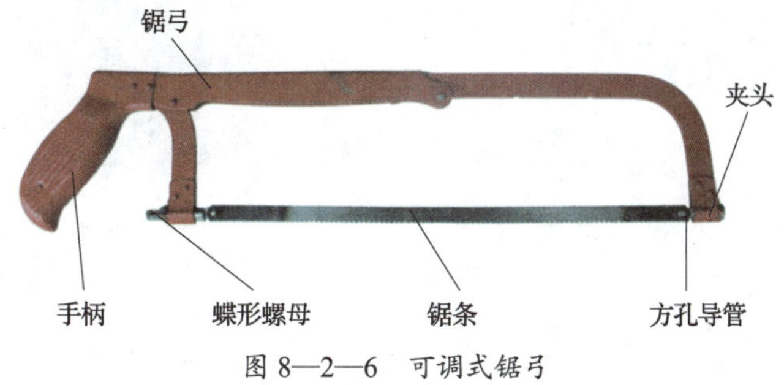

图 8—2—6　可调式锯弓

三、电动工具

1. 手电钻

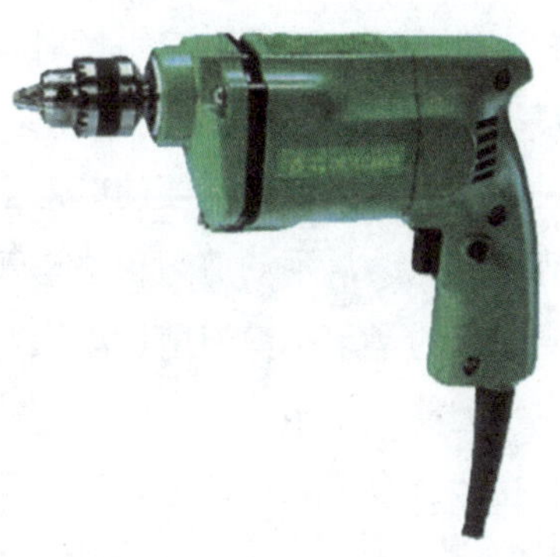

图 8—2—7　手电钻

手电钻（见图 8—2—7）是以交流电源或直流电池为动力的钻孔工具，是手持式电动工具的一种。手电钻是电动工具行业销量最大的产品，广泛用于建筑、装修、家具等行业，用于在物件上开孔或洞穿物体，有的行业之也称为电锤。

电源电压一般有 220 V 和 36 V 两种，其钻头尺寸规格有 ϕ3.6 ~ ϕ13 mm 若干种。

2. 电动砂轮机

钣金作业常见的电动砂轮机有手提砂轮机和盘式砂轮机两种。电动砂轮机是用来刃磨各种刀具、工具或去除物件表面漆膜、锈蚀等覆盖物的常用设备。

在使用前应检查砂轮有无外伤、裂纹，然后进行空转试验，无问题方可使用。由于砂轮机转数高且有一定重量，打磨时与物件接触点要求比较严格，所以稳定性较差。使用时，操作者精力要集中，需戴防护镜。磨削时应避免撞击，应用砂轮正面磨削，禁止使用砂轮侧面。防止砂轮破碎伤人，安装砂轮时，砂轮与两侧板之间应加柔软垫片，严禁猛击螺帽。使用时操作人员应站在侧面，不得两人同时使用一个砂轮机，砂轮片有效半径磨损达 2/3 时必须更换。

手提砂轮机（见图 8—2—8）的砂轮较厚，通常使用侧面打磨焊缝、刃磨工具等。按砂轮直径分，常用的规格有 ϕ150 mm、ϕ80 mm、ϕ40 mm 三种。

盘式砂轮机（见图 8—2—9）通常用来去除物件表面的覆盖物，如车身旧漆膜、钣金件表面锈迹等。打磨工作时用的砂轮片粒度为 60 号、80 号或 120 号等，一般常用的是 80 号。

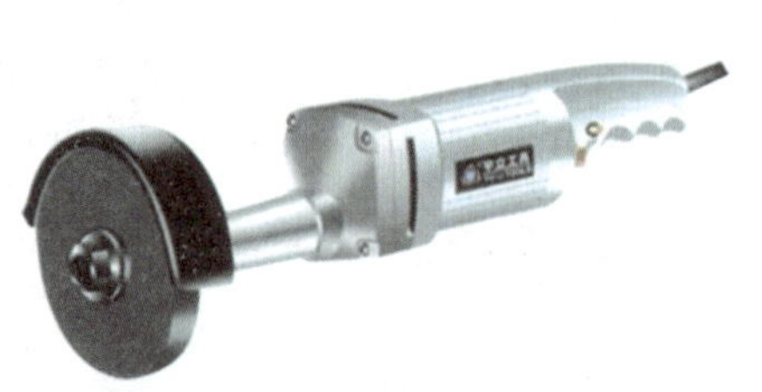

图 8—2—8 手提砂轮机

图 8—2—9 盘式砂轮机

任务实施

一、手工剪切方法

步骤一：在板料上划出剪切线。

步骤二：剪切时左手持料，右手持剪，如图 8—2—10 所示。

图 8—2—10 剪切

步骤三：剪切时要使剪刀上刃口沿着划好的剪切线运动，手动剪刀用法与普通剪刀一致。需要注意的是用小剪刀剪切小板料时，可以直接握在手上剪；如用大剪刀，剪切较大板料时，可以放在地面或者工作台上剪切，不需要将剪刀提在手上。

1. 直线的剪切方法

如图 8—2—11 所示，剪切短料直线时，划出剪切线，被剪去的那部分，放在剪刀的右面；剪切长料时，被剪去的部分要放在剪刀左边，随着剪刀的剪切，左手要慢慢卷曲被剪去部分；剪切较宽的板料时，被剪去的部分也是放在剪刀左边，左手也要随着剪刀的运动慢慢弯曲被剪去板料。

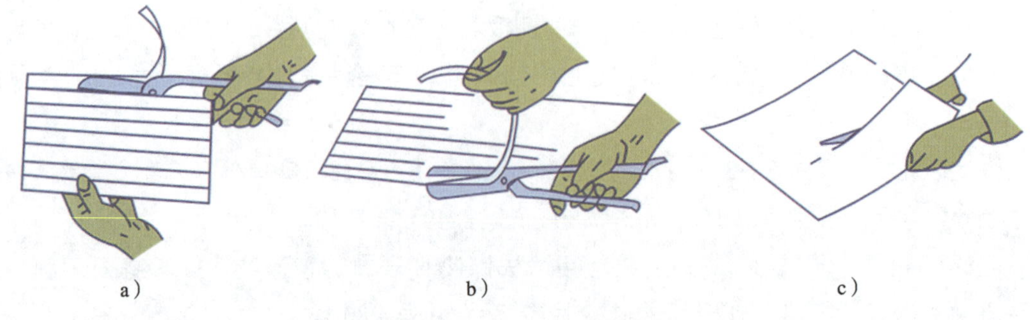

a） b） c）

图 8—2—11 剪直线

a）剪短料 b）剪长料 c）剪切板料

2. 外圆的剪切方法

外圆的被剪去料较长，如图 8—2—12a 所示，剪切外圆应从左边下剪，按顺时针方向剪切，边料会随着剪刀的移动而向上卷起。若被剪去的边料较短小，如图 8—2—12b 所示，可采取剪短料直线的方法，将被剪去的边料放在剪刀右边。

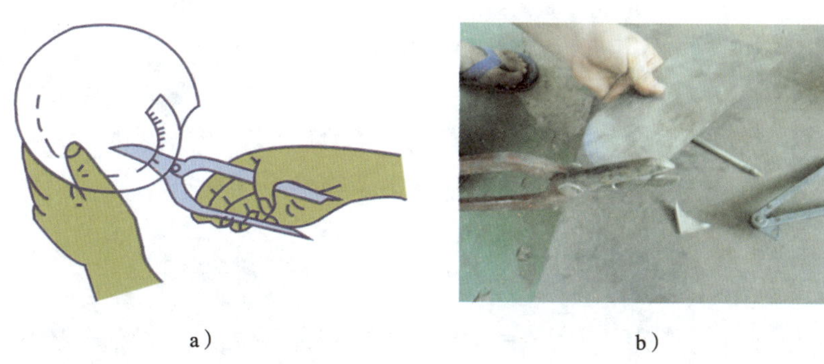

a） b）

图 8—2—12 剪外圆

a）被剪外圆的边料较长 b）被剪外圆的边料较短

3. 内圆的剪切方法

如图 8—2—13 所示，剪切内圆时，应从右边下剪，按逆时针方向剪切，边料会随着剪刀的移动而向上卷起。

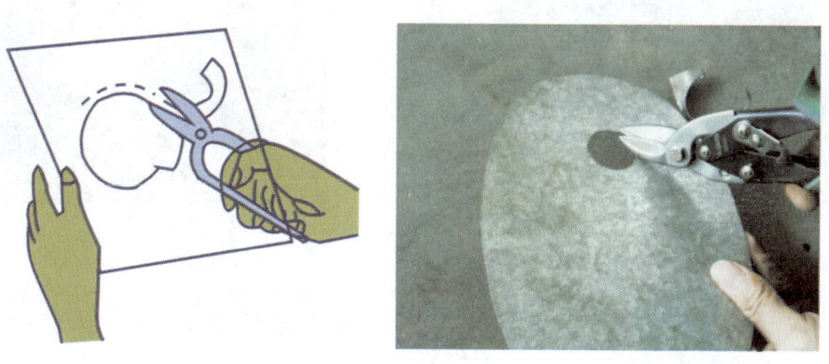

图 8—2—13 剪内圆

4. 厚料的剪切方法

剪切较厚板料时，可将剪刀的下柄夹在台虎钳上，如图 8—2—14 所示，在上柄套上一根管子，右手握住管子，左手拿住板料进行剪切。也可由两人采用敲击法剪切厚料，具体做法是在剪刀的下刃口下面垫块硬质木块，一人右手持剪刀对准厚料上的剪切线，左手固定板料，另一人用锤子敲击剪刀的上刃口进行剪切。

a）　b）

图 8—2—14　剪厚料

a）在台虎钳上用剪刀剪切厚料　b）用敲击法剪切厚料

二、脚踏式剪板机剪切方法

步骤一：划出板料的剪切线。脚踏式的剪板机在脚踏的位置要放置一块轮胎或者木块垫，以缓冲脚踏板的冲击力，保护人和剪板机，如图 8—2—15 所示。

步骤二：抬起脚踏板将上刀片抬起，将板料的剪切线对准上刀片刃口的位置，如图 8—2—16 所示。

图 8—2—15　准备板料和剪板机

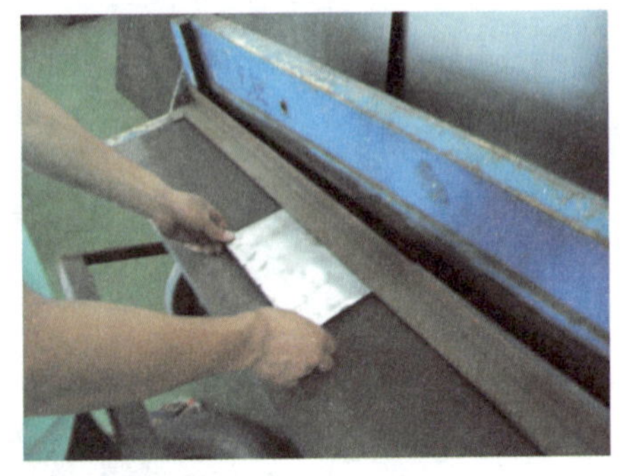
图 8—2—16　对准裁剪线

步骤三：手按稳板料后，人站上脚踏板，使劲踩下脚踏板，便可剪切板料，如图 8—2—17 所示。

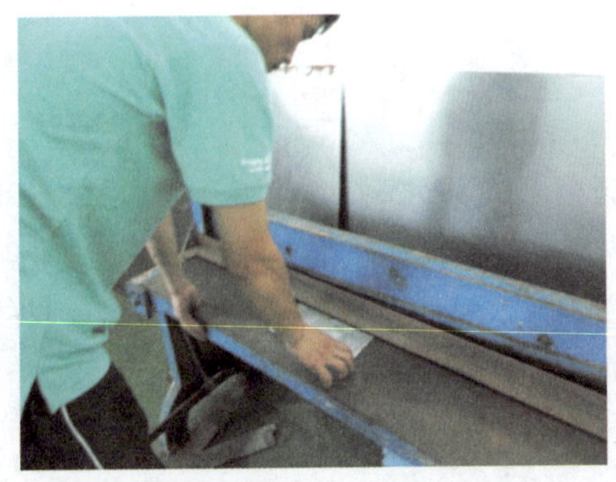
图 8—2—17　脚踏板

三、可调式手锯的使用方法

步骤一：选择锯条。目前常用锯条的长度为 300 mm（锯条两端小圆孔中心距）、宽 10 mm、厚 0.6 mm。

步骤二：安装锯条。注意锯条的锯齿要朝前，如图 8—2—18 所示，缓慢旋紧蝶形螺母，直至推锯条中间时有弹性但锯条两头无晃动为止，不要过度旋紧，防止锯条崩断。

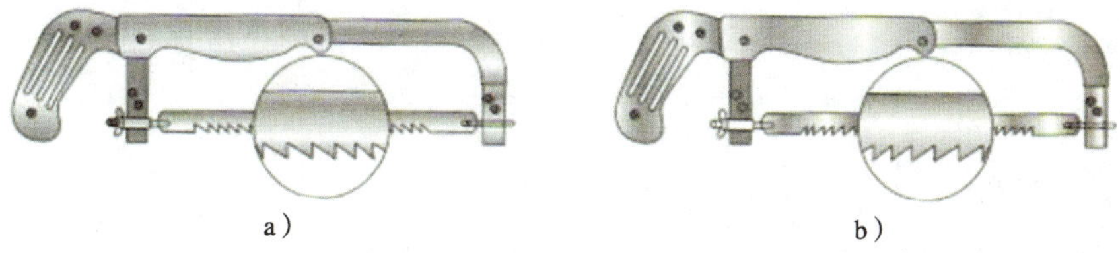

a） b）

图 8—2—18 锯齿方向

a）正确 b）错误

步骤三：将工件夹持在台虎钳上，切口应靠近钳口处，以免锯削时工件颤动，如图 8—2—19 所示。

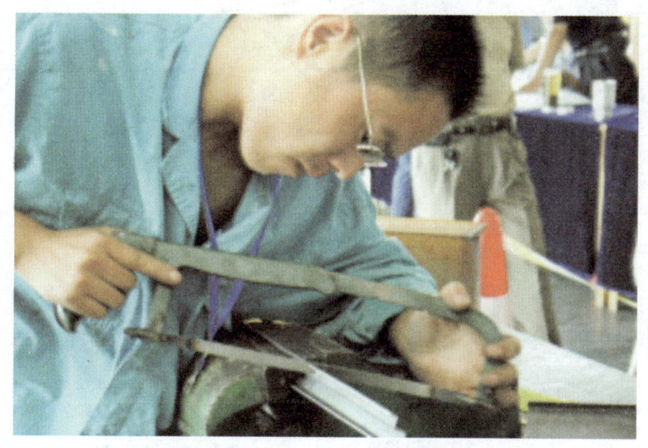

图 8—2—19 切口靠钳口

步骤四：手锯握持方式如图 8—2—20a 所示，右手紧握锯柄，左手夹持前端弓架。

步骤五：起锯时，锯齿与工件表面约成 15° 角且锯齿面应保持在 3 个齿以上，如图 8—2—20b 所示。

a） b）

图 8—2—20 锯削方法

a）在工件前起锯 b）在工件后起锯

步骤六：锯削时，右手推动手锯，左手向下略施压力，并扶正锯弓做往复运动；

步骤七：锯削速度一般以每分钟往复 30 次左右为宜，并应用锯条全长的三分之二工作，以免锯条中间部分迅速磨钝。

四、盘式砂轮机的使用方法

步骤一：安装砂轮片。

（1）将软垫背装在转轴上，用手旋至紧固即可，如图 8—2—21a 所示。

（2）将砂轮片放在软垫上，如图 8—2—21b 所示。

（3）用特殊扳手紧固，如图 8—2—21c 所示。

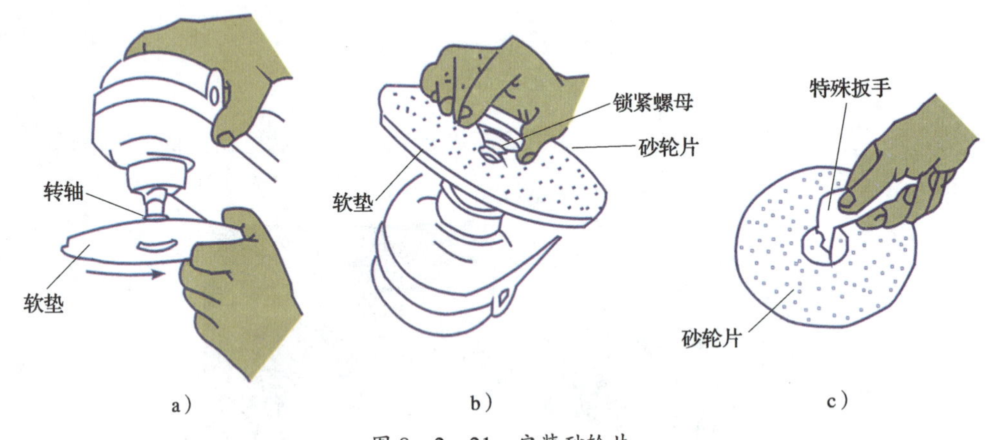

图 8—2—21　安装砂轮片

a）装软垫　b）装砂轮片　c）紧固

步骤二：右手抓住砂轮机前面把手，左手抓住后面把手，启动开关。

步骤三：在金属表面开始打磨，如图 8—2—22 所示。

图 8—2—22　打磨

打磨方法：正确的打磨方法如图 8—2—23 所示，应使砂轮片的 1/3 表面与被加工表面接触，其研磨效果最好。

图 8—2—23　打磨方法

课题三　划 线 下 料

学习目标

1. 了解钣金件的配裁方法。
2. 熟悉钣金常用划线工具的使用方法。
3. 掌握钣金件的划线方法。

任务引入

在制作钣金件时，直线形工件的划线与裁剪都比较方便，但是遇到圆形或者不规则图形的工件时，又应如何在整块板料上划出图形和剪切呢？

知识准备

一、划线工具

1. 划针

划针是用来在板料上划线的基本工具，一般由中碳钢或高碳钢制成，如图 8—3—1 所示。通常有直头和弯头两种，弯头划针用于直头划针划不到的地方。划针长度约为 120 mm，直径为 4 ~ 6 mm。为了能使其在板料上划出清晰的标记线，划针尖端非常锐利，尖端角度一般在 15° ~ 20°，且具有耐磨性。

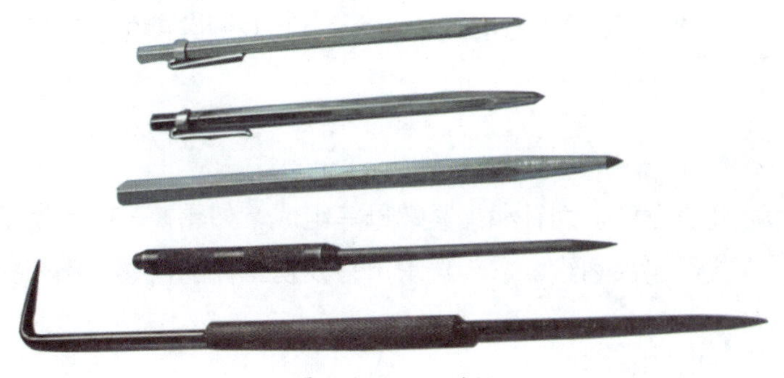
图 8—3—1　划针

2. 划规

划规用于划折边线，可沿板料边缘划等距离引线，如图 8—3—2 所示。

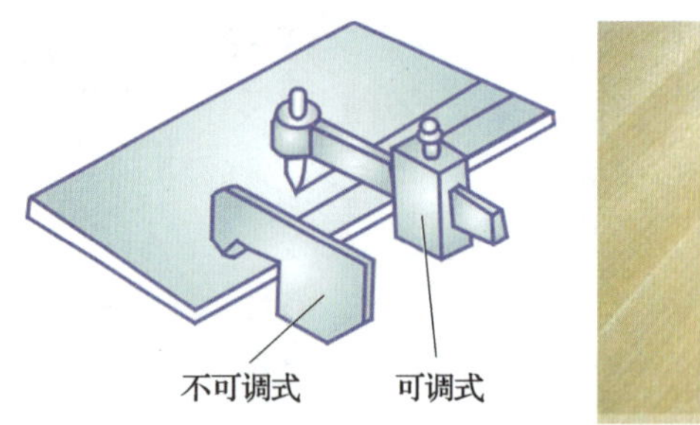

图 8—3—2 划规

3. 圆规

圆规用来在金属板上划圆或圆弧，可测量两点间的距离，也可直接在金属板上截取等距尺寸。圆规尖脚上焊有硬质合金，并经淬火处理。常用的圆规如图 8—3—3 所示。

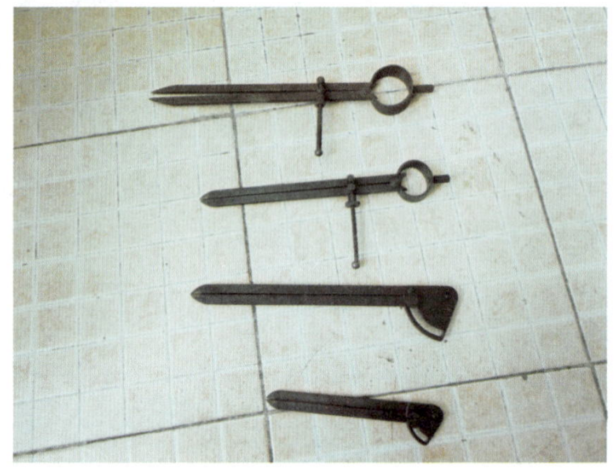

图 8—3—3 圆规

4. 样冲

样冲也称心冲，由高碳钢制成，长度为 90 ~ 150 mm，尖端磨成 30° ~ 40° 或 60° 角两种，并经淬火处理。样冲主要用来冲圆心或钻孔时冲中心眼，如图 8—3—4a 所示。使用时如图 8—3—4b 所示，左手扶持样冲，使尖端对准圆心或中心眼，并保持样冲垂直于工件表面，左手持锤子敲击一下样冲；如要扩大圆心或中心距，可以将样冲倾斜 30° 左右再次敲击一下。

5. 划线盘

（1）划线盘结构

划线盘主要由底座、立柱、划针和夹紧螺母等组成，如图 8—3—5 所示。划针两端分为直头端和弯头端，直头端用来划线，弯头端常用来找正工件的位置，例如找正工件表面与划线平台表面的平行等。

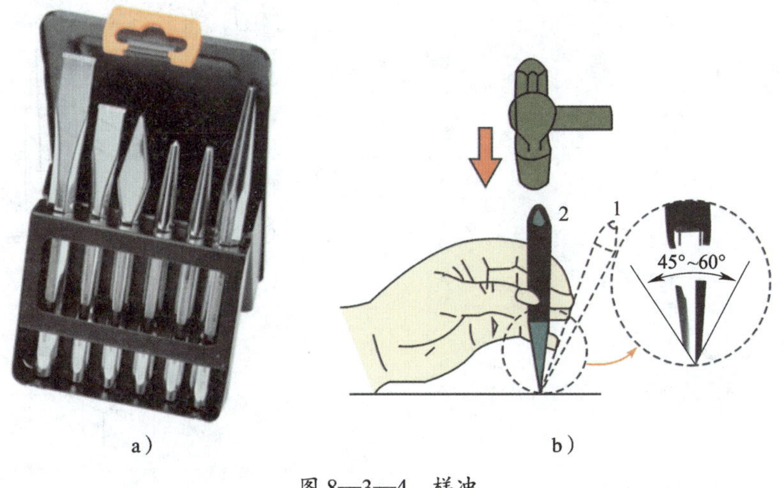

图 8—3—4　样冲

a）各式样冲　b）使用方法

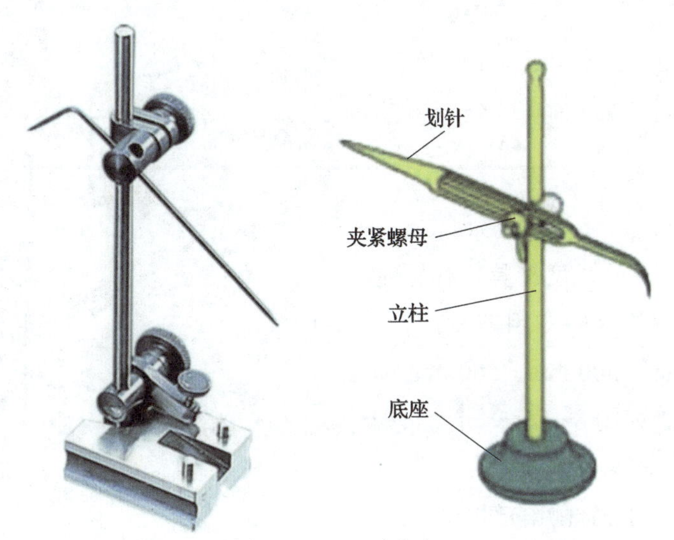

图 8—3—5　划线盘

（2）划线盘使用要求

1）确定划线尺寸。如图 8—3—6 所示，划针夹紧牢固，呈水平状态划线时，应使划针基本处于水平位置，不要倾斜太大。划针伸出的部分应尽量短些，这样划针的刚度较好，不易产生抖动。划针的夹紧也要可靠，以避免尺寸在划线过程中有变动。

2）划针与工件划线表面的划线方向成 30° ~ 60° 角，这样可以减少划线阻力和防止针尖扎入工件表面，如图 8—3—7 所示。在用划线盘划较长直线时，应采用分段连接划法，这样可对各段线的首尾作校对检查，避免在划线过程中由于划针的弹性变形和划线盘本身的移动所造成的划线误差。

3）要紧贴平板表面平稳地拖动划线盘底座。在划线过程中拖动划线盘底座时，应使它与平台台面紧紧接触，而无摇晃或跳动现象。为使底座在划线时拖动方便，还要求底座与平台的接触面保持清洁，以减少阻力。

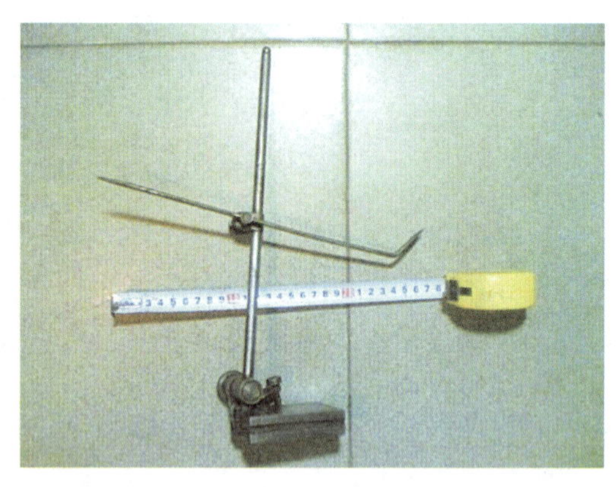

图 8—3—6　确定划线尺寸

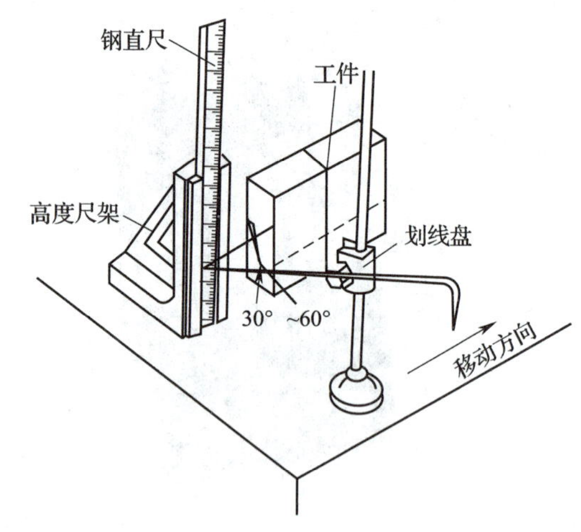

图 8—3—7　划线

4）划线盘使用完毕后，应使划针置于垂直状态，并使直头端向下，以防伤人和减小所占的空间位置，如图 8—3—8 所示。

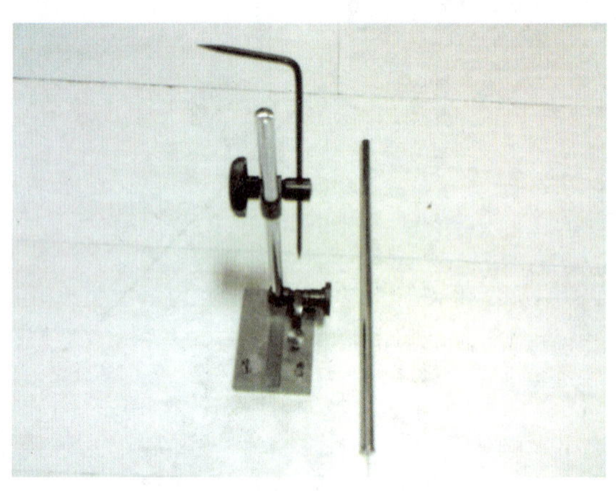

图 8—3—8　垂直摆放

6. 钢直尺

钢直尺是最简单的长度量具，在钣金件的下料、划线和放样中应用非常广泛，它的长度有 150 mm、300 mm、500 mm 和 1 000 mm 等规格，如图 8—3—9 所示。钢直尺用于测量零件的长度尺寸，但测量结果不太准确。这是由于钢直尺的刻线间距为 1 mm，而刻线本身的宽度就有 0.1 ~ 0.2 mm，所以测量时读数误差较大，只能读出毫米数，即它的最小读数值为 1 mm，比 1 mm 小的数值只能估算。

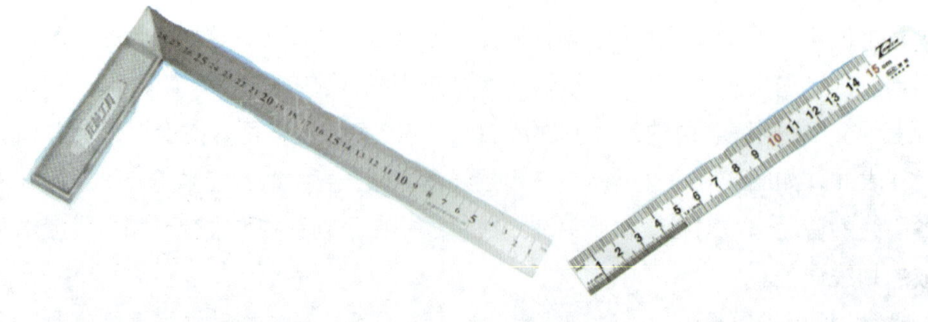

图 8—3—9　钢直尺

二、材料的合理配裁

下料是指确定制作某个设备或产品所需的材料形状、数量或质量后，从整个或整批材料中取下一定形状、数量或质量的材料的操作过程，如图 8—3—10 所示。不规则的板料通常不会在整板料上直接划线，可以采用硬纸板或者薄铁皮等先制作出样板，如图 8—3—11 所示，再在板件上借助样板划线。为了使材料不浪费，将有限的整料细分为最大量的材料就需要合理的配裁，常用的配裁法有以下几种。

图 8—3—10 下料

图 8—3—11 配裁样板

1. 集中下料法

如图 8—3—12 所示，由于工件的形状、大小不一，为了合理使用材料，将使用同样牌号、同样厚度的工件集中一次划线下料。

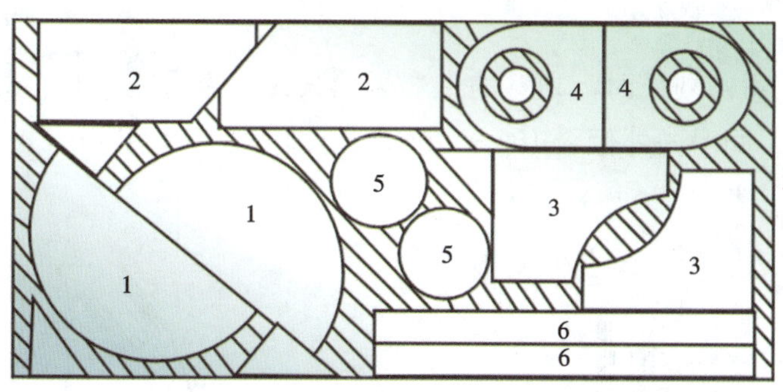

图 8—3—12 集中下料法

2. 长短搭配法

长短搭配法适用于条形板料的下料。下料时先将较长的料排出来，然后根据长度再排短料，这样长短搭配可使余料最小。

3. 零料拼整法

如图 8—3—13 所示，在钣金作业中，有时按整个工件划料，则挖去的材料较多，浪费较大，常常有意将该工件裁成几部分，然后再拼起来使用，可以节省用料。

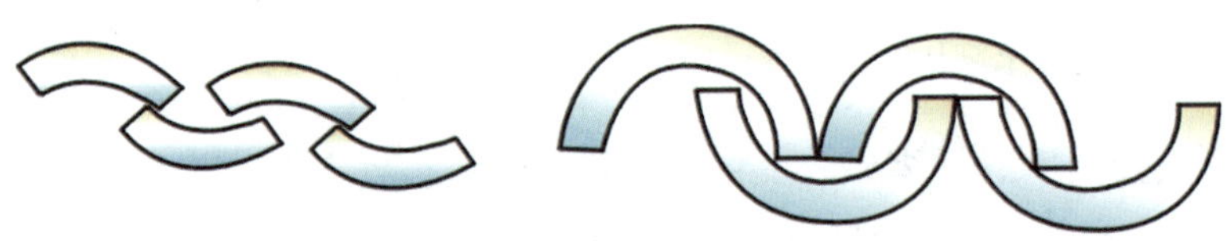

图 8—3—13　零料拼整法

4. 排板套裁法

如图 8—3—14 所示，当工件下料的数量较多时，为使板料得到充分利用，必须对同一形状的工件或各种不同形状的工件进行排样套裁。排样的方式通常有直排、斜排、单行排列、多行排列、对头直排、对头斜排等。

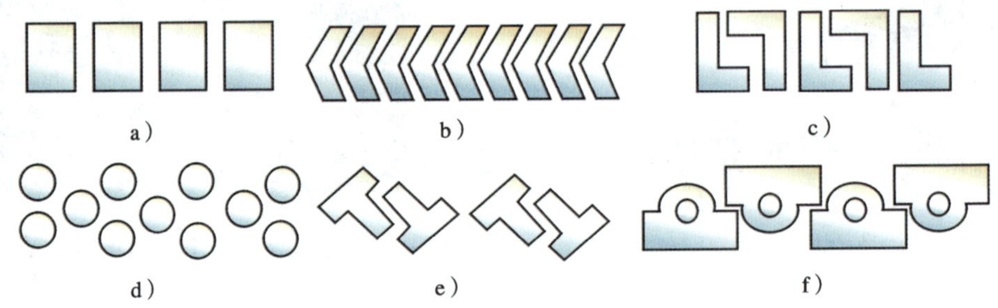

图 8—3—14　排板套裁法

a）直排　b）斜排　c）单行排列　d）多行排列　e）对头斜排　f）对头直排

任务实施

划线工具的应用：划线时，划针的尖端必须紧靠钢直尺或样板，划针应朝向划线方向倾斜 50° ~ 70°，同时向外倾斜 10° ~ 20°，划线粗细不得超过 0.5 mm，如图 8—3—15 所示。

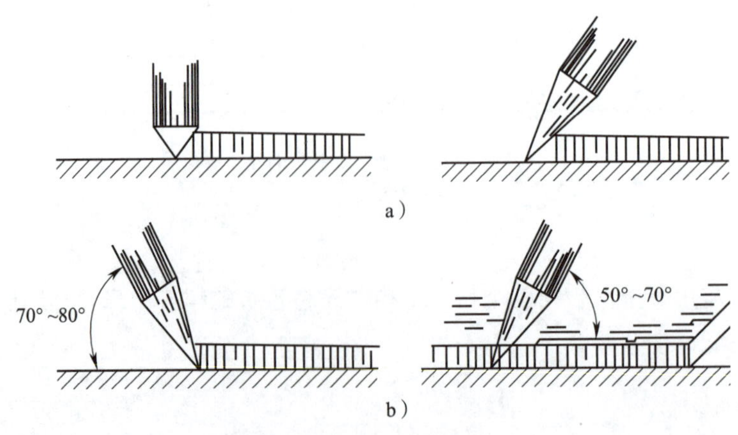

图 8—3—15　划线方法

a）错误　b）正确

一、直线的划法

直线的划法如图 8—3—16 所示。将钢直尺刻度侧对准需要划线的地方，左手用力按住钢直尺，防止钢直尺在板料上滑动，右手持划针划下需要尺寸的直线。

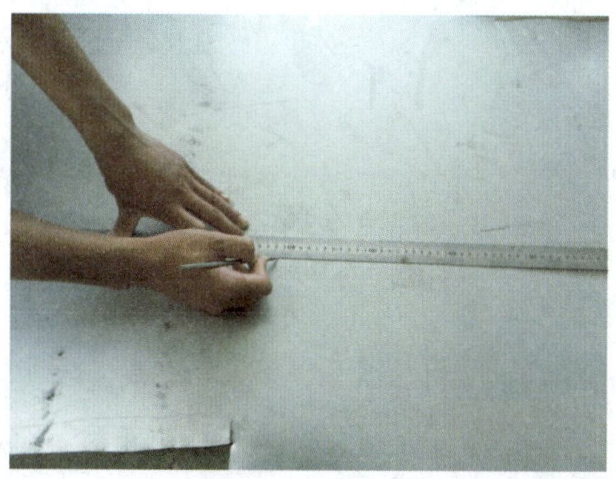

图 8—3—16　划直线

二、划规开挡位置的调整

为了使划规尖脚移取的尺寸准确，应在钢直尺上重复移取几次，这样可以看出误差的大小。如 10 mm 一次差 0.1 mm，往往不容易看出来，若量 5 次后相差 0.5 mm 就能明显地看出来了，如图 8—3—17 所示。

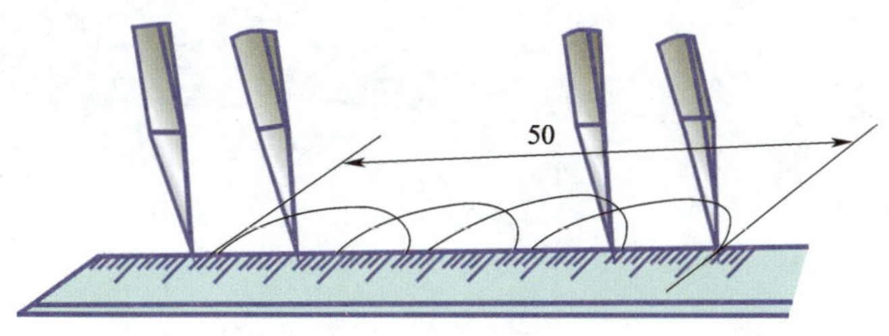

图 8—3—17　确定尺寸

三、中心点在工件边缘的划法

如图 8—3—18 所示，如果圆弧的中心点在工件的边缘上，可借助于辅助支座进行划线。

四、中心点在工件之外的划法

如图 8—3—19 所示，如果圆弧中心点在工件之外，可将一块打样冲孔的延长板夹在工件上，借助延长板上的圆心划出工件上的圆弧；也可将工件固定在工作台或者平面上，在工作台或平面上确定圆心，划出工件上面的圆弧。

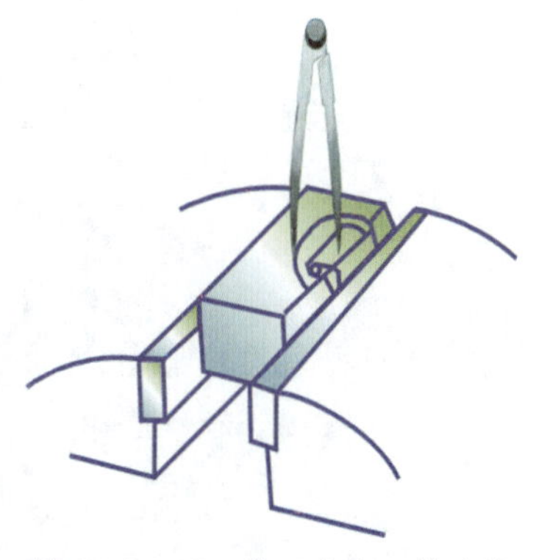

图 8—3—18　中心点在工件边缘

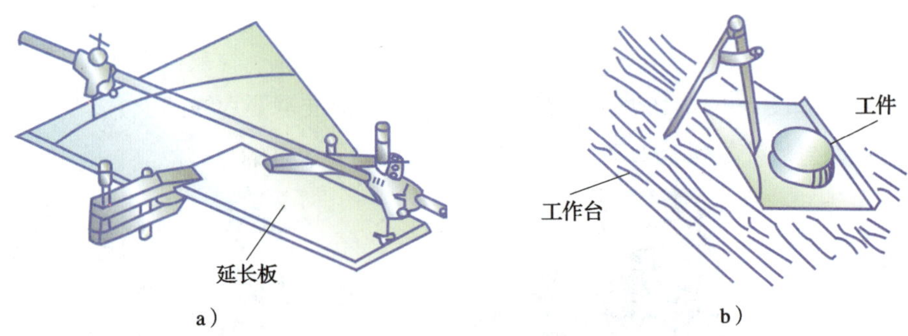

图 8—3—19 中心点在工件之外的划法

a）用延长板法 b）借助工作台或地面法

五、使用圆规划圆的方法

如图 8—3—20 所示，用圆规划圆时，掌心压住圆规顶端，使规尖扎入金属表面或样冲孔中。划圆周线时，常常正反各划半个圆周线而成一个整圆。

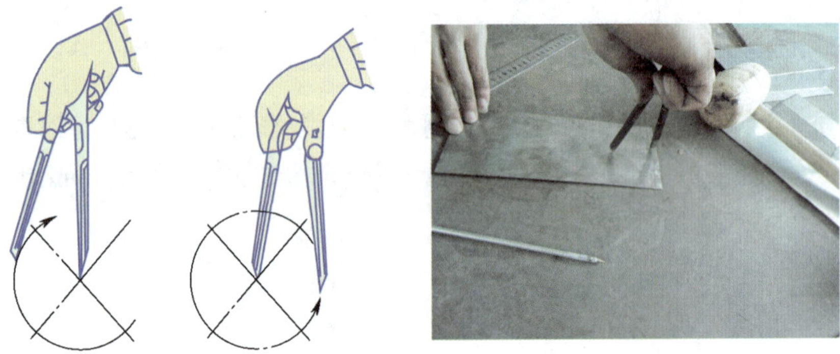

图 8—3—20 划圆

单元九　钣金件的矫正

课题一　手工矫正技术

学习目标

1. 掌握薄板的手工矫正。
2. 掌握角钢的手工矫正。
3. 掌握框架的手工矫正。

任务引入

车身常由表面覆盖件蒙皮薄板、梁和框架等结构构成，如图 9—1—1 所示发动机罩盖由外蒙皮薄板和内框架组成。蒙皮薄板、框架等整形矫正时，该如何手工矫正?

图 9—1—1　发动机罩盖

知识准备

一、金属材料加工特性

钢材和其他物质一样，是由原子构成的。许多原子微粒结合在一起，形成晶粒。在显微镜下，我们可以看到晶粒。晶粒以一定形状排列成为晶格组织（见图 9—1—2），通常是有一定规律的。一块钢板的晶格组织状态决定了它能被弯曲或成形加工的程度。

为了改变平坦的钢板形状，则必然要使弯折处的所有晶粒位置发生错动（晶格畸变），如图 9—1—3 所示。材料发生了永久变形后，晶格畸变，此时材料的强度将比原始状态下大为提高，这种现象称为冷加工硬化，冷加工硬化导致晶格扭曲，产生残余应力。显然，钣金件在制作过程中，其弯折处都会产生残余应力。残余应力的大小取决于材料的塑性好坏。通过适当热处理或其他方法可以消除已存在的残余应力，使构件晶格扭曲处于最低状态下组成车身钣金件。

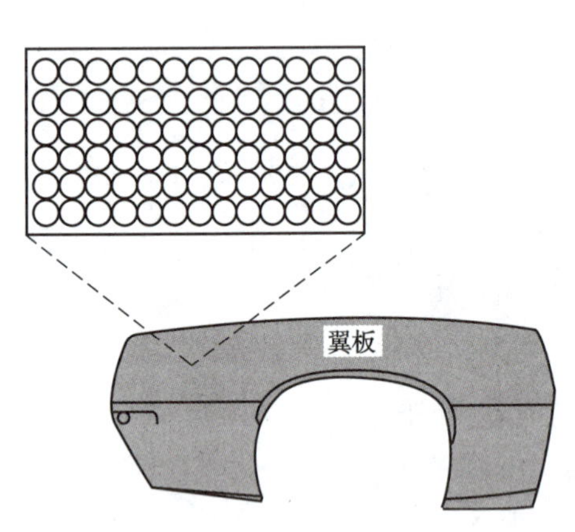

图 9—1—2　晶格组织

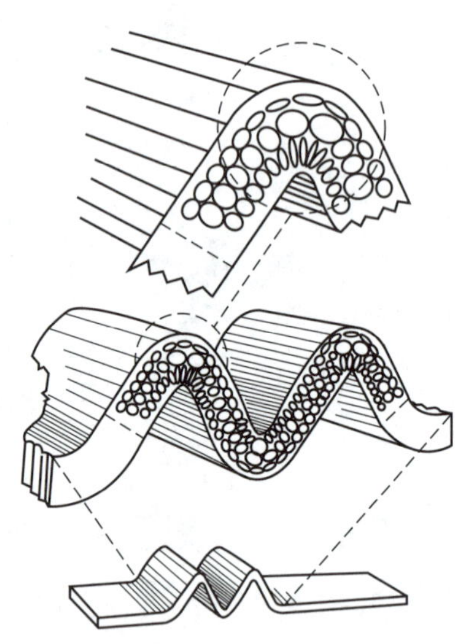

图 9—1—3　晶格畸变

构件被撞或者钣金作业中（焊接、成形等），会使得板件延伸或压缩，出现不同程度的变形。延伸变薄的金属组织形成疏松、延展状态（俗称“松”），压缩变厚的金属组织形成紧硬、收缩状态（俗称“紧”）。矫正时，对伸展、膨胀的金属进行收缩（简称“收”），对收缩、拉紧的金属进行延展（简称“放”），即为收放法。矫正整形时应当先了解变形区，找出变形区的弹性变形和塑性变形，弹性变形往往是由于塑性变形引起的，将塑性变形区恢复形状后，弹性变形区也会跟着恢复，不需要刻意矫正。

二、矫正

对于几何形状不符合技术要求的钣金件进行调整加工，使之达到规定要求的工艺称为矫正。矫正的适用场合如下：

（1）下料前对原材料的矫正。例如，卷筒板料下料之前要经过开卷和矫平。由于运输、存放不当造成板料、型材产生畸变，需经调平矫直后方能下料。

（2）下料后对钢结构零件的矫正。对于板件的矫平、型钢件的矫直，都要在下料之后或成形之后进行。

（3）对焊接件变形的矫正。焊接件的变形是普遍存在的，需在焊接完成之后进行矫正。

（4）钢结构产品在使用一段时间之后产生变形，在修复时应当矫正。

常见的矫正方法有机械矫正、火焰矫正、手工矫正三种。机械矫正常见于各种钣金加工，汽车钣金板料变形的矫正一般都是在上、下辊平行的矫正机上进行。接下来介绍的是在汽车钣金修理过程中，常见的各种小尺寸板料变形的矫正处理。

板件在敲击、冲压载荷的作用下会产生变形，尺寸越长变形越大。车身过载或受到碰撞等机械损坏时，可能导致构件的永久变形。加之车身构件是由不同断面冲压件组焊而成，因此，对成型件的矫正方法是修复车身构件变形的基础。

手工矫正是使用各种工具，在平台或辅助夹具上，对变形超过技术规定的板件进行修复的作业方法，如图 9—1—4 所示。

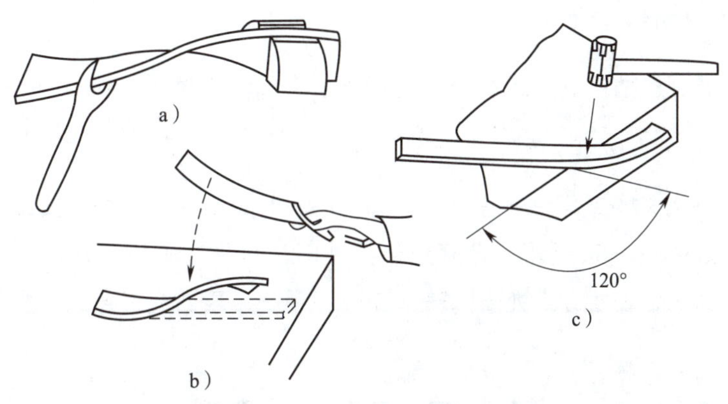

图 9—1—4　常见手工矫正

任务实施

薄钢板、角钢与框架变形的矫正如下：

一、薄钢板的手工矫正

手工矫正薄钢板时的主要工具和设备是锤子和平台。矫正前，应检查薄板的变形情况，即判断钢板变形后的“松”、“紧”部位。有凸起或凹下，随着按压能起伏的区域是“松”区；较为平整的区域就是“紧”的区域。

一块不平的薄板放在无孔平台上，有的部位翘起，有的部位与平台附贴。图 9—1—5a 表示四周平整贴合平台，中间凸起，即中间“松”，四周“紧”，因此要用锤子锤击四周，使四周放“松”，清除凸起。操作时，锤击应由里向外进行，锤击点要均匀且越往外越稠密，锤击力越大。

图 9—1—5b 表示中间贴合平台，周边扭曲成波浪形，周边“松”、中间“紧”。矫正时，先用橡皮带抽打周边，使材料收缩，然后锤击中间部位。锤击方向由外向里，锤击点要均匀且越往中部越密，锤击力越大。可见，在冷矫正时，应锤击“紧”部位，否则将无法矫正。板料基本矫正后，再用木槌进行一次调整性敲击，以使整个组织舒展均匀。

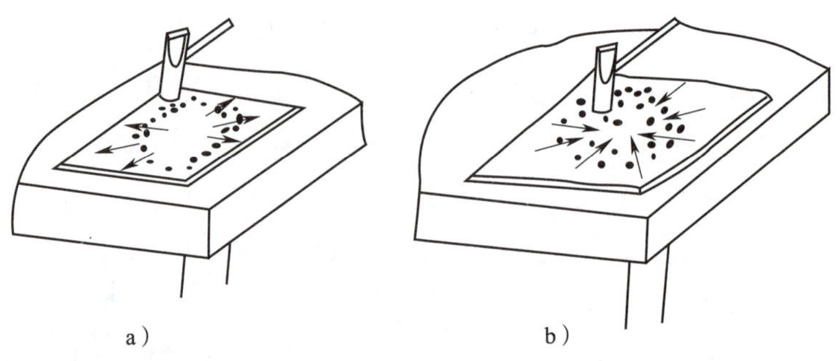

a）　　b）

图 9—1—5　薄钢板的手工矫正

二、角钢的手工矫正

角钢的手工矫正包括扭曲矫正、两面垂直度矫正和弯曲矫正三项。

1. 角钢的扭曲矫正

对于小角钢可用叉子或者活扳手扳扭，如图 9—1—6a 所示；对于较大的角钢应在平台边缘上锤击，如图 9—1—6b 所示；遇有急弯扭曲时，可采用加热方法，垫平锤击矫正。扭曲矫正后，角钢的一个表面应当处于同一平面内，另一个表面允许弯曲成弧形，但不再有扭曲现象。

a）　　b）

图 9—1—6　角钢扭曲矫正

a）扳手矫正　b）锤击矫正

2. 角钢两面不垂直的矫正

当角钢某处夹角大于 90° 时，将该区段置于 V 形铁或平台上，锤击角钢的边缘进行矫正，如图 9—1—7 所示；夹角小于 90°，可将角钢仰放，使其脊线贴在平台上，将平锤垫在其内侧，用大锤敲击平锤顶部进行矫正，如图 9—1—8 所示。

3. 角钢弯曲的矫正

角钢弯曲的冷矫正，有以下两种操作方法：

（1）锤击角钢弯曲的凸处，如图 9—1—9 所示。将角钢弯曲部分放在钢圈上，凸面在上，凹面在下，直接锤击角钢凸起处。

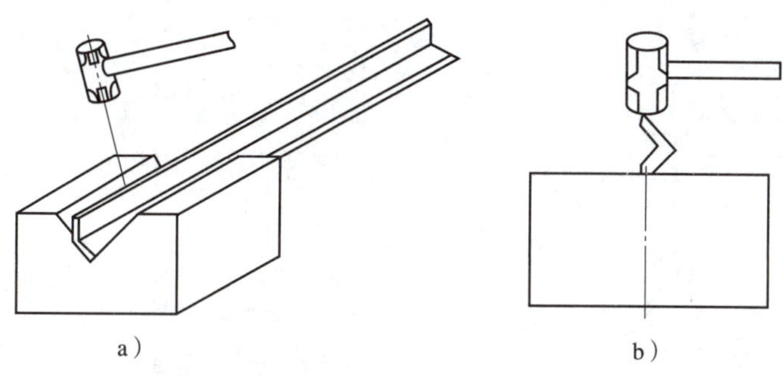

图 9—1—7　角钢大于 90° 的矫正

a）用 V 形槽垫铁　b）用平台作垫

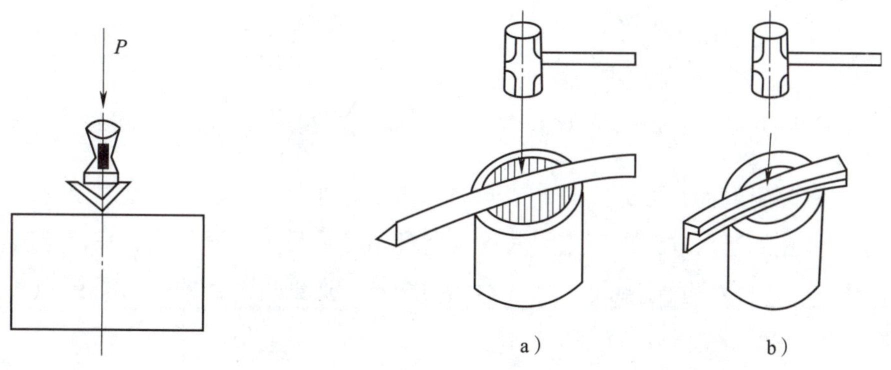

图 9—1—8　角钢小于 90° 的矫正

图 9—1—9　角钢弯曲的矫正

（2）扩展凹面。将角钢放在平台上，锤击凹面使之变薄放松伸展。锤击时，应将角钢翻动，在凹处两面锤击，如图 9—1—10 所示。

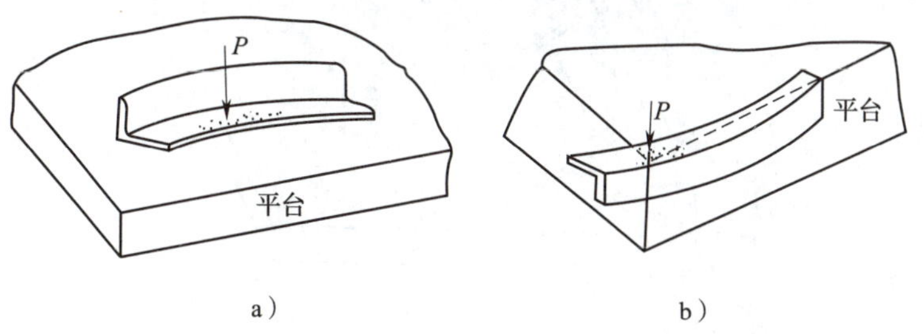

图 9—1—10　扩展凹面的矫正

三、框架的手工矫正

用型钢焊接而成的结构件，都有不同程度的变形，需要进行矫正。

1. 角度矫正

如图 9—1—11 所示两根角钢焊接在一起，其夹角应是 90°。当夹角小于 90° 时，可用厚口錾子沿焊缝 OB_1 线锤击，使该区材料伸展，角度加大；当夹角大于 90° 时，可锤击 OB 段，使角度减小。

2. 矩形框架的矫正

焊接框架 *AD* 与 *BC* 边出现同步弯曲现象，可将框架立于平台上，外弯边 *AB* 垂直台面，*BC* 边两端垫上垫板，锤击凸起点正中间 *E* 处，可得到矫正，如图 9—1—12 所示。

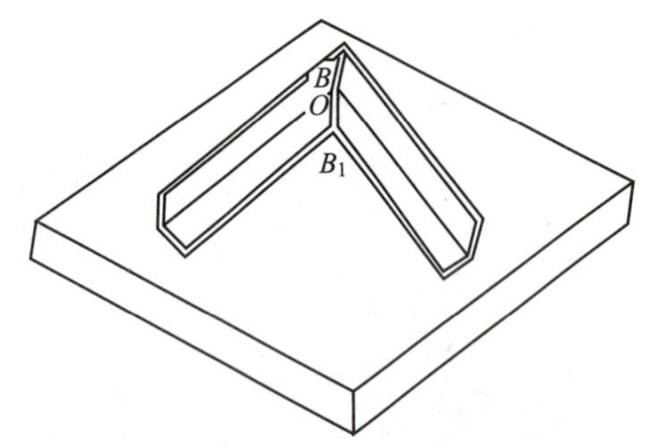

图 9—1—11 L 形焊接件矫正

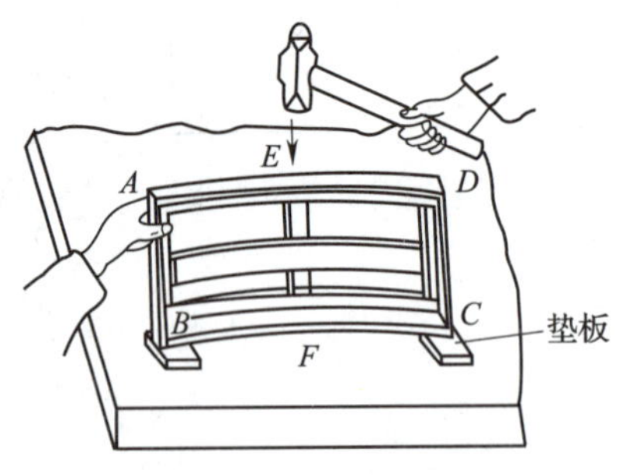

图 9—1—12 矩形框架的矫正

如果四边都略有弯曲，可分别向外或向内锤击凸起处。尺寸误差较大时要借助大梁矫正平台进行拉伸作业。当尺寸误差不太大时，可用锤击法矫正。将框架竖起来，锤击较长的对角线一端，可使该对角线长度减小，另一对角线变长，达到矫形目的。如图 9—1—13 所示，角 *D* 和角 *B* 小于 90°，锤击 *B* 点使其扩展。

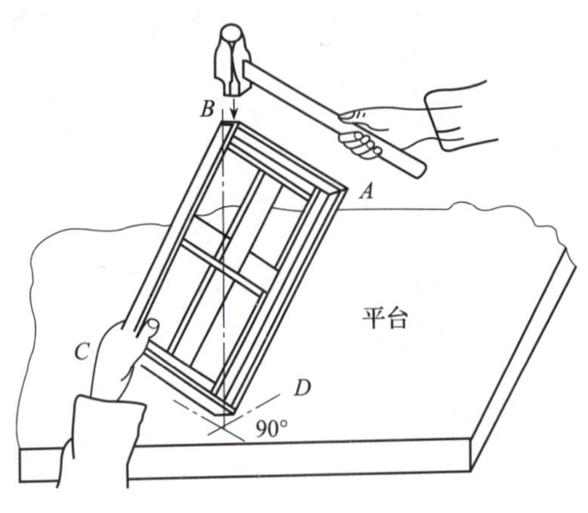

图 9—1—13 角度矫正

课题二 加热矫正技术

学习目标

1. 了解加热收缩矫正原理。
2. 掌握加热矫正操作。

任务引入

车身局部变形矫正后，发现修整部位的金属经过敲击修复后变薄延展了，用手按压该部位，发现空鼓，如图 9—2—1 所示。如果继续敲击修复，会使得该处变得更薄，鼓面更明显。如何使该延展部位收缩平整呢？

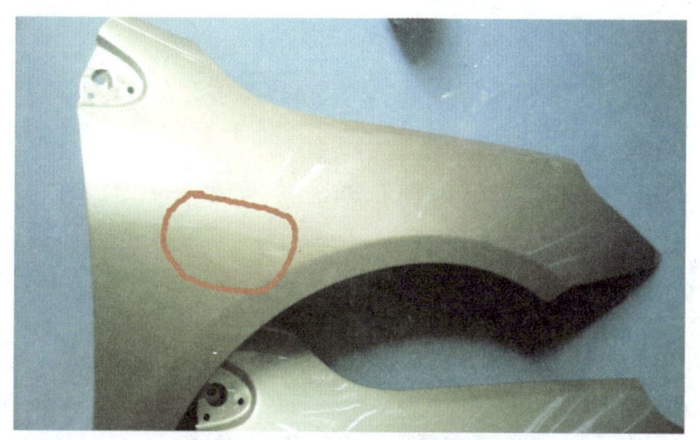

图 9—2—1　车身局部变形延展

知识准备

钣金加热矫正有加热和矫正两步，是利用钢材局部加热后的冷却收缩所引起的变形去矫正已产生的变形，或者使钢材加热后再进行机械矫正或手工矫正。加热矫正主要用于不宜采用冷矫正的场合，如工件变形太严重、工件材质脆等情形。大多数的车身构件对材料的选择性较强，加热矫正很容易破坏金属材料的性能，使构件的刚度和强度下降，因此要慎重选用加热矫正。

钣金加热矫正又称为钣金收火处理，加热工件的方法有氧乙炔火焰加热、铜质电极头加热（见图 9—2—2）和碳棒加热三种。冷却方法可分为水冷和风冷。水冷是采用潮湿的布或海绵对收缩部位急骤冷却，金属的收缩量较大，会在收缩部位四周产生更大的向心拉伸力；风冷是采用高压吹尘枪快速吹冷收缩部位，收缩量与水冷相比要小。无论采用哪种冷却方式，冷却速度要急剧，以避免热量影响收缩部位周围的金属板件。碳棒收火法（碳棒加热矫正法）是现在钣金整形修复中最常见且成熟的加热矫正方法，如图 9—2—3 所示，主要应用于车身表面蒙皮经过敲打修复后发生延展的地方。

图 9—2—2　电极头加热收火

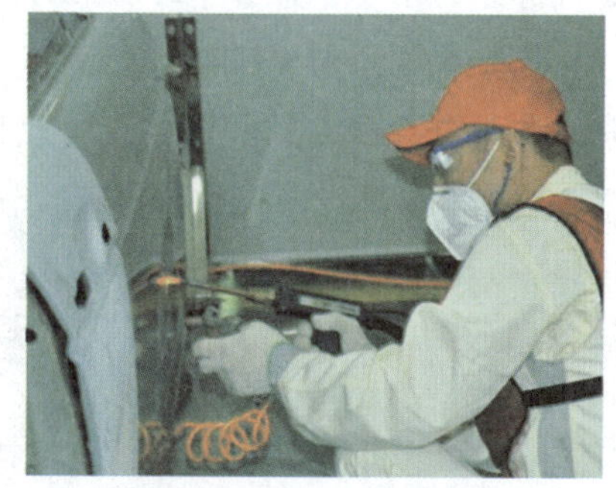

图 9—2—3　碳棒加热

一、加热矫正原理

金属具有热胀冷缩性，即一段能够自由伸缩的金属材料在受热时会膨胀，其长度会增加；加热完毕，冷却后，其长度又恢复到原来的尺寸。如果一段金属棒的两端被单方向固定，对它先加热然后冷却，金属棒的长度会缩短，具体如下：

（1）加热时，金属棒试图膨胀，但由于两端受阻无法沿纵向膨胀，棒内部产生很大压力，如图 9—2—4a 所示。

（2）当温度进一步升高，使金属棒达到赤热状态，金属棒开始变软，在原有压力作用之下，赤热部位直径增大，随后先前所产生的压力逐步消失，如图 9—2—4b 所示。此时，金属棒内已无压力了。

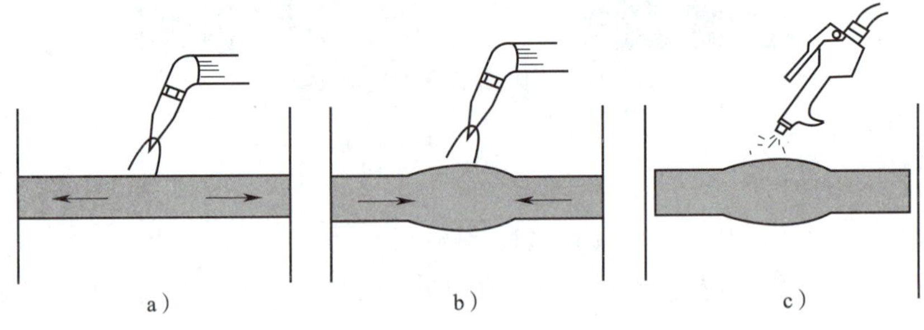

图 9—2—4　加热收缩原理

（3）加热后突然冷却，便会产生收缩。由于赤热部位直径已加大，只能使钢棒长度缩短，如图 9—2—4c 所示。此时，由于两端单向固定，两端的收缩并不受阻，从而达到收缩的目的。

若板料有多处凸起，具体操作时可将多点拆分成适当顺序，每个点按照上述的操作要点进行，适当选择加热收缩区和收缩的顺序，可将多点伸张表面收缩到原来的形状。图 9—2—5 所示为多点收缩的顺序，板料相对于原来的轮廓，有多处凸起，可以先加热收缩最高处，即图中的 1 号收缩区；恢复后，再让下一个最高点收缩，即图示的 2 号收缩区。依次类推，对板料的其他凸起处加热收缩，直至整板恢复至原来的轮廓。

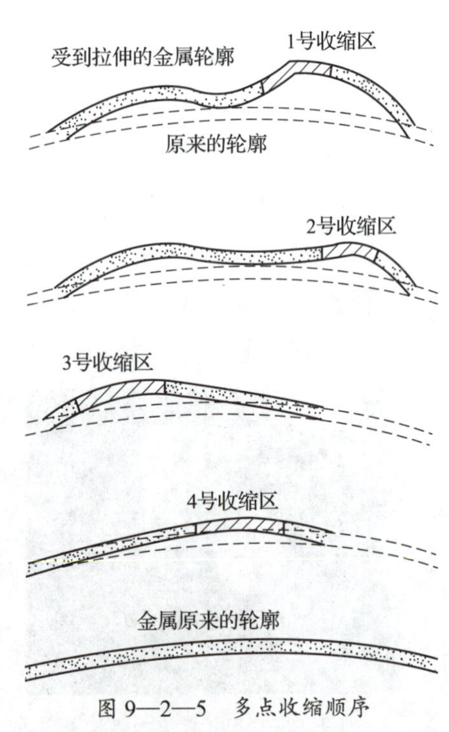

图 9—2—5　多点收缩顺序

二、钢板和角钢的矫正

下面以波浪形矫正为例说明局部加热矫正方法。钢板变形呈波浪形时，应将其放在有孔平台上，并用羊角卡将钢板三边卡牢。然后，用氧乙炔焰在凸起处两侧分别加热。加热线长度应短于变形凸起的长度。加热的宽度与板厚有关，厚 2 ~ 4 mm 的钢板，加热宽度为 10 ~ 20 mm。加热时选用 2 号或 3 号焊嘴，加热温度在 600 ~ 700℃。加热速度要快，随着火焰移动，应对工件已加热处用水冷却，以达到矫平要求。必要时还应辅以手工矫平，如图 9—2—6 所示。

图 9—2—7 所示为角钢弯曲局部加热矫正，如局部加热后略呈反弯曲时，可用锤子击打扩展凹面，达到矫正目的。

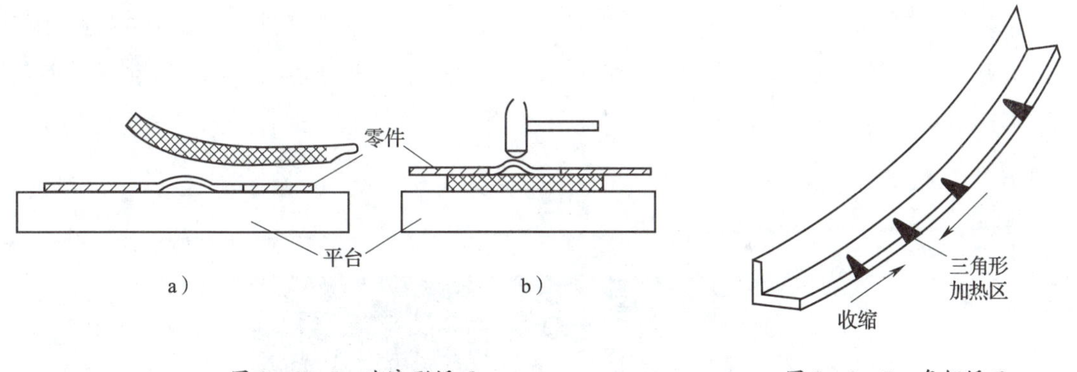

图 9—2—6 波浪形矫正

图 9—2—7 角钢矫正

任务实施

加热矫正在汽车钣金修理中占有重要地位，其工艺基本定型。如选用火焰加热时要选用 1 号嘴氧乙炔中性焰，如图 9—2—8 所示。如采用电极加热和碳棒加热，就要用到前面介绍的整形机的焊枪组件，如图 9—2—9 所示，将电极头或者碳棒与焊枪连接，然后使用整形机焊枪加热板件。

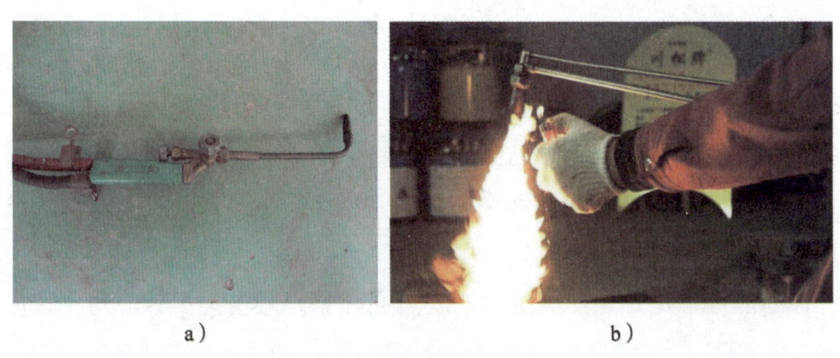

图 9—2—8 氧乙炔焊嘴和点火

a）焊嘴 b）点火

a）

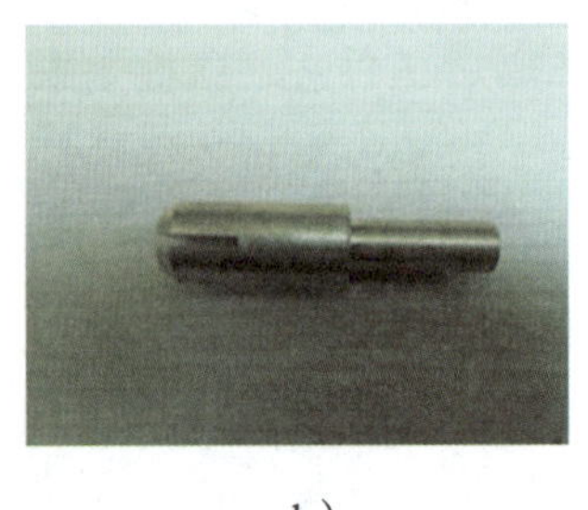

b）

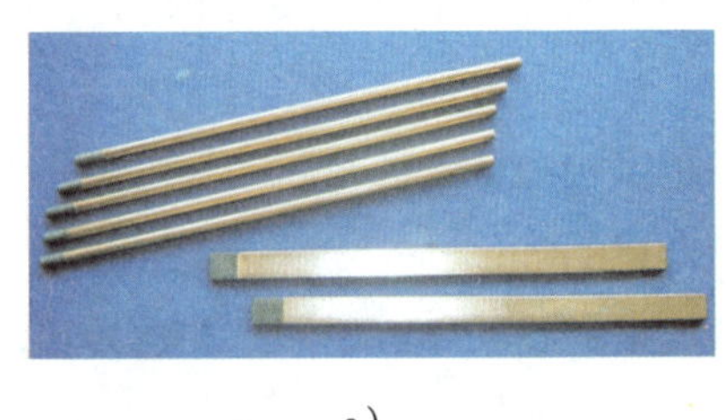

c）

图 9—2—9　焊枪组件

a）焊枪组件　b）电极头　c）碳棒

步骤一：用焊炬火焰将最凸点或最凹点（伸张中心）加热至樱红色，如图 9—2—10 所示；也可以直接使用整形机的焊枪电极头或者碳棒加热。加热范围的大小与伸张程度有关。一般加热范围直径在 2 ~ 15 mm 即可；伸张程度严重、面积较大时，加热范围直径在 15 ~ 30 mm。

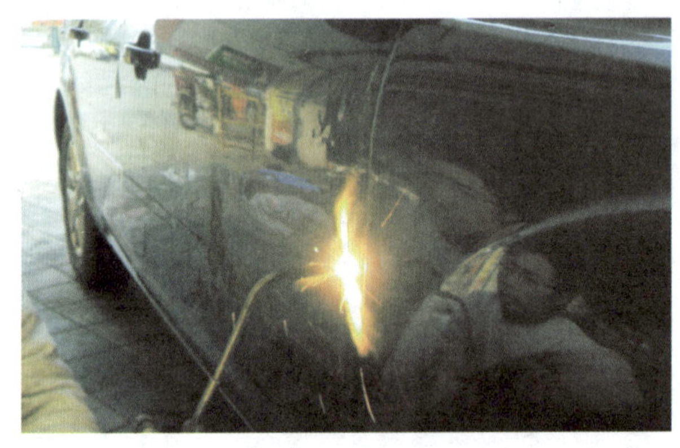

图 9—2—10　加热

步骤二：加热后急速敲击红晕区域的周围，并逐渐向加热点的中心包围，迫使金属组织紧缩。敲击时，要用垫铁垫在部件背部，冷却后再用锤子轻轻敲击整平，如图 9—2—11 所示。要注意敲击力量不宜太大，否则已收缩部分会重新变松弛。

步骤三：如果收缩一点不能达到整平的目的，可用同样方法，在该点周围适当位置进行多点收缩，但此时加热范围要小一些。

步骤四：所有收缩点冷却之后，进行一次全面敲平，敲击力要轻。对于轻度的伸张，加热后可以不敲击，用风冷或者水冷式方法冷却加热区域即可，如图 9—2—12 所示；轻微伸张区加热后自然冷却也可达到收缩目的。

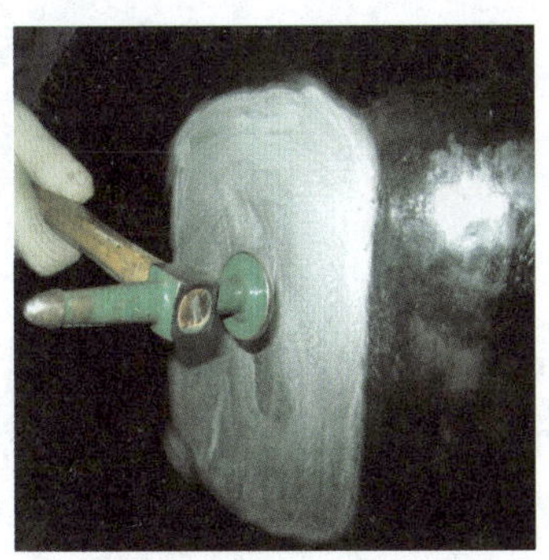

图 9—2—11　敲击

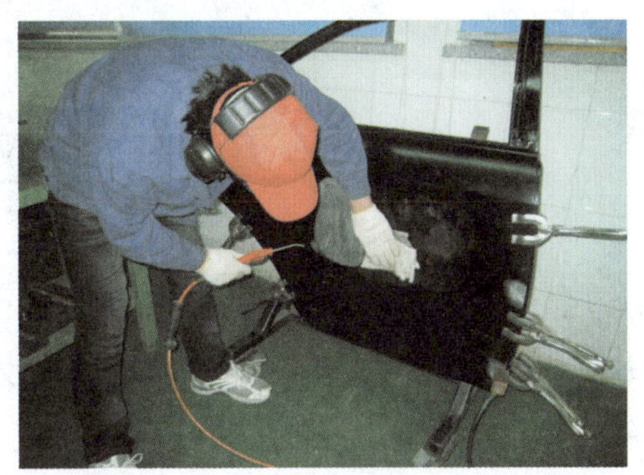

图 9—2—12　冷却

单元十　钣金手工成形

汽车钣金工经常要对有缺陷的钣金件进行整修复原或者配制各种钣金件，钣金成形是钣金工最基本的技能。在现代工业生产中，绝大多数钣金成形是在机器上完成的，手工方法只作为补充加工或修整。但形状较复杂的钣金元件和单件生产的钣金件，仍然离不开手工操作。汽车钣金修理主要是手工操作，掌握最基本的手工成形技术是汽车钣金工最基本的要求。

在一定载荷的作用下，金属材料会产生塑性变形而不被破坏，故合理的操作可将金属板材加工成所需的形状。在掌握平直圆三要素的基础上，以手工操作方式，将板料制成所需形状的制作过程，称为钣金成形技术。常见的钣金件加工成形技术有弯曲、放边、收边、拔缘、拱曲、卷边、咬缝及制筋等。

课题一　钣金手工成形弯曲与拱曲

学习目标

1．掌握常见弯曲类构件的弯曲成形方法。

2．能进行拱曲件的拱曲成形。

任务引入

弯曲类构件是车身最常见的部件；拱曲类构件常见于箱形结构的拐角处，如行李箱拐角等，如图 10—1—1 所示。此处地方损伤，该如何恢复到原有形状？或者破损腐蚀后，如何加工相似构件用以修补这些地方？

图 10—1—1　行李箱拐角

知识准备

一、弯曲

板料弯曲是钣金成形基本技术，弯曲形式一般有两种，即角形弯折和弧形弯曲。手工弯曲是汽车维修钣金工最基本的操作方法之一。弯曲在汽车钣金维修中占有较大的比重，如发动机盖、翼子板、保险杠等零部件的加工过程中都要用到弯曲技术。车身上常见的弯曲类构件如图 10—1—2 所示。

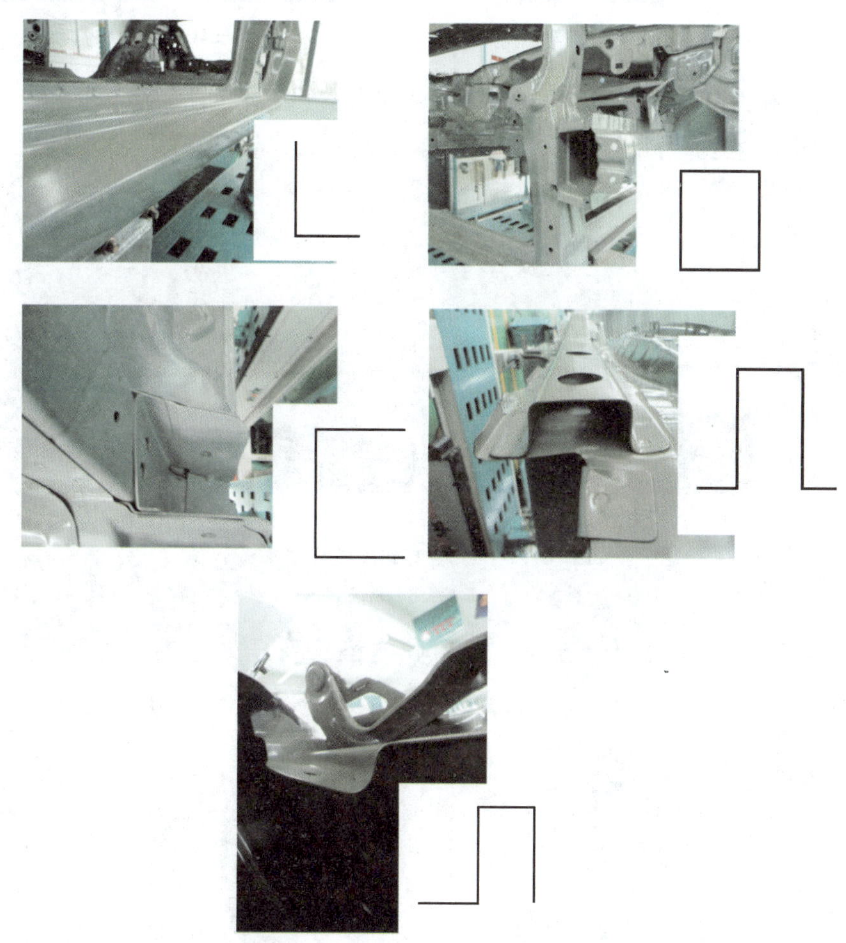

图 10—1—2　常见的弯曲类构件

1. 角形弯折

板料角形弯折后出现平直的棱角。弯折前，板料根据零件形状划线下料，并在弯折处划出折弯线，一般折弯线划在折角内侧，如图 10—1—3 所示。

如果零件尺寸不大，折弯工作可在台虎钳上进行。将板料夹持在台虎钳上，使折弯线恰好与钳口衬铁对齐，夹紧度以敲击板料不会晃动为准，如图 10—1—4 所示，但不要过紧，防止在板料上留下夹痕。

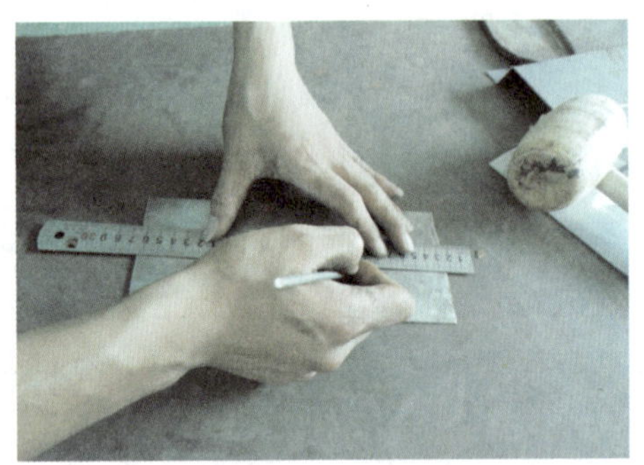

图 10—1—3　划折弯线

图 10—1—4　台虎钳夹持

当弯折工件在钳口以上较长或板料较薄时，应用左手压住工件上部，用木槌在靠近弯曲部位轻轻敲打，如图 10—1—5 所示。如果敲打板料上方，易使板料翘曲变形。

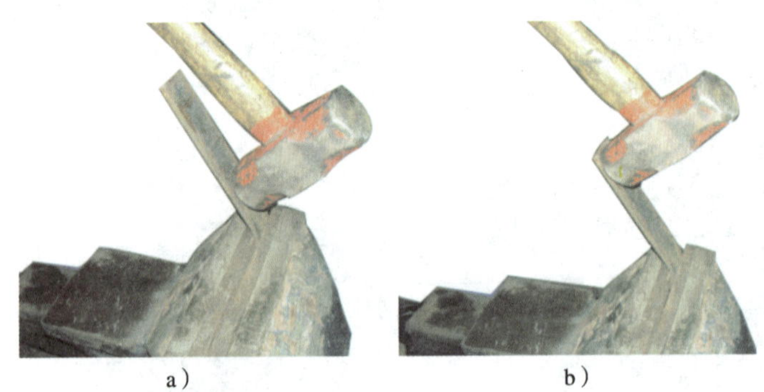

a）　　b）

图 10—1—5　台虎钳上折弯方法

a）正确　b）错误

如果板料在钳口以上部分较短，可用硬木垫在弯角处，再用力敲打硬木，如图 10—1—6 所示。

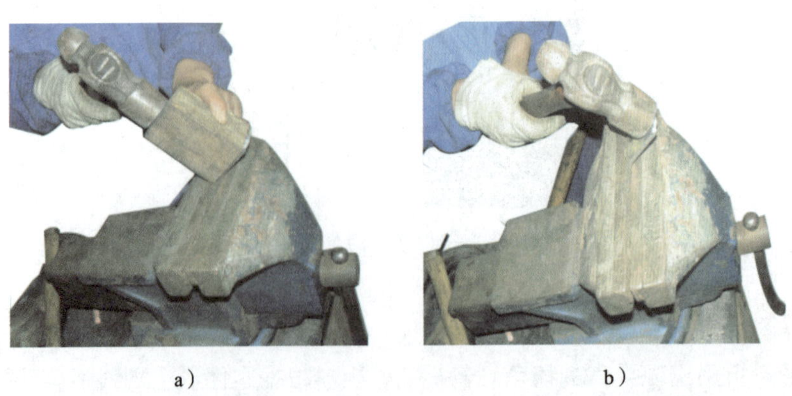

a）　　b）

图 10—1—6　使用硬木

a）正确　b）错误

如果钳口宽度较零件宽度小，可借助夹持工具完成，将板料的折弯线对准夹持工具的夹口，然后将夹持工具连同板料一起置于台虎钳上夹紧，如图 10—1—7 所示。折弯时，左手扶住夹持工具，右手持木槌慢慢敲击钳口以上部分，敲击方向从两头至中间，直至整个板料弯折成形，如图 10—1—8 所示。

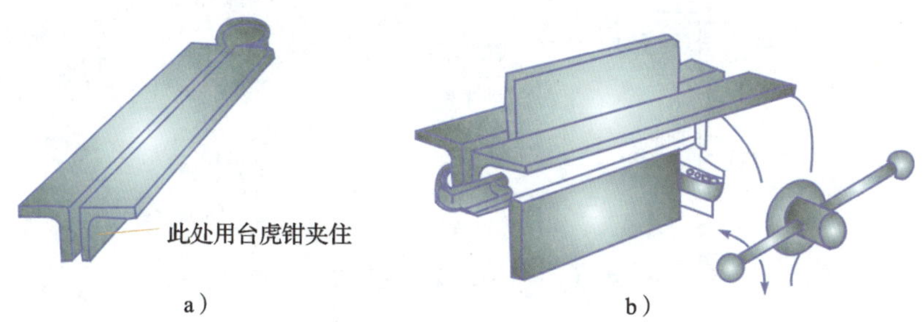

图 10—1—7 借助夹具

图 10—1—8 使用夹持工具进行折弯

弯成各种形状工件时，可借助木垫或金属垫等作辅助工具。

（1）弯“S”形件

其操作顺序如图 10—1—9 所示。依划线夹持板料，弯成 α 角，然后将方衬垫垫入 α 角，再弯折 β 角。

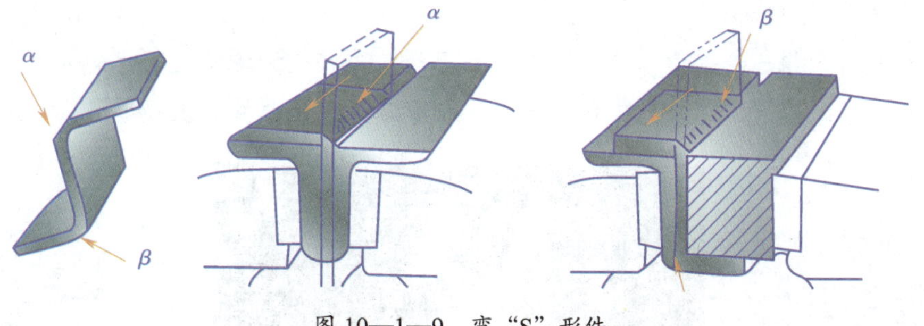

图 10—1—9 弯“S”形件

（2）弯“几”形件

如图 10—1—10 所示，先弯成 α 角，再用衬垫弯成 β 角，最后完成 θ 角。弯曲封闭的盒子时，其方法步骤与弯形件大致相同，最后夹在台虎钳上，使缺口朝上，再向内弯折成形。

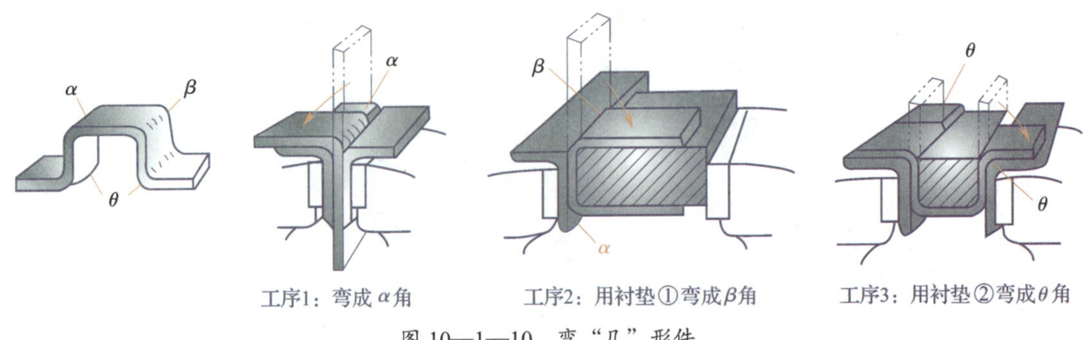

图 10—1—10 弯“几”形件

2. 弧形弯曲

以圆柱面弯曲为例，首先在板料上划出若干与弯曲轴线平行的等分线，作为弯曲时的基准线。然后用槽钢作为胎具，将板料从外端向内弯折。当钢板边缘接触时，将对接缝焊接几点。将零件在圆钢管上敲打成形，再将接缝焊牢。锤击时，应尽量使用木槌，以防板料变形，如图 10—1—11 所示。

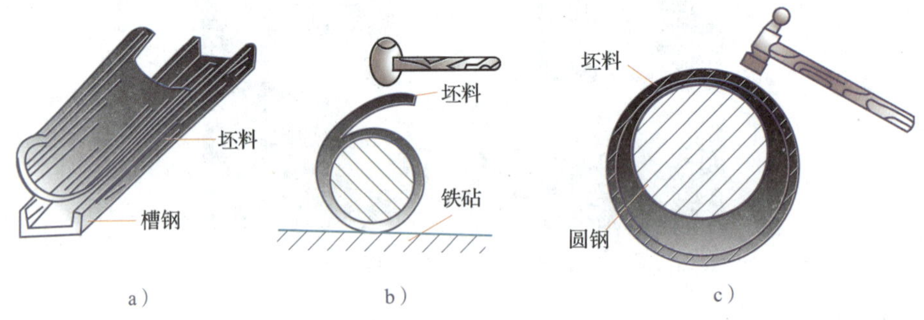

图 10—1—11 弧形弯曲方法

a）在槽钢上弯曲 b）在铁砧上弯曲 c）在圆钢上整圆

3. 特殊工件的弯曲

复杂工件如图 10—1—12 所示，借用模具和垫铁先在模具上大致成形，细修时再用垫铁和锤子配合进行弯曲，一手持垫铁在工件背面垫托，垫铁的边缘要对准弯折线，另一手持锤子从正面弯折线处敲击，边敲击边移动垫铁，循序渐进，使工件边缘逐渐形成弯曲。

图 10—1—12 复杂工件的弯曲

二、拱曲

把较薄的金属板料锤击成凹面形状的零件，称为拱曲。拱曲时板料周边材料起皱向里收，中间材料被打薄向外拉，这样反复进行使板料逐渐变形成所需的形状，拱曲件一般底部变薄。车身覆盖件多为曲面形状，车身维修作业（如挖补、修复）同样需要形成拱形构件。常见的手工拱曲方法如下：

1. 顶杆手工拱曲

主要用于制作拱曲深度较大的零件，采用顶杆和锤子敲击，零件材料应具有较好的塑性，如图 10—1—13 所示。

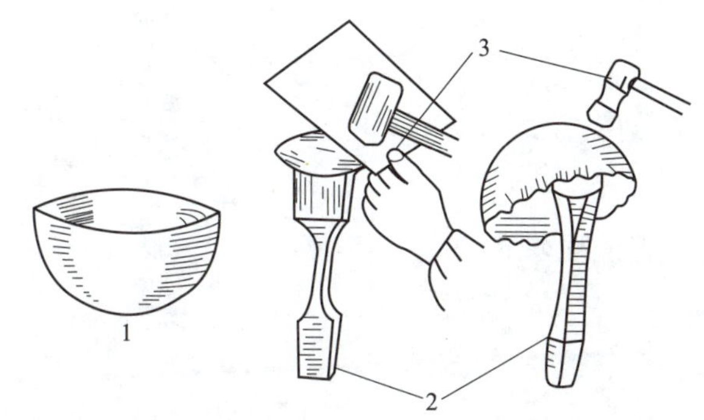

图 10—1—13 顶杆手工拱曲操作

1—零件 2—顶杆 3—锤子

注意事项如下：

（1）拱曲时，首先将板材的边缘制出皱褶，然后在顶杆上将边缘的皱褶敲平，使板料的边缘因增厚而向内弯曲，此时，再用木槌轻而均匀地锤击板料中部，使其伸展拱曲。

（2）锤击时，击打点要稠密均匀；锤击力要均匀适度，边锤击边旋转毛料，根据目测随时调整锤击部位和锤击力度，以保证表面光滑、均匀。

（3）锤击毛料中心部位时，不能集中在一点锤击，以防止毛料中心伸展过度而凸起。凸起的部位严禁再敲击，而应锤击凸起周围部位，使毛料均匀伸展，消除凸起。

（4）依次收边锤击中部，并配合中间的样板检查，使拱曲达到要求。考虑到修光时产生的回弹变形，拱曲度应稍大些。

（5）用平锤在圆杆顶上，将拱曲成形好的零件进行修光，然后按要求划线，并切除多余材料，锉光边缘。

2. 胎模手工拱曲

操作时需用带凹坑的座，如图 10—1—14 所示，将板料对准座凹坑放置，左手持板料，右手锤击。

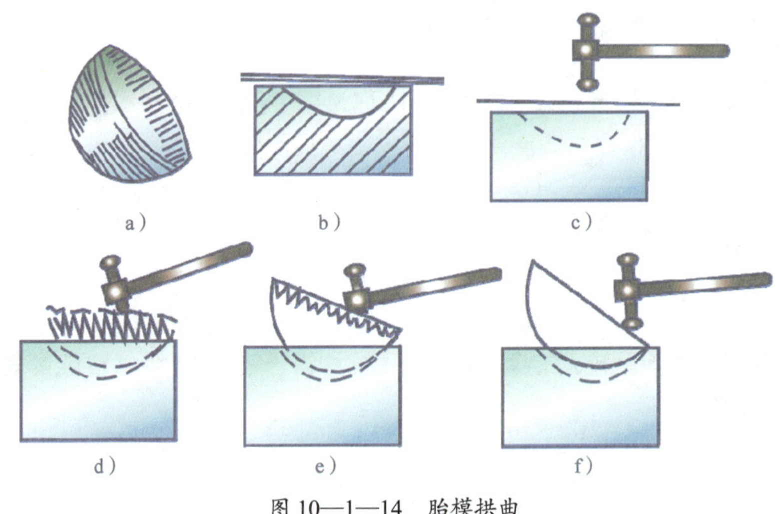

图 10—1—14 胎模拱曲

任务实施

弯曲与拱曲的手工成形流程如下：

一、弯曲

1. 角形弯折

对于“几”形件（见图 10—1—15）成形所需的衬垫，如没有合适尺寸，可以在工作台上，采用如下的方法完成：

图 10—1—15 “几”形件

步骤一：划线下料。将所要成形的板件划上折弯线，正反面都要划线，如图 10—1—16 所示。

步骤二：将板件中间的两条折弯线先对准工作平台的边缘，用木槌沿折弯线打弯，如图 10—1—17 所示。

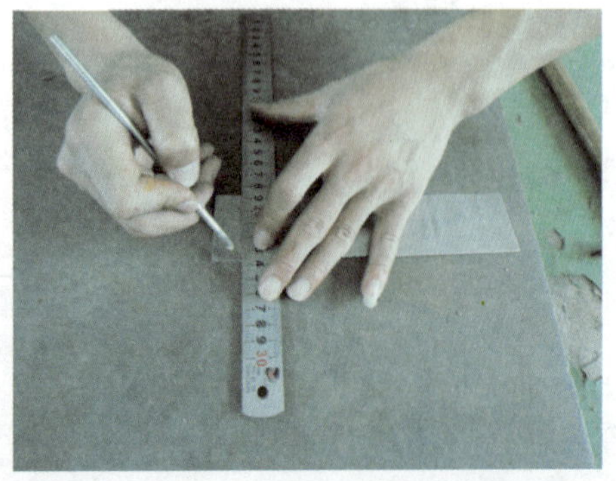
图 10—1—16 划折弯线

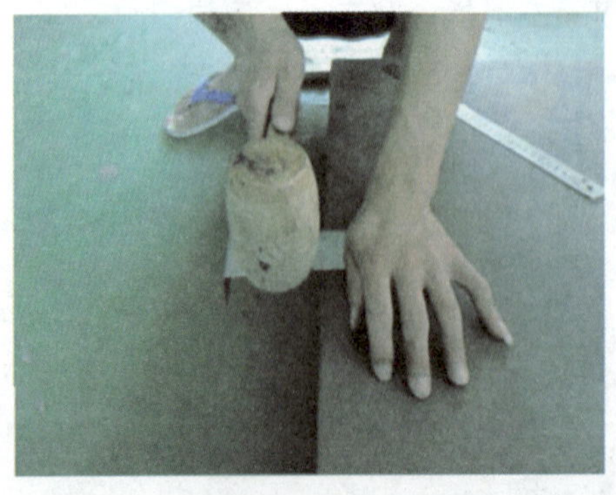
图 10—1—17 打弯中间折弯线

步骤三：将板件的边上两条折弯线对准工作平台的边缘，用木槌沿折弯线打弯，如图10—1—18所示。

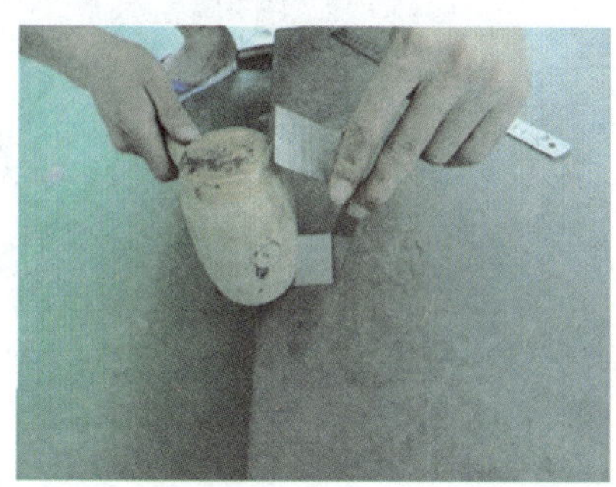

a）

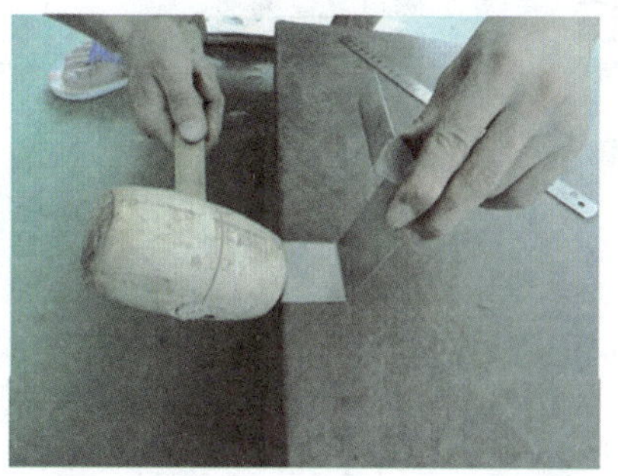

b）

图 10—1—18　打弯边上折弯线

步骤四：将成形的板件平面贴合工作台修整，如图10—1—19所示。

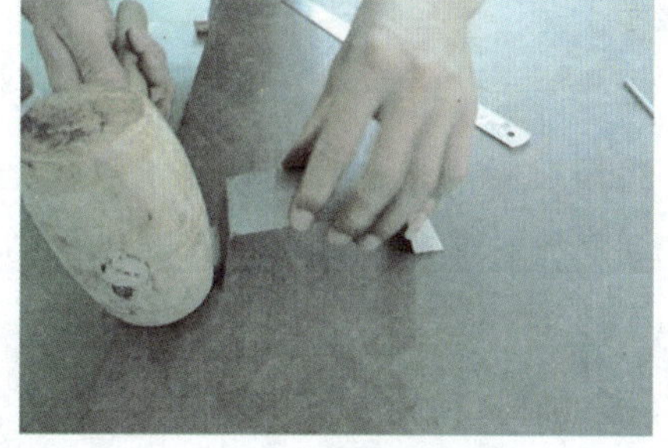

图 10—1—19　修整平面

2．弧形弯曲

对于弯曲长方形较长的一边成形时，由于长边容易弯曲，可以采用以下的方法进行：

步骤一：划线下料。

步骤二：在角钢上面按压所要弯曲的板料长边，使之弯曲成半圆弧度，如图10—1—20所示。

步骤三：借助于锤子敲击半圆件，轻敲两端至中间，使两端慢慢接口，如图10—1—21所示。

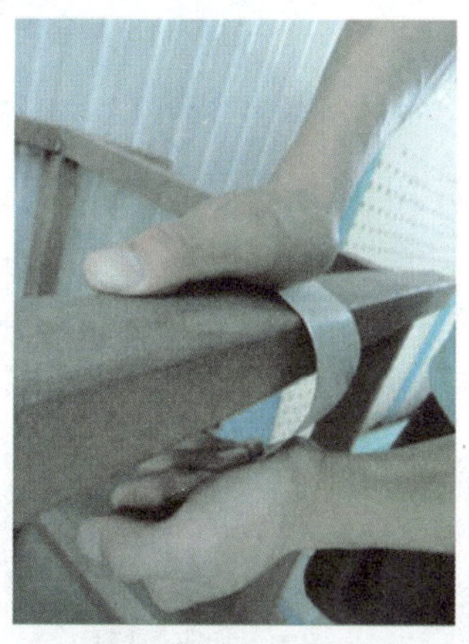

图 10—1—20　折弯板料

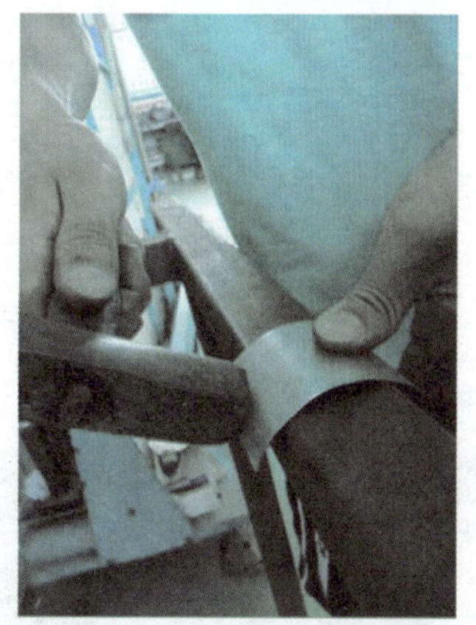

图 10—1—21　敲击半圆件

步骤四：将大致成形的板件放置在圆钢上敲击成形，如图10—1—22所示。对于锥形的圆弧，上述方法同样适用，如图10—1—23所示。

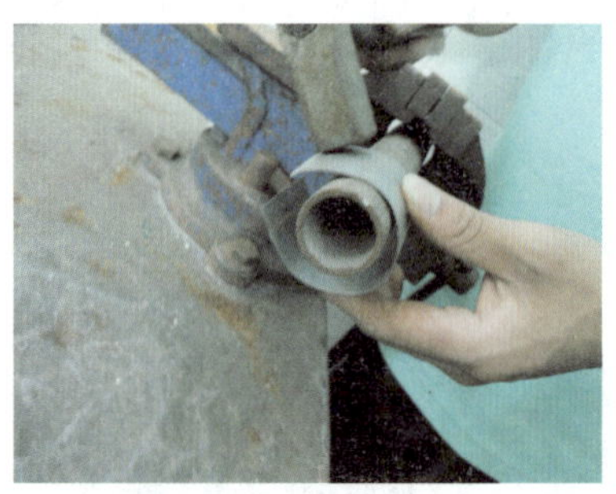
图 10—1—22　在圆钢上敲击成形

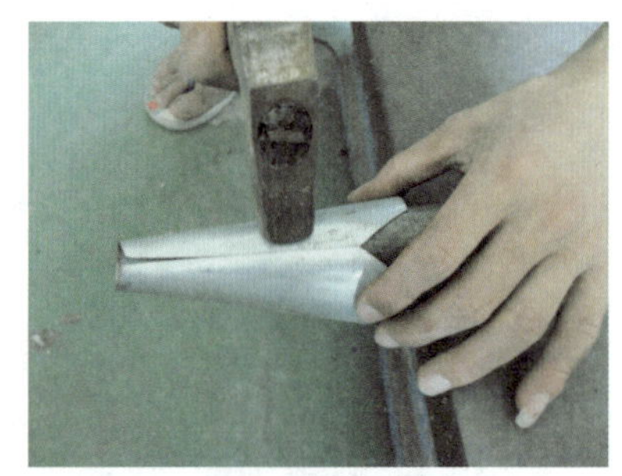
图 10—1—23　锥形圆弧的弯曲

二、拱曲

具体操作流程如下：

步骤一：将坯料压紧在胎模上，用拱锤的圆头端从边缘开始逐渐向中心部分锤击，使坯料在橡胶板上伸展，如图 10—1—24 所示。

步骤二：拱曲时，锤击应轻且均匀，保持整个加工表面均匀伸展，形成凸起形状，并可防止被拉裂。为使坯料伸展得快，在拱曲过程中可垫橡胶板、软木、砂袋进行坯料伸展，使表面质量良好，如图 10—1—25 所示。

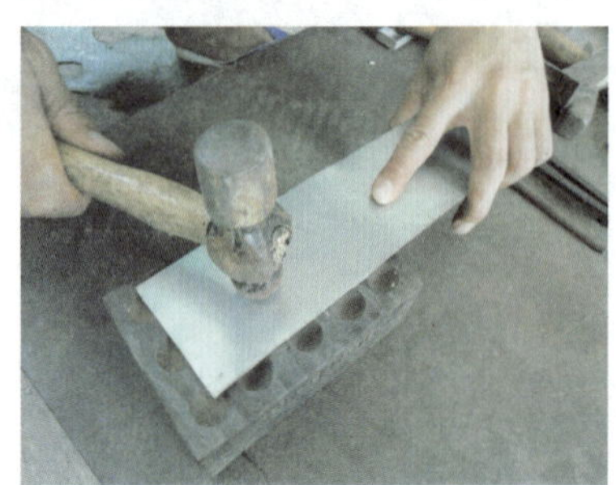
图 10—1—24　将坯料压紧

图 10—1—25　均匀锤击

步骤三：在拱曲过程中，不能操之过急，应分几次使坯料逐渐下凹，直到坯料全部贴合胎模为止，最后用平头锤在顶杆上打光局部凸痕，如图 10—1—26 所示。

步骤四：在胎模上进行较深的拱曲时，随着锤击进行，制件的周边将出现皱褶。此时应停止锤击中部，将制件皱缩的边缘贴紧砧座，敲平皱褶。皱褶敲平之后，再继续对中部锤击拱曲。锤拱成形后的板件如图 10—1—27 所示。

图 10—1—26　打光锤痕

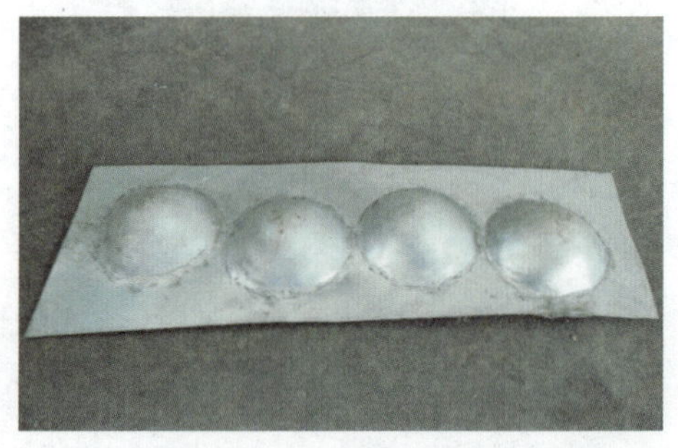
图 10—1—27　锤拱成形的板件

精度要求不高、拱曲度不大的制件，也可以在木墩上挖坑代替铁钻座或在潮湿的土地上锤拱成形。较小的钣金制作也可以利用废轴承圈作砧座，用小锤子进行锤拱。

课题二　钣金手工成形放边与收边

学习目标

1. 了解放边和收边的工艺流程。
2. 能熟练进行收边和放边的操作。

任务引入

车身上挡风玻璃处拐角、车门框处拐角是放边与收边的应用。这些地方的漆面容易磨损后被雨水等侵蚀而锈蚀，既不美观，又影响使用，需要进行加工替换。

知识准备

一、放边

放边就是通过伸展工件的某一边或某一部分（板料打薄）而使工件外弯成形，如图 10—2—1 所示。

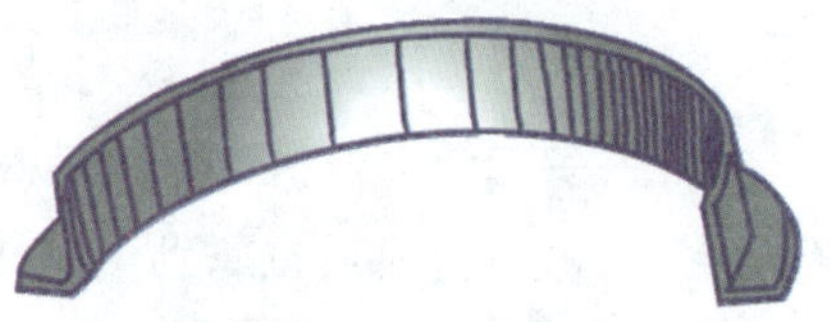

图 10—2—1　放边

1. 放边在车身修复中的应用

如挡风玻璃支柱拐角、车门支柱拐角等，如图 10—2—2、图 10—2—3 所示。

图 10—2—2　玻璃支柱拐角

图 10—2—3　车门支柱拐角

2. 放边的方法

（1）打薄放边法

在制作凹曲线弯边的零件时，取直角角材在铁毡上用錾口锤錾击一边，使材料的边缘变薄，面积增大，弯边伸长。锤击时，注意握击力度，使靠近内缘的材料伸长较小，靠近直角料边缘的材料伸长较大，锤痕呈放射状均匀分布即可达到此目的。这样，直角料就逐渐被锤放成曲线弯边的零件，如图 10—2—4 所示。打薄放边效果显著，但表面粗糙，厚薄不匀。

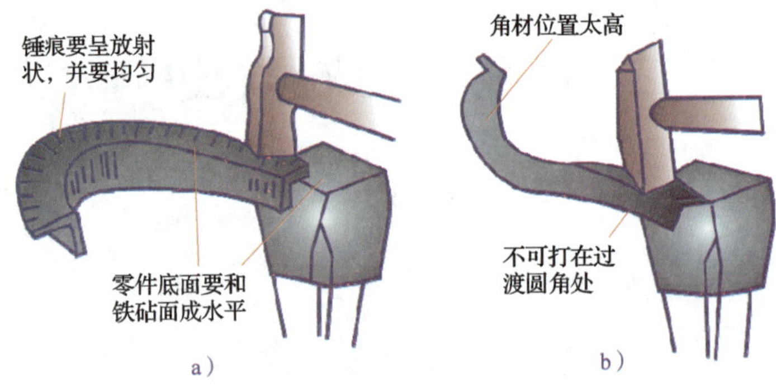

图 10—2—4 打薄放边

a）正确 b）不正确

（2）拉薄放边法

拉薄放边是用木槌在厚橡皮或木墩上锤放，利用橡皮或木墩既软又有弹性的特点，使材料伸展拉长。这种方法一般在制作凹曲线弯曲零件时采用，如图 10—2—5 所示。拉薄放边表面光滑、厚薄均匀，但容易拉裂。为防止裂纹，可事先用此法放展毛料，后弯制弯边，这样交替进行完成制作。

（3）型胎放边法

按工件要求做出型胎，将角材放入型胎，将顶木顶住工件，用锤子锤击顶木，使工件边缘伸展。一般先打薄或拉薄到一定程度后再放入型胎矫形，如图 10—2—6 所示。型胎放边法应用较少。

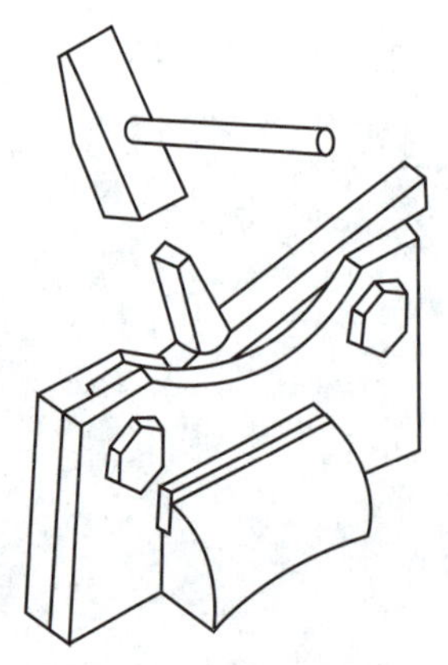

图 10—2—5 拉薄放边法

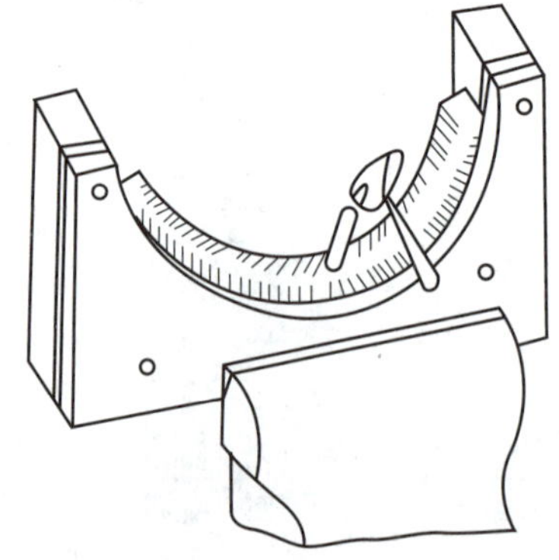

图 10—2—6 型胎放边法

3. 半圆形制作件展开尺寸的估算方法

将一块长为 L、宽为 B、厚为 t 的板料放边成图 10—2—1 所示的形状，具体尺寸标注如图 10—2—7 所示。可以看到放边侧的尺寸 L 发生了变化，宽度 B 也发生了变化。下面根据已经制作好的工件尺寸可以展开计算得到需要的板料大小。

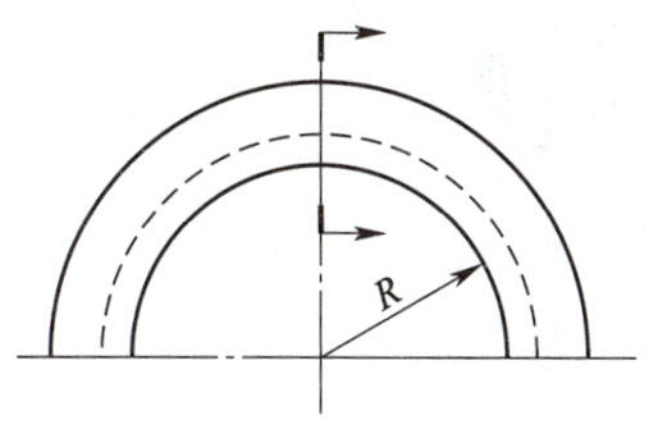

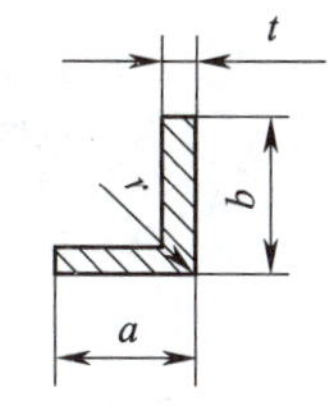

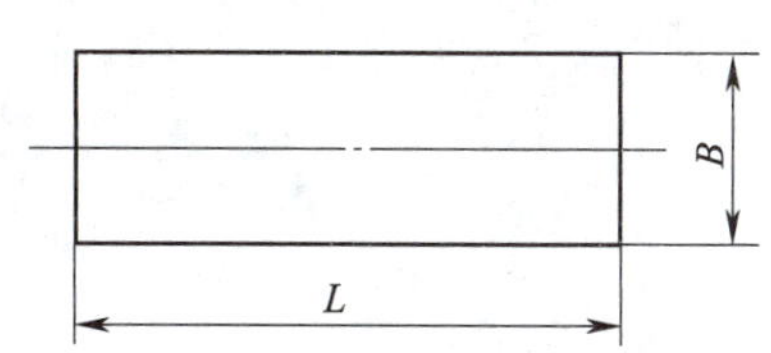

图 10—2—7 放边尺寸

材料宽度 B 的计算公式如下：

$$B=a+b-\left[\frac{r}{2}+t\right]$$

式中 a、b——弯边宽度，mm；

r——圆角半径，mm；

t——材料厚度，mm。

展开料长度 L 的计算公式如下：

$$L=\pi\left[R+\frac{b}{2}\right]$$

式中 R——制作件的弯曲半径，mm；

b——放边一侧的宽度，mm。

二、收边

收边是通过使工件起皱，再把起皱处在防止材料伸展复原的情况下敲平，而使工件皱折消除、长度缩短、厚度增大而内弯成形，如图 10—2—8 所示。

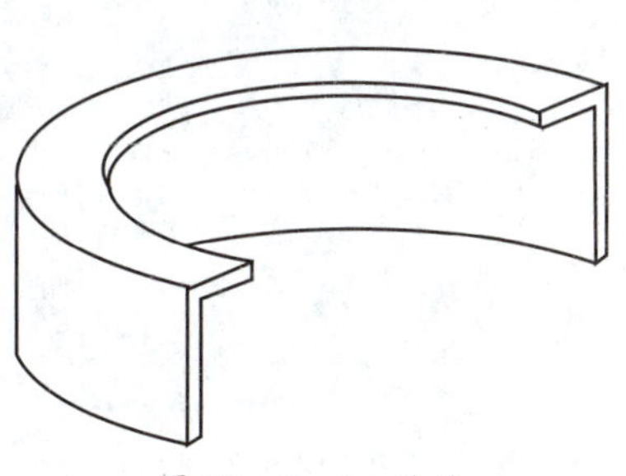

图 10—2—8 收边

1. 收边的方法

（1）用折皱钳收边

步骤一：将零件折弯，如图 10—2—9a 所示。

步骤二：校直直角料，使之平直。

步骤三：用折皱钳使收缩边起皱褶，如图 10—2—9b 所示。

步骤四：收缩边边缘长度减小，使角料呈圆弧形，如图 10—2—9c 所示。

步骤五：放在铁砧上用铁锤敲平，如图 10—2—9d 所示。

步骤六：锉削毛边。

（2）搂弯收边

如图 10—2—10 所示，将坯料夹在型胎上，用铝棒顶住毛坯，用木槌敲打顶住部分，使板料弯曲逐渐被收缩靠胎。

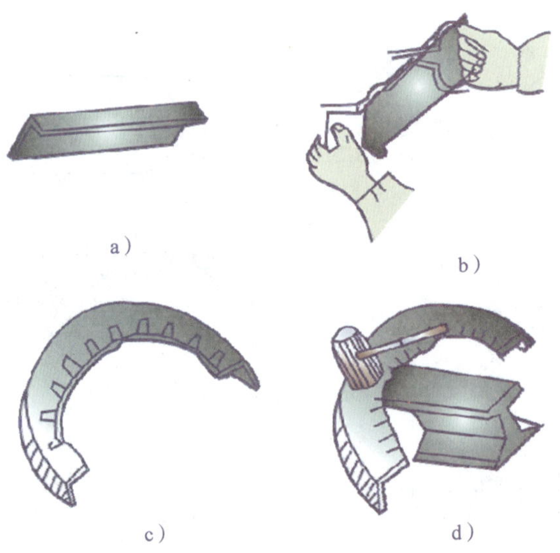

图 10—2—9 折皱钳收边

a）折弯 b）收缩边起皱褶 c）角料呈圆弧形 d）敲平

（3）錾口收边

此法与折皱钳起皱大同小异，只是在工作台上借助錾口锤敲击出褶皱，使得板料弯曲成形，如图 10—2—11 所示。

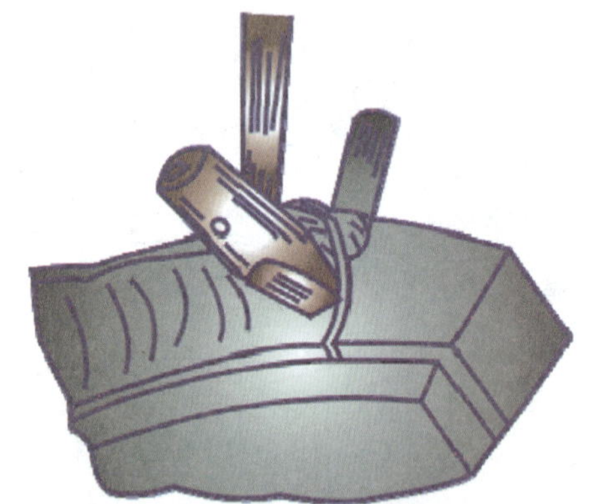

图 10—2—10 搂弯收边

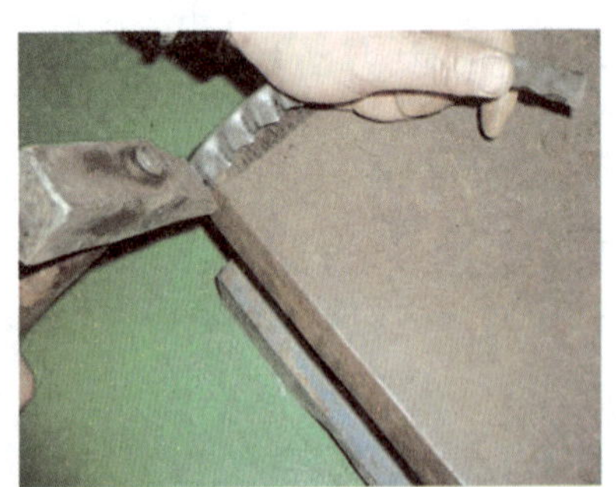

图 10—2—11 錾口收边

2. 半圆形收边展开尺寸的估算方法

将一块长为 L、宽为 B、厚为 δ 的板料收边成图 10—2—8 所示的形状，具体尺寸如图 10—2—12 所示。可以看到收边侧的尺寸 L 发生了变化，宽度 B 也发生了变化。下面根据已经制作好的工件尺寸可以展开计算得到需要的板料大小。

材料宽度 B 的计算公式如下：

$$B=a+b-\left[\frac{r}{2}+\delta\right]$$

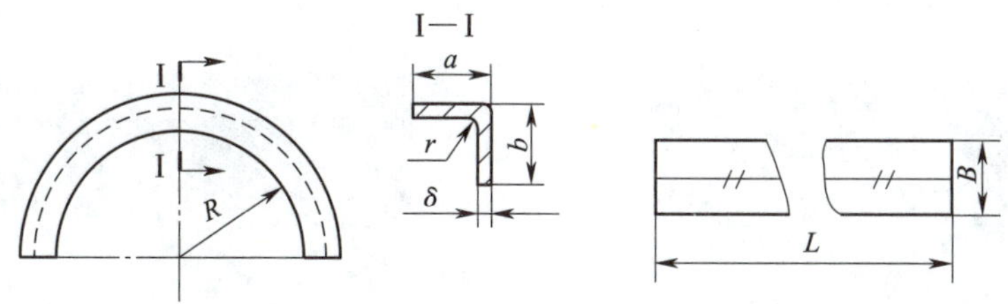

图 10—2—12 收边尺寸

式中 a、b——弯边宽度，mm；

r——圆角半径，mm；

δ——材料厚度，mm。

展开料长度 L 的计算公式如下：

$$L=\pi[R+b]$$

式中 R——制件弯曲半径，mm；

b——收边的一边的宽度，mm。

任务实施

一、打薄放边操作流程

操作平台如图 10—2—13 所示，在铁砧上先划出一段圆弧，并以此作为放边弧度的依据。

图 10—2—13 铁砧

工具：錾口锤（见图 10—2—14）。

材料：薄铁材（见图 10—2—15）。

操作过程：

（1）准备工作，左手持材料，右手持錾口锤，如图 10—2—16 所示。人蹲于铁砧的侧面，材料平置于铁砧的边缘。

图 10—2—14 錾口锤

图 10—2—15 薄铁材

（2）敲击，根据工件的形状，錾口锤倾斜一个小角度落于材料上，依次敲击弯曲件的单面，敲击频率以 30 次 /min 为宜，锤子落点的锤击力度要左轻右重，如图 10—2—17 所示。

图 10—2—16 准备工作

图 10—2—17 敲击

（3）分段敲击，注意锤法与落点以及落锤的力度和频率，每段锤击的移动距离为 30 ~ 50mm，如图 10—2—18 所示，打薄放边时材料翘曲属于正常现象。

（4）修整，确保材料放边后表面光滑、平整，每段敲击完成后，要用錾口锤的平头端修整材料，如图 10—2—19 所示，轻轻敲击，使翘曲的材料恢复平整，并消除錾口留下的錾痕。

图 10—2—18 錾口锤敲击

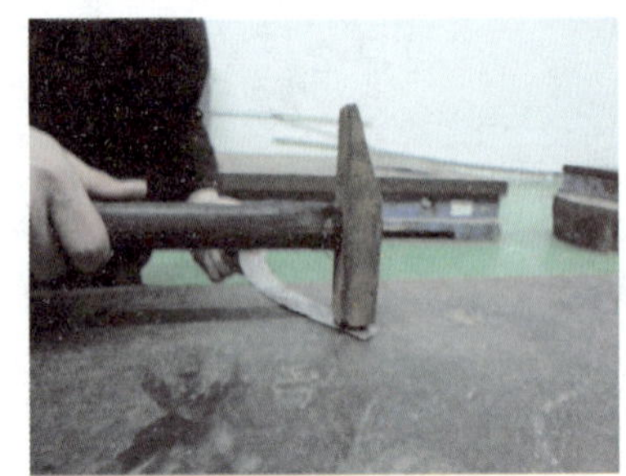
图 10—2—19 平敲

（5）每段敲击完毕后，与划线或者样板对比，看弧度是否已符合要求，如图 10—2—20 所示。注意每段敲击时间不要超过 3 min，否则放边的弯曲度很容易超过标准弧度。

（6）按照上述方法继续敲击材料的下一段，直到整段材料全部完成。整段对比划线或者样板，如图 10—2—21 所示，如制作件与划线或者样板间还有细微误差，轻轻敲击误差处，进行小修正。

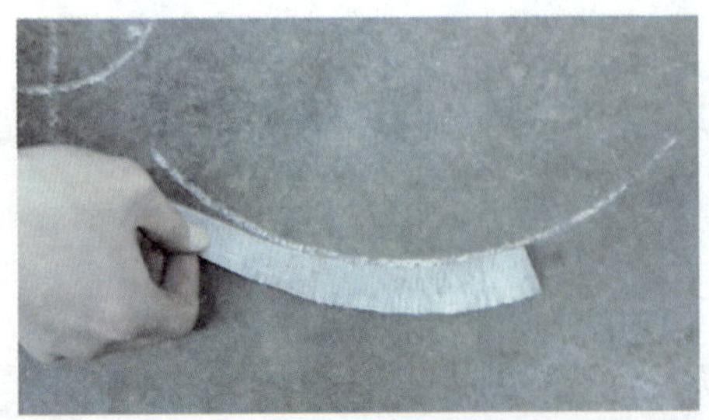
图 10—2—20 对比

图 10—2—21 整段对比

二、錾口收边操作流程

（1）用锤子的錾口端依次敲击出弯曲件的皱褶边，皱褶间隔一般为 5 ~ 10 mm，敲击频率约为 20 次 /min，落锤点的受力左重右轻，如图 10—2—22 所示。

（2）敲击下一个褶皱时，可以如图 10—2—23 所示，斜放板件约成 45° 角，然后錾出褶皱。

图 10—2—22 錾口起皱

图 10—2—23 敲击下一个皱褶

（3）分段錾击，每段錾击为 5 个皱褶左右。錾击出 5 个后，要再次敲击弯曲件这段 5 个皱褶边，使皱褶的深度加深，如图 10—2—24 所示。如此重复至整段板件收边成形。

（4）最后再次与规定尺寸或样板比对，如图 10—2—25 所示。找出误差，并矫正误差，如图 10—2—26 所示。

图 10—2—24 弯深皱褶

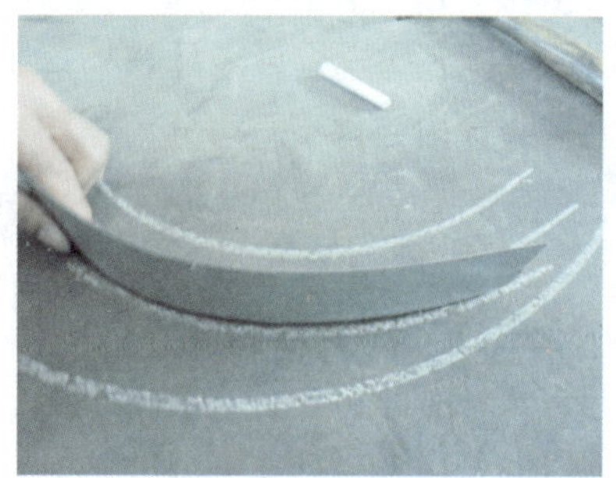
图 10—2—25 比对

（5）达到预期成形效果，如图 10—2—27 所示。之后可以采用敲平皱褶或者火焰矫正法来消除皱褶。

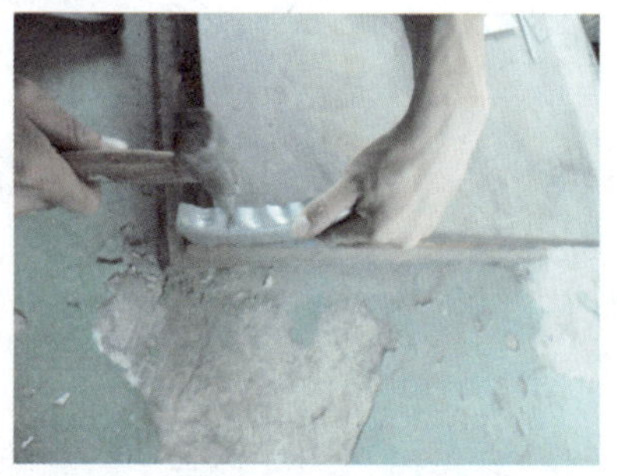
图 10—2—26 矫正

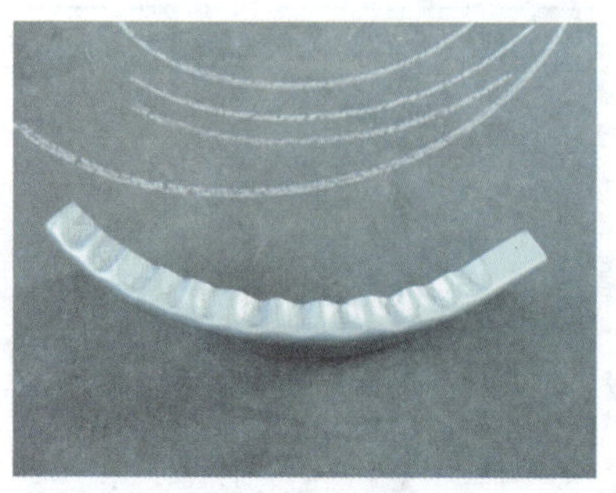
图 10—2—27 成形

课题三　钣金手工成形咬缝与制筋

学习目标

1．了解咬缝和制筋工艺流程。

2．能熟练进行咬缝和制筋操作。

任务引入

车身的部分外蒙皮是以咬缝形式与车身框架相连接的，在修理过程中有时需要拆装外蒙皮。有效美观地装好外蒙皮，需要熟知咬缝知识；外蒙皮表面会有流线型筋线，要恢复其原有的美观，需要用到制筋知识。

知识准备

一、咬缝

1．咬缝的种类

咬缝是把两块板料的边缘（或一块板料的两边）折转扣合，并彼此压紧的连接方法。由于咬缝比较牢固，所以在许多应用场合中用来替代焊接、铆接等。

常见咬缝根据结构不同可分为挂扣、单扣、双扣；根据形式不同可分为站扣和卧扣；根据应用场合不同有角式单扣、站式管接单扣和圆管卧式单扣等，如图 10—3—1 所示。

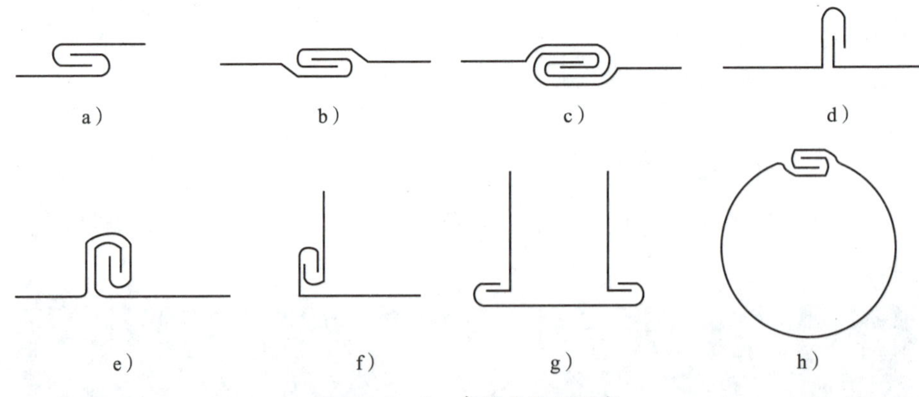

图 10—3—1　常见咬缝的形式

a）卧缝挂扣　b）卧缝单扣　c）卧缝双扣　d）站缝单扣　e）站缝双扣

f）角式单扣　g）站式管接单扣　h）圆管卧式单扣

2．咬缝的应用

一般情况下，盆、桶、水壶、茶杯等采用卧缝挂扣，如图 10—3—2 所示。卧缝双扣（整咬）具有强度高、密封性好、牢靠的优点，常用于屋顶的水沟，如图 10—3—3 所示。常见金属制简易棚的棚顶或铁板制的门均采用挂扣方式安装，因为这些地方对强度要求不高；站缝应用于具有较大刚度的场合。

图 10—3—2 卧缝挂扣应用

图 10—3—3 卧缝双扣应用

咬缝在汽车上的运用很多，车身的结构决定了大部分的车身表面板件（蒙皮）以咬缝的方式安装在车上，可以在很多车身板件接缝处看到表面板件（蒙皮）的咬缝处，如图 10—3—4 和图 10—3—5 所示，车身构件上常见的咬扣形式多以站缝单扣为主。

图 10—3—4 车门蒙皮接缝处

图 10—3—5 行李箱盖蒙皮接缝处

3. 咬缝的成形

（1）站缝单扣

这种缝含有一个弯成直角的双折缝（见图 10—3—6a）和一个单折边（见图 10—3—6b）。弯制步骤：先在一块板上制作站缝单扣，另一块板料的边缘弯成 90° 角，而后扣合并压紧，如图 10—3—6c 所示。如果继续将站缝敲平，就可制成卧缝单扣，如图 10—3—6d 所示。

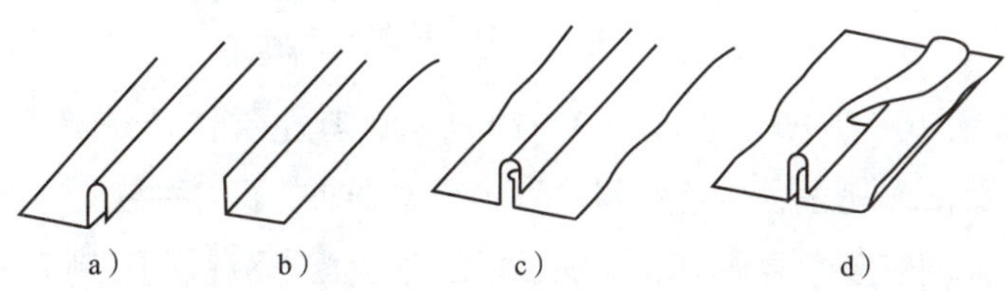

图 10—3—6 站缝单扣制作
a）双折缝 b）单折边 c）扣合 d）敲平站缝

（2）卧缝双扣

与卧缝单扣相比，卧缝双扣是在卧缝单扣的基础上再次的弯折一圈。其具体操作步骤可参考站缝双扣，将站缝双扣的站缝敲平，即为卧缝双扣。

（3）站缝双扣

其制作步骤如下：将件1单边折成直角，如图10—3—7a所示；将件2双折边做成弯角，如图10—3—7b所示；然后将两件套扣在一起，如图10—3—7c所示；在砧铁上按图10—3—7d弯折，最后咬紧压实成图10—3—7e所示的站缝双扣。

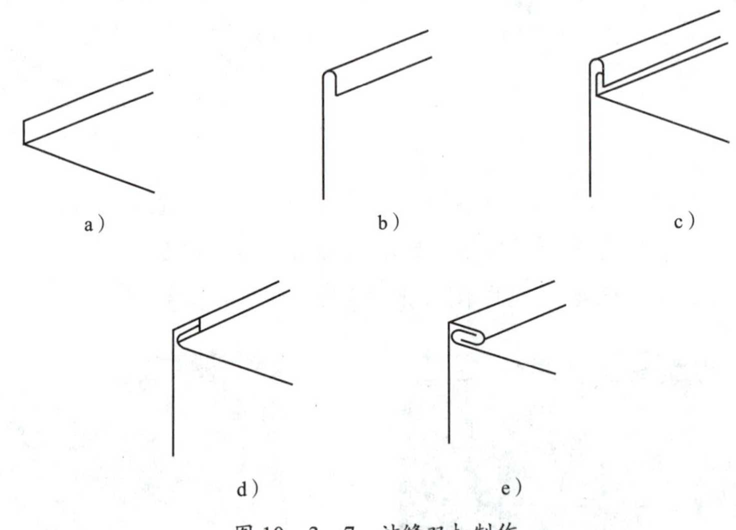

图10—3—7 站缝双扣制作

a）单折边 b）双折边 c）套扣 d）弯折 e）咬紧压实

二、制筋

1. 筋的形状

金属薄板由于其厚度较小，若仅以其平面形式作为钣金件使用，刚度太低，极易产生凹陷变形，影响整体的美观和承载能力。筋的截面一般为圆弧形和角形，如图10—3—8所示。

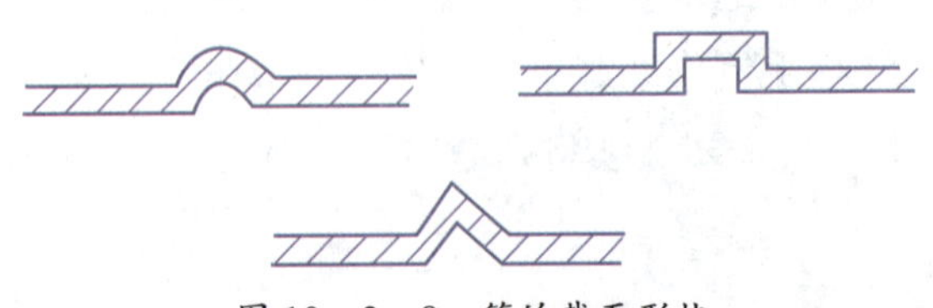

图10—3—8 筋的截面形状

车身上的筋如图10—3—9和图10—3—10所示，其主要作用是提高车身表面的刚度，以及增加车身的美感。车辆发生碰撞刮擦，引起车身表面的覆盖件变形，起加固和装饰的外表筋线受到破坏，如何恢复车身原有表面加强筋的形状，是对钣金工制筋成形技术的一个考验。

图 10—3—9　发动机盖上的加强筋

图 10—3—10　车身侧面的加强筋

2. 制筋的方法

大量生产时，制筋工艺一般由相应的机器完成。手工制筋适用于单件生产和修配。手工制筋方法有两种，扁冲制筋法和简易模具制筋法，如图 10—3—11 所示。

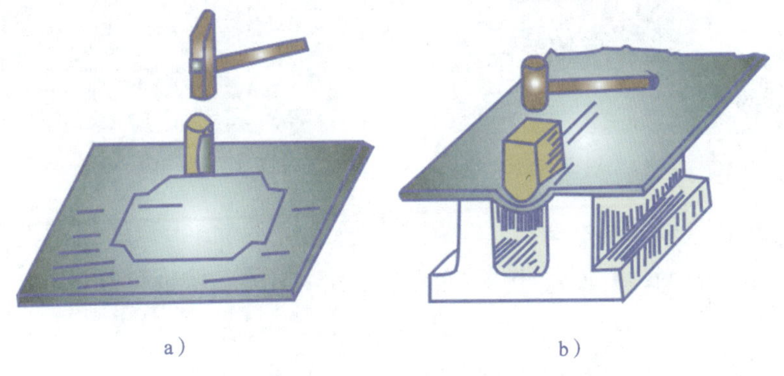

a）　　b）

图 10—3—11　手工钣金制筋方法

a）扁冲制筋　b）简易模具制筋

（1）扁冲制筋

图 10—3—11a 所示为用扁冲制筋的示意图，在坯料上划出制筋棱线的标记线。在平台上铺一块较厚的橡胶垫（厚 5 ~ 10 mm），将制件放在橡胶垫上，操作者手持扁冲对准标记线，锤击扁冲；每冲击一次，要沿标记线移动一次扁冲，移动距离不可超过扁冲的宽度，以便冲痕前后相衔接。沿整个标记线冲击一次后，再重复冲击若干次，直至达到所需的筋的深度为止。最后，去掉橡胶垫，直接在平台上轻轻冲击一次，使筋棱形成整齐的线条，用木槌将非制筋部分的表面整平即可。

（2）简易模具制筋

图 10—3—11b 所示为用简易模具制筋的示意图。窄且深的条形筋最好用模具压制，通过锤击模压而成形，模具可以自制。两块方钢平行地焊在底板上，留出一定的间隙，即成阴模。阴模制作较为费事，可以利用台虎钳来代替，台虎钳的开口应与筋截面的尺寸相符；锤击的模具即为阳模，阳模成形部分的形状和尺寸应与筋截面的形状和尺寸相符。

制筋操作时，将金属板料放在阴、阳模之间，对准制筋标记线，一人手持阳模的手柄，另一人用大锤锤击阳模顶部。操作要点与前述用扁冲制筋相同，经几次冲击即可成形。

技能训练

一、卧缝单扣的操作流程

（1）划线下料后，在板料上划出扣缝的两条弯折线，弯折线的尺寸与咬缝宽大致一致，如图 10—3—12 所示。

（2）把板料放在工作台（或角钢）上，使弯折线对准工作台（或角钢）的边缘，弯折伸出部分成 90°角，如图 10—3—13 所示。

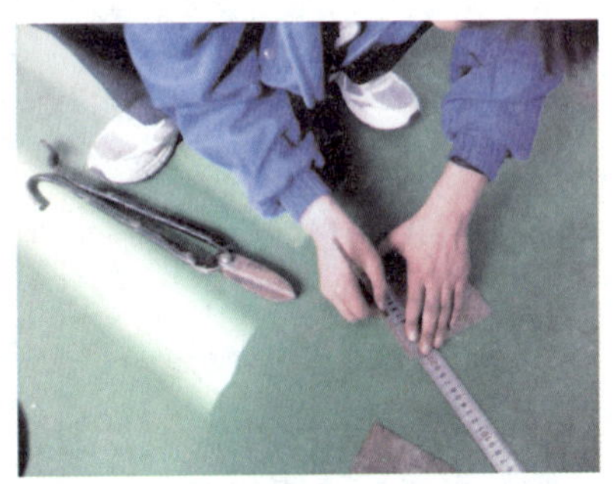
图 10—3—12 划弯折线

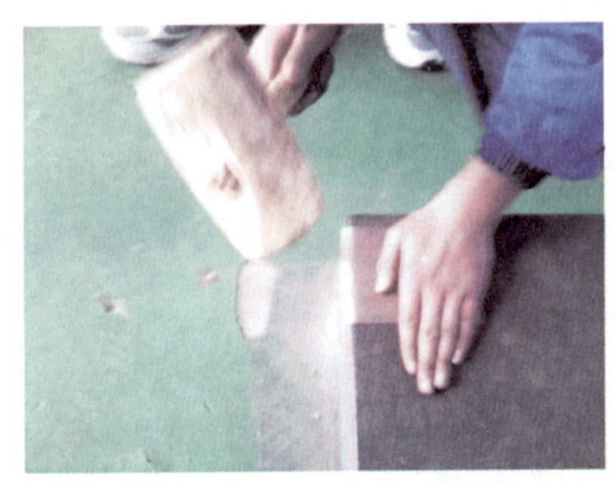
图 10—3—13 敲弯边缘

（3）朝上翻转板料，再把弯折边向里扣，不要扣死，留出适当的间隙，弯折边与板料平面形成的角度为 30° ~ 45°。用同样的方法折弯出另一块板料的边缘，如图 10—3—14 所示。

（4）将折弯边伸出工作台边缘，轻敲折弯边（见图 10—3—15），使之弯折，与板料平面形成大约 120°角，如图 10—3—16 所示。

图 10—3—14 扣弯折边

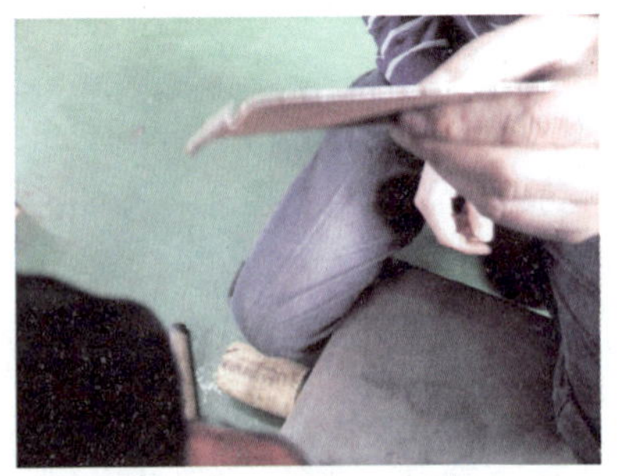
图 10—3—15 敲折弯边

（5）将两块板扣上，锤击压合，如图 10—3—17 所示。

（6）锤击压合时将缝的两端敲凹，以防松脱，如图 10—3—18 所示。

（7）卧缝单扣成形如图 10—3—19 所示。

二、制筋的操作流程

需用到的工具如图 10—3—20 所示，包括钢直尺、划针、板料、锤子、扁冲及橡胶垫。

图 10—3—16 弯折边与板料平面成 120° 角

图 10—3—17 锤击扣上两块板料

图 10—3—18 敲凹咬缝端

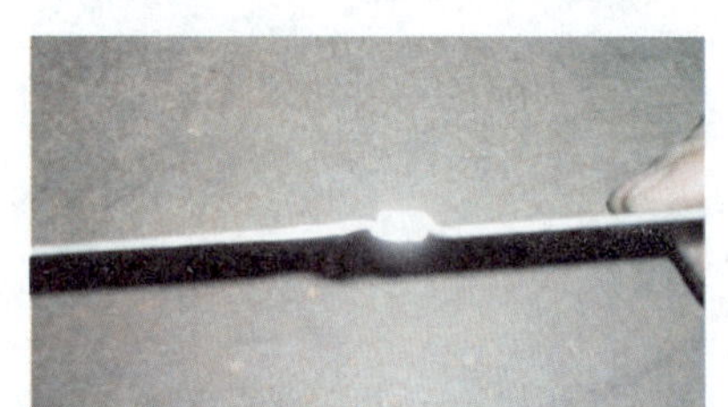
图 10—3—19 卧缝单扣

1. 扁冲制筋操作流程

（1）在坯料上划出制筋棱线的标记线，如图 10—3—21 所示。

图 10—3—20 用到的工具

图 10—3—21 划出制筋棱线

（2）在平台上铺一块较厚的橡胶垫（厚 5 ~ 10 mm），将制件放在橡胶垫上，操作者手持扁冲对准标记线锤击扁冲，如图 10—3—22 所示。

（3）每锤击一次，要沿标记线移动一次扁冲，移动距离不可超过扁冲的宽度，以便冲痕前后相衔接，如图 10—3—23 所示。

（4）沿整个标记线锤击一次后，再重复锤击若干次，直至达到所需的筋的深度为止，将板料翻转，在筋的中心线上锤击一次，如图 10—3—24 所示。

（5）去掉橡胶垫，直接在平台上轻轻锤击一次，使筋棱形成整齐的线条，如图 10—3—25 所示。

图 10—3—22 锤击标记线

图 10—3—23 移动扁冲锤击

图 10—3—24 重复锤击

图 10—3—25 在平台上锤击

（6）用木槌将非制筋部分的表面整平，如图 10—3—26 所示。

2. 台虎钳制筋操作流程

如在台虎钳上成形，用到的工具有钢直尺、划针、板料、锤子及台虎钳，操作要点如下：

（1）在板料的正反面划上制筋线。将台虎钳的开口开到所制筋的宽度，如图 10—3—27 所示。

图 10—3—26 整平表面

图 10—3—27 调整台虎钳开口

（2）将板料放置在台虎钳上，将制筋位置对准台虎钳的开口，压稳扶好，如图 10—3—28 所示。

（3）利用锤子錾口敲击板料制筋位置，从左至右轻轻敲击一次，如图 10—3—29 所示。

（4）敲击要均匀，力度要适中，以每锤落下出现轻微凹陷为准，落锤要与板面齐平，否则板料的筋槽会留下清晰的锤痕，如图 10—3—30 所示。

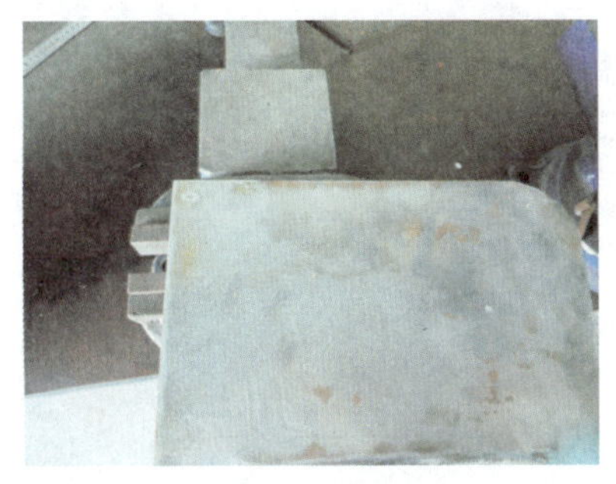
图 10—3—28　放置板料对准台虎钳开口

图 10—3—29　敲击制筋位置

（5）整条筋槽的形状出现后，再重复上述 3 ～ 4 步，将筋槽加深，直至需要的深度为止，如图 10—3—31 所示。

图 10—3—30　均匀敲击筋槽

图 10—3—31　加深筋槽

（6）用木槌将板料表面整平即可，如图 10—3—32 所示。

（7）成形后的筋槽如图 10—3—33 所示。

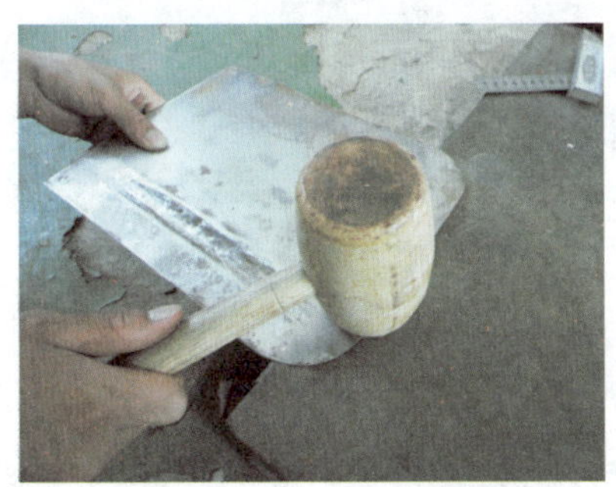
图 10—3—32　整平表面

图 10—3—33　成形筋槽

课题四　钣金手工成形卷边与拔缘

学习目标

1. 了解卷边和拔缘工艺流程。
2. 能熟练进行卷边和拔缘操作。

任务引入

卷边与拔缘主要应用于车身蒙皮的边缘处，其作用是加强边缘位置的刚度和强度。边缘处也是较易损伤区，恢复此类车身蒙皮边缘处的强度和刚度要有卷边和拔缘制作的基础。

知识准备

一、卷边

1. 卷边的应用

现代的汽车上卷边应用已不多，大多见于构件的边缘，如发动机的罩盖前边缘，如图 10—4—1 所示。由于卷边类构件的边缘加工尺寸小，卷边时已形成了加工硬化，一旦卷边边缘发生变形，将很难再次将卷边恢复到原来的形状，这是由卷边的加工特性所决定的。

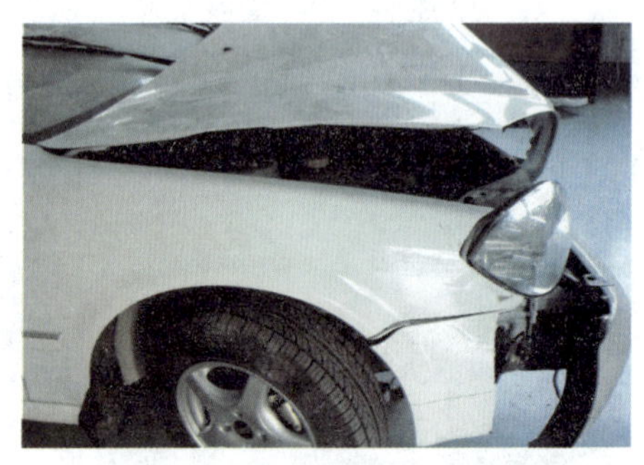

图 10—4—1　发动机的罩盖

卷边是将板件的边缘卷起来，其目的是增强边缘的刚度和强度，使其光滑美观。卷边分为夹丝卷边和空心卷边两种，如图 10—4—2 所示。夹丝卷边是在卷边内嵌入一根铁丝，以加强边缘的刚度，铁丝直径为板料厚度的 4 ~ 7 倍，包卷铁丝的边缘应不大于铁丝直径的 2.5 倍。空心卷边则是将零件的边缘包卷成圆管状。

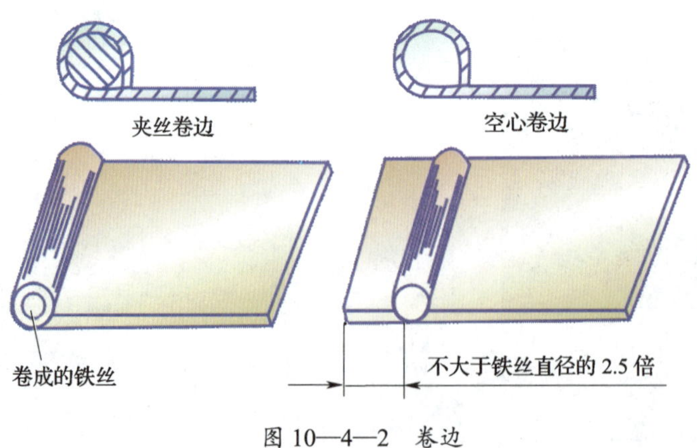

图 10—4—2　卷边

2. 卷边展开尺寸的计算

图 10—4—3 所示零件的展开长度 L 为

$$L=L_1+\frac{d}{2}+L_2$$

式中　L_1——板料的直线部分长度，mm；

d——铁丝直径，mm；

L_2——板料 270° 卷曲部分的长度，mm。

$$L_2=\frac{3\pi}{4}(d+\delta)=2.35(d+\delta)$$

所以

$$L=L_1+\frac{d}{2}+2.35(d+\delta)$$
$$=L_1+2.85d+2.35\delta$$

式中　δ——板料的厚度，mm。

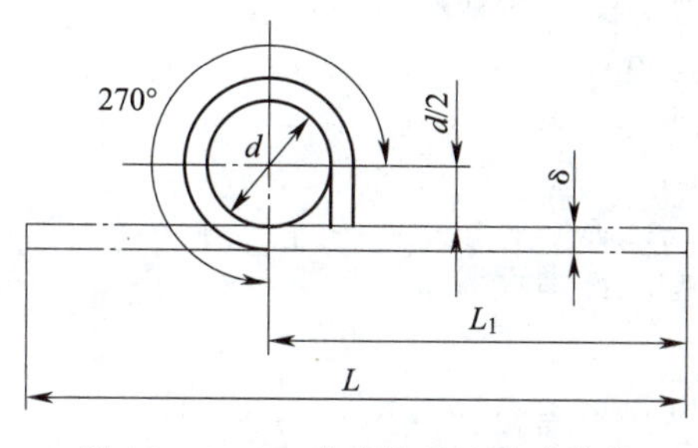

图 10—4—3　卷边展开尺寸的计算

二、拔缘

1. 拔缘的应用

在板料边缘，利用放边和收边的方法，把工件边缘翻出成凸缘，称为拔缘。拔缘主要针对环形板料边缘的弯曲，分为外拔缘和内拔缘（孔拔缘）两种形式。图 10—4—4 所示为部分板料构件的拔缘情况。

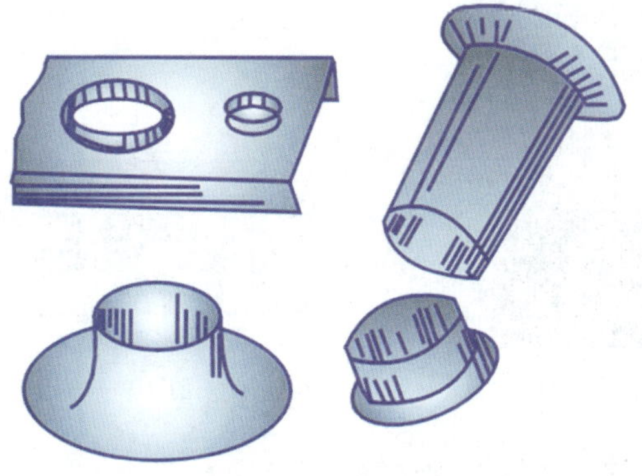

图 10—4—4　拔缘

内拔缘在汽车上常见于车身的孔或环形部位，如图 10—4—5 所示加油口位置，目的是在不增加质量的同时增加刚度，通过性好，美观大方。外拔缘主要起增加刚性的作用，对于没有和其他金属构件有配合的外边缘，如图 10—4—6 所示前照灯位置，常采用外拔缘。车身的这些区域发生变形后，要利用拔缘的相关技能对其进行整形修复。

图 10—4—5 加油口拔缘

图 10—4—6 前照灯位置拔缘

2. 拔缘的方法

拔缘可分为自由拔缘和型胎拔缘两种。

（1）自由拔缘

自由拔缘是利用一般的拔缘工具进行的手工拔缘。

（2）型胎拔缘

板料在型胎上定位，按型胎的拔缘孔进行拔缘，适合制作口径较小的零件拔缘，可一次成形，如图 10—4—7 所示。

1）型胎外拔缘步骤如下：

步骤一：将拔缘零件固定在胎具上。固定方法：在坯料的中心焊装一个钢套，以便在型胎上固定坯料拔缘的位置，然后用压板压住零件，如图 10—4—8 所示。

图 10—4—7 拔缘的型胎

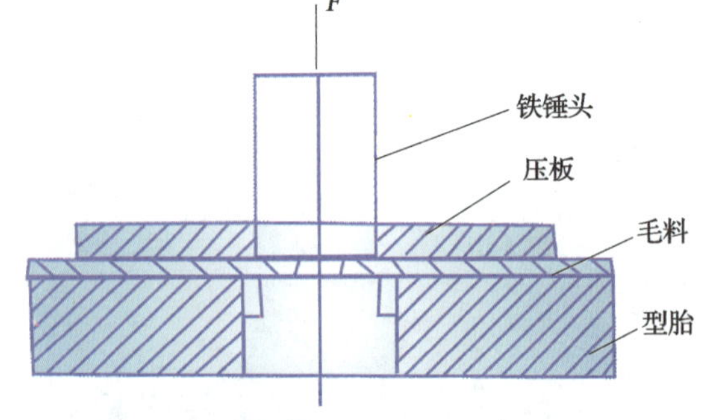

图 10—4—8 固定拔缘件

步骤二：用氧乙炔火焰对拔缘零件边缘加热。

步骤三：进行拔缘，如图 10—4—9 所示。

2）型胎内拔缘步骤如下：

步骤一：下料，并去毛刺。

步骤二：将零件放在胎模上，用压板压住。

步骤三：内孔直径不超过 80 mm 的薄板内拔缘，可采用一个圆形木槌一次冲出弯边，如图 10—4—10 所示。对于较大的圆孔和椭圆孔的厚板内拔缘，可制作相应的钢凸模一次冲出弯边。

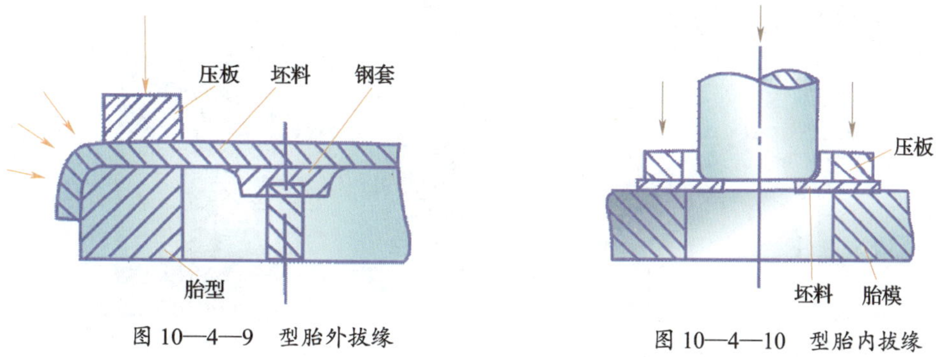

图 10—4—9 型胎外拔缘

图 10—4—10 型胎内拔缘

任务实施

一、手工卷边的操作流程

步骤一：根据计算出的加工余量，在板料上划出两条卷边线，L_1 为卷边夹丝直径的 2.5 倍，L_2 等于卷边夹丝直径，如图 10—4—11 所示。

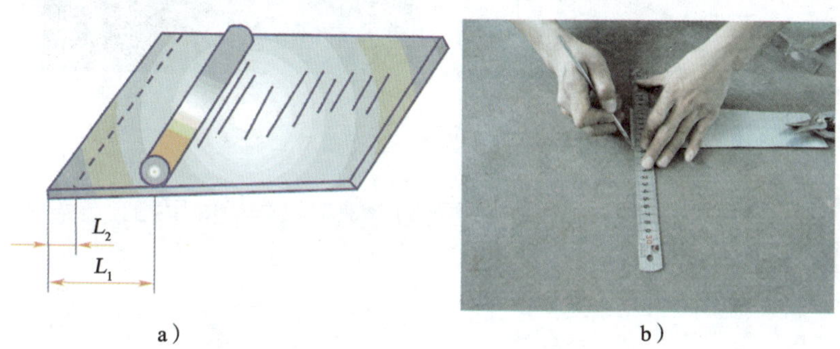

a） b）

图 10—4—11 划卷边线

步骤二：将板料放在平台（或方铁、轨道等）上，使其第一条卷边线露出平台，即 L_2 尺寸长度，左手压住板料，右手用木槌或方木敲击露出平台部分的边缘，使其向下弯曲成 85° ~ 90°，如图 10—4—12 所示。

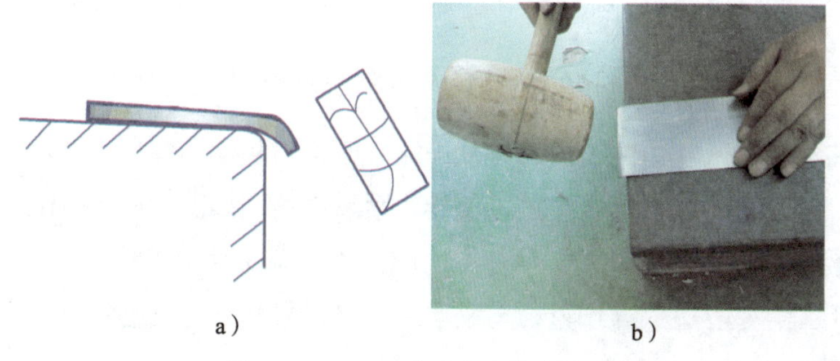

a） b）

图 10—4—12 敲弯第一条卷边线

步骤三：再将板料向平台外伸弯曲，直至平台边缘对准第二次卷边线为止，即使露出平台部分等于 L_1，如图 10—4—13 所示，并敲打露出平台部分，使第一次敲打的边缘靠上平台，如图 10—4—14 所示。

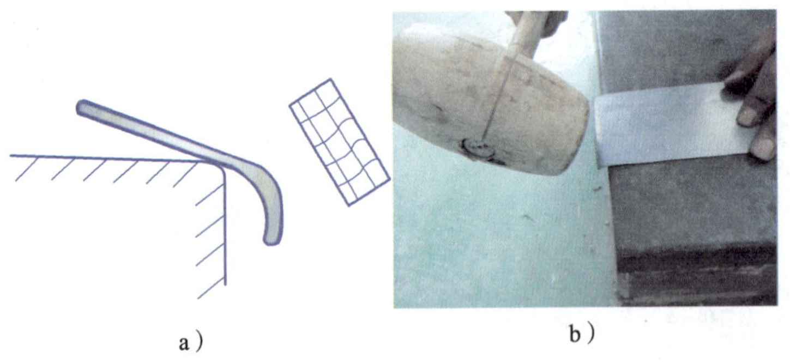

a） b）

图 10—4—13 敲弯第二条卷边线

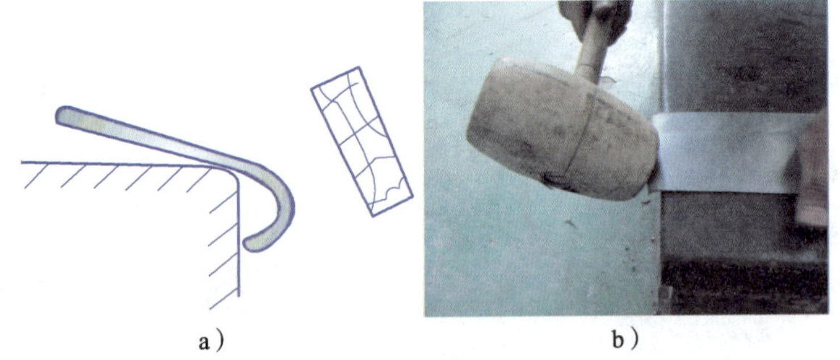

a） b）

图 10—4—14 第二条卷边线弯曲程度

步骤四：将板料翻转，使卷边朝上，轻而均匀地敲打卷边向里扣，使卷曲部分逐渐成圆弧形，如图 10—4—15 所示。

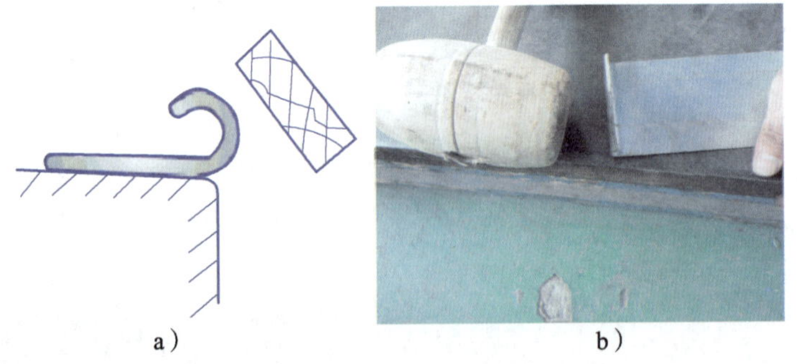

a） b）

图 10—4—15 朝上里扣卷曲部分

步骤五：将铁丝放入卷边内，放时先从一端开始，以防铁丝弹出，先将一端扣好，然后放一段扣一段，全部扣完后，轻轻敲打，使卷边紧靠铁丝，如图 10—4—16 所示。

步骤六：翻转板料，将接口靠住平台的边角，使接口咬紧，如图 10—4—17 所示。

步骤七：手工空心卷边的操作过程与夹丝的一样，只是使卷边与铁丝不要靠得太紧，以便最后把铁丝抽拉出来，如图 10—4—18 所示。

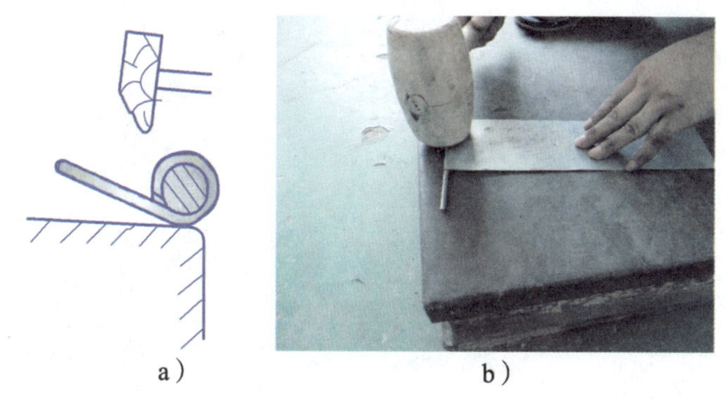

图 10—4—16 放入铁丝扣好

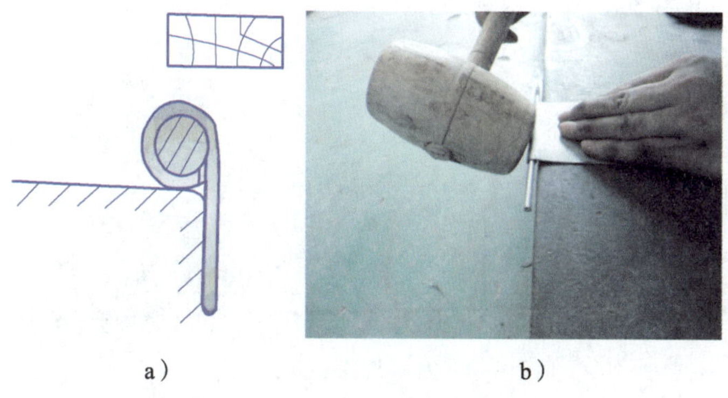

图 10—4—17 咬紧接口

图 10—4—18 空心卷边

二、手工拔缘的操作流程

1. 薄板外拔缘

步骤一：计算出坯料半径后下料，如图 10—4—19 所示。坯料半径等于零件内腔半径加上拔缘宽度，在坯料上划出内环与外环的分界线（即外缘宽度线），然后剪切出坯料，去毛刺。

图 10—4—19 下料

步骤二：将坯料的内环线对准铁砧的边缘，如图 10—4—20 所示，用锤子轻轻敲击外边缘，使外边缘沿着内环线折弯。

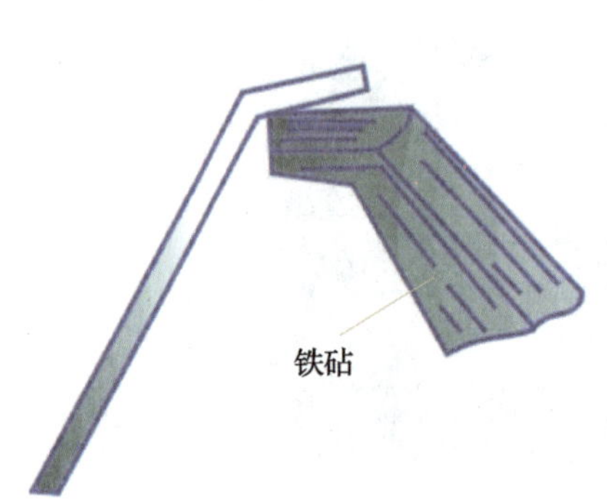

图 10—4—20　确定外边缘尺寸宽度

步骤三：借助垫铁的棱边，抵住内环线，用锤子敲击边缘，如图 10—4—21 所示。

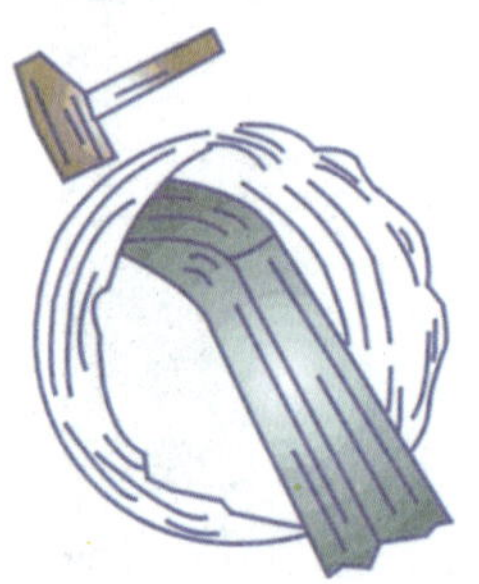

图 10—4—21　用锤子敲击

步骤四：将坯料周边弯曲，在弯边上制出皱褶，再打平皱褶，使弯边收缩成凸边，如图 10—4—22 所示。

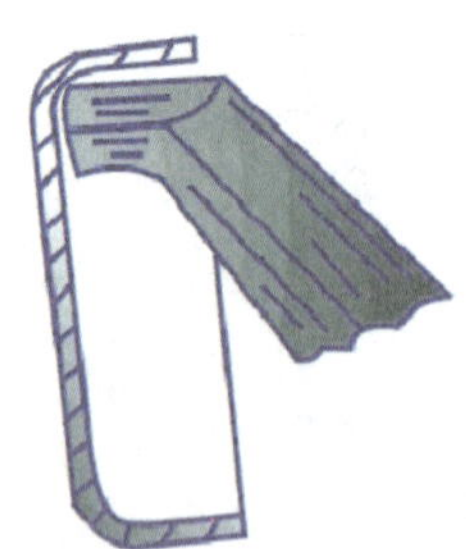

图 10—4—22　收缩成凸边

步骤五：再次起皱褶、打平，使弯边再次收缩，如此反复多次，如图 10—4—23 所示，直至弯边与板件垂直。

步骤六：拔缘成形后，要修整板件的平面，如图 10—4—24 所示。

步骤七：反复收缩修整局部有缺陷的地方，最后获得所需外拔缘件，如图 10—4—25 所示。

2. 薄板内拔缘

步骤一：计算出坯料直径下料，如图 10—4—26 所示。坯料中间被剪去的内圆直径等于成形后工件内圆直径减去 2 倍的内拔缘宽度。

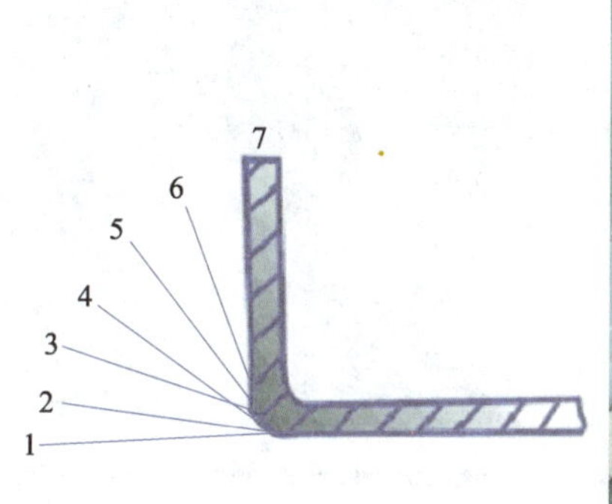

图 10—4—23 反复收缩

图 10—4—24 修整平面

图 10—4—25 外拔缘件

步骤二：在坯料上划出内缘宽度线（在步骤一计算出减去内圆直径时，就应顺便划出，否则内圆剪去后将失去圆心），然后按内圆直径剪去圆坯料，去毛刺，如图 10—4—27 所示。

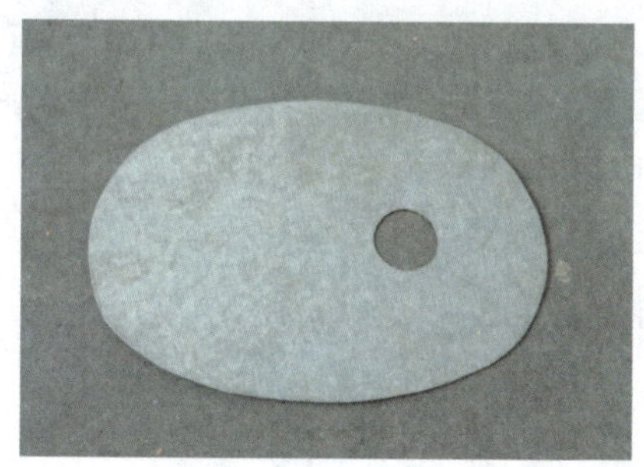

图 10—4—26 下料

图 10—4—27 划线去毛刺

步骤三：在铁砧上，按照零件内缘宽度线，用锤子的錾口端敲击进行拔缘，如图 10—4—28 所示。

步骤四：将坯料内缘弯曲，在弯边上制出皱褶，再打平皱褶，使弯边放边成凸边，如图 10—4—29 所示。

步骤五：再次起皱褶、打平，使弯边再次放边，如此反复多次，如图 10—4—30 所示。

步骤六：反复收缩修整，最后可获得所需内拔缘件，如图 10—4—31 所示。

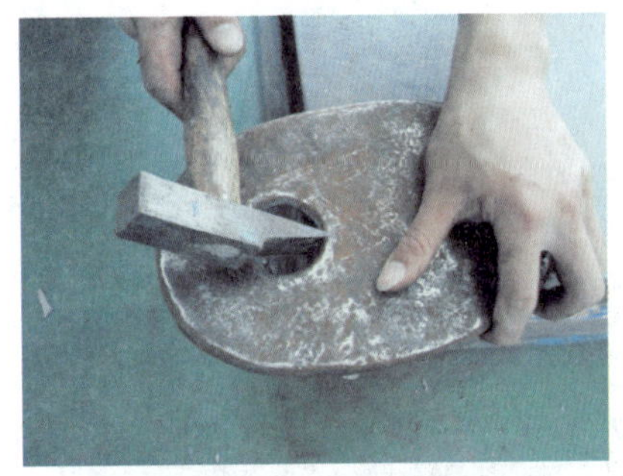

图 10—4—28　錾敲内缘

图 10—4—29　制出皱褶再打平

图 10—4—30　反复敲打

图 10—4—31　内拔缘件

3. 圆筒形零件拔缘（见图 10—4—32）

步骤一：用钢锉锉光板料边缘毛刺。

步骤二：划出拔缘的标记线。

步骤三：将制件靠在平台或砧座的边棱上，标记线和边棱对齐，使伸出部分与砧座的平面保持 30° 左右的夹角，如图 10—4—33a 所示。

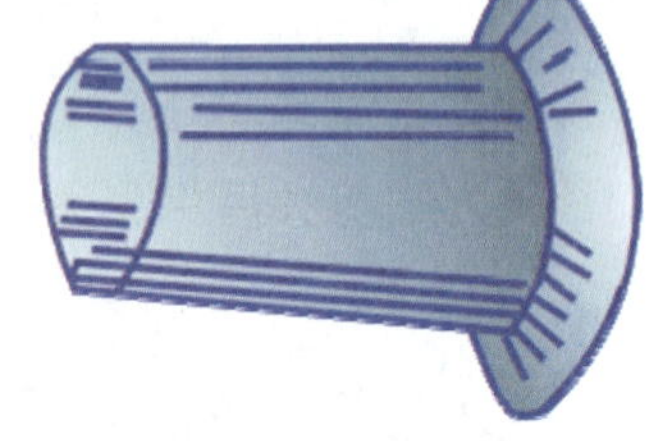

图 10—4—32　圆筒形零件拔缘

步骤四：在铁砧上用锤子将标注线处敲打成圆角。敲击用力要适当，击点要均匀，以免产生裂纹，如图 10—4—33b 所示。

步骤五：最后再打平波纹，使弯边收缩，如图 10—4—33c 所示。

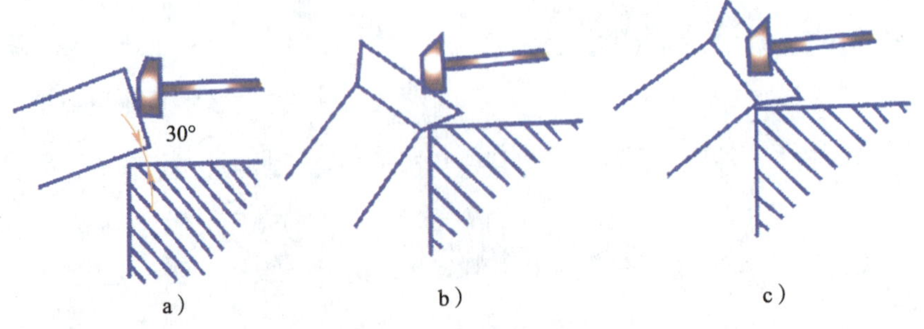

图 10—4—33　圆筒形零件拔缘步骤